明清之际江南文化遗民研究

卞敏 著

江苏文库

研究编

江苏文化史
专题

江苏文脉整理与研究工程

江苏人民出版社

图书在版编目(CIP)数据

明清之际江南文化遗民研究 / 卞敏著. -- 南京 ：
江苏人民出版社，2025. 3. -- (江苏文库). -- ISBN
978 - 7 - 214 - 29831 - 7

Ⅰ. K825.4

中国国家版本馆 CIP 数据核字第 20242MM157 号

书　　　　名	明清之际江南文化遗民研究
著　　　者	卞　敏
出 版 统 筹	张　凉
责 任 编 辑	周晓阳
装 帧 设 计	姜　嵩
责 任 监 制	王　娟
出 版 发 行	江苏人民出版社
地　　　址	南京市湖南路 1 号 A 楼,邮编:210009
照　　　排	江苏凤凰制版有限公司
印　　　刷	苏州市越洋印刷有限公司
开　　　本	718 毫米×1 000 毫米　1/16
印　　　张	25.25　插页 4
字　　　数	350 千字
版　　　次	2025 年 3 月第 1 版
印　　　次	2025 年 3 月第 1 次印刷
标 准 书 号	ISBN 978 - 7 - 214 - 29831 - 7
定　　　价	98.00 元

(江苏人民出版社图书凡印装错误可向承印厂调换)

江苏文脉整理与研究工程

总主编

信长星　许昆林

第二届学术指导委员会

编纂出版委员会

出版说明

　　江苏文化源远流长、历久弥新,文化经典与历史文献层出不穷,典藏丰富;文化巨匠代有人出、彪炳史册,在中华民族乃至整个人类文明的发展史上有着相当重要的地位。为科学把握江苏文化的内涵与特征,在新时代彰显江苏文化对中华文化的贡献,江苏省委、省政府决定组织实施"江苏文脉整理与研究工程",以梳理江苏文脉资源,总结江苏文化发展的历史规律,再现江苏历史上的文化高地,为当代江苏构筑新的文化高地把准脉动、探明趋势、勾画蓝图。

　　组织编纂大型江苏历史文献总集《江苏文库》,是"江苏文脉整理与研究工程"的重要工作。《文库》以"编纂整理古今文献,梳理再现名人名作,探究追溯文化脉络,打造江苏文化名片"为宗旨,分六编集中呈现:

　　(一)书目编。完整著录历史上江苏籍学人的著述及其历史记录,全面反映江苏图书馆的图书典藏情况。

　　(二)文献编。收录历代江苏籍学人的代表性著作,集中呈现自历史开端至一九一一年的江苏文化文本,呈现江苏文化的整体景观。

　　(三)精华编。选取历代江苏籍学人著述中对中外文化产生重要影响、在文化学术史上具有经典性代表性的作品进行整理,并从中选取十余种,组织海外汉学家翻译成各国文字,作为江苏对外文化交流的标志性文化成果。

　　(四)方志编。从江苏现存各级各类旧志中选择价值较高、保存较好的志书,以充分发挥地方志资治、存史、教化等作用,保存江苏的地方文献与历史文化记忆。

（五）史料编。收录有关江苏地方史料类文献，反映江苏各地历史地理、政治经济、文化教育、宗教艺术、社会生活、风土民情等。

（六）研究编。组织、编纂当代学者研究、撰写的江苏文化研究著作。

文献、史料、方志三编属于基础文献，以影印方式出版，旨在提供原始文献，以满足学术研究需要；书目、精华、研究三编，以排印方式出版，既能满足学术研究的基本需求，又能满足全民阅读的基本需求。

"江苏文脉整理与研究工程"工作委员会

江苏文库·研究编编纂人员

主　编

王月清　张新科

副主编

徐之顺　姜　建　王卫星　胡发贵　胡传胜　刘西忠

一脉千古成江河

——江苏文库·研究编序言

樊和平

　　"江苏文脉整理与研究工程"是江苏文化史上继往开来的一个浩大工程。与当下方兴未艾的全国性"文库热"相比,江苏文脉工程有三个基本特点:一是全面系统的整理;二是"整理"与"研究"同步;三是以"文脉"为主题。在"书目编—文献编—精华编—史料编—方志编—研究编"的体系结构中,"研究编"是十分独特的板块,因为它是试图超越"修典"而推进文化传承创新的一种学术努力。

　　"盛世修典"之说不知起源于何时,不过语词结构已经表明"盛世"与"修典"之间的某种互释甚至共谋,以及由此而衍生的复杂文化心态。历史已经表明,"修典"在建构巨大历史功勋的同时,也包含内在的巨大文化风险,最基本的是"入典"的选择风险。《四库全书》的文化贡献不言自明,但最终其收书的数量竟与禁书、毁书、改书的数量大致相当,还有高出近一倍的书目被宣判为无价值。"入典"可能将一个时代的局限甚至选择者个人的局限放大为历史的文化局限,也可能由此扼杀文化多样性而产生文化专断。另一个更为潜在和深刻的风险,是对待传统的文化态度。文献整理,尤其是地域典籍的整理,在理念和战略上面临的最大考验,是以何种心态对待文化传统。当今之世,无论对个体还是社会,传统已经不仅是文化根源,而且是文化和经济发展的资源甚至资本。然而一旦传统成为资源和资本,邂逅市场逻辑的推波助澜,就面临沦为消费和运作对象的风险,从而以一种消费主义和工具主义的文化态度对待文化传统和文献整理。当传统成为消费和运作的对象,其文化价值不仅可能被误读误用,而且也可能在对传统的消费中使文化坐吃山空,造就出文化上的纨绔子弟,更可能在市场运作中使文化不断被糟蹋。"江苏文脉整理与研究工程"的"整理工程"以全面系统的整理的战略应对可能存在的第一种风险,即入典选择的风险;以"研究工程"应对第二种可能的风险,即消费主义与工具主义的风险。我们不仅是既往传统的继承者,更应当是未来传统的创造者;现代人的使命,不仅是继承优秀传统,更应当创造新的优秀传统,这便是传统的创造性转化与创新性发展的真义。诚然,创造传统任重道远,需要经过坚忍不拔的卓越努力和大浪淘沙般的历史积淀,但对"江苏文脉整理与研究工程"而言,无论如何必须在"整理"的同时开启"研究"的千里之行,在研究中继承和发展传统。这便是"研究编"的价值和使命所在,也是"江苏文脉整理与研究工程"在"文库热"中于顶层设计层面的拔群之处。

一　倾听来自历史深处的文化脉动

20世纪是文化大发现的世纪,20世纪以来西方世界最重要的战略,就是文化战略。20世纪20年代,德国社会学家马克斯·韦伯的《新教伦理与资本主义精神》,揭示了西方资本主义文明的文化密码,这就是"新教伦理"及其所造就的"资本主义精神",由此建构"新教伦理＋资本主义"的所谓"理想类型",为西方资本主义进行了文化论证尤其是伦理论证,奠定了20世纪以后西方中心论的文化基础。20世纪70年代,哈佛大学教授丹尼尔·贝尔的《资本主义文化矛盾》,揭示了当代资本主义最深刻的矛盾不是经济矛盾,也不是政治矛盾,而是"文化矛盾",其集中表现是宗教释放的伦理冲动与市场释放的经济冲动分离与背离,进而对现代西方文明发出文化预警。20世纪70年代之后,亨廷顿的《文明的冲突与世界秩序的重建》将当今世界的一切冲突归结为文明冲突、文化冲突,将文化上升为西方世界尤其是美国国家战略的高度。以上三部曲构成西方世界尤其是美国文化帝国主义的国家文化战略,正如一些西方学者所发现的那样，时至今日，文化帝国主义被另一个概念代替——"全球化"，显而易见，全球化不仅是一种浪潮，更是一种思潮，是西方世界的国家文化战略。文化虽然受经济发展制约甚至被经济发展水平所决定，但回顾从传统到现代的中国文明史，文化问题不仅逻辑地而且历史地成为文明发展的最高最难的问题，正因为如此，文化自信才成为比理论自信、道路自信、制度自信更具基础意义的最重要的自信。

在全球化背景下，文脉整理与研究具有重大的国家文化战略意义，不仅必要，而且急迫。文化遵循与经济社会不同的规律，全球化在造就广泛的全球市场并使全球成为一个"地球村"的同时，内在的最大文明风险和文化风险便是同质性。全球化催生的是一个文化上的独生子女，其可能的镜像是：一种文化风险将是整个世界的风险，一次文化失败将是整个人类的文化失败。文化的本质是什么？梁漱溟先生说，文化就是人的生活的根本样法，文化就是"人化"。丹尼尔·贝尔指出，文化是为人的生命过程提供解释系统，以对付生存困境的一种努力。据此，文化的同质化，最终导致的将是人的同质化，将是民族文化或西方学者所说地方性知识的消解和消失；同时，由于文化是人类应对生存困境的大智慧，或治疗生活世界痼疾的抗体，它所建构的是与自然世界相对应的精神世界和意义世界，文化的同质性将导致人类在面临重大生存困境时智慧资源的贫乏和生命力的苍白，从而将整个人类文明推向空前的高风险。应对全球化的挑战和西方文化帝国主义的国家战略，"江苏文脉整理与研究工程"是整个中华民族浩大文化工程的一部分和具体落实，其战略意义决不止于保存文化记忆的自持和自赏，在这个全球化的高风险正日益逼近的时代，完整地保存地方文化物种，认同文化血脉，畅通文化命脉，不仅可以让我们在遭遇全球化的滔滔洪水之时可以于故乡文化的山脉之巅"一览众山小"地建设自己的精神家园和文化根据地，而且可以在患上全球化的文化感冒甚至某种文化瘟疫之后，不致乞求"西方药"来治"中国病"，而是根据自己的文化基因和文化命理，寻找强化自身的文化抗体和文化免疫力之道，其深远意义，犹如在今天经过独生子女时代穿越时光隧道，回首当年我们的"兄弟姐妹那么多"

和父辈们儿孙满堂的那种天伦风光,不只是因为寂寞,而且是为了中华民族大家庭的文化安全和对未来文化风险的抗击能力。

"江苏文脉整理与研究工程"是以江苏这一特殊地域文化为对象的一次集体文化自觉和文化自信,与其他同类文化工程相比,其最具标识意义的是"文脉"理念。"文脉"是什么? 它与"文献"和文化传统的关系到底如何? 这是"文脉工程"必须解决的基本问题。

庞朴先生曾对"文化传统"与"传统文化"两个概念进行了审慎而严格的区分,认为"传统文化"可能是历史上曾经存在过的一切文化现象,而"文化传统"则是一以贯之的文化道统。在逻辑和历史两个维度,文化成为传统都必须同时具备三个条件:历史上发生的,一以贯之的,在现实生活中依然发挥作用的。传统当然发生于历史,但历史上发生的一切,从《道德经》《论语》到女人裹小脚,并不都成为传统,即便当今被考古或历史研究所不断发现的现象,也只能说是"文化遗存",文化成为传统必须在历史长河中一以贯之而成为道统或法统,孔子提供的儒家学说,老子提供的道家智慧,之所以成为传统,就是因为它们始终与中国人的生活世界和精神世界相伴随,并成为人的生命和生活的文化指引。然而,文化并不只存在于文献典籍之中,否则它只是精英们的特权,作为"人的生活的根本样法"和"对付生存困境"的解释系统,它必定存在于芸芸众生的生命和生活之中,由此才可能,也才真正成为传统。《论语》与《道德经》之所以成为传统,不只是因为它们作为经典至今还为人们所学习和研究,而且因为在中国人精神的深层结构中,即便在未读过它们的田夫村妇身上,也存在同样的文化基因。中国人在得意时是儒家,"明知不可为而偏为之";在失意时是道家,"后退一步天地宽";在绝望时是佛家,"四大皆空",从而建立了与自给自足的自然经济结构相匹合的自给自足的文化精神结构,在任何境遇下都不会丧失安身立命的精神基地,这就是传统。文化传统必须也必定是"活"的,是在现实中依然发挥作用的,是构成现代人的文化基因的生命因子。这种与人的生活和生命同在的文化传统就是"脉",就是"文脉"。

文脉以文献、典籍为载体,但又不止于文献和典籍,而是与负载它的生命及其现实生活息息相关。"文脉"是什么? "文脉"对历史而言是

"血脉",对未来而言是"命脉",对当下而言是"山脉"。"江苏文脉"就是江苏人的文化血脉、文化命脉、文化山脉,是历史、现在、未来江苏人特殊的文化生命、文化标识、文化家园,以及生生不息的文化记忆和文化动力。虽然它们可能以诸种文化典籍和文化传统的方式呈现和延续,但"文脉工程"致力探寻和发现的则是跃动于这些典籍和传统,也跃动于江苏人生命之中的那种文化脉动。"江苏文脉整理与研究工程"的最大特点就在于它是"文脉工程"而不是一般的"文化工程",更不是"文库工程"。"文化工程""文库工程"可能只是一般的文化挖掘与整理,而"文脉工程"则是与地域的文化生命深切相通,贯穿地域的历史、现在与未来的生命工程。

"江苏文脉整理与研究工程"是"整理"与"研究"的璧合,在"研究工程"中能否、如何倾听到来自历史深处的文化脉动,关键是处理好"文献"与"文脉"的关系。"整理工程"是对文脉的客观呈现,而"研究工程"则是对文脉的自觉揭示,若想取得成功,必须学会在"文献"中倾听和发现"文脉"。"文献"如何呈现"文脉"? 文献是人类文明尤其是人类文化记忆的特殊形态,也是人类信息交换和信息传播的特殊方式。回首人类文明史,到目前为止,大致经历了三种信息方式。最基本也是最原初的是口口交流的信息方式,在这种信息方式中,信息发布者和信息传播者都同时在场,它是人的生命直接和整体在场并对话的信息传播方式,是从语言到身体、情感的全息参与,是生命与生命之间的直接沟通,但具有很大的时空局限。印刷术的产生大大扩展了人类信息交换的广度和深度,不仅可以以文字的方式与不在场的对象交换信息,而且可以以文献的方式与不同时代、不同时空的人们交换信息,这便是第二种信息方式,即以印刷为媒介的信息方式或印刷信息方式。第三种信息方式便是现代社会以电子网络技术为媒介的信息方式,即电子信息方式。文献与典籍是印刷信息方式的特殊形态,它将人类文化史和文明史上具有特殊价值的信息以印刷媒介的方式保存下来,供后人学习和研究,从而积淀为传统。文字本质上是人的生命的表达符号,所谓"诗言志"便是指向生命本身。然而由于它以文字为中介,一旦成为文献,便离开原有的时空背景,并与创作它的生命个体相分离,于是便需要解读,在

一脉千古成江河

解读中便可能发生误读,但无论如何,解读的对象并不只是文字本身,而是文字背后的生命现象。

文献尤其是典籍是不同时代人们对于文化精华的集体记忆,它们不仅经受过不同时代人们的共同选择,而且经受过大浪淘沙的历史洗礼,因而其中不仅有创造它的那个个体或文化英雄如老子、孔子的生命表达,而且有传播和接受它的那个民族的文化脉动,是负载它的那个民族的文化生命,这种文化生命一言以蔽之便是文化传统。正因为如此,作为集体记忆的精华,文献和典籍是个体和集体的文化脉动的客观形态,关键在于,必须学会倾听和揭示来自远方的生命旋律。由于它们巨大的时空跨度,往往不能直接把脉,而需要具有一种"悬丝诊脉"的卓越倾听能力。同时,为了把握真实的文化脉动,不仅需要对文献和典籍即"文本"进行研究,而且需要对创造它们的主体包括创作的个体和传播接受的集体的生命即"人物"进行研究。正如席勒所说,每个人都是时代的产儿,那些卓越的哲学家和有抱负的文学家却可能成为一切时代的同代人。文字一旦成为文献或典籍,便意味着创作它的个体成为一切时代的同代人,但无论如何,文献和它们的创造者首先是某个时代的产儿,因而要在浩如烟海的文献和典籍中倾听到来自传统深处的文化脉动,还需要将它们还原到民族的文化生命之中,形成文化发展的"精神的历史"。由此,文本研究、人物研究、学派流派研究、历史研究,便成为"文脉研究工程"的学术构造和逻辑结构。

二 中国文化传统中的江苏文脉

江苏文脉是中国文化传统的一部分,二者之间的关系并不只是部分与整体的关系,借助宋明理学的话语,是"理一"与"分殊"的关系。文脉与文化传统是民族生命的文化表达和自觉体现,如果只将它们理解为部分与整体的关系,那么江苏文脉只是中国文化传统或整个中华文化脉统中的一个构造,只是中华文化生命体中的一个器官。朱熹曾以佛家的"月映万川"诠释"理一分殊"。朗月高照,江河湖泊中水月熠熠,此番景象的哲学本真便是"一月普现一切水，一切水月一月摄"。天空中的"一月"与江河中的"一切水月"之间的关系是"分享"关系，不是分享了"一月"的某一部分，而是全部。江苏文脉与中国文化传统之间的关系便是"理一分殊"，中国文化传统是"理一"，江苏文脉是"分殊"，正因为如此，关于江苏文脉的研究必须在与整个中国文化传统的关系中整体性地把握和展开。其中，文化与地域的关系、江苏文化在中华文化发展中的贡献和地位，是两个基本课题。

到目前为止的一切人类文明的大格局基本上都是由以山河为标志的地理环境造就的，从轴心文明时代的四大文明古国，到"五大洲四大洋"的地理区隔，再到中国山东—山西、广东—广西、河南—河北，江苏的苏南—苏北的文化与经济差异，山河在其中具有基础性意义。在这个意义上，可以将在此以前的一切文明称为"山河文明"。如今，科技经济发展迎来一个"高"时代：高铁、高速公路、电子高速公路……正在并将继续推倒由山河造就的一切文明界碑，即将造就甚至正在造就一个"后山河时代"。"后山河时代"的最后一道屏障，"山河时代"遗赠给"后山河时代"的最宝贵的文明资源，便是地域文化。在这个意义上，江苏文脉的整理与研究，不仅可以为经过全球化席卷之后的同质化世界留下弥足珍贵的"文化大熊猫"，而且可以在未来的芸芸众生饱尝"独上高楼，望尽天涯路"的孤独之后，缔造一个"蓦然回首"的文化故乡，从中可以鸟瞰文化与世界关系的真谛。江苏独特的地域环境与江苏文化、江苏文脉之间的关系，已经不是所谓"一方水土一方人"所能表达，可以说，地脉、水脉、山脉与江苏文脉之间的关系，已经是一脉相承。

我们通过考察和反思发现，水系，地势，山势，大海，是对江苏文脉尤其是文化性格产生重大影响的地理因素。露水不显山，大江大河入大海，低平而辽阔，黄河改道，这一切的一切与其说是自然画卷和自然事件，不如说是江苏文脉的大地摇篮和文化宿命的历史必然，它们孕生和哺育了江苏文明，延绵了江苏文脉。历史学家发现，江苏是中国唯一同时拥有大海、大江、大湖、大平原的省份，有全国第一大河长江，第二大河黄河（故道），第三大河淮河，世界第一大人工河大运河，全国第三大淡水湖太湖，全国第四大淡水湖洪泽湖。江苏也是全国地势最低平

一脉千古成江河

的一个省区，绝大部分地区在海拔 50 米以下，少量低山丘陵大多分布于省际边缘，最高峰即连云港云台山的玉女峰也只有 625 米。丰沛而开放的水系和低平而辽阔的地势馈赠给江苏的不只是得天独厚的宜居，更沉潜、更深刻的是独特的文化性格和文脉传统，它们是对江苏地域文化产生重大影响的两个基本自然元素。

　　不少学者指证江苏文化具有水文化特性，而在众多水系中又具长江文化的特性。"水"的文化特性是什么？"老聃贵柔"，老子尚水，以水演绎世界真谛和人生大智慧。"天下莫柔弱于水，而攻坚强者莫之能胜。"柔弱胜刚强，是水的品质和力量。西方文明史上第一个哲学家和科学家泰勒斯向全世界宣告的第一个大智慧便是：水是万物的始基。辽阔的平原在中国也许还有很多，却没有像江苏这样"处下"。老子也曾以大海揭示"处下"的智慧："江海所以能为百谷王者，以其善下之，故能为百谷王。"历史上江苏的文化作品、江苏人的文化性格，相当程度上演绎了这种"水性"与"处下"的气质与智慧。历史上相当时期黄河曾经从江苏入海，然而黄河改道、黄河夺淮，几番自然力量或人力所为，最终黄河在江苏留下的只是一个"故道"的背影。黄河在江苏的改道当然是一个自然事件或历史事件，但我们也可能甚至毋宁将它当作一个文化事件，数次改道，偶然之中有必然，从中可以发现和佐证江苏文脉的"长江"守望和江南气质。不仅江苏的地脉"露水不显山"，而且江苏的文化作品，江苏人的文化性格，一句话，江苏文脉，也是"露水不显山"，虽不是"壁立千仞"，却是"有容乃大"。一般说来，充沛的水系，广阔的平原，往往造就自给自足的自我封闭，然而，江苏东临大海，无论长江、淮河，还是历史上的黄河，都从这里入大海，归大海，不只昭示江苏的开放，而且演绎江苏文化、江苏文脉、江苏人海纳百川的博大和静水深流的仁厚。

　　黄河与长江好似中华文脉的动脉与静脉，也好似人的身体中的任督二脉，以长江文化为基色的江苏文化在中华文脉的缔造和绵延中作出了杰出贡献。有学者指出，在中国文明史上，长江文化每每在黄河文化衰弱之后承担起"救亡图存"的重任。人们常说南京古都不少为小朝廷，其实这正是"救亡图存"的反证，"天下兴亡，匹夫有责"的口号首先由江苏人顾炎武喊出,偶然之中有必然。学界关于江苏文化有三次高峰或三次大贡献,与两次大贡献之说。第一次高峰是开启于秦汉之际的汉文化,第二次高峰是六朝文化,第三次高峰是明清文化。人们已对六朝文化与明清文化两大高峰对中国文化的贡献基本达成共识,但江苏的汉文化高峰及其贡献也应当得到承认,而且三次文化高峰都发生于中国社会的大转折时期,对中国文化的承续作出了重大贡献。在秦汉之际的大变革和大一统国家的建构中,不仅在江苏大地上曾经演绎了波澜壮阔的对后来中国文明产生深远影响的历史史诗,而且演绎这些历史史诗的主角刘邦、项羽、韩信等都是江苏人,他们虽然自身不是文化人,但无疑对中国文化产生了深远影响。董仲舒提出"罢黜百家,独尊儒术"的主张,奠定了大一统的思想和文化基础,他本人虽不是江苏人,却在江苏留下印迹十多年。江苏的汉文化高峰对中国文化的最大贡献,一言概之即"大一统",包括政治上的大一统和思想文化上的大一统。六朝被公认为中国文化发展的高峰,不少学者将它与古罗马文明相提并论,而六朝文化的中心在江苏、在南京。以南京为核心的六朝文化发生于三国之后的大动乱,它接纳大量流入南方的北方士族,使南北方文化合流,为保存和发展中国文化作出了杰出贡献。明朝是中国历史上第一次在南京,也是第一次在江苏建立统一的帝国都城,江苏的经济文化在全国处于举足轻重的地位,扬州学派、泰州学派、常州学派,形成明清时代中国文化的江苏气象,形成江苏文化对中国文化的第三次重大贡献。三大高峰是江苏的文化贡献,在重大历史转折关头或者民族国家危难之际挺身而出,海纳百川,则是江苏文化的精神和品质,这就是江苏文脉。也正因为如此,江苏文化和江苏文脉在"匹夫有责"的担当精神中总是透逸出某种深沉的忧患意识。

江苏文脉对中国文化的独特贡献及其特殊精神气质在文化经典中得到充分体现。中国四大文学名著,其中三大名著的作者都来自江苏,这就是《西游记》《红楼梦》《水浒》,其实《三国演义》也与江苏深切相关,虽然罗贯中不是江苏人,但却以江苏为重要的时空背景之一。四大名著中不仅有明显的江苏文化的元素,甚至有深刻的江苏地域文化的基因。《西游记》到底是悲剧还是喜剧?仔细反思便会发现,《西游记》就

一脉千古成江河

009

是文学版的《清明上河图》。《清明上河图》表面呈现一幅盛世生活画卷,实际却是一幅"盛世危情图",空虚的城防,懈怠的守城士兵……被繁华遗忘的是正在悄悄到来的深刻危机。《西游记》以唐僧西天取经渲染大唐的繁盛和开放,然而在经济的极盛之巅,中国人的精神世界却空前贫乏,贫乏得需要派一个和尚不远万里,请来印度的佛教,坐上中国意识形态的宝座,入主中国人的精神世界。口袋富了,脑袋空了,这是不折不扣的悲剧。然而,《西游记》的智慧,江苏文化的智慧,是将悲剧当作喜剧写,在喜剧的形式中潜隐悲剧的主题,就像《清明上河图》将空虚的城防和懈怠的士兵淹没于繁华的海洋一样。《西游记》喜剧与悲剧的二重性,隐喻了江苏文脉的忧患意识,而在对大唐盛世,对唐僧取经的一片颂歌中,深藏悲剧的潜主题,正是江苏文脉"匹夫有责"的担当精神和文化智慧的体现。鲁迅说,悲剧将人生的有价值的东西毁灭给人看。《西游记》是在喜剧形式的背后撕碎了大唐时代人的精神世界的深刻悲剧。把悲剧当作喜剧写,喜剧当作悲剧读,正是江苏文化、江苏文脉的大智慧和特殊气质所在,也是当今江苏文脉转化发展的重要创新点所在。正因为如此,"江苏文脉研究"必须以深刻的哲学洞察力和深厚的文化功力,倾听来自历史深处的江苏文化的脉动,读懂江苏,触摸江苏文脉。

三　通血脉,知命脉,仰望山脉

江苏文化的巨大魅力和强大生命力,是在数千年发展中已经形成一种传统、一种脉动,不仅是一种客观呈现的文化,而且是一种深植个体生命和集体记忆的生生不息的文脉。这种文化和文脉不仅成为共同的价值认同,而且已经成为一种地域文化胎记。在精神领域,在文化领域,江苏不仅有灿若星河的文学家,而且有彪炳史册的思想家、学问家,更有数不尽的才子骚客。长江在这片土地上流连,黄河在这片土地上改道,淮河在这片土地上滋润,太湖在这片土地上一展胸怀。一代代中国人,一代代江苏人,在这里缔造了文化长江、文化黄河、文化淮河、文化太湖,演绎了波澜壮阔的历史诗篇,这便是江苏文脉。

为了在全球化时代完整地保存江苏文脉这一独特地域文化的集体记忆,以在"后山河时代"为人类缔造精神家园提供根源与资源,为了继承弘扬并创造性转化、创新性发展中国优秀传统文化,2016 年江苏启动了"江苏文脉整理与研究工程"。根据"文脉"的理念,我们将研究工程或"研究编"的顶层设计以一句话表达:"通血脉,知命脉,仰望山脉。"由此将整个工程分为五个结构:江苏文化通史,江苏历代文化名人传,江苏文化专门史,江苏地方文化史,江苏文化史专题。

"江苏文化通史"的要义是"通血脉",关键词是"通"。"通"的要义,首先是江苏文化与中国文明的息息相通,与人类文明的息息相通,由此才能有民族感或"中国感",也才有世界眼光,因而必须进行关于"中国文化传统中的江苏文脉"的整体性研究;其次是江苏文脉中诸文化结构之间的"通",由此才是"江苏",才有"江苏味";再次是历史上各个重要历史时期文化发展之间的"通",由此才能构成"史",才有历史感;最后是与江苏人的生命与生活的"通",由此"江苏文脉"才能真正成为江苏人的文化血脉、文化命脉和文化山脉。达到以上"四通","江苏文化通史"才是真正的"通"史。

"江苏文化专门史"和"江苏文化史专题"的要义是"知命脉",关键词是"专",即"专门"与"专题"。"江苏文化专门史"在框架上分为物质文化史、精神文化史、制度文化史、特色文化史等,深入研究各类专门史,总体思路是系统研究和特色研究相结合,系统研究整体性地呈现江苏历史上的重要文化史,如哲学史、文学史、艺术史等,为了保证基本的完整性,我们根据国务院学科分类目录进行选择;特色研究着力研究历史上具有江苏特色的历史,如民间工艺史、昆曲史等。"江苏文化史专题"着力研究江苏历史上具有全国性影响的各种学派、流派,如扬州学派、泰州学派、常州学派等。

"江苏地方文化史"的要义是"血脉延伸和勾连",关键词是"地方"。"江苏地方文化史"以现省辖市区域划分为界,13 市各市一卷。每卷上编为地方文化通史,讲述地方整体历史脉络中的文化历史分期演化和内在结构流变,注重把握文化运动规律和发展脉络,定位于地方文化总

一脉千古成江河

体性研究;下编为地方文化专题史,按照科学技术、教育科举、文学语言、宗教文化等专题划分,以一定逻辑结构聚焦对地方文化板块加以具体呈现,定位于凸显文化专题特色。每卷都是对一个地方文化的总结和梳理,这是江苏文化血脉的伸展和渗入,是江苏文化多样性、丰富性的生动呈现和重要载体。

"江苏历代文化名人传"的要义是"仰望山脉",关键词是"文化"。它不是一般性地为江苏历朝历代的"名人"作传,而只是为文化意义上的名人作传。为此,传主或者自身就是文化人并为中国文化的发展、为江苏文脉的积累积淀作出了重要贡献;或者虽然自身主要不是文化人而是政治家、社会活动家等,但对中国文化发展具有重大影响。如何对历史人物进行文化倾听、文化诠释、文化理解,是"文化名人传"的最大难点,也是其最有意义的方面。江苏历史上的文化名人汗牛充栋,"文化名人传"计划为 100 位江苏文化名人作传,为呈现江苏文化名人的整体画卷,同时编辑出版一部"江苏文化名人辞典",集中介绍历史上的江苏文化名人 1000 位左右。

一脉千古成江河,"茫茫九派流中国"。江苏文脉研究的千里之行已经迈出第一步,历史馈赠我们一次千载难逢的宝贵机遇,让我们巡天遥看,一览江苏数千年文化银河的无限风光,对创造江苏文化、缔造江苏文脉的先行者们献上心灵的鞠躬。面对奔涌如黄河、悠远如长江的江苏文脉,我们惟有以跋涉探索之心,怵惕敬畏之情,且行且进,循着爱因斯坦的"引力波",不断走近并播放来自江苏文脉深处的或澎湃,或激越,或温婉静穆的天籁之音。

我们一直在努力;

我们将一直努力!

目　录

第一章 研究缘起

　　每一种文化和文明,都延续着其国家、其民族的精神血脉。中华文化厚重广博,中华文明源远流长,是人类历史上少有的没有中断过,至今仍然保持着旺盛生命力的古老文明之一。中华文化和文明发展的持续性,表现为我们民族有"慎终追远,民德归厚"①的哲学智慧,有深厚悠久的传统认识,有敬天崇圣的宗教意识,有官修史书的历史记忆,有保存完整的文化典籍,这些都与文化遗民的作用密切相关。易代之际,社会动荡、山河破碎、神州陆沉,是文明传统可能发生断裂的时期。文化遗民是出现在这一特殊历史时期,秉持"为往圣继绝学"理想信念的传统文人。

一、《柳如是别传》:为明清之际江南文化遗民立传

　　在中国历史上,明清交替是一个特殊的悲剧时代。研究明清易代史,绕不开文化遗民的问题。考察这一时期活跃于历史舞台上的江南文人,从文社名士陈子龙、冒辟疆到抗清就义的张名振、瞿式耜,从思想大家顾炎武、黄宗羲到文学巨匠钱谦益、吴梅村,从遗民诗人邢昉、吴嘉

---

① (春秋)孔子:《论语》卷二,《学而》下,《论语集释》第一册,北京:中华书局1990年版,第37页。

纪到隐逸画家龚贤、徐枋，这些著名的思想家、文学家、艺术家身上，无一没有打上"文化遗民"的烙印。

明清之际江南文化遗民的专题研究，这一话题最好从《柳如是别传》说起。历史上遗民人物的晚年人生境遇，大多具有悲剧色彩。陈寅恪先生性情孤独，博闻强记，晚年在几乎双目失明的状态下，以超出常人想象的惊人记忆力，花费十年时间，一心研治《柳如是别传》（出版时为80余万字的鸿篇巨制），堪称中国现代学术史上的一个奇迹。《柳如是别传》"稿竟说偈"结尾四句曰："卧榻沉思，然脂暝写。痛哭古人，留赠来者。"①对于这部"留赠来者"、寄托陈先生一生抱负与巨大热情的奇书，后人众说纷纭。在我看来，陈寅恪是以"了解之同情"②为柳如是立传，以至视为隔代"知己"。例如，陈寅恪喜欢柳如是的《金明馆咏寒柳词》，晚年将自己的书斋命名为"金明馆"和"寒柳堂"；将自己的文集命名为《金明馆丛稿》《寒柳堂集》。陈先生对书斋和文集的命名绝非偶然，而是一种特殊心境的反映与别有寓意的寄托。"陈氏以《寒柳堂集》名其诗文创作，与柳氏此咏寒柳词一样，自伤自悼之意甚明。可是，其伤其悼，又岂止是为个体生命之无奈而悲，实更为民族文化生命之花果飘零而长歌当哭也。"③

在明清易代之际，柳如是是一位信奉并实践"天下兴亡，匹夫有责"的奇女子。《柳如是别传》为柳如是立传，可解读为明清之际江南文化遗民的专题研究。正如余英时先生所说：他撰写《方以智晚节考》，是期望通过考察方以智"在明亡后的生活与思想，试图揭开当时遗民士大夫的精神世界的一角，因为明、清的交替恰好是中国史上一个天翻地覆的悲剧时代。这一精神世界今天已在陈寅恪先生《柳如是别传》中获得惊心动魄的展开"④。方以智是明清之际一位著名的文化遗民，余英时对方以智晚节的考察，与《柳如是别传》一样，都是对遗民士大夫精神世界

---

① 陈寅恪：《柳如是别传》下册，北京：生活·读书·新知三联书店2001年重印本，第1250页。
② 陈寅恪：《冯友兰〈中国哲学史〉（上册）审查报告》，《陈寅恪学术文化随笔》，北京：中国青年出版社1996年版，第10页。
③ 陈明：《谁解陈寅恪》，载《中华读书报》2004年4月30日。
④ 余英时：《文史传统与文化重建》，北京：生活·读书·新知三联书店2004年版，总序，第1页。

的揭示。

1961年初秋时节,陈寅恪在中山大学金明馆书斋撰写《柳如是别传》。尚未完稿之际,多年不见的老友吴宓自重庆远道来访。两位老人在广州重逢,欣喜不已。陈先生当即吟赋题为《辛丑七月雨僧老友自重庆来广州承询近况赋此答之》律诗一首,内有句云:"留命任教加白眼,著书唯剩颂红妆。"①两位好友在一起畅谈学术,陈先生向吴先生"细述其对柳如是研究之大纲"。吴先生对此研究宗旨心领神会。晚间,他在《日记》中对陈的学术构思作如下精辟概括:"柳之爱陈子龙及其嫁牧翁,始终不离其民族气节之立场,光复故物之活动……总之,寅恪之研究'红妆'之身世与著作,盖藉以察出当时政治(夷夏)、道德(气节)之真实情况,盖有深意存焉,绝非清闲、风流之行事……"②对于吴宓先生的这一评述,蔡鸿生曾指出:"这是对《柳如是别传》的撰作意旨最真切、最平实的评介,与寅恪先生在《缘起》中的自白完全一致。"③在蔡鸿生看来,"陈寅恪先生是在'卧榻沉思'中追寻那种他惟恐失落的民族精神,自觉地承担起华夏文化的托命。"④《柳如是别传》以明清之际文化与道德面临的命运抉择为历史背景,着重表现文化遗民的人格心灵史。

20世纪30年代,冯友兰先生的《中国哲学史》(两卷本)完成后,清华拟将其列入《清华大学丛书》,请时任清华大学中文、历史、哲学系合聘教授的陈寅恪审查其学术水平,看其是否合乎标准。为此,陈寅恪于1930年和1932年为冯氏《中国哲学史》上、下册,分别写了两篇《审查报告》。冯友兰晚年在《怀念陈寅恪先生》(写于逝世前两年的1988年,为纪念陈寅恪诞辰百年而作)一文中,不无悲痛而感慨地写道:"静安先生与寅恪先生为研究、了解中国传统文化之两大学者,一则自沉,一则突走,其意一也。"⑤在冯友兰看来,当年清华国学院的两大导师王国维、陈寅恪先生,晚年归宿"意"与"义"相同,都是"当代文化之夷齐",即文化

---

① 陈美延编:《陈寅恪集·诗集》,北京:生活·读书·新知三联书店2001年重印本,第137页。
② 吴学昭:《吴宓与陈寅恪》,北京:清华大学出版社1992年版,第145页。
③ 蔡鸿生:《仰望陈寅恪》,北京:中华书局2004年版,第11页。
④ 蔡鸿生:《"颂红妆"颂》,《〈柳如是别传〉与国学研究——纪念陈寅恪教授学术讨论会论文集》,杭州:浙江人民出版社1995年版,第38页。
⑤ 冯友兰:《怀念陈寅恪先生》,《冯友兰学术文化随笔》,北京:中国青年出版社1996年版,第302—303页。

遗民也。在我看来,只有从冯先生揭示的文化遗民意义上,才能理解陈寅恪晚年为什么要花费十年时间撰写《柳如是别传》。《别传》旨意是为明末清初柳如是、钱谦益等文化遗民们立传,这正是陈先生晚年心境的自然流露。冯友兰在文末还写道:"余于七十年代起,重写中国哲学史,起自春秋,迄于现代,号曰《新编》,以别于旧作。全书已接近完成,安得起寅恪先生于九泉,为吾书作第三次之审查耶? 噫!"①冯友兰《新原人》一书提出过"人生四境界说",他既对陈寅恪的人生境界有深切理解,又视陈寅恪为学术知己。在中国现代学术史上,陈氏两篇《审查报告》至今仍具有重大影响。冯先生晚年撰写《中国哲学史新编》即将完成之时,还在深情地追思陈寅恪先生的《审查报告》。

1994 年 9 月,中山大学历史系举办纪念陈寅恪教授学术讨论会,会议主题是"《柳如是别传》与国学研究传统"。在 9 月 1 日上午的开幕式上,季羡林先生作题为《陈寅恪先生的爱国主义》的学术演讲。他指出:"爱国主义应该从两个层面去理解。第一个层次,热爱祖国、热爱自己的民族,反对外国侵略和压迫,这是应该歌颂、赞扬的。但还有更深的层面,就是要与文化联系起来。我们提倡弘扬中华民族的优秀文化,爱国主义是中华优秀文化的一个部分。陈先生毕生为弘扬中华文化而努力,这是最高层次的爱国主义。他写《柳如是别传》就要阐释在明末清初满文化与汉文化冲突很剧烈的时期钱牧斋、柳如是及其他一大批文化人的心态。《柳如是别传》的核心是爱国、爱文化。"②这是对《柳如是别传》主题的深刻揭示,即文化遗民是爱文化的爱国者,这是明清之际一大批文化人的心态。

陈寅恪《柳如是别传》自问世以来,随着声名广布,其学术主旨的话题引起国内外学术界的高度关注。何修龄在《〈柳如是别传〉读后》中指出:从作者在本书第一章《缘起》中所说的力求窥见钱柳在亡国之后的"孤怀旧恨",以及引申其中"三户亡秦之志,《九章·哀郢》之辞",断定

---

① 冯友兰:《怀念陈寅恪先生》,《冯友兰学术文化随笔》,北京:中国青年出版社 1996 年版,第 303 页。
② 陈树良:《纪念陈寅恪教授学术讨论会纪要》,《〈柳如是别传〉与国学研究——纪念陈寅恪教授学术讨论会论文集》,杭州:浙江人民出版社 1995 年版,第 255 页。

第五章《复明运动》实际上是全书主旨所在。① "王钟翰先生进而在陈书的基础上继续考辨,补充材料,认同陈寅恪先生关于钱柳因缘由言情之儿女,变而为爱国之英雄的说法,并提出'柳苟不择钱则名不扬,钱不得柳助而反清复明之志不坚,两者相得益彰'的新见,以张大陈寅恪关于钱柳共同参预复明运动的观点。"②蔡鸿生在《"颂红妆"颂》中指出:《柳如是别传》以钱柳因缘为主轴,为人们提供了一个长长的遗民画廊,再现了'三户亡秦之志,《九章·哀郢》之辞'在17世纪中期的特殊表现形式。"③这些研究成果,大多从明清之际遗民史的角度解读《柳如是别传》,给我们的启发是:《柳如是别传》以柳如是遍布江南各地的人生足迹为线索,着重赞颂其"天下兴亡匹'妇'有责之观念"④以及反清复明之义举,借助柳如是的人生视角描绘明末清初江南文人的生存状态,抒发他们"家国兴亡之悲恨"⑤,详尽地考察柳如是、钱谦益、陈子龙、夏允彝、夏完淳、万寿祺、归庄、方以智、瞿式耜、张名振、张煌言、黄宗羲、郑成功等一系列明末清初江南文化遗民的群体形象。在陈寅恪的笔下,这些"文化遗民"晚年大多以悲剧人生终结,但他们都是一些思想自由、精神独立,有节操、有风骨的文人雅士。

那么,如何理解陈寅恪所宣扬的"我民族独立之精神"?卞孝萱指出:"从个人方面说。要做到贫贱不能移,富贵不能淫,威武不能屈,否则,无独立之可言。从民族方面说,要效忠于自己的民族国家,不惜以生命维护民族国家的尊严。这两方面又是互相联系的。"⑥明清之际江南文化遗民身上体现着这种精神,他们固守着中国传统文化的淡泊与坚韧,坚忍于知识分子的良知与操守。他们"文章节义,日月争光"⑦。

---

① 参阅孔定芳《清初遗民社会:满汉异质文化整合视野下的历史考察》,武汉:湖北人民出版社2009年版,第12页。

② 孔定芳:《清初遗民社会:满汉异质文化整合视野下的历史考察》,武汉:湖北人民出版社2009年版,第12页。

③ 蔡鸿生:《"颂红妆"颂》,《〈柳如是别传〉与国学研究——纪念陈寅恪教授学术讨论会论文集》,杭州:浙江人民出版社1995年版,第40—41页。

④ 陈寅恪:《柳如是别传》上册,北京:生活·读书·新知三联书店2001年重印本,第288页。

⑤ 陈寅恪:《柳如是别传》上册,北京:生活·读书·新知三联书店2001年重印本,第256页。

⑥ 卞孝萱:《陈寅恪与古典文学》,载《古典文学知识》2000年第3期,第89—90页。

⑦ 曹家驹:《纪夏瑗公殉节事》,《夏完淳集笺校》,上海:上海古籍出版社1991年版,第615页。

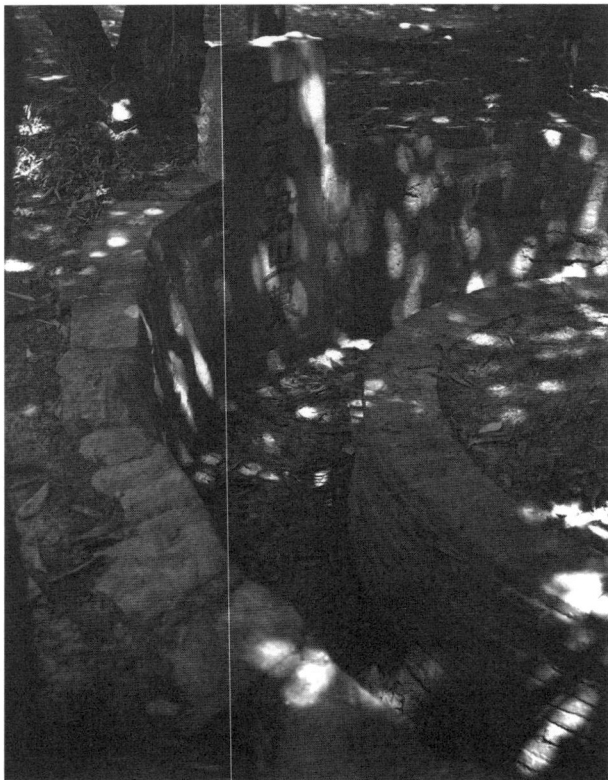

江苏常熟虞山脚下，与钱谦益墓比邻而居的柳如是墓

　　刘梦溪在《"借传修史"——陈寅恪与〈柳如是别传〉的撰述旨趣》中提出"明清文化痛史"说，指出："《柳如是别传》到底是一部什么性质的著作？……这就是借立传来修史。所修何史？说是明清之际的情爱史可也，明清之际的文人生活史可也，明清之际的政治史亦可也。同样，也可以说是一部饶有特色的江南党社史或抗清纪略，还可以说是明清史料史或从新的角度写就的南明史。当然更准确而宽泛一点说，应该是用血泪写成的色调全新的明清文化痛史。"①刘梦溪提出《柳如是别传》主题是"明清文化痛史"，而明清文化痛史正是以江南文化遗民为载体表现出来的。

①　刘梦溪：《"借传修史"——陈寅恪与〈柳如是别传〉的撰述旨趣》，《陈寅恪与二十世纪中国学术》，杭州：浙江人民出版社 2000 年版，第 296 页。

总之,《柳如是别传》的主题思想是通过钱柳诗笺证,以考订柳如是生平事迹以及钱谦益晚年的反清复明活动为主线,尚论三百年之前的"女侠名姝文宗国士"①,不仅表彰柳如是的民族气节,而且替钱谦益辩白了许多冤诬,还原出钱谦益作为明清之际江南"文化遗民"的本来面貌。因此,在明清之际江南文化遗民的专题研究领域,《柳如是别传》具有独创性与开创性。

二、本专题研究的学术史梳理

　　明清之际江南文化遗民的专题研究,《柳如是别传》是一个典范。《柳如是别传》个案研究的典型意义在于,"作为一部从文化史的角度撰写的断代明清史"②,陈寅恪从"独立之精神,自由之思想"的价值高度来评价传主柳如是的人格风范。"虽然,披寻钱柳之篇什于残阙毁禁之余,往往窥见其孤怀遗恨,有可以令人感泣不能自已者焉。夫三户亡秦之志,《九章·哀郢》之辞,即发自当日之士大夫,犹应珍惜引申,以表彰我民族独立之精神,自由之思想。何况出于婉娈倚门之少女,绸缪鼓瑟之小妇,而又为当时迂腐者所深诋,后世轻薄者所厚诬之人哉!"③而"在柳如是所处的时间地域,'三户亡秦之志'即抗清复明之志"④;所谓"钱柳之篇什"中流露出的"孤怀遗恨",正是"当日之士大夫"即文化遗民心态的一种真实反映与生动写照。"柳如是致力于复明运动,其思想行为合乎儒家三纲六纪之义,即维护民族文化精神,而此种精神又是陈先生一贯倡导的,这恐是他穷十年之力为此'婉娈倚门之少女,绸缪鼓瑟之小妇'作长传的主因。"⑤陈寅恪所表彰的"我民族独立之精神,自由之思

---

① 陈寅恪:《柳如是别传》上册,北京:生活·读书·新知三联书店 2001 年重印本,第 3 页。
② 刘梦溪:《"借传修史"——陈寅恪与〈柳如是别传〉的撰述旨趣》,《陈寅恪与二十世纪中国学术》,杭州:浙江人民出版社 2000 年版,第 296 页。
③ 陈寅恪:《柳如是别传》上册,北京:生活·读书·新知三联书店 2001 年重印本,第 4 页。
④ 王永兴:《学习〈柳如是别传〉的一点体会——柳如是的民族气节》,《〈柳如是别传〉与国学研究——纪念陈寅恪教授学术讨论会论文集》,杭州:浙江人民出版社 1995 年版,第 28 页。
⑤ 胡守为:《代前言——关于陈寅恪先生》,《〈柳如是别传〉与国学研究——纪念陈寅恪教授学术讨论会论文集》,杭州:浙江人民出版社 1995 年版,第 6 页。

想"，正是明清之际文化遗民的民族气节与人格精神。

陈寅恪《柳如是别传》的一大学术贡献，是为钱谦益"翻案"。时任弘光朝礼部尚书的钱谦益，清兵南下金陵时率先投降，后人对其晚节不全多有非议，生前死后一直被"贰臣"污名化。《别传》以严谨的诗史互证方法，考证出钱谦益在清初顺治年间曾秘密进行过大量的反清复明活动，揭示出他从"贰臣"到遗民、从思想到行动的转变过程，从而为其遗民身份正名。目前，这一结论已基本成为学术界的共识。例如，罗宗强在《明遗民群体心态与文学思想研究》一书序言中写道："钱谦益也是位一直有争议的人物，降清与抗清集于他的一身。李瑄从他的诗文所透露的内心活动中，认为他虽降清而大节有亏，但他后来的愧悔与抗清，则皆出自真诚。他的悔悟与抗清行为，在当时的遗民圈子中得到了普遍的认同，他的遗老身份也得到广泛的尊重，当然也应将他列入遗民群体中。"[1]从这一意义上说，《柳如是别传》名义上为柳如是立传，实际上也是为明清之际包括钱谦益在内的"文化遗民"群体中的诸多志士仁人立传。《柳如是别传》"虽以柳如是一生遭遇及其爱情故事为主题，实际上也探讨了明清政治社会的变迁，涉及诸如明清鼎革的原因，江南经济的状况，士大夫的各种心态，几社、复社的人事关系，复明运动在江南的酝酿，当时的社会习气和文风等等，其中不少为历史典籍所阙漏或讳言"[2]，其深刻的思想内涵与独特的研究方法，为明清之际江南文化遗民专题提供了一种值得借鉴的研究范式。

在明清之际江南文化遗民中，晚明四公子之一的冒辟疆是一个代表性人物。冒辟疆入清后隐居于家乡如皋水绘园，始终坚持不仕清，其民族气节受到毛泽东的肯定。[3]

侯方域反对阉党余孽阮大铖的态度不如李香君，李香君在秦淮河边留下《桃花扇》的故事；钱谦益反对清朝的态度不如柳如是，清军入南

---

① 罗宗强：《明遗民群体心态与文学思想研究·序》，李瑄：《明遗民群体心态与文学思想研究》，成都：巴蜀书社 2009 年版，第 3 页。

② 胡守为：《〈柳如是别传〉读后》，《〈柳如是别传〉与国学研究——纪念陈寅恪教授学术讨论会论文集》，杭州：浙江人民出版社 1995 年版，第 25—26 页。

③ 董边、谭德山、曾自：《毛泽东和他的秘书田家英》，北京：中央文献出版社 1989 年版，第 219 页。

京城前,柳如是劝钱谦益跳湖自尽,他留下水太凉不能跳的故事。① 易代之际的文人处境,历来悲凉而尴尬,我们从情理上不能苛责他们。"士人处明清易代之际,其去就问题,久为史家所注目。"②在明清之际文化遗民的研究成果中,李瑄所著《明遗民群体心态与文学思想研究》,对明遗民课题研究的意义与现状作了很好的概括。"翻开清初的历史,可以清楚地看到,在入清之初的数十年间,思想、学术、文艺甚至自然科学等各个领域的杰出人物,绝大多数都是明代的遗民。这一身份给他们的文化产品带来了异样的光彩:思想上他们有不畏强权、独立思考的勇气;学术上他们有重实践、实用的求实精神;文艺上他们有强烈深沉的情感,并敢于无所顾忌地表达。这些可贵的特质使他们站在时代的前沿,而对整个社会造成了影响。并且,其精神一直在清代的学术、文艺以及士人的精神气质中延续。因此,在学术研究中,明遗民一直颇受人们的关注。"③然而,"人们在看待明遗民时,往往会有两种偏向。一是否定他们的价值。基于现代思想对封建忠君观念的批判,认为他们坚持对故明的忠贞没有意义;基于中华民族的多民族融合思想,指出他们排斥清朝的狭隘无益;基于对知识分子社会责任感的要求,认为他们对个人道德的坚守,远不如直接参与现实政治能够给社会带来实际的益处。……但是,价值判断一旦脱离了具体的历史处境,往往是空泛而武断的。明遗民在当时究竟发挥了什么样的社会作用,他们所坚持的道德传统在清初有什么现实意义,他们在中国士人的心灵史中,又具备什么独特的价值? 这些问题的回答都不能离开清初的历史环境。另一种偏向……是用预先设定的道德价值标准对遗民的行为进行了过滤,……其在具体历史环境中的独特意义反而得不到更深入的体现。"④这些论述和所提出的问题,值得我们在进一步研究明遗民专题时深入思考并作出回答。

总之,"遗民"现象之所以在中国历史上久为人们关注,主要是因其

---

① 参阅卞敏《柳如是新传》,杭州:浙江人民出版社1997年版,第127页。
② 谢正光:《清初诗文与士人交游考》,南京:南京大学出版社2001年版,第174页。
③ 李瑄:《明遗民群体心态与文学思想研究》,成都:巴蜀书社2009年版,第1页。
④ 李瑄:《明遗民群体心态与文学思想研究》,成都:巴蜀书社2009年版,第1—3页。

涉及传统士大夫忠于故国故君的人生态度如何评价的问题。早在春秋战国时期,"忠"的观念就不仅被视为一种美德,如《左传·成公十年》曰:"忠为令德";而且,"忠"也被人们视为必须遵守的德行准则,如《左传·文公元年》曰:"忠,德之正也。"作为道德理想主义者的中国传统士人,坚守以天下为己任的崇高理想,往往是与忠君观念相联系的。忠于故朝故君的价值取向,是历代遗民们的一种身份象征与精神寄托。"遗民是忠孝气节和民族气节结合的产物,尤其是忠孝气节,民族气节是忠孝气节在特定历史条件下的特殊表现形式。在古代中国,受忠孝节义思想影响最深者莫过于儒生,故在广泛的遗民群体中,虽不乏旧朝官员,但更多的则是那些知识分子。"①

因此,明清之际的江南文化遗民大多为博学通儒,是明末有功名的饱学文士,是怀忠抱义的志士。中国传统文化的历史积淀,体现在他们深厚的学养中。他们传经弘道,立德立言,功在不朽。他们的道德文章,是一笔极其丰富的文化遗产。文化遗民们对故国故土的忠诚与热爱,不能理解为一种狭隘的民族主义。他们对故朝的眷恋和兴亡之感,植根于以中国传统文化为精神家园的情感之中;他们的学术成就和道德操守,铭刻在历史的记忆之中;他们身上具有的一种儒雅而精致的文化风范,融汇于源远流长的中华文脉之中。文化遗民们无论是治学处世还是人格操守,皆保持着传统"士"人风骨,尽显"天下忠臣义士之气"②。

三、本课题的研究思路

本专题基本上属于明清江南文化史的研究范畴。从史学研究的特点来说,似可分为考据史学与理解史学两类。考据史学注重文献考证,引经据典,尽可能恢复历史真相;理解史学则注重史论,赋历史以意义,

---

① 钱茂伟:《明代史学的历程》,北京:社会科学文献出版社 2003 年版,第 422 页。
② (清)抱阳生编著,任道斌校点:《甲申朝事小纪》,北京:书目文献出版社 1987 年版,第 279 页。

后者应建立在前者基础上。我试图将二者结合起来,在充分搜集和系统梳理文献资料的基础上进行框架设计,采用点面结合的逻辑结构,史论结合的写作方法,以宏观叙事为背景,以人物与论题的个案考察为重点,以明清之际主要生活和活动于江苏地区的江南(包括江、浙、沪、皖等)文化遗民为研究对象,对这一遗民群体形成的概念内涵、历史背景、成员构成、类型划分、生存状态、民族气节、政治选择、思想学术、道德操守、情感寄托、价值追求、人格境界、历史记忆等进行综合性的考察。明末清初的文化遗民大多出身名门望族,有深厚的家学渊源与文化积淀,以儒雅传家,以学识传道,以气节传世。他们坚守独立的人格、遗民的尊严、自由的思想,以悲悯天下的终极关怀精神,在明清易代的特殊历史时期为传承江南文脉作出了自己独特的文化贡献。本课题尝试从总体上揭示文化遗民的人文风范,为学界提供一种从"三不朽"的独特视角评价明清之际江南文化遗民的研究思路,解读与展现他们"为天地立心,为生民立命,为往圣继绝学,为万世开太平"的崇高使命。

第二章 "文化遗民"概念辨析

　　在中国古代社会中,改朝换代之事变屡有发生,"遗民"的存在无疑是伴随其中的一个重要的社会、政治、文化现象。就传统定义而言,遗民泛指"江山易代之际,以忠于先朝而耻仕新朝者"①。南宋诗人陆游《秋夜将晓出篱门迎凉有感》云:"遗民泪尽胡尘里,南望王师又一年",表达出南宋遗民诗人的心声。明末大儒黄宗羲说:"天地之所以不毁,名教之所以仅存者,多在亡国之人物。"②从不同时代的"文化遗民"们吐露的心声来看,易代之际遗民们坚守着崇高的民族气节,其人格风范可歌可泣。因此,"所谓遗民现象,实际上就是中国传统文化在某些特定历史时期所表现出的一种独特形式。"③文化遗民不仅以高尚的志节彪炳史册,更以拯救、弘扬、传承民族文化为己任,其政治品格的核心内涵是对国家、民族命运的深切关注以及爱国情感的真诚投入。总之,古代士子之德操在文化遗民身上得到充分体现,他们是忧国忧民、悲天悯人的仁人志士。

---

① 谢正光:《清初诗文与士人交游考》,南京:南京大学出版社2001年版,第6页。
② (清)黄宗羲:《万履安先生诗序》,《黄宗羲全集》第十册,杭州:浙江古籍出版社2005年版,第49页。
③ 方勇:《南宋遗民诗人群体研究》,北京:人民出版社2011年版,第101页。

一、"遗民者,天地之元气也"

研究任何一个学术问题,都应当从辨明核心概念的内涵开始。关于"遗民"的释义,《现代汉语词典》的解释是:"指改朝换代后仍然效忠前一朝代的人,也泛指大乱后遗留下来的人民。"①如果综合《汉语大词典》和《辞海》等其他工具书的释义,并以此作为参照系,"遗民"的内涵可分为广义与狭义两类。广义的遗民概念泛指改朝换代之后所有的幸存者,强调的是时间属性,即从前朝过来的人,基本上不带政治因素与感情色彩;狭义的遗民概念是指改朝换代后不愿出仕新朝或不肯承认新朝的人,具有政治内涵、感情因素以及道德色彩。显然,广义的遗民概念中包括狭义的遗民。

这种狭义的遗民概念,同时构成文化意义上的遗民概念,也可称为"文化遗民"。当然,对"文化遗民"的理解不应仅仅局限于狭义概念的"仕"与"不仕"新朝的层面上,还要关注他们内心是否具有强烈的遗民意识,即要考察他们对传统文化中的政统、道统、学统传承等方面的依附性与自觉性。如果将上述内容纳入"文化遗民"的内涵之中,进入新朝后他们无论是"遗"还是"逸",是"仕"还是"隐",我们考察"文化遗民"的重心,应当放在其内心是否不忘亡国之痛,是否关注天下兴亡,是否致力于传统文化的传承,是否保持晚节的道德层面上。"仅仅以是否出仕新朝作为唯一的衡量标准,显然是失之笼统和武断的。"②

我们首先从考察广义的"遗民"概念开始。如果以历代史书典籍的记载和名人诗文作为参照,广义的"遗民"概念也可细分为许多不同的类型。例如,他们或指亡国之民,或沦陷区的百姓,或劫后余生的普通群众,或指后裔、隐士、百姓,或指前朝遗老,等等。从文献记载上看,广义的"遗民"概念,运用的范围极其广泛。具体地说,主要包括以下几种人群:

---

① 中国社会科学院语言研究所词典编辑室:《现代汉语词典》,北京:商务印书馆1979年版,第1348页。
② 方勇:《南宋遗民诗人群体研究》,北京:人民出版社2011年版,第3页。

一是改朝换代时，前朝灭亡后遗留下的百姓，泛指亡国之民。古代文献中最早出现"遗民"这一概念的是《左传·哀公四年》，其中记载曰："司马致邑，立宗焉，以诱其遗民，而尽俘以归。"杜预注曰："楚复诈为蛮子作邑，立其遗民宗主。"《史记·周本纪》记载："成王既迁殷遗民，周公以王命告，作《多士》《无佚》。"这是殷周之际历史上最早出现的遗民。

二是沦陷之民，指沦陷区的百姓。此处所说"沦陷区"，既可指改朝换代后的全部区域，也可指动乱中的局部区域。例如，宋代陆游《感兴》诗曰："遗民沦左衽，何由雪烦冤？"元代诗人王逢《钱塘春感》诗之六云："遗民暗忆名都会，尚绕湖滣唱大堤。"清代诗人唐孙华《读顾亭林集二十四韵》云："胜国遗民在，贞心匪石坚。"

三是劫后余生，泛指政治大动乱后留存下来的百姓。例如，《左传·闵公二年》记载："卫之遗民男女七百有三十人，益之以共、滕之民为五千人，立戴公以庐于曹。"《三国志·魏志·卫觊传》曰："当今千里无烟，遗民困苦，陛下不善留意，将遂凋弊不可复振。"这里所用"遗民"概念，是指在战争动乱过程中的一些幸存者。

四是指古代某氏族部落的后裔、后代。例如，《左传·襄公二十九年》记载："为之歌《唐》，曰：'思深哉！其有陶唐氏之遗民乎？不然，何忧之远也？非令德之后，谁能若是？'"宋代梅尧臣《寄题苏子美沧浪亭》诗云："莫与吴俗尚，吴俗多文身。蛟龙刺两股，未变此遗民。"清代钱谦益《父诰》曰："予观于土风，巴之人有好古乐道之诗焉。今其遗民犹有存者。"

五是指隐逸之士。例如，《艺文类聚》卷七载，汉代杜笃《首阳山赋》云："其二老（指伯夷、叔齐）乃答余曰：'吾殷之遗民也。厥胤孤竹，作蕃北湄，少名叔齐，长曰伯夷。'"唐代张登《招客游寺》诗曰："招取遗民赴僧社，竹堂分坐静看心。"明代李介《天香阁随笔》卷二云："梁溪陈卿茂，字本符，予未识其人，曾于友人处见其诗笺一幅，玩其词意，亦今日之遗民也。"清代王士禛《香祖笔记》卷八云："张遗，字瑶星，金陵遗民也。居栖霞一小庵，数十年不入城市，著书十余种。"

六是指某些落后于时代步伐的普通老百姓。例如，宋代叶适《再申省状》云："伏乞俯加矜恻，特赐奏闻，许令就今年致仕。渔樵故物，复还山泽之臞；耕凿遗民，永被乾坤之造。"宋代陈亮《胡夫人吕氏墓碣铭》云："因叹承平遗民，虽妇人犹能如此。"明代冯梦龙《东周列国志》云："宁速收拾遗民，随后赶上。"

七是前朝遗老，指改朝换代后不仕新朝之文人。例如，清代梁章钜《归田琐记·鼓楼刻漏》云："陈石堂，名普……以宋遗民不受元聘，隐居授徒，岿然为后学师表。"鲁迅《朝花夕拾·藤野先生》云："这是明的遗民朱舜水先生客死的地方。"

从古代文献记载来看，广义的遗民概念大致包括以上七种情况。从中国历史上考察，"遗民"现象最初是从"逸民"演化出来的。"逸民"这一现象，最早可追溯到饿死不食周粟的伯夷、叔齐。根据司马迁《史记·伯夷列传》记载，伯夷、叔齐是殷商末年孤竹君的两个儿子，相传父遗命要立次子叔齐为继承人。孤竹君死后，叔齐让位给伯夷，伯夷不受，叔齐也不愿登位，先后都逃到周国。"（武王）东伐纣。伯夷、叔齐叩马而谏曰：'父死不葬，爰及干戈，可谓孝乎？以臣弑君，可谓仁乎？'左右欲兵之。太公曰：'此义人也。'扶而去之。武王已平殷乱，天下宗周，而伯夷、叔齐耻之，义不食周粟，隐于首阳山，采薇而食之。及饿且死，作歌。其辞曰：'登彼西山兮，采其薇矣。以暴易暴兮，不知其非矣。神农、虞、夏忽焉没兮，我安适归矣？于嗟徂兮，命之衰矣！'遂饿死于首阳山。"①作为两个贵族公子，伯夷、叔齐独行其志，具有兄弟让国风范和耻食周粟气节。这种"逸民"气节，历来受到人们的推崇。在孔子看来，伯夷、叔齐乃"古之贤人也"。子贡曾问他：伯夷、叔齐饿死在首阳山下，怨不怨呢？孔子答曰："求仁而得仁，又何怨？"②伯夷、叔齐抱节而亡，其人格节操成为后世遗民效仿的范式。

孙静庵《明遗民录》章炳麟序曰："《论语》志逸民，而冠以伯夷、叔齐。子曰：'不降其志，不辱其身者，伯夷、叔齐欤！'呜呼！此孔子之微旨也，是乃孔子常常讽道之意云尔。……今静庵孙子，生当有清之世，而于有明遗老，乐为称道不衰。"③由此可见，章太炎为孙静庵《明遗民

---

① （西汉）司马迁：《史记》卷六十一，《伯夷列传》，北京：中华书局1982年版，第2123页。
② （春秋）孔子：《论语》卷十三，《述而》上，《论语集释》第二册，北京：中华书局1990年版，第462页。
③ 谢正光、范金民：《明遗民录汇编》下册，南京：南京大学出版社1995年版，第1368—1369页。

录》所写的序言,也是从孔子《论语》表彰伯夷、叔齐两位逸民开始的。

在特定的历史背景下选择当"逸民",应当说是伯夷、叔齐主动而刻意的选择,这意味着他们选择的是一种自我放逐、自我封闭的人生,意味着他们的人生将被时代和政局边缘化。同样,严格意义上的"遗民"身份,也因为这份孤独的道德操守而充满着人格的无限魅力。这种人格魅力,使得即使是在异族统治下的新朝,对遗民们的复杂态度中甚至都掺杂着一种情不自禁的敬畏之心。无论是故国的倾覆还是对新朝的叛逆、疏离,都使文化遗民们失却了作为士人赖以生存的社会制度基础,从而无意间突显了作为个体存在的价值和意义。尽管他们在精神价值上依然执着而顽强地虚拟着同"胜朝"政统、道统一脉相承的象征意义,然而他们的思想、个性和精神气象只属于易代之际这一有限的特定的历史时空,他们在此夹缝中艰难地生存着。他们以一种独善其身的生活方式,保持着精神上的尊严与自由。

按照胡适先生在其名著《说儒》中的考证,对"儒"概念的考察与"遗民"概念是结合在一起的。这一考察具有独到的学术价值。如果以遗民心态作为参照,孔子也可纳入"遗民"之列。王夫之《读通鉴论》曰:"孔子,殷人也,而用殷礼,示不忘故也。然而泫然流涕,则圣人之情亦见矣。"[1]胡适《说儒》认为:"孔子的祖先是宋人,是殷王室的后裔,所以他临死时还自称为'殷人'。"在胡适看来,"从儒服是殷服的线索上,我们可以大胆的推想:最初的儒都是殷人,都是殷的遗民,他们穿戴殷的古衣冠,习行殷的古礼。"我们必须明白,"殷商的文化的中心虽在今之河南,……而东部的齐鲁皆是殷文化所被,殷民族所居。……鲁也是殷人的旧地。……傅斯年先生前几年作《周东封与殷遗民》一文,证明鲁'为殷遗民之国'。"胡适说明了"儒"的来历:"儒是殷民族的礼教的教士,他们在很困难的政治状态之下,继续保存着殷人的宗教典礼"。因此,"他们的宗教是殷礼,他们的人生观是亡国遗民的柔逊的人生观。"[2]

关于"儒"与"道"的历史关系,胡适认为"老子也是儒。儒的本义为

---

[1] (明)王夫之:《读通鉴论》卷七,上册,北京:中华书局 1975 年版,第 252 页。
[2] 胡适:《说儒》,台北:台湾远流出版事业股份有限公司 1986 年版,第 5、13—14、44 页。

柔,而《老子》书中的教义正是一种'宽柔以教,不报无道'的柔道。……如果'儒,柔也'的古训是有意义的,那么,老子的教义正代表儒的古义"。古代传说认"老子为一位知礼的大师","是那正宗老儒的一个重要代表"。从孔子问礼于老聃的记载来看,老子仍旧代表着那随顺取容的亡国遗民的心理。"老子、孔子都是深知礼意的大师"。因此,作为儒家创始人的孔子和作为道家创始人的老子都是"遗民"身份。"孔子和老子本是一家,本无可疑。后来孔老的分家,也丝毫不足奇怪。老子代表儒的正统,而孔子早已超过了那正统的儒。老子仍旧代表那随顺取容的亡国遗民的心理,孔子早已怀抱着'天下宗予'的东周建国的大雄心了。"①

　　在胡适看来,"孔子所以能中兴那五六百年来受人轻视的'儒',是因为他认清了那六百年殷周民族杂居,文化逐渐混合的趋势,他知道那个富有部落性的殷遗民的'儒'是无法能拒绝那六百年来统治中国的周文化的了,所以他大胆的冲破那民族的界限,大胆的宣言'吾从周'!"孔子实际上一生都崇尚周公之礼。"所谓'周礼',其实是这五六百年中造成的殷周混合文化。"②孔子曰:"周监于二代,郁郁乎文哉! 吾从周。"③也就是说,孔子身上既有一种挥之不去的殷遗民情结,同时也对陶然自适、秩序井然的周代礼法顶礼膜拜,心仪万千。孔子作为中国传统文化的继往开来者,他通过删诗书、定礼乐、修《春秋》,对他之前的三代文化进行系统整理,反映出浓厚的怀旧意识和对传统文化的依依不舍。"从一个亡国民族的教士阶级,变到调和三代文化的师儒;用'吾从周'的博大精神,担起了'仁以为己任'的绝大使命——这就是孔子的新儒教"④,即"把那亡国遗民的柔顺取容的殷儒抬高到那弘毅进取的新儒"⑤。

　　陈垣在《明季滇黔佛教考》中指出:"昔孔子论逸民有三等,曰不降其志,不辱其身,伯夷、叔齐欤,此忠义传人物也。谓柳下惠、少连,降志

① 胡适:《说儒》,台北:台湾远流出版事业股份有限公司 1986 年版,第 82、86—90 页。
② 胡适:《说儒》,台北:台湾远流出版事业股份有限公司 1986 年版,第 64—65 页。
③ (春秋)孔子:《论语》卷六,《八佾》下,《论语集释》第一册,北京:中华书局 1990 年版,第 182 页。
④ 胡适:《说儒》,台北:台湾远流出版事业股份有限公司 1986 年版,第 70 页。
⑤ 胡适:《说儒》,台北:台湾远流出版事业股份有限公司 1986 年版,第 81 页。

辱身矣,言中伦,行中虑,此隐逸传人物也。谓虞仲、夷逸,隐居放言,身中清,废中权,此方外传人物也。"①明代遗民归庄在序时人朱子素《历代遗民录》时写道:"孔子表逸民,首伯夷、叔齐;《遗民录》亦始于两人,而其用意则异。凡怀道抱德不用于世者,皆谓之逸民;而遗民则惟在废兴之际,以为此前朝之所遗也。……故遗民之称,视其一时之去就,而不系乎终身之显晦,所以与孔子所表逸民,皇甫谧之传高士,微有不同者也。"②这就是说,归庄将"遗民"与"逸民"严格区分开来,"遗民"是改朝换代之际的"逸民"。"是则遗民者,秉忠于先朝之士也"③。其实,"作为一种生活方式,'遗'与'逸'几无分别——'遗'之为生活方式(以及表达方式),是直接由'隐逸传统'中承袭的。"④

由此可见,"'遗民'在中华民族历史文化中,是一个独特的政治群体概念,伯夷、叔齐以降,其内涵也在不断丰富与深化,从起初的'逸民'再到不与新王朝合作,坚守旧王朝政治信念,而到了宋末元初,以及明末清初,'遗民'内涵则增加了民族问题的'华夷之辨'的'异族'统治的问题。"⑤"遗民"概念从"逸民"概念而来,其内涵随历史发展而不断丰富与深化。

从广义上说,"'遗民'系中国历史上非常独特的现象。环顾世界史的发展,中国跟其他民族或国家迥异处,即以改朝换代作为解决治乱最终之道。每当遭逢易代之际,便有少数人为了表达对故国旧君的眷恋,选择以自我放逐或反对的方式来对待新朝,于是被视为'遗民'。"⑥从狭义上说,"清初邵廷采《宋遗民所知录》有云:'两汉而下,忠义之士至南宋之季盛矣。'以'忠义之士'褒称遗民之属,正缘此辈枕戈泣血、幽愤洒泪于波诡云谲之特定历史时空,而能力葆人格自我完善,知耻持节,矢志不移。是故邵氏慨乎其言曰:'是人也不求名而名不可磨灭焉。所

---

① 陈垣:《明季滇黔佛教考》,石家庄:河北教育出版社2003年版。
② (清)归庄:《历代遗民录序》,《归庄集》上册卷三,上海:上海古籍出版社1984年版,第170页。
③ 谢正光:《清初诗文与士人交游考》,南京:南京大学出版社2001年版,第8页。
④ 赵园:《明清之际士大夫研究——作为一种现象的遗民》,北京:北京师范大学出版社2014年版,第6页。
⑤ 刘鹤:《遗民情结"场"下的台湾现代文学叙事研究》,长春:吉林大学出版社2017年版,第182页。
⑥ 林志宏:《民国乃敌国也:政治文化转型下的清遗民》,北京:中华书局2013年版,第475页。

持者人心,非必其天道也。'"①此所谓"遗民",即易代之际的"忠义之士"。

总之,"'遗民'一词的内涵也从'春秋时期'的'前朝遗留下来的人',延伸为两汉后的'逸民'和'不仕新朝'的人。到了南宋后,遗民有了强烈的汉民族政治文化色彩:政治上反抗异族入侵、否定异族统治的合法性;文化上艰难地守护汉族文明、自觉传承华夏文化,如王应麟入元后撰写《三字经》,以此对儿童进行汉文化的启蒙教育,使之传承华夏文明。明末清初,明遗民不仅直接参与军事斗争,对抗清朝强大的军事进攻,失败后更是著书立说,对抗清初清王朝的文化暴政,以此保存汉文明的星星火种。"②这一分析基本上符合历史文献记载中对"遗民"概念的运用。

明代遗民大儒黄宗羲对何谓"遗民"的问题,有着深切的理解:"嗟乎!亡国之戚,何代无之。使过宗周而不悯《黍离》,陟北山而不忧父母,感阴雨而不念故夫,闻山阳笛而不怀旧友,是无人心矣。故遗民者,天地之元气也。然士各有分,朝不坐,宴不与,士之分亦止于不仕而已。"③遗民的表现形式多种多样,各自保持道德气节,其中不忘故朝及不仕新朝是其最重要特征之一。从根本上说,这种气节来自"天地之元气"。

中国传统哲学对"气"的探讨源远流长。早在先秦典籍中,《管子》《庄子》已出现"气"的概念。所谓"元气",是中国古代哲人认为的构成天地自然及生命运行的基本物质范畴。"元"在汉语中是开始的意思,元气即万事万物之根源。《论衡·谈天》曰:"元气未分,混沌为一";"万物之生,皆禀元气"。《白虎通义·天地》曰:"天地者,元气之所生,万物之祖也"。元气具有生成化育的能力,人类亦禀受其化育之功而成为世上性灵之物。《太平经》说:"凡事人神者,皆受之于天气;天气者,受之于元气。"作为世界本原概念的元气,被后世儒者用来指称宇宙人生的

---

① 方勇:《南宋遗民诗人群体研究》,北京:人民出版社2011年版,序二,第9页。
② 刘鹤:《遗民情结"场"下的台湾现代文学叙事研究》,长春:吉林大学出版社2017年版,第7页。
③ (清)黄宗羲:《谢时符先生墓志铭》,《黄宗羲全集》第十册,杭州:浙江古籍出版社2005年版,第422页。

形上本质。"在他们看来,这个本质,就人类社会而言是基本的伦常秩序,就个体人生而言是基本的道德法则。"①黄宗羲这里所说的"遗民者,天地之元气也",既秉承传统哲学范畴"元气"说的基本内涵,又强调志士仁人的浩然正气,旨在突出遗民的精神层面和道德意义的气节问题。

大凡中国历史上的易代之际,都普遍存在着大量怀有故朝之思的遗民,这是一个带有规律性的历史现象。"一切尊重'传统'(所谓'保守'派),不轻言'革新'(所谓'激进派')的人,一切不为时间所囿,有着恒定的、一以贯之的价值信仰的人都可称为'遗民'。"②因此,"'遗民'之称更是一种道义上的称谓,其他词语无法取代。"③中国传统文化所崇尚的最高精神境界,是一种道德境界。这也就是说,"在中国儒家历史文化语境中,'遗民'具有独特的政治文化含义,包括忠君意识、守护华夏文明的文化自觉、高尚的人格魅力与道德操守等。"④遗民是一种历史现象,也是一种文化现象。如果说遗民是一种因政治立场而决定的身份,那它的本质则是"文化遗民"。

二、文化遗民:"文化精神所凝聚之人"

从对"遗民"概念的解读中可知,"'遗民'一词的解释,尽管学者各有所依,但对其解析大致相同,所指便是时代鼎革,依然不肯承认新朝,仍奉旧朝为正朔,甚至为恪守这一传统道德放弃生命与仕途经济的士绅阶层。"⑤这种"士绅阶层"是遗民中的文人。这是一种狭义的遗民概念,即文化遗民。"陈寅恪颇推重宋儒。宋儒论人有义理之性与气质之性的分疏,大致即是把人的存在分为自然生命与文化生命二个层面。"⑥我们若以此来解读遗民现象,自然生命层面上是遗民,文化生命层面上

---

① 李瑄:《明遗民群体心态与文学思想研究》,成都:巴蜀书社 2009 年版,第 430 页。
② 田崇雪:《遗民的江南——中国文化史上的遗民群落》,上海:学林出版社 2008 年版,第 2 页。
③ 敖运梅:《南明浙东遗民诗歌研究》,杭州:浙江大学出版社 2017 年版,第 16 页。
④ 刘鹤:《遗民情结"场"下的台湾现代文学叙事研究》,长春:吉林大学出版社 2017 年版,第 7 页。
⑤ 敖运梅:《南明浙东遗民诗歌研究》,杭州:浙江大学出版社 2017 年版,第 15—16 页。
⑥ 陈明:《谁解陈寅恪》,载《中华读书报》2004 年 4 月 30 日。

是文化遗民。

　　传统的中国社会,基本上是一个以有知识、有文化的士大夫为中心的四民社会结构。在士农工商四大阶级的等级分层中,士为四民之首。中国古代社会自隋唐以来通过科举制度,从社会中选拔精英人才,保证阶层等级间的有序流动,维持社会秩序的整合。士大夫本属社会的精英阶层,是国家与社会相互联系的纽带。他们在朝为官,在野为绅。士绅体现着道统与政统的统一,以及仕学合一的传统。在易代之际,他们就成为文化遗民的主体。"士作为中国古代社会四民之首,他们的精英地位,使他们在文化史、思想史上有着特殊的作用"①。这是一个既要维持文化担当,又要安顿生命情怀的社会阶层。

　　作为普通遗民中的一个重要组成部分,以士绅文人群体构成的"文化遗民"中的绝大部分都是载入史册的杰出人物。他们的杰出贡献表现为在朝代更替、政治鼎革等因素导致学术文化价值削弱之时,坚持以从事学术研究、赓续学术思想、维护传统道德以及文化典籍的收藏、整理等事业作为终身职志,对传统的文化价值、道德观念加以传承开拓。"从文化的角度来看,'遗老'心态,其实是出于对传统的文化的爱护和依恋。一个国家要延续自己的文化,不能没有'遗老';一个国家要推动、发扬自己的传统文化,也须恰当地评价'遗老'的作用。"②这里所谓的"遗老",实际上就是"文化遗民"的别称。

　　"文化遗民"作为劫后余生的遗民中的文人,其生存意义要通过自身价值显现出来。"文化遗民"处于易代之际"士"所固有的角色位置上,是传统士大夫阶层与过去历史时代的联结,这不仅是一种特殊的身份象征,而且反映着文人的生存状态、思想感情与价值取向。如果说"文化遗民"是被传统文化所"化"之遗民,那么,其人生价值以关注"天下兴亡"的特殊情境,将士大夫的角色通过对社会现实的文化关怀而凸显出来。中国历史上的士大夫角色,是有深厚的家国情怀和深刻的忧患意识,视天下为己任的文士。"文化遗民"作为士大夫与易代之际政

---

① 冯玉荣:《明末清初松江士人与地方社会》,北京:中国社会科学出版社 2011 年版,第 8 页。
② 赵令扬:《陈寅恪先生与民族文化史之研究》,《〈柳如是别传〉与国学研究——纪念陈寅恪教授学术讨论会论文集》,杭州:浙江人民出版社 1995 年版,第 22 页。

治状况的一种独特联系方式,他们选择的人生态度与生活方式,集道统担当、学统承续与文脉流传于一身,是"养天地正气,法古代完人"的正人君子。

从这一意义上考察"文化遗民",王国维具有典型意义。进入民国后,一些晚清遗老跟不上时代前进步伐,成为清遗民。然而,仰望中国20世纪20年代的学术星空,王国维无疑是集哲学、经学、史学、戏曲学、甲骨学、敦煌学等学术成果于一身的国学大师。作为从旧王朝中走出的"新民",王国维在历经辛亥革命的烽火洗礼后,戏剧般地成为民国中最具典型意义的"清遗民"。"当朝代更迭时,士子文人唯一可用以抗争的便是自己所拥有的最珍贵的生命,可以想象为什么王国维在传统文化断裂之后,一心寻死,别无他念。"[1]1927 年 6 月 2 日,王国维在北京颐和园自沉昆明湖而亡,一代文化巨匠就此陨落,终年 50 岁。"以放弃自我而完成自我,这是社会失序、道德沦丧下的具有末代士大夫意识的一种价值追求的抉择。"[2]立足于今天,"人们委实难以理解,以先生横绝一世的非凡才智,在学术研究上能够卓有成效地借鉴西方近代理性思维,将其运用于梳理学统遗产,为什么就不能同样参照西方'理论哲学'和启蒙思想,同样地也对中国的道统和政统遗产哪怕略略有所质疑、略略有所分析、略略有所商榷? 一位学术上如此具有自主性、善于开拓的巨擘,怎么在思想感情上会是如此拘谨地恪守陈规旧矩者(conformist),以至于把两千余年帝制下形成的意识形态的某些符号当成了自己的终极关怀(ultimate concern),错位以至于此?"[3]

值得注意的是,"自谓'思想在同光之间'的陈寅恪面对文化传统之遭摧残,同样也是愁绪萦回,一腔惆怅。"[4]陈寅恪治史历来持文化至上观点,即认为文化超越于政治、经济、民族之上。他在为清华大学所立

---

① 敖运梅:《南明浙东遗民诗歌研究》,杭州:浙江大学出版社 2017 年版,第 42 页。
② 张广达:《王国维的西学与国学》,《〈中国学术〉十年精选——融合与突破》,北京:商务印书馆 2014 年版,第 49 页。
③ 张广达:《王国维的西学与国学》,《〈中国学术〉十年精选——融合与突破》,北京:商务印书馆 2014 年版,第 49 页。
④ 张广达:《王国维的西学与国学》,《〈中国学术〉十年精选——融合与突破》,北京:商务印书馆 2014 年版,第 49 页。

的王国维纪念碑撰写的铭文中写道:"士之读书治学,盖将以脱心志于俗谛之桎梏,真理因得以发扬。思想而不自由,毋宁死耳。斯古今仁圣所同殉之精义,夫岂庸鄙之敢望?先生以一死见其独立自由之意志,非所论于一人之恩怨,一姓之兴亡。"①在陈寅恪看来,作为清室遗老的王国维之死,不能简单解读为"殉清"之举,需要摆脱"道德政治化"的思考模式。王氏自沉殉节不是一姓之兴亡(指清朝)所造成的,更深刻的原因是其所体现的独立自由之意志。作为"文化遗民",王国维所承担的是所谓"道""节义""纲纪"等文化观念所体现出的精神价值、社会责任和道义担当。这些正是文化遗民舍生取义的理想追求。

这就是说,王国维是为自己的文化理想献身之人。1934年《王静安先生遗书》付梓时,陈寅恪在为之撰写的序言中,再次语及王国维之死因问题。"古今中外志士仁人,往往憔悴忧伤,继之以死。其所伤之事,所死之故,不止局于一时间一地域而已。盖别有超越时间地域之理性存焉。而此超越时间地域之理性,必非其同时间地域之众人所能共喻。"陈寅恪以为,王国维之死的忠贞道德体现的是"超越时间地域之理性"精神,这种道德精神是具有超越时空之永恒价值的。王国维的生命价值,其实已非他个人所有,而是学术界之公器。

陈寅恪在悼念王国维时指出:"凡一种文化值衰落之时,为此文化所化之人,必感苦痛,其表现此文化之程量愈宏,则其所受之苦痛亦愈甚";而王国维"所殉之道,与所成之仁,均为抽象理想之通性,而非具体之一人一事"。在陈寅恪看来,清道光之后,"盖今日之赤县神州值数千年未有之巨劫奇变;劫尽变穷,则此文化精神所凝聚之人,安得不与之共命而同尽,此观堂先生所以不得不死,遂为天下后世所极哀而深惜者也。"②王国维的殉道与成仁,为的是维护传统伦理纲纪,其死是"文化托命"的表现。从中国文化精神的守望者与学术思想的传承者这一视角来说,王国维是"此文化精神所凝聚之人",堪称民国初年最具典型的"文化遗民"。吴宓认为:"王静安先生自沉后,哀挽之作,应以义宁陈寅

① 陈寅恪:《金明馆丛稿二编》,上海:上海古籍出版社1980年版,第247页。
② 陈寅恪:《王观堂先生挽词序》,《陈寅恪学术文化随笔》,北京:中国青年出版社1996年版,第3—4、6页。

恪君之《王观堂先生挽词》为第一。"①陈氏挽词之深刻,在于对文化遗民精神之揭示。

分析王国维"文化遗民"身份的典型意义,目的在于进一步考察文化遗民的普遍性特质。所谓"文化精神所凝聚之人",系传统文化、个体人生、国家民族命运于一身,即陈寅恪《挽王静安先生》诗中所说"文化神州丧一身"②。按照陈寅恪的理解,"文化遗民"就是"文化精神所凝聚之人",或者说"凡一种文化值衰落之时,为此文化所化之人",而"文化精神所凝聚之人"是为维系民族文化命脉而生存,其人生价值必然与传统文化共命运。余英时曾如此评价陈寅恪的《王观堂先生挽词序》:"陈先生在字里行间对中国传统文化流露出无限恋恋不舍之情,但他所向往的并不是已过时的具体制度,而是抽象的文化理想。"③

作为"文化托命"之人,文化遗民的生命价值与人生意义,主要体现在对文化精神的传承上,体现在对中华文脉的延续上,体现在对抽象的文化理想的向往上。由于文化遗民处在一个特殊的社会文化环境中,当一种文化衰落之时,必然会有一种新文化兴起,那些为旧文化所"化"之人,在即将兴起的新文化环境中,无法融入其中而深感痛苦,并想尽一切办法去维护或传承那即将衰落的传统文化。这种文化遗民,由于其传统文化情结的根深蒂固,由于其遗民立场的文化内涵,其所有的情感表达都被赋予了一种内在的文化精神。文化遗民们所确立的不仅是个体化的生存方式或人生态度,也不仅是易代之际的政治选择或文化表达,而是内含着一种普遍意义的文化精神。王国维是以一种殉道成仁的特殊方式,表达文化遗民对中国传统文化精神的理解。正如陈寅恪在《清华大学王观堂先生纪念碑铭》中所说:"士之读书治学,盖将以脱心志于俗谛之桎梏,真理因得以发扬。思想而不自由,毋宁死耳。斯古今仁圣所同殉之精义,夫岂庸鄙之敢望。"因此,"先生之著述,或有时而不章。先生之学说,或有时而可商。惟此独立之精神,自由之思想,

---

① 吴宓:《吴宓诗话》,北京:商务印书馆 2005 年版,第 193 页。
② 陈寅恪:《诗集》,北京:生活・读书・新知三联书店 2001 年版,第 11 页。
③ 余英时:《陈寅恪的学术精神和晚年心境》,转引自冯衣北:《陈寅恪晚年诗文及其他——与余英时先生商榷》,广州:广州花城出版社 1986 年版,第 55 页。

历千万祀，与天壤而同久，共三光而永光。"①在陈寅恪看来，"独立之精神，自由之思想"乃历史文化之根，是华夏民族得以延绵一脉的文化精神。

陈寅恪在其著作中多次提及"独立之精神，自由之思想"，这是最为人们称道敬佩之处。考证其出处与用法，要旨有三：其一是维护"我民族"的文化独特性，此即为《论韩愈》《柳如是别传》等著述的思想主旨之一；其二是反对政治对学术的干预，保持学术的"中立"价值，亦即王国维所说的"学问之自由独立"；其三指治学态度，不可依傍他人，主张独立思考，勇于创新。"独立之精神"与"自由之思想"作为时代学术之新潮流，作为一种新型的文化品格，不可能脱离现代价值观念而存在。王国维既保留了传统学术的特点，又对中国现代新学术的开启作出了不可磨灭的贡献。

文化遗民作为"文化托命"之人，是易代之际一个特殊的士人群体，这些文人大多具有崇高的民族气节。文化遗民们在自我选择的人生道路上崇尚"独立之精神，自由之思想"，这对于自觉塑造遗民生活方式具有极其重要的意义。易代之际中国古代宗法社会纲纪伦理系统内部诸种矛盾的尖锐化，致使士人们在选择自己的政治态度时极其艰难困惑。在改朝换代这一特殊的历史时期，政治动荡与社会危机空前加剧，其间出现的诸多特殊的政治文化现象，引发士人们具有思想深度的批判性反思，唤起他们强烈的社会责任感。在故国与新朝之间，文化遗民的人格魅力，体现为这些文人们从道德意义上对生存状态的强烈关注和价值关怀。

从"文化精神所凝聚之人"的视角出发，"在遗民的世界中，表达深具意义的仪式和行为，经常是他们体现自我认同的方式。"②例如，境地记忆、衣着、历法、发辫等等。在这些仪式和行为的背后，无疑都有着强烈的遗民思想的支配。中国传统文化，历来以儒学为主体话语。历史上的每次改朝换代，文士们皆以儒学复兴为价值取向，并不因世易代变

① 陈寅恪：《清华大学王观堂先生纪念碑铭》，《陈寅恪学术文化随笔》，北京：中国青年出版社1996年版，第8—9页。
② 林志宏：《民国乃敌国也：政治文化转型下的清遗民》，北京：中华书局2013年版，第79页。

而丢失坚守传统文化的信念。这是以文化生命为关怀的儒家情怀。正是民胞物与的儒家情怀,以及救民水火的使命担当,构成文化遗民的内在生命价值,并使学术精神与生命境界合为一体。他们令后世学人心折的独特魅力,无疑系于文化遗民的人格境界。

从这一意义上考察,文化遗民由于其共同的政治立场、共守的道德准则、相似的生存方式,这一社会群体在价值取向、道德气节、情感表达、文学主题、叙事题材、审美品格等方面都具有鲜明的相似性。这种相似性产生的根本原因,在于他们对易代之际的社会文化具有共同认识,或者说是他们对文化、文学与人生关系具有共同认识。当然,人们并不难发现文化遗民们作为个体的文学创作者也具有各自的独特性。黄宗羲作为明清之际的重要思想家和"文化遗民"群体中的一个代表人物,他对"遗民""文章""天地"三者有如下论断:"遗民者,天地之元气也。"[1]他又用"天地之元气"来论述遗民的诗文篇章,指出:"夫文章,天地之元气也。"[2]在明清易代这一特殊历史时代,黄宗羲以"天地之元气"为中介,将"遗民"与"文章"统一起来,因而对二者的本质获得同构性认识,凸显出"文化遗民"的文化意义。从易代之际的社会政治层面来说,"元气"在遗民身上主要体现为"忠义"之气。

总之,"'遗民'出自士人刻意的自我塑造,自觉的姿态设计。'遗民'需凭借一系列方式(记号)而自我确认,而为人所辨识。"[3]从社会阶层上说,文化遗民是易代之际一个特殊的文人群体;从政治态度上说,文化遗民具有忠于前朝的家国情怀;从道德规范上说,文化遗民坚持注重民族气节的人生操守;从哲学信仰上说,文化遗民追求"三不朽"的价值理念;从文化传承上说,文化遗民是"道济天下"的知识精英。由此可见,文化遗民既是特定历史时期的文脉传承者,也是坚定的中华民族文化精神的传扬者。

---

① (清)黄宗羲:《谢时符先生墓志铭》,《黄宗羲全集》第十册,杭州:浙江古籍出版社 2005 年版,第 422 页。

② (清)黄宗羲:《谢皋羽年谱游录注序》,《黄宗羲全集》第十册,杭州:浙江古籍出版社 2005 年版,第 34 页。

③ 赵园:《明清之际士大夫研究——作为一种现象的遗民》,北京:北京师范大学出版社 2014 年版,第 274 页。

三、明清之际的江南文化遗民

在人们的印象中,江南以鱼米之乡闻名天下。从白居易《忆江南》中的"江南好,能不忆江南",到如今人们一再发出"何处是江南"①的提问,说明"江南"概念的内涵具有多重意义。在中国历史区划的变迁中,"江南"原本就是一个不断变化着其所辖范围的区域概念,我们可以从地理、历史、政治、经济、文化、文学、学术等诸多方面进行考察研究。从历史上行政区划的变迁来看,明朝时期长江下游地区设南直隶,下辖现今江苏、安徽及上海两省一市的大部分地区。南直隶围绕着朱元璋定都的南京,显然是天下重心之所在。当时,南直隶提供的赋税占全国的三分之一,科考出来的官员占全国的一半,因而成为名副其实的经济文化重镇。清朝入主中原后,体量庞大的南直隶不复存在,先被改为江南省,继而分为江苏和安徽两省。清朝拆分江南省并未以长江或淮河为界作南北划分,而是沿江淮流域的上下游作东西向的切分。安徽省位于江南地区的上游,江苏省位于江南地区的下游。我们这里所用的"江南"概念,是一个地理区域与文化内涵相统一的复合概念。从地理概念上说,是以江苏为中心,包括江苏、上海、浙江、安徽三省一市地理区域范围在内的广义"江南"概念;从文化概念上说,明末清初的文化遗民分布具有区域性,是从"文化遗民"特定意义上考察的文化"江南"概念。因此,"江南文化遗民"概念以地理概念为基础,以文化概念为内涵。

中国历史上的"遗民自伯夷、叔齐而始,代不乏人,且都以高行清节名于世,而明末清初的遗民较之前朝各代,无论从规模,还是品节行止等均产生了令人骇目惊心的影响力,能够与其形成参照的是宋末元初的遗民,但宋遗民的遭遇远非明遗民可比"②。历史上虽然代有遗民,情况各不相同,但遗民现象最集中地出现在宋末元初、明末清初及清末民

① 杨念群:《何处是江南?——清朝正统观的确立与士林精神世界的变异》(增订版),北京:生活·读书·新知三联书店 2017 年版。
② 时志明:《山魂水魄——明末清初节烈诗人山水诗论》,南京:凤凰出版社 2006 年版,第 105 页。

初这三个历史时期。尤其是宋末元初与明清之际,这两个时期作为民族矛盾与异质文化激烈冲突的产物,具有一定的共同性。总之,遗民作为一个特殊的社会群体出现于历史舞台上,"从伯夷、叔齐的采薇首阳,到文天祥就义大都、谢皋羽恸哭西台,中华民族始终有一股正气,浩然充塞于天地之间,排荡在志士仁人的方寸之内。但无论时世之艰迫、阵容之强盛、气节之凛然,任何一个时代的节烈之士都不能与明清易代相比。"①

与历代前朝相比,明遗民不仅人数众多,而且相关文献资料也较为丰富。其中,为明遗民立传的著作就有邵廷采《明遗民所知传》,黄容《明遗民录》,朝鲜佚名作者的《皇明遗民传》,陈云病《明遗民录》,孙静庵《明遗民录》,计六奇《明季南略》等。明清之际的文化遗民分布具有一定的地域性。除江南地区的文化遗民较为集中外,文化遗民较为集中的分布地区还有:粤东遗民,有陈伯陶《胜朝粤东遗民录》;滇南遗民,有秦光玉《明季滇南遗民录》;关中遗民等。谢正光、范金民在综合这七种明遗民录的基础上,辑成《明遗民录汇辑》(上下册)。我对谢正光、范金民《明遗民录汇辑》收录的遗民人数进行初步统计发现,明代遗民存在的时间虽然只有数十年,有名迹可考者达2000多人,远远超过此前任何一代的遗民人数。其中,江苏籍的遗民196人,浙江籍的遗民249人,安徽籍的遗民81人,上海籍的遗民27人。如果以此三省一市作为"江南"的地域范围,见诸文献载籍的江南遗民人数多达553人,占到《明遗民录汇辑》总数的四分之一以上。这些载入史册的明遗民,基本上都是文化遗民。

明遗民不仅人数众多,而且是一个地域性特征较为鲜明的群体。"就遗民地域群体而言,自然地理因素,与因此而形成的方言和习俗,以及遗民之间的交游和互通声气,是地域遗民群体相互影响和联系的纽带。依据遗民的生存空间,遗民的地域群落大致可以划分为关中、淮扬、江南、岭南和西南等几个主要地方遗民群体。地域遗民群体中又因

---

① 时志明:《山魂水魄——明末清初节烈诗人山水诗论》,南京:凤凰出版社2006年版,第441—442页。

处世方式、情趣好尚等的差异而派生出带有社集性的遗民小群体,如上述之关中三友、易堂九子、金陵八家、云间六子、浙东三俊、徐州二遗民等。因地域的缘故,亦因不同地域为清廷征服时间的先后之别,不同地域的遗民之人格特征、生存状态呈现出迥异的风貌。"①其中,淮扬遗民和江南遗民由于所处地域相连,人员往来较多,是可以视为一个遗民整体进行综合研究的。

就江南文化遗民而言,"江南地区,是遗民人数众多,遗民聚合最为活跃的地区。此处所言之'江南',既非清初行政区划中的江南省,亦非传统概念中的'南方',而是指'淮海'之外的整个长江中下游地区。之所以如此划分,乃基于整个'大江南'之遗民有着相似的生存环境和精神特征。江南是反清民族斗争维持最久的'忠义之区',加上蕺山之学和东林气节的浸染,从鲁王监国绍兴(1645年)到张煌言抗清失败壮烈牺牲于杭州,'浙东之学士大夫以至军民,尚倦倦故国,山寨四起,皆以恢复为辞',与清王朝先后进行了长达19年的殊死搏斗。直至康熙后期,此地富于民族意识的清议力量仍很强大"②。以上这段论述,不仅概括出江南遗民的分布范围,而且对江南遗民人数众多、活动时间长的原因作了简略分析。

受上段论述的启发,我认为历史上的"江南",并不是一个只能从地域、地理上理解的区域概念,而是一个特定的文化概念。按照我对泛"江南"概念文化内涵的理解,淮扬地区应当包括在特定的"大江南"概念范围之内。这个特定的"大江南"概念,是从明清之际江南遗民的活动范围来考察的。从当时遗民活动的情况来看,所谓"淮扬地区,界于南北要冲,进能联络河北、山东,遥接秦晋关中,退亦可与东南沿海郑氏集团相呼应;此地又为水乡泽国,滨海临江,运河贯通于此,具有舟楫之便。因而,此地遗民隐秘性的大范围流动较为频繁,淮安、扬州、泰州为遗民聚集点。'汗漫江淮'为许多遗民于明亡后形迹之所趋,如顾炎武

---

① 孔定芳:《清初遗民社会:满汉异质文化整合视野下的历史考察》,武汉:湖北人民出版社2009年版,第97页。
② 孔定芳:《清初遗民社会:满汉异质文化整合视野下的历史考察》,武汉:湖北人民出版社2009年版,第98页。

昆山兵败后,几年间往返江淮间;阎古古于明亡后'一驴亡命三千里,四海无家二十年',汗漫江淮间;归庄一生亦南渡钱塘,北涉江淮。这样,此地遂聚集了当地和外地侨寓于此的南北遗民,其中有举家避居此地的万寿祺,东台吴嘉纪,泰州黄云,兴化李氏群体,河北的梁以樟,江西王定,白门林古度、杜浚。遗民的聚集形成了区域性的感召力,所以,赣东南的'易堂九子'亦不时造访,两浙、三吴大批遗民义士兵败后,或僧装道服,或侨扮商贾,纷纷来聚。在扬州,如皋冒襄庇护着诸多前来避难的遗民子弟,如方以智之子方中通兄弟,戴重之子戴本孝、戴移孝等"①。明清之际的淮扬地区是江南诸多遗民经常出入、频繁活动的地区。因此,将淮扬地区的文化遗民纳入江南遗民的考察范畴是合理的。

关于明遗民的生存状况,明季遗民有"遁逃于禅,以全其志节"的情况。陈垣《明季滇黔佛教考》曰:"剃发可谓降志辱身矣,然苟不仕,君子犹以为逸也。"②陈寅恪在此书序中曰:"世人或谓宗教与政治不同物,是以二者不可参互合论。然自来史实所昭示,宗教与政治终不能无所关涉。即就先生是书所述者言之,明末永历之世,滇黔实当日之畿辅,而神州正朔之所在也。故值艰危扰攘之际,以边徼一隅之地,犹略能萃集禹域文化之精英者,盖由于此。及明社既屋,其地之学人端士,相率遁逃于禅,以全其志节。今日追述当时政治之变迁,以考其人之出处本末,虽曰宗教史,未尝不可作政治史读也。"③综合而论,"所谓明遗民,是指自明朝崇祯皇帝朱由检自缢煤山至清朝康熙皇帝爱新觉罗·玄烨统一台湾时期内,忠于明室的有文化修养的缙绅士大夫。这个阶层的出现,乃是明清动荡之际一种重要的社会政治和社会文化现象。明遗民多才多艺,他们对清初政治、文化产生着重要影响。"④

明末清初易代之际,是一个创造人生悲剧的时代,尤以"文化遗民"的生存方式、表现形式的多样性引人注目。正如钱仲联所说:"洎乎朱

---

① 孔定芳:《清初遗民社会:满汉异质文化整合视野下的历史考察》,武汉:湖北人民出版社2009年版,第98页。

② 陈垣:《明季滇黔佛教考》卷五,石家庄:河北教育出版社2003年版,第262页。

③ 陈寅恪:《明季滇黔佛教考·序》,陈垣:《明季滇黔佛教考》,石家庄:河北教育出版社2003年版。

④ 韦祖辉:《海外遗民竟不归——明遗民东渡研究》,北京:商务印书馆2017年版,第3页。

明之亡,南明志士,抗击曼殊者,前赴后继。永历帝殉国后,遗民不仕新朝,并先后图报九世之仇者,踵趾相接,伙颐哉!非宋末西台恸哭少数人所能匹矣。"①特别是其中的一大批杰出人物,如以顾炎武、黄宗羲、王夫之明末清初三大遗民思想家等所提供的思想深度,以陈子龙、瞿式耜等为代表的反清复明志士所表现出的民族大义,以钱谦益、冯梦龙、吴梅村等文学家所达到的文学高度,以八大山人等遗民画家以画喻时言志的视觉感染力,诸如此类的明代"文化遗民"的整体形象,具有丰富多彩的思想内涵。

这就是说,从明遗民形态的多样化到遗民心态的充分呈现,从遗民人格的特殊展示到遗民文化创造的异常活跃,使"文化遗民"这一社会阶层卓然凸现于明清易代的历史舞台上。相比较而言,南宋亡于元后,宋代遗民自然也不甘心于外族统治,涌现出以文天祥为代表的一批抗元志士,然期盼恢复的心情却不像明遗民那样焦愤。明遗民群体不仅人数众多,而且在朱明王朝灭亡的悲痛中,他们从政治上反思治乱之道时,较少流露出萎靡消沉的情绪,反清复明运动持续时间之长也是前所未有的。与南宋遗民独善其身的人生哲学相异,明遗民提出经世致用的处世原则,或奔走呼号以图民族复兴,或著书立说以保存民族文化,努力彰显明代文化遗民的存在价值。

与宋遗民相比较,明遗民似乎更加理性地审视自身处境的人生选择。这是因为"清王朝有一项特殊的政策,即强迫汉人必须遵照满人的习惯,实行剃发,并改服满人衣冠,这一政策从努尔哈赤进入辽沈直到清兵入关统一全国,都遭到了广大汉族人民的强烈反对,以致发生多次的抗清流血斗争。对当时的政治形势以及整个有清一代,产生了深远的政治影响"②。对明清易代之际持遗民立场与心态的文人而言,与其命运相联系的不只是一种政治立场问题,而且涉及价值观念、情感世界与生活方式。明文化遗民们从一开始大多秉持不与新朝同列的民族气

---

① 钱仲联:《明遗民录汇辑序》,谢正光、范金民《明遗民录汇辑》,南京:南京大学出版社 1995 年版,第 1 页卷首序。
② 陈生玺:《清初剃发令的实施与汉族地主阶级的派系斗争》,《明清易代史独见》,郑州:中州古籍出版社 1991 年版,第 142 页。

节,之后就普遍转化为坚守高洁灵魂的人文价值追求。这是因为,历代遗民们都面临着"亡国"问题,而清初遗民们不仅面临"亡国"问题,更多的是面临"亡天下"的问题。明清之际的"文化遗民"在面临"亡天下"的历史背景下,并没有失去文化自觉和文化重振的坚定信心。他们冷静地坚守着遗民精神的文化价值,守护着本民族的精神家园。

明清之际文化遗民的特殊贡献在于其学术价值的创造,即试图从学术文化上反思晚明社会灾难乃至灭亡的原因。在他们看来,要救世就从学术文化开始。整个清代前期的文学,都受到明清易代的历史震荡以及明清之际社会思潮变化的深刻影响,这种影响在诗、词、文中表现得都比较直接。易代之际的文化遗民,对于所担负的传承文化精神的历史使命有着清醒的自觉意识。清代前期的文人,一部分由明入清,如文坛领袖钱谦益;一部分生长于清初而与前朝关联较少,明清政权的更迭对他们的感情影响有所不同,从而使明清之际的"文化遗民"们呈现出多样化的形态。

"遗"作为明清之际众多士人的存在方式,文化遗民选择"遗"是对历史反思的一种特殊形式。赵园在《明清之际士大夫研究——作为一种现象的遗民》中指出:"正是大量的明遗民传状使人看到,'隐逸传统'不但提供了士在仕之外的另一种选择,而且积累了有关的理解、诠释,以至相应的叙事模式。因而如'明清之际'这种特殊历史情境中的士的姿态,关联着士的全部历史。毋宁说'遗'是士的存在方式,是士之为士的一种证明。……'遗民'以特殊情境,将士的角色内容呈示了。甚至可以说,遗民未必是特殊的士,士倒通常是某种意义、某种程度上的遗民。"①

相比于历代遗民,明清易代之际的文化遗民除具备不仕两朝、强烈的故朝之思等一般的遗民意识外,更多地表现为对传统文化中道统的依附性、学统的延续性。明王朝的崩溃对当时的文人来说,不仅具有政治含义,更具有文化含义。几千年形成的传统文化观念面临着空前的挑战,文化失落的痛苦使他们具有一种共通的"文化遗民"情结,他们的所有言行几乎都与这种情结相联系。中国古代文化精神有一个优良传统,即经世致用,从孔子、孟子到顾炎武、黄宗羲一直沿袭不断。这种精神深入到学术领域,借助学术或艺术专长以赓续传统文化,遂成为"文化遗民"身份的标志性特征。

士人逃禅,是明清之际"文化遗民"常见的生存方式之一。"从顺治到乾隆帝,在他们的眼中,整个晚明遗留下来的士林阶层几乎执拗地以各种不可思议的怪异行为和决绝态度维系着对旧朝的忠诚。诸如放弃儒籍、不入城市、逃禅入寺、自焚文稿、厌弃讲学、拒绝结社以及通过各种对身体的残虐释放出抗议与忏悔的讯息。"①在这里,以享誉清初画坛的"四僧"之一、著名的遗民画家八大山人为例加以说明。八大山人,名朱耷(1626—约1705),明太祖朱元璋之子朱权九世孙。他从小耳朵奇大,父母用"耷子"称其乳名,长此以往,索性原名也就成了朱耷。明朝灭亡时,朱耷19岁,家中90多口人皆成刀下亡魂,朱耷与母亲及弟弟深居山中才免于大难。国毁家亡,心情悲愤,隐姓埋名,浪迹天涯,心中所念的家国之情,遗民之境,如影随形却无能为力,由儒入佛,落发为僧,晚年取号八大山人。"其言曰八大者,四方四隅皆我为大而无大于我也。"②他每书画款识时,总是将"八大"和"山人"竖着连写以点缀其画。前二字似"哭"字,又似"笑"字,后二字则似"之"字,哭之笑之即蕴含哭笑不得之意。作为明宗室子孙,朱耷一生对明王朝忠心耿耿,至死不肯臣服于清王朝。他的作品大多缘物抒情,用象征手法表达寓意,将物象人格化,以寄托自己的感情。例如,他画鱼、鸭、鸟等,皆作"白眼向天"之状,抒发愤世嫉俗之情,既充满倔强之气,又在怪异晦涩中隐含着痛苦。其画作笔墨特点以放任恣纵见长,苍劲圆秀,清逸横生,不论大幅或小品,皆有浑朴酣畅之神韵。画作章法结构不落俗套,在不完整中求完整,从而形成一种独特的绘画风格。八大山人在自己的画中,建立起一个生动的自由王国。

---

① 杨念群:《何处是江南?——清朝正统观的确立与士林精神世界的变异》(增订版),北京:生活·读书·新知三联书店2017年版,第160页。
② 谢正光、范金民:《明遗民录汇编》上册,南京:南京大学出版社1995年版,第130页。

八大山人的画作,在当时就颇受人们的喜爱和欢迎,"人爱其书画,预设具邀之,醉辄欣然以敝帚若败冠挥洒广幅,次乃捉笔揎染山林、花鸟、竹石,无不入妙。其为画,攘臂搦管,狂叫大呼,立就数十幅。贵显人欲以数金易一石,不可得。尝大书'哑'字于门,自是对人不交言,盖承父志也。"作为明遗民的八大山人,性格也显得怪异,不同常人。他"善笑而喜饮益甚。或招之,则缩项抚掌,笑声哑哑然。又喜为藏钩拇阵之戏,赌酒胜则笑哑哑,数负则拳胜者背,笑愈哑哑不可止,醉则往往歔欷泣下。"①这是因为,"当易代之际,遗民是种特殊人种,为世人所瞩目。遗民自我形象创造的热情,既因于文人积习,又缘于情势的驱迫。……八大山人的'哑',不但是一种特殊的'说',且比之寻常的说更有其有力,令人震惊于明遗民寻求独特语言形式的顽强。"②

历史上记录明清之际文化遗民的文献资料,除传记体的各种《遗民录》外,辑录明遗民诗的诗集数量也不少。"终清一代,搜辑荟萃明末清初史料,表扬英烈事迹,汇编耆旧志传诗文的著作前后相继,蔚成大观,……单就卓尔堪的《明遗民诗》就收集诗人五百零五人,孙静庵的《明遗民录》立传者八百余人,此外徐鼒的《小腆纪传》、陈田的《明诗纪事》、邓之诚的《清诗纪事初编》,甚至徐世昌主编的《晚晴簃诗汇》、钱仲联主持的《清诗纪事》都有专为明遗民诗人开辟的专辑,张维屏的《国朝诗人征略》亦对明遗民诗人褒扬张目,即使沈德潜的《清诗别裁集》也没有忘记给明遗民诗人一席之地。"③这些都是我们研究明清之际"文化遗民"的宝贵文献资料。

孙静庵《明遗民录》病骥老人序曰:"帝毒足以歼种,歼种必先亡史。二百六十余年,吾族之所以虏者,其殆斯欤!孙子静庵痛之,绳程氏《宋遗民录》之例,耗十年心血,搜故家遗籍,耳空谷佚音,凡遗老孤臣之片言逸事,一传以可歌可泣之文,而心迹昭然若揭。其所以醒国魂,植种性,药帝毒者,或于此区区野史收其效,未可知也。嘻!素王笔削,维夷

---

① 谢正光、范金民:《明遗民录汇编》上册,南京:南京大学出版社 1995 年版,第 130—131 页。
② 赵园:《明清之际士大夫研究——作为一种现象的遗民》,北京:北京师范大学出版社 2014 年版,第 88 页。
③ 时志明:《山魂水魄——明末清初节烈诗人山水诗论》,南京:凤凰出版社 2006 年版,第 442 页。

夏大防,汉族衣冠,岂沈沦终古？矧蛮烟瘴雨,腥雾毡云,中原拭目,渐见荡平,吾族之不终于房者,宁非无故。然则是编尤不可不急以梓世,于以发潜德,扬幽光,佐董狐信史,补朱明实录。而吾之序此编也,亦焉能已哉！尝闻之,弘光、永历间,明之宗室遗臣,渡鹿耳依延平者,凡八百余人；南洋群岛中,明之遗民,涉海栖苏门答腊者,凡二千余人。"①这就是说,孙静庵《明遗民录》收录明遗民者多达二千余人。

在这里,我们试以邓之诚《清诗纪事初编》为例,对明遗民的概况加以说明。《初编》"共八卷,卷一、二为明遗民,标为'前编上、下'。为什么称为'前编'呢？《初编序》云：'沧桑诸老,若概以清人目之,彼不任受也。然入清已三四十年,其诗皆作于清时,今采清事,自不能以其明人也而屏之,因别为前编以示微意。''微意'是什么呢？ 一言以蔽之,曰'钦其节操,忧患中赖以自壮焉'。从邓氏称赞《明诗综》'尽以遗老旧人没于清初者,归之于明,最为卓见',也反映出邓氏把不仕于清的明遗民仍按明人看待。邓氏对从事复明活动而壮烈牺牲者,因清廷屡兴文字狱而惨遭杀害者,宁愿忍受饥寒而隐居不仕者,入清后为僧者、改名换姓者,凡是具有民族气节者一一予以表彰"②。

邓氏在《初编序》中指出："南明弘光、隆武、永历相继撑柱者十八年,台湾郑氏至康熙二十二年始绝,其间若李赤心、若交山、若其他连仆继起者,更仆难数。"而邓氏《初编》对遗民高度重视,"共录诗二千余首。一些诗篇之后,邓氏还写了案语"。卞孝萱在《邓之诚与〈清诗纪事初编〉》中,还对邓氏"明之遗民"这部分考评的内容进行分类研究,以"不忘先朝""眷念故君""密谋恢复""隐不忘世""惨遭镇压"为题,从这五个方面系统梳理明遗民的种种表现形式。对"遗民结局"这部分的内容,则概括出了"以身殉明""穷饿以死""不仕受迫害""自食其力""为僧入道""幕游胜于清""出仕为掩迹""降清保家""父隐子仕"等明遗民结局的多种状况。③ 这些重要的研究成果,为我们进一步探讨明清之际"文化遗民"的问题提供了有益的启迪。

① 谢正光、范金民：《明遗民录汇编》下册,南京：南京大学出版社 1995 年版,第 1370—1371 页。
② 卞孝萱：《现代国学大师学记》,北京：中华书局 2006 年版,第 171 页。
③ 卞孝萱：《现代国学大师学记》,北京：中华书局 2006 年版,第 171、172—192、214—217 页。

　　总之,"明清易代之际,遗民虽然不过是部分士人的人生选择,但这种选择所代表的价值标准、道德观念却为整个社会所共同认可。即使在清廷官员的诗文中,也常常可以见到对这些'先朝耆旧''甘贫守节'者的敬意。通过讲学、著述、文艺等方式,明遗民们散布流播着民族情绪和故国追思、亡国痛苦等情怀。清初数十年间,积极进取、恢弘开朗的新朝气象难得一见,倒是压抑、悲凉、迷茫的气氛遍布士林。康熙中叶,曾得到皇帝赏擢的孔尚任创作了感伤情绪浓重的《桃花扇》,以表达对明代深切的悲悼,成为当时最流行的曲目。同时,史传之部有邵廷采辑录的《宋遗民所知传》与《明遗民所知传》;诗坛有卓尔堪收辑刊刻的《明遗民诗》。直到乾隆朝,学者全祖望和杨凤苞等人依然醉心于明季遗闻,以表彰忠义、发扬幽潜为事业。可以说,'遗民心态'在清初社会曾一度漫衍,并久而不绝余音。"①由此可见,明末江南文化遗民们的思想影响,在清初社会数十年间都一直存在着。正如钱穆在《中国知识分子》一文中所说:"明遗民在清初为顾亭林、黄梨洲、王船山、李二曲之徒,可谓维系吾中华民族之文化生命于亡国之余,其功至今而不绝。"②

① 李瑄:《明遗民群体心态与文学思想研究》,成都:巴蜀书社 2009 年版,第 98 页。
② 钱穆:《国史新论》,郑州:九州出版社 2018 年版,第 155—156 页。

第三章 明清之际江南文化遗民产生的历史背景

明清之际"文化遗民"产生的历史背景,我们可以从三个方面进行考察:一是晚明时期江南文人结社之风蔚然兴起,其中最著名者先有东林党,后有复社和几社,这是产生"文化遗民"的士族社会基础;二是明清鼎革之际,全社会经历了"天崩地解"的大变局,仅江南地区就发生了"扬州十日""江阴三日""嘉定三屠"等清兵造成的诸多惨案,这是产生"文化遗民"的社会政治因素;三是南明时期,江南地区反清复明运动此起彼伏,不少文人士大夫投笔从戎,有的为此献出了宝贵的生命,这是产生"文化遗民"的社会实践因素。这些历史背景,为明清之际"文化遗民"的产生提供了主客观条件。

一、明清之际的江南文人结社

中国古代文人,除读书外,大都具有较高的生活品位,对生活的意义有较为确定的信念。最初的文人聚会,大多以雅集清谈、抚琴吟诗、读书潜修的形式出现。明清之际,江浙一带是全国经济、文化最发达的地区。这里商业繁荣,人文荟萃,学者云集,著书立说。当时江南文人的结社活动,已经相当活跃。尤其是晚明,文人结社不仅达至鼎盛,而且政治色彩增强,形成一道独特的社会景观。

中国古代文人的结社之风,最早可追溯到魏晋时期邺下文人集团和竹林七贤的交游活动。之后,"晋、宋之间慧远、刘遗民、雷次宗等结白莲社于庐山东林寺,同修净土之法,则是文人以'社'命名其聚会的开始。中唐时期,文人雅集酬唱成了风气。如宰相裴度,在洛阳常'与诗人白居易、刘禹锡酬晏终日,高歌放言,以诗酒琴书自乐,当时名士,皆从之游'。白居易也在洛阳组织'九老会',每每置酒唱和,几乎已与后世的诗社活动没有什么区别。"①至明代科举应试益盛,"士子们热衷于所谓'制艺',即应试的本事,博取功名,踏上仕途。为此,他们或寻师觅友,或会集志趣相投者,互相切磋学问,交流心得,形成一个小圈子,少则几十人,多则几十人乃至几百人,称为文社,宗旨是'以文会友,以友辅仁'。这样的文人结社风气,晚明是很盛的。"②这就是说,明代科举以八股文取士,读书人为砥砺文章,求取功名,普遍重视尊师交友,结社成风。

蒋逸雪先生在其《张溥年谱》"自序"中指出:"仲尼云:'天下有道,则庶人不议。'病痛在身,呻吟斯发,叔世英俊,目击愦俗,正颜抗议,树立风声,缘是而有党社;披检史籍,汉之末,明之季,可见焉。"就明季而言,"彼时天地晦暗,奸邪据要津,黎庶陷水火,志士仁人,痛心疾首,攘臂而呼,思得贤者而共济之,始出为东林,嗣响有复社,末运颓风,虽未克挽,然正气之发扬于天地间者,固自足多也。世衰而有朋党,非朋党而酿衰世,因果先后,讵宜倒置!"③此段关于党社缘起之历史背景的论述颇为深刻。

明代文人结社之风,尤以江浙一带盛行。杜麟征为"几社六子"之一,其子杜登春在所撰《社事始末》中说:所谓文社"大抵合气类之相同,资众力之协助,主于成群聚会而为名者也";而"社之始,始于一乡,继而一国,继而暨于天下。各立一名以自标榜,或数十人,或数百人,或携笔砚而课艺于一堂,或征诗文而命驾于千里。齐年者砥节砺行,后起者观

---

① 方勇:《南宋遗民诗人群体研究》,北京:人民出版社 2011 年版,第 54 页。

② 樊树志:《晚明大变局》,北京:中华书局 2015 年版,第 434 页。

③ 蒋逸雪:《张溥年谱》,《民国丛书》第四编第 85 册,上海:上海书店据商务印书馆 1946 年版影印本,"自序",第 1 页。

型取法。一卷之书，家弦户诵；一师之学，灯尽薪传"①。"明季党社诸人中多文学名流"②，影响极大。

最早关注并研究明清之际文人结社问题的学者是谢国桢先生。他在其名著《明清之际党社运动考》中指出："我在青年时代，初读明、清史的时候，感到明末东林党争，复社、几社等集会结社活动，与当时的社会、政治关系至为密切，如果忽略这些事实，就很难全面、准确地了解明、清之际的历史。"③对于党与社之关系，谢国桢指出："在明代末年，政治和社会里有一种现象，一般士大夫活跃的运动就是党，一般读书青年人活跃的运动就是社。'党'和'社'名词虽然不同，但都是人民自觉的现象。"④这就是说，明清之际文人党社运动，与当时的社会、政治关系是密不可分的。

关于文人结社与明末遗民之关系，时志明在其《山魂水魄——明末清初节烈诗人山水诗论》一书中指出："文人结社，最初的意图大抵为以文会友，诗酒流连，在歌舞笙箫的阵阵喧闹中，寻觅能够倾诉肺腑的知音。这种太平盛世才有的闲情逸致到明崇祯年间已逐渐被严酷的斗争环境所冲淡，代之而起的是以党社参与朝政，抨击阉党，匡扶正气，因此诗酒唱和的社集渐变成政治活动。等到清兵南下、屠刀飞舞、铁骑横扫时，社集已成了凝聚人心、联络义士、号召广大有志之士抗击满清的重要手段。明末清初那些力挽狂澜，指陈朝政的志士，大都出于东林、复社和几社；而在抗清前线高举义旗、前仆后继，直至以身殉国的烈士大部亦出于东林、复社和几社，当然还有其他社盟的志士仁人们。即使在明亡后的几十年里，那些守志不屈，誓图恢复的遗民们仍然用结社来表达他们誓死抗争的心曲。明末清初由志士仁人结成的社盟不但延续较长，而且涉及亦广，大江南北、黄河上下，凡有气节的义士均结社盟以抗

① （清）杜登春：《社事始末》，《丛书集成新编》。
② 陈寅恪：《柳如是别传》上册，北京：生活·读书·新知三联书店 2001 年版，第 335 页。
③ 谢国桢：《明清之际党社运动考》，上海：上海世纪出版集团 2006 年版，"中华书局重印本前言"，第 1 页。
④ 谢国桢：《明清之际党社运动考》，上海：上海世纪出版集团 2006 年版，第 1 页。

衡当朝。"①以上这段论述，深刻地揭示了文人结社在遗民活动中的重要作用。明代江南文人结社的兴起，为之后"文化遗民"的形成提供了极其广泛的士族基础。

谢国桢说："结社这件事本来是明代士大夫以文会友很清雅的故事。他们一方面学习时艺来揣摩风气，一方面来选择很知己的朋友。"②传统儒家的学说本来就讲究学以致用，所谓"致用"主要是治国平天下之义。晚明时期，在商品经济比较发达和思想文化比较活跃的江南地区，一种要求个性解放、反对理学桎梏的时代精神也正在酝酿与发展之中。许多饱读诗书、忧国忧民的士人，按照文学观念或活动地域形成各种流派或社团，与当时把持朝政的阉党进行斗争。这里就有著名的东林党人在活动。继东林党之后，又有反映中下层知识分子心声的复社和几社等社团组织相继成立。这些文人结社组织，以名节自立，崇尚浩然正气，是江南文人士林中的一股清流。

明万历后期朝廷政治日趋腐败，至天启年间出现阉党擅权的局面，自内阁六部直至四方总督、巡抚，都有人甘愿充当魏忠贤的死党。在此背景下，江南一带出现以文人结社为名义的"东林党"，这最初是由一批贤明文士组成的社团。明末文人结社之风，直至清初尚存。"明末清初那些力挽狂澜，指陈朝政的志士，大都出于东林、复社和几社；而在抗清前线高举义旗、前仆后继，直至以身殉国的烈士大部亦出于东林、复社和几社，当然还有其他社盟的志士仁人们。即使在明亡后的几十年里，那些守志不屈，誓图恢复的遗民们仍然用结社来表达他们誓死抗争的心曲。……这种以社盟相号召，通过结社来存留正气、联络同道，以达反清复明的政治理想的活动，在此前各代鼎革之际是绝对没有的。"③

创建于江苏无锡的东林党作为晚明时期最负清望的一个政治派别，历经万历、天启、崇祯直至弘光朝，其影响长达半个多世纪。万历年间朝廷内先后发生京察之争、国本之争、明末三大疑案（梃击案、红丸

---

① 时志明：《山魂水魄——明末清初节烈诗人山水诗论》，南京：凤凰出版社 2006 年版，第 444—445 页。

② 谢国桢：《明清之际党社运动考》，上海：上海世纪出版集团 2006 年版，第 108 页。

③ 时志明：《山魂水魄——明末清初节烈诗人山水诗论》，南京：凤凰出版社 2006 年版，第 445 页。

案、移宫案），其中已隐现东林党争的影子。至万历三十二年（1604），吏部郎中顾宪成因争立太子之事，为神宗皇帝所厌恶；次年，又因朝廷会推阁臣触忤当政而被革职。顾宪成回到原籍无锡后，利用宋代遗留下来的东林书院，发起东林大会。他与高攀龙、钱一本等志同道合的好友在东林书院讲学，以"风声、雨声、读书声，声声入耳；家事、国事、天下事，事事关心"相号召闻名于世，天下君子多以清议归于东林党人。"东林书院道德经世的观念，天启、崇祯间社集活动中对实学的提倡，都是学风变迁的反映。"①

东林党得名于顾宪成主办的东林书院。东林书院最初创建于北宋政和元年（1111），是当时北宋理学家程颢、程颐的嫡传弟子、知名学者杨时长期讲学之处，后荒废。明万历三十二年（1604），削职家居的顾宪成重建东林书院，与高攀龙等人讲学其中，东林书院遂成为江南人文荟萃之地。"延至清代，尽管书院的主体部分是考课式书院，服务于时文、帖括，但书院本身依然是所在地区汇聚士人的中心，而主持者也多是知名度较高的学者。在没有讨论会和公共刊物等学术平台的时代，无疑仍会起到交流传播学术成果的作用，且对于学派、学风的形成有促进之功。"②

顾宪成认为，士大夫要关心朝政，关心民生，关心世道。史书上记载：顾宪成"讲习之余，往往讽议朝政，裁量人物。朝士慕其风者，多遥相应和。由是东林名大著，而忌者亦多"③。即常常与东林书院中的同仁谈论朝政得失，在他们周围渐渐形成一个在野的文人集团，时人称为"东林党"。因此，"东林讲学实际已经超出了书院教育的范畴，而深陷政治斗争的旋涡，东林成为党派的标志。"④他们因不畏强权，为民请命，主张开放言路、实行改良时政等而得到广泛支持，同时遭到朝臣、宦官的激烈反对。此时，宁波人沈一贯纠集在京的浙江籍官僚，结成东林党的反对派，被称作"浙党"。晚明时期，浙党与东林党人相互攻击，东林

---

① 刘玉才：《清代书院与学术变迁研究》，北京：北京大学出版社 2008 年版，第 28 页。
② 刘玉才：《清代书院与学术变迁研究》，北京：北京大学出版社 2008 年版，"序一"，第 2 页。
③（清）张廷玉等：《明史》卷二三一《顾宪成传》，北京：中华书局 1974 年版，第 6033 页。
④ 刘玉才：《清代书院与学术变迁研究》，北京：北京大学出版社 2008 年版，第 19 页。

党争绵延数十年，从朝廷到社会几无宁日。

关于晚明时期的党争乃至党祸的情况，清人张烈在《王学质疑》中指出："夫明之亡，亡于门户；门户始于朋党；朋党始于讲学。"①清人夏允彝《幸存录》在"门户大略"中说："自万历以前，未有党名，及四明（沈一贯）为相，以才自许，不为人下，而一时贤者如顾宪成、孙丕扬、邹元标、赵南星之流，蹇谔自负，每相持。附四明者，言路亦有人。而宪成讲学于东林，名流咸乐于趋之，此东林、浙党所自始也。"②清人戴名世《弘光朝伪东宫伪后及党祸纪略》亦载："党祸始于万历间，浙人沈一贯为相，擅权自恣，多置私人于要路；而一时贤者如顾宪成、高攀龙、孙丕扬、邹元标、赵南星之属，气节自许，每与政府相持。而高、顾讲学于东林，名流咸乐附之，此东林党祸所自始也。"③总之，东林党人以道自任，开晚明文人结社之先河，以"清流"声誉影响天下舆论。晚明士大夫清流以东林党人为代表，极重名节，复社、几社的诸多同仁则继承了这种道德观。

关于晚明江南文社的发展状况，樊树志在《晚明大变局》中作过如下描述："更多的士子、文人有了自主意识，文人结社蔚然成风。在经济文化最为发达的江南，涌现出许多文社，其中以常熟的应社、松江的几社和活跃于江南的复社最为有名，影响所及，遍于全国。学人们以文会友，以友辅仁，畅所欲言地交流心得，无所顾忌地高谈阔论，成为晚明社会一道明丽的亮色。复社鼎盛时期，拥有三千多成员，遍布全国各地，主要集中于太湖周边的苏州、松江、常州、镇江、嘉兴、杭州、湖州等最为富庶的七府之地（有 1200 多人），其中又以苏州府为最多（有 500 多人）。崇祯六年（1633）春，复社在苏州虎丘举行大会，盛况空前，陆世仪《复社纪略》写道：'先期传单四出，至日，山左、江右、晋、楚、闽、浙，以舟车至者，数千余人。大雄宝殿不能容，生公台、千人石，鳞次布席皆满，往来丝织。游于市者，争以复社会命名，刻之碑额。观得其众，无不诧叹：以为三百年来从未一有此也！'岂但三百年来所未有，此后也不曾再

① （清）张烈：《王学质疑》，正谊堂丛书本。
② （明）夏允彝：《幸存录》，明季十家集十一种本。
③ （清）戴名世：《弘光朝伪东宫伪后及党祸纪略》，南山集本。

有，简直是空前绝后，令人叹为观止。"①

复社是晚明江南地区一个著名的文人社团，此乃以江南士大夫为主体的政治、文学团体。"复社以继东林"②。与东林党人一样，复社成员大多不满于明末腐朽统治，希图对社会有所改革。早在明天启四年（1624），太仓人张溥（1602—1641）与江南一些志同道合的文人在苏州的拂水山房创立应社，同道者有张采、杨廷枢、杨彝、顾梦麟、朱隗、吴昌时等十一人，后来又发展夏允彝、陈子龙、吴应箕等加入。应社时为吴中文社之雄，初以读书为是，衡艺论文。他们崇尚气节，平日以文会友，诗酒唱和，砥砺名节，讲学论道，评议朝政，欲在风云变幻的明末时局中有所作为。复社成立后，江南应社诸同仁遂成为复社的主要骨干。

成立于崇祯二年（1629）的复社，是在当时江南各地诸多文人社团的基础上而组成的学术性组织。其间，文人社团主要有云间几社、浙西闻社、江北南社、江西则社、历亭席社、崑阳云簪社、吴门羽朋社、吴门匡社、武林读书社、山左大社、中州端社、莱阳邑社、浙东超社、浙西庄社、黄州质社、江南应社，"金会于吴，统合于复社。"③这些文社组织原本从成立之初始，就确立起继承东林事业，参与社会政治，与阉党势力作不懈斗争的宗旨，因而它们有共同的志趣。复社的创始人和主要领导人为张溥、张采，都是江苏太仓人，又曾同窗共读。张采《祭天如兄文》述：二人"形影相依，声息相接，乐善规过，互推畏友"，时人合称"娄东二张"当时，"一般的人都目复社作'小东林'"④。

据陆世仪《复社纪略》记载：张溥等人当时痛感"世教衰，士子不通经术，但剿耳绘目，几幸戈获于有司，登明堂不能致君，长郡邑不知泽民"⑤，因而联络四方文士，以宗经复古，切实尚用相号召，共同切磋学问，砥砺品行，评议时政，反对空谈，密切关注社会人生，并实际地参与政治活动。

① 樊树志：《晚明大变局》，北京：中华书局 2015 年版，第 7 页。
② 吴山嘉：《复社姓氏传略》，北京：中国书店 1990 年版，卷首李叙，第 1 页。
③ 蒋逸雪：《张溥年谱》，《民国丛书》第四编第 85 册，上海：上海书店据商务印书馆 1946 年版影印本，第 25—26 页。
④ 谢国桢：《明清之际党社运动考》，上海：上海世纪出版集团 2006 年版，第 110 页。
⑤ （清）陆世仪：《复社纪略》，上海国学保存会铅印本。

关于"复社"的命名,陆世仪《复社纪略》指出:他们因主张"兴复古学,将使异日者务为有用",故名其文社曰"复社"。复社成员大都怀着饱满的政治热情,以东林党人后继自任,从一定意义上说,复社是东林党与阉党斗争的继续。他们的创作,注重反映社会现实,揭露权奸宦官,同情民生疾苦,讴歌抗清伟业,抒发报国豪情,富有感染力量,标志着晚明文风的重大转向。其中,陈子龙、吴伟业为诗歌的代表,张溥为散文的代表。张溥一生著作宏丰,编述三千余卷,涉及文、史、经学各个学科,精通诗词,尤擅散文、时论。

据吴伟业《复社纪事》载,复社纲领主张"蠲逋租,举废籍,撤中使,止内操"①,这反映着"吴江大姓"等江南地主、商人的利益,又与这一带市民阶层的崛起相呼应,因而具有相当广泛的社会基础,其成员主要是青年士子,先后共计 2000 多人入社,声势遍及海内。

复社创始人张溥,在与阉党的斗争中久负盛名。早在天启六年(1626),苏州士人周顺昌为东林七君子之一,居官清正,后为魏忠贤阉党迫害,被捕后不屈,惨死于狱中。以颜佩韦等五人为首的乡人,为周顺昌鸣不平,然终被镇压,皆不屈而死。张溥在五人墓前,"扼腕墓道,发其志士之悲哉",哀痛五人墓只是块无字石,便写下著名的《五人墓碑记》。文中赞扬五人"激昂大义,蹈死不顾",这其实也是他自己的精神写照。《五人墓碑记》赞颂苏州市民与阉党的斗争,强调"匹夫之有重于社稷",为"缙绅"所不能及。张溥散文,风格质朴,慷慨激昂,明快爽放,直抒胸臆,其《五人墓碑记》收入《古文观止》中,影响深远。

在复社成立前夕的崇祯元年(1628),张溥与张采曾在太仓共同发起驱逐阉党骨干顾秉谦的斗争。复社成立后,该社举行的影响较大的集会主要有三次,分别是吴江尹山大会(1629)、南京金陵大会(1630)、苏州虎丘大会(1633)。《七录斋集·国表序》载有复社活动的盛况:"春秋之集,衣冠盈路","一城出观,无不知有复社者"。据陆世仪《复社纪略》记载:"癸酉春,溥约社长为虎丘大会。先期传单四出,至日,山左(西)、江左(西)、晋、楚、闽、浙,以舟车至者,数千余人。大雄宝殿不能

---

① (清)吴伟业:《复社纪事》,赐砚堂丛书本。

容,生公台、千人石,鳞次布席皆满,往来如织。游人聚观,无不诧叹,以为三百年来未尝有也。"①张溥站在千人石上登高一呼,群起响应。在明科举取士的历史条件下,文社盛衰与科场荣辱密切相关。好修之士以文社为学问之地,而驰骛之徒则以文社为功名之门。虎丘大会后"复社声气遍天下,俱以两张为宗"的局面形成,这实质上是江南文人要求参与政治的呼声日益高涨的一种深刻反映。

在此期间,复社以苏州一带的文人入盟最多,其成员从江南地区逐步发展而几乎遍及到全国。"文人结社本来都是地方性的,附近的士子相互切磋学问,赋诗作文,是令人羡慕的雅集。到了复社那里,竟然扩大为全国性的聚会,堪称前无古人的创举。虽说当时有结社的自由,但跨地域的全国性结社活动,毕竟前所未闻。"②其中,陈子龙、夏允彝、侯岐曾、杨廷枢、顾炎武、归庄、陆世仪、瞿式耜、文震孟等人都是社内的中坚力量。他们有的在朝,有的在野,结成浩荡宏大的一股政治力量。由于张溥等人的筹划和努力,当时的文人士气大振。据《七录斋集》记载:复社一扫"宁坐视社稷之沦胥,终不肯破除门户之角立"的明时士人风气,打破门户之见,倡导以社稷大业为重。在晚明阉势熏天的日子里,张溥不计危殆,挺身而出,振臂高呼,竖起以文会友的旗帜,以绾结天下士人之心。他忧国忧民,对政治污浊的反抗、匡扶正义的勇气,一时歆动天下。

从时代背景来看,"晚明是一个士人自我意识高涨的时代,豪杰人格始终为许多士人所追慕,但实际上他们所留下的更多的是各种'狂者'的记录。……复社是明末影响最大的士人社团,立社的最初宗旨是'兴复古学,将使异日者务为有用'。其成员由南及北,多达两千余人。张溥曾不无得意地说:'予与杨子伯详在京师,时从游者数十辈,皆北方豪杰之士。'"③吴伟业《哭志衍诗》中,有"煌煌张夫子,斯文绍濂洛。五

① 蒋逸雪:《张溥年谱》,《民国丛书》第四编第 85 册,上海:上海书店据商务印书馆 1946 年版影印本,第 31 页。
② 樊树志:《晚明大变局》,北京:中华书局 2015 年版,第 470 页。
③ 李瑄:《明遗民群体心态与文学思想研究》,成都:巴蜀书社 2009 年版,第 132 页。

经叩钟镛,百家垂矩矱。海内走其门,鞍马填城郭"①之句,可见其当年门墙之盛。

在张溥带领下,复社许多成员相继登第,致使复社声势一时震动朝野。黄宗羲曾指出:"崇祯间,吴中倡为复社,以网罗天下之士,高才宿学多出其间。主之者张受先、张天如,东浙冯留仙、邺仙与之枹鼓相应。皆喜容接后进,标榜声价,人士奔走,辐辏其门。"②张溥《国表序》也说:"社集之开,胥闾之间,维舟六七里,平广可渡,一城出观,无不知有复社者。"许多文武将吏及朝中士大夫、学堂中的生员,都自称张溥门下,"从之者几万余人"③,其影响遍及南北各省。崇祯十四年(1641),张溥病逝,终年40岁。

张溥之死,终结了晚明众多文人结社救国的梦想。张溥作为复社的领袖与偶像,陈子龙悼念诗曰"读罢惊魂似梦里,千行清泪不成悲";"八月胥江浊浪奔,千人缟素为招魂",多少人为之失声痛哭,多少人因此惊惶无主。在学子们看来,张溥是为社稷兴亡而死的,"南冠君子朔风前,慷慨西行倍可怜"④,复社内跟随者们含悲流泪悼念着"西行"的张溥。

清兵入关前后,复社成员的政治态度已经有所分化。例如,周钟参加了李自成的大顺政权,并为李自成起草登基诏书;而多数人则成为江南抗清力量的骨干。在南京的复社士子冒辟疆、侯方域等人不满于阮大铖招摇过市,贪赃误国,曾联名写出《留都防乱公揭》,公布阮大铖的罪状,迫使他"潜迹南门之牛首,不敢入城"。后马士英、阮大铖拥立福王,建立南明政权,把持朝政,对复社成员进行报复迫害。清兵南下后,复社不少成员仍坚持武装斗争。例如,陈子龙、夏允彝在松江起兵,黄淳耀、侯岐曾领导嘉定军民进行抗清斗争,失败后都不屈而死。明亡以后,一些著名的复社成员又遁迹山林,顾炎武、黄宗羲等总结明亡教训,

---

① 蒋逸雪:《张溥年谱》,《民国丛书》第四编第85册,上海:上海书店据商务印书馆1946年版影印本,第4页。
② (清)黄宗羲:《南雷文约》卷一《刘瑞当先生墓志铭》。
③ (清)杜登春:《社事始末》,丛书集成初编本。
④ (明)陈子龙:《哭张天如先生》二十四首,《陈子龙诗集》(下册),上海:上海古籍出版社1983年版,第590—593页。

专心著述;杨廷枢,方以智、陈贞慧等则削发为僧,隐居不出。所有这些行动,都是与复社崇尚气节,重视操守的主张相一致的。当然,也有少数人员如吴伟业、侯方域等入仕清朝,但吴伟业之后有所反悔,最终成为遗民中的一员。

复社初创时期的另一位领袖张采(1596—1648),字受先,号南郭,江苏太仓人。"与同里张溥友善,号娄东二张。"①天启四年(1624),张采与张溥同创应社。天启七年(1627)举人,崇祯元年(1628)进士,授临川(今江西抚州市)知县。张采任职期间恤民绳暴,好善嫉恶,崇文重教,善政毕举,声誉大起,并在当地创立文社名合社。"移疾归,士民泣送载道。"②张溥在吴江(今属江苏苏州)组织复社时,张采时在临川,不预其事,然"二张"名声相连,故拥复社者皆称溥、采二人同创复社。陆世仪《复社纪略》云:"溥矜重名义,采尚节概,言论丰采,目光射人,两人相砥濯自励。"③

张溥、张采交游日广,影响力日益增加,引起了执政大僚温体仁的不满。此时,有里人陆文声输赀为监生,任临西县知县,素无赖,求入复社不成,一气之下,竟上疏朝廷,参劾二张,表示:"风俗之弊,皆原于士子。溥、采为主盟,倡复社,乱天下。"④于是,朝廷下旨严加察治。

崇祯十四年(1641),张溥卒后,而察治事犹未竟。刑部侍郎蔡奕琛坐党薛国观系狱,未知张溥已卒,仍讦张溥遥握朝柄,己罪由溥,因言张采结党乱政。诏责溥、采回奏。张采上言曰:"复社非臣事,然臣与溥生平相淬砺,死避网罗,负义图全,谊不出此。念溥日夜解经论文,矢心报称,未曾一日服官,怀忠入地。即今严纶之下,并不得泣血自明,良足哀悼。"⑤在这期间,温体仁已被罢免,后继者张至发、薛国观皆不喜东林,故所司不敢复奏。不久,张至发、薛国观亦相继罢,而周延儒此时已出任大学士。周延儒系张溥座主,故张采疏上后,事即得解,此案未酿成

---

① 谢正光、范金民:《明遗民录汇编》上册,南京:南京大学出版社 1995 年版,第 613 页。
② (清)张廷玉等:《明史》卷二八八《张采传》,北京:中华书局 1974 年版,第 7406 页。
③ 蒋逸雪:《张溥年谱》,《民国丛书》第四编第 85 册,上海:上海书店据商务印书馆 1946 年版影印本,第21页。
④ (清)张廷玉等:《明史》卷二八八《张溥传》,北京:中华书局 1974 年版,第 7404 页。
⑤ (清)张廷玉等:《明史》卷二八八《张溥传》,北京:中华书局 1974 年版,第 7405 页。

大狱之祸。

南明福王时，起用张采为礼部仪制司主事，进员外郎。南都失守后，张采回归故里。清顺治五年(1648)卒，年五十三。著有《知畏堂文存》十一卷，诗存四卷《明史艺文志》传于世。

崇祯二年(1629)，几乎与复社同时成立的几社，在松江发表《几社会义》而宣告成立。松江古称华亭，而华亭历来是江南文化的重镇。张溥、张采是复社创始人，夏允彝、陈子龙等人则是几社创始人。晚明文人结社事纷纷，其中，规模至巨者为复社，而影响至远者则为几社。谢国桢指出："在崇祯初年，几社虽然与复社合作，但是复社对外，几社对内。复社整天地在外边开会活动，几社的同志却闭门埋首读书。复社开了三次大会，风头真是出够了，但是张天如已死，复社就嗣响终绝，而几社的文会却繁盛起来。"①这就是说，当复社影响逐渐消退后，几社在江南文坛的影响仍然存在着。

关于"几社"命名的由来，据杜登春《社事始末》载："几者，绝学有再兴之几，而得知其神之义也"②，故名"几社"。倡立几社的元老是"几社六子"，即杜麟征、夏允彝、周立勋、徐孚远、彭宾、陈子龙。姚希孟《几社壬申文选序》亦云："近有云间六、七君子，心古人之心，学古人之学，纠集同好，约法三章。"可见，几社的建立，旨在"心古人之心，学古人之学"。这一主张在陈子龙的《壬申文选凡例》中得到集中体现。"几社"成立时，陈子龙二十岁，才华横溢。诸人为他"精通经史，落纸惊人"的才学叹服。他们的文学主张颇受前后七子的影响，反对"公安""竟陵"诗派。他们站在现实政治的基点上尊古复古，作品对时政的混浊、民生的疾苦有所揭露。明亡后的作品表达对故国的怀念。这就是说，"明社既屋，士之憔悴失职，高蹈而能文者，相率结为诗社，以抒写其旧国旧君之感。"③几社成员以复兴绝学相期勉，以文章气节相砥砺，力倡君子当执信守正，以匡时救世济民为人生的最高追求。

关于几社与复社的关系，"复社成立之后，几社和其他文社都以团

---

① 谢国桢：《明清之际党社运动考》，上海：上海世纪出版集团 2006 年版，第 141 页。
② (清)杜登春：《社事始末》，丛书集成初编本。
③ (清)杨凤苞：《秋室集》卷一《书南山草堂遗集》。

体成员加入,因而成为复社的一分子,不过他们的活动是有分有合的,或者说,复社的活动并没有取代几社自身的活动。在崇祯年间,复社的名声很大,几乎掩盖了几社,但几社在松江的活动依然有声有色。"①几社的活动地域主要在松江,而复社的活动地域主要在苏州。它们的活动有分有合,复社在其鼎盛时期影响更大些。

从几社的发展历程来看,如果说崇祯元年(1628)的燕台十子之盟是几社的最初萌芽,一直到福台新咏社,几社在江南地区存在和活动了近半个世纪的时间。其中,从崇祯二年(1629)几社成立,到崇祯十五年(1642)几社正式分出求社和景风社,是几社发展最稳定兴盛的时期。由于"几社七子"(外加李雯)的努力,这个时期确定了松江社局的宗旨,奠定了松江社局的学术基础和社会声望,也造就了鼎革后推动松江社局继续发展的人才。这十多年是几社发展的最重要的时期,几社的经世之学和文学创作取得巨大的成就。总的来说,"复社声势浩大,广泛地参与政治,而几社诸子则将更多的精力放在经世实学上,几社异于同时代的其他社团,其显著的经世之学是一个重要的原因。"②

陈寅恪在《柳如是别传》中,考证出柳如是曾参加几社活动时指出:"几社诸名流之宴集于南园,其所为所言,关涉制科业者,实居最少部分。其大部分则为饮酒赋诗、放诞不羁之行动。当时党社名士颇自比于东汉甘陵南北部诸贤。其所谈论研讨者,亦不止于纸上之空文,必更涉及当时政治实际之问题。故几社之组织,自可视为政治小集团。南园之宴集,复是时事之坐谈会也。河东君之加入此集会,非如《儒林外史》之鲁小姐以酷好八股文之故,与待应乡会试诸人共习制科之业者。其所参预之课业,当为饮酒赋诗。其所发表之议论,自是放言无羁。然则河东君此时之同居南楼及同游南园,不仅为卧子之女腻友,亦应认为几社之女社员也。"③柳如是与陈子龙为首的几社诸名士,实为志同道合之战友。

几社六子的最后命运,不尽相同。徐孚远年少时,尝与陈子龙、夏

① 樊树志:《晚明大变局》,北京:中华书局2015年版,第461页。
② 冯玉荣:《明末清初松江士人与地方社会》,北京:中国社会科学出版社2011年版,第97页。
③ 陈寅恪:《柳如是别传》上册,北京:生活·读书·新知三联书店2001年版,第287页。

允彝言志,慷慨流涕说:"百折不回,死而后已。"夏允彝说:"吾仅安于无用,守其不夺。"子龙说:"我无闇公之才,而志则过于彝仲,顾成败则不计也。"后三人皆如其言。夏允彝在抗清失败后,为避免再次受失败的打击,殉国;陈子龙继续抗争,最后被捕,在押往南京受审途中跳水自杀,英勇殉国;徐孚远漂流海外,继续抗争。这三人是几社中极有气节者。杜麟征和周立勋均在明朝灭亡前病逝,彭宾后来当了清朝官员。周立勋,字勒卣,与同里陈子龙、夏允彝齐名,为"云间五子""几社六子"之一。以太学生屡试不第,留滞南雍(明代称设在南京的国子监为"南雍"),不久客死金陵(南京),年四十三。彭宾,字燕又,江苏华亭人。生卒年不详,约清世祖顺治初前后在世。明崇祯三年(1630)举人。入清后,官汝宁府推官。彭宾与夏允彝、陈子龙友善,而文章则各成一格。彭宾去世后,遗稿散佚,康熙末其孙彭士超掇拾残剩,辑为《搜遗稿》四卷,凡文三卷,诗一卷,《四库总目》始传于世。

二、"天崩地解"的时代

明末清初易代之际,不仅是政治上的王朝更迭,而且是夷变夏,所带来的民族矛盾尤为突出,异质文化直面交锋。顺治年间,清贵族初入中原,南明残余势力在政治上尚据有江南半壁江山,全国各地抗清斗争风起云涌。明末清初这段特殊的时期,社会剧变之惨烈程度,被黄宗羲称为"天崩地解"[①]的时代。所谓"天崩地解"的时代,就是明清易代之际所形成的山河瓦解的时代,血流成河的时代,头颅成堆的时代,怒火滔天与悲泪覆地的时代,禽兽横行霸道与百姓无辜惨死的时代。因此,所谓"天崩地解"的时代,构成了南明时期那一段伤心的民族血泪史。

具体地说,"公元1644年,农历甲申年,被称为'天崩地解'的时代终于来临。这是政治的、经济的、文化的、民族的、阶级的矛盾交织错杂的结果,是一切矛盾的总爆发。在很短的时间内,北京城三易其主,先

---

① (清)黄宗羲:《南雷文定前集》卷一,《留别海昌同学序》,上海:上海时中书局1910年版。

是大明王朝的都城所在,次是大顺政权的临时办公地,再次是清王朝的正式定鼎地。一时间,华夏大地,大顺、大西、南明、清四股政治力量彼此征伐,展开了铁血般的角逐,中国历史再一次地陷入了空前的浩劫。"①

1644年(崇祯十七年,顺治元年)三月,农民起义军李自成攻破北京城,明思宗朱由检逃出皇宫,在煤山自缢身亡。崇祯皇帝的主动殉国,对清广大士民来说是一个很大的精神刺激。例如,归庄在《除夕七十韵》一诗中写道:"万古痛心事,崇祯之甲申。天地忽崩陷,日月并湮沦。当时哀愤切,情词难具陈。"②

同年五月,朱由崧被四镇及马士英等人拥立于南京,建立弘光朝廷,史称"南明"。史可法任武英殿大学士、兵部尚书,镇守扬州。"甲申夏,与留都诸臣共立福王,为马士英所忌。以大学士督师江北,开府扬州。"③甲申(1644)十月,"清朝摄政王遣副将唐起龙招抚江南,致书史可法云:'……先生领袖名流,主持至计,必能深维终始,宁忍随俗浮沈?取舍从违,应早审定。兵行在即,可东可西,南国安危,在此一举。愿诸君子同以讨贼为心,毋贪瞬息之荣,致令故国有无穷之祸,为乱臣贼子所笑,予实有厚望焉。'"④史可法答书曰:"……我大行皇帝敬天法祖,勤政爱民,真尧、舜之主也。以庸臣误国,致有三月十九日之事。法待罪南枢,救援无及,师次江上,凶闻遂来,地坼天崩,川枯海竭。嗟乎!人孰无君,虽肆法于市朝,以为泄泄者之戒,亦奚足慰先帝于地下哉!尔时南中臣民,哀恸如丧考妣,无不扼腕切齿,欲悉东南之甲,立翦凶仇。而二三老臣,谓国破君亡,宗社为重,相与迎立今上,以系中外人心。今上非他,即神宗之孙,光宗犹子,而大行皇帝之兄也。名正言顺,天与人归。五月朔日,驾临南都,万姓夹道欢呼,声闻数里。群臣劝进,今上悲不自胜,让再让三,仅允监国。迨臣民伏阙屡请,始于十五日进位南

① 田崇雪:《遗民的江南——中国文化史上的遗民群落》,上海:学林出版社2008年版,第109页。
② (清)归庄:《除夕七十韵》,《归庄集》上册卷一,上海:上海古籍出版社1984年版,第35页。
③ (清)吴梅村:《鹿樵纪闻》卷上,《扬州十日记》,上海:神州国光社民国三十五年版,第95页。
④ (清)计六奇:《明季南略》,北京:中华书局1984年版,第142页。

都。"①由此可见，史可法对南明朝廷无限忠诚。

1645年（南明弘光元年，清顺治二年），清军在豫王多铎率领下，分兵亳州、徐州两路，向南推进，势如破竹，迅速占领徐州、亳州、盱眙。"清师渡淮，如入无人之境"②，并乘势下淮安，夺泗州，扬州处于险境。位于南北交通枢纽的扬州，得漕运、盐运之利，经济文化发达，商业繁荣，向称富庶之地。扬州之得失，关系到南明朝廷江南半壁的安危。

镇守扬州的南明督军史可法，在外无救援、内无重兵的严峻形势下，四月八日上书弘光皇帝求援。疏曰："臣受命督师，无日不以讨贼为念"③，痛陈"偏安必不可保"④，又飞檄各镇召集援兵。弘光帝迷于声色，不理朝政。弘光政权中，马士英、阮大铖用事。镇守武昌的左良玉先后"参马士英八罪"，接着又发出"讨马士英檄"⑤，于弘光元年（1645）三月二十三日从武昌起兵，以清君侧为名，率水军顺流东下，直逼南京。未几，病死于九江舟中，其子左梦庚率所部降清。"左、马鹬蚌也，都是罪人。"⑥对于史可法的紧急求援，弘光曰："上游急则赴上游，北兵急则赴北兵，自是长策。"可法曰："上游不过欲除君侧之奸，原不敢与君父为难。若北兵一至，则宗社可虞，不知辅臣何时意朦蔽至此！"史可法又移书马士英，"恳其选将添兵，大声疾呼。士英惟以左兵为虑，不应。"各镇总兵中，仅刘肇基自高邮来援。因此，在清兵大军压境扬州城，各镇兵马又不听史可法调度的危急情况下，史可法只好困守孤城。此情势正如"史公墓"前抱楹联的上联所述："时局类残棋　杨柳城边悬落日"。

清军包围扬州城后，"至十五日，北兵环薄城下。豫王差降将李遇春等，拥令旨至城下，说阁部归降。阁部委副将史德威对话，数以本朝厚恩，并坚守不屈之意，严词拒绝。豫王令乡约捧令旨至濠边。阁部曰：'我为朝廷首辅，岂肯反面事人？'遂缒健卒二人，投令旨并乡约于河

---

① （清）计六奇：《明季南略》，北京：中华书局1984年版，第143页。
② （清）计六奇：《明季南略》，北京：中华书局1984年版，第203页。
③ （明）文秉：《甲乙事案》卷下，《南明史料（八种）》，南京：江苏古籍出版社1999年版，第539页。
④ （清）黄宗羲：《弘光实录钞》卷三，《南明史料（八种）》，南京：江苏古籍出版社1999年版，第56页。
⑤ （清）计六奇：《明季南略》，北京：中华书局1984年版，第195—196页。
⑥ （清）计六奇：《明季南略》，北京：中华书局1984年版，第200页。

中。遇春飞逃回报,而豫王又持复书,责以背约。不屈如故。"①史可法统率全城军民,决心殊死抵抗,坚守孤城。

四月十七日,史可法"又接豫王书,五次皆不启封,置之火中。答语益厉。北兵攻打甚急,监军道高岐凤、总兵李栖等,又逾城投降",致使守城兵力更为孱弱,扬州城形势告急。"阁部知势不可为,以副将史德威素有忠义,可寄大事。十八日,遂传入内,相持恸哭曰:'拼一死以报国家,尔我同有此心,甚可嘉赖。'乃下拜德威为后嗣。德威伏地泣辞曰:'德威自有宗家,况无父母命,安敢为他人后?相国为国杀身,德威义当同死,何敢偷生。'阁部亦泣曰:'我为我国亡,子为我家存,余以父母大事属子,子可勿辞。'同侍者刘肇基等,亦交口泣劝。阁部遂拜书《遗表》一道,以上于朝。又手勒《遗书》五封"②。史可法再次向南明朝廷求援,仍没有回应。朝廷议事时,"钱谦益力主援扬,自请督兵,竟不得用。"③

四月二十日,"豫王又持书来说,阁部防守愈坚。二十五日,攻打愈急,阁部拜祷天地,以炮击之,伤北兵数千。豫王身督劲兵狠攻"④,调集红夷大炮猛攻城西北角。刘肇基分守北门,发炮杀清军甚众。守城全体军民在史可法率领下前仆后继,浴血奋战。清军通过大炮的火力网,步兵一拥而上,一直冲到城墙根底下。在那里,史可法又掌握了瞬间的主动,因为他的弓箭手们可以直射城下的那些进攻者。此时,多铎已经命令他的士兵不惜代价夺取西北角了。当一名清兵倒在箭下,另一个便补了上来。很快,尸体越堆越高,一些清兵甚至不需要梯子就能爬上城墙。随着清兵越上越多,守城者便开始恐慌起来。城墙防御工事沿线的守兵们争着跳上木制炮台,以爬上最近的房顶,然后逃跑。在很多地方,防御工事因过重的炮台坍陷,那些守城士兵如果没有被压死,也

---

① 杨德恩:《史可法年谱》,《民国丛书》第四编第 85 册,上海:上海书店据商务印书馆 1940 年版影印本,第 71 页。

② (明)史德威:《史可法维扬殉节纪》,《甲申朝事小纪》上册,北京:书目文献出版社 1987 年版,第 13 页。

③ 孙之梅:《钱谦益与明末清初文学》(增订版),济南:山东大学出版社 2010 年版,第 458 页。

④ (明)史德威:《史可法维扬殉节纪》,《甲申朝事小纪》上册,北京:书目文献出版社 1987 年版,第 13 页。

在随后的肉搏战中被杀死了。

　　就在守城的士兵丢盔卸甲，急忙在城中民房里寻找藏身之地时，史可法欲离开城北门的炮台，骑马穿过内城，直奔南门。他希望从那里冲出去，然后从侧翼进攻清军。但为时太晚，清军已经到达城南门。史可法坚守扬州城七昼夜，至四月二十五日终被清兵攻破。"阁部知势已去，乃与德威诀，持刀自刭。参将许谨双手抱住，血溅衣袂。未绝，复令德威刃之，德威不忍加，相持昏绝间。谨同数十人拥阁部下城。至东门，谨等被乱箭射死。阁部问前驱为谁，德威以豫王答之。阁部大呼曰：'史可法在此！'北兵惊愕，众前执赴新城南门楼上。"①

　　据《史可法维扬殉节纪》记载，史可法很快就被带到豫王多铎那里。"豫王相待如宾，口呼'先生'"，曰：'前书再三拜请，俱蒙叱回。今忠义既成，先生为我收拾江南，当不惜重任也。'阁部怒曰："我为天朝重臣，岂肯苟且偷生，作万世罪人哉！我头可断，身不可屈，愿速死从先帝于地下！"多铎百般诱降，许以高官厚禄，史可法不为所动，最后只得说："既为忠臣，当杀之以全其名。"史可法斩钉截铁地说："城亡与亡，我意已决。即劈尸万段，甘之如饴，但扬州百万生灵，既属于尔，当示以宽大，万不可杀。"②史可法遂慨然就义于扬州之南城楼上。

　　史可法义子"德威欲领遗骸收葬，早被拘执到营，逼降不屈，毒苦万状，批发许定国营审放，以全忠臣后嗣。五月初一日，方奔出营，进城找寻阁部遗骸，但见尸积如山。时天炎热，众尸蒸变难识，不敢妄认，以欺泉下之灵。急回金陵报赴，哀毁成病垂危，阅月少痊。闰六月初十日，复回扬至段宅，找寻原藏遗书，而段门杀掠殆尽。德威徬徨莫措，唯仰天长叹，祷阁部在天之灵。忽于破屋废纸内检出，即持往南京，献于太夫人。""爰于丙戌清明后一日，举衣冠袍笏，葬于梅花岭旁。封坎建碑，聊遵遗命。"③梅花岭史公衣冠冢飨堂上，有一副七言楹联："数点梅花亡

---

① 杨德恩：《史可法年谱》，《民国丛书》第四编第 85 册，上海：上海书店据商务印书馆 1940 年版影印本，第74 页。

② (明)史德威：《史可法维扬殉节纪》，《甲申朝事小纪》，北京：书目文献出版社 1987 年版，第 13—14 页。

③ 杨德恩：《史可法年谱》，《民国丛书》第四编第 85 册，上海：上海书店据商务印书馆 1940 年版影印本，第81 页。

国泪,二分明月故臣心",点出了民族危亡之秋,史可法孤忠义臣的精神。

《明史·史可法传》曰:"可法为督师,行不张盖,食不重味,夏不箑,冬不裘,寝不解衣。年四十余,无子,其妻欲置妾。太息曰:'王事方殷,敢为女儿计乎?'"①赞曰:"史可法悯国步多艰,忠义奋发,提兵江浒,以当南北之冲,四镇棋布,联络声援,力图兴复。然而天方降割,权臣掣肘于内,悍将跋扈于外,遂致兵顿饷竭,疆圉日蹙,孤城不保,志决身歼,亦可悲矣!"②

乾隆三十一年(1766),清高宗谕旨对书写晚明历史提出具体指示:"当国家戡定之初,于不顺命者自当斥之以伪,以一耳目而齐心志。今承平百有余年,纂辑一代国史,传信天下万世,一字所系,予夺攸分,必当衷于至是,以昭史法。即明末诸臣如黄道周、史可法等,在当时抗拒王师,固诛僇之所必及,今平情而论,诸人各为其主,节义究不容掩,朕方嘉予之,又岂可概以伪臣目之乎。"乾隆四十年(1775),高宗亲谥史可法"忠正",并于次年出版的《钦定胜朝殉节诸臣录》中,表示史可法"足称一代完人"③。

史可法被俘之后,其部将、高邮总兵刘肇基继续率领残部和城中居民与清军展开巷战,直至人尽矢绝,流尽最后一滴血。四月二十五日,扬州城沦陷,而清兵为攻城也付出了惨重的代价,有扫垢山(骚狗山)的清兵尸体丛葬,三个将领、一个贝勒的阵亡为证。清军入关之初,曾采取一系列缓和社会矛盾、取消苛捐杂税的措施,沿途百姓未进行过大规模的有力抵抗。扬州军民在史可法领导下对清军的顽强抵抗,惹恼了清军南下的统帅多铎亲王,由此引起对汉人报复性的屠杀。多铎宣布屠城十天,纵兵肆意抢劫屠杀。

清军攻占扬州后,大雨倾盆。当时的幸存者、史可法的幕僚王秀楚

---

① (清)张廷玉等:《明史》卷二七四《史可法传》,北京:中华书局1974年版,第7023页。
② (清)张廷玉等:《明史》卷二七四《史可法传》,北京:中华书局1974年版,第7034页。
③ 杨念群:《何处是江南?——清朝正统观的确立与士林精神世界的变异》(增订版),北京:生活·读书·新知三联书店2017年版,第312—313页。

所著《扬州十日记》①云：清军"自四月二十五日起至五月五日止，共十日，其间皆身所亲历，目所亲睹"，故记录下"扬州十日"清军大屠杀的情况。被屠杀后的扬州城顿成地狱般的屠场，血腥恶臭弥漫，到处是肢体残缺的尸体，一切社会准则都不复存在。扬州居民除少数破城前逃出和个别在清军入城后隐蔽较深、幸免于难以外，几乎全部惨遭屠杀。

且看王秀楚《扬州十日记》依据亲身经历，记录下的扬州这片土地经过屠杀后的血淋淋场景："魂少定而杀声遍至，刀环响处，怆呼乱起，齐声乞命者或数十人或百余人；遇一卒至，南人不论多寡，皆垂首匍伏，引颈受刃，无一敢逃者；至于纷纷子女，百口交啼，哀鸣动地，更无论矣！日向午，杀掠愈甚，积尸愈多，耳所难闻，目不忍睹"；"……行过一沟一池，堆尸贮积，手足相枕，血入水碧赭，化为五色，塘为之平。至一宅，乃廷尉永言姚公居也，从其后门直入，屋宇深邃，处处皆有积尸……"又记载说："一卒提刀前导，一卒横槊后逐，一卒居中，或左或右以防逃逸。数十人如驱犬羊，稍不前，即加捶挞，或即杀之；诸妇女长索系颈，累累如贯珠，一步一跌，遍身泥土；满地皆婴儿，或衬马蹄，或藉人足，肝脑涂地，泣声盈野。""初四日，天始霁，道路积尸既经积雨暴涨，而青皮如蒙鼓，血肉内溃，秽臭逼人，复经日炙，其气愈甚，前后左右，处处焚灼，室中氤氲，结成如雾，腥闻百里。盖此百万生灵，一朝横死，虽天地鬼神，不能不为之愁惨也！"五月初二日，"谕各寺院僧人焚化积尸，而寺院中藏匿妇女亦复不少，亦有惊饿死者，查焚尸簿载其数，前后约计八十万余，其落井投河，闭户自焚，及深入自缢者不与焉。"《扬州十日记》作为这段历史的忠实记录，永远将清军的野蛮和罪恶钉在历史的耻辱柱上。

与王秀楚同时代的诗人靳应升在《读邗江〈钱烈女传〉，补诗以吊之》一诗中写道："烈火不受尘，高云不受滓。此身能不辱，虎狼莫敢视。哀此闺中秀，珍重全一耻。忆初引决时，长跪泪如此。问我军如何？鼓哑城东圮。此时知尽节，必吾相国史。弱质虽非男，未忍蹈犬豕。不死不成人，一死良不悔。从容裁大义，弃身如弃屣。老亲苦无儿，宁复顾甘旨。日月照其魂，洁比邗江水。"根据此诗，我们可以看出史可法当年

---

① （明）王秀楚：《扬州十日记》，上海：神州国光社民国三十五年版，第 232、236、241—243 页。

领导全城军民进行的英勇抗清斗争,曾得到扬州人民怎样的响应和支持。

关于扬州大屠杀的惨状,除王秀楚的《扬州十日记》有亲历、亲睹的逐日实录,戴名世《南山集》中的《扬州城守纪略》(康熙年间被列为禁书)、计六奇《明季南略》等也有简略的记载。《扬州城守纪略》云:"初,高杰兵之至扬州也,士民皆迁湖潴以避之;多为贼所害,有举室沦丧者。及北警戒严,郊外人谓城可恃,皆相扶携入城;不得入者,稽首长号,哀声震地。公辄令开城纳之。至是城破,豫王下令屠之,凡七日乃止。"

在明末清初一些遗民学者的诗文中,对扬州大屠杀也多有描述。例如,顾炎武《酬朱监纪四辅》一诗中说:"愁看京口三军溃,痛说扬州十日围。"这里用"围",不用"杀",是因诗歌押韵之故。黄宗羲在《卓烈妇》一诗中说:"兵戈南下日为昏,匪石寒松聚一门。痛杀怀中三岁子,也随阿母作忠魂。"蒋士铨在《焚楼行》一诗中说:"明日还家拨余烬,十三人骨相依引。楼前一足乃焚余,菊花(婢女名)左股看奚忍!"

从地理位置的重要性上看,"扬州者,国之北门,一以统淮,一以蔽江,一以守运河,皆不可无备。"[①]扬州既失,南京的弘光小朝廷就毫无屏障地暴露于清军面前。扬州失守后几天,多铎挥师一路南下,几乎没有遇到什么有力的抵抗。"四镇"将领仅有一个黄得功战死,其余无不望风而降。南京献城之际尚有 23 万军队,数量多于清军,应该可以一守。但是,南明政权的官员投降的投降,逃跑的逃跑,军队旋即土崩瓦解,弘光政权遂被消灭。清军在随后占领江南的过程中,也遭遇江阴、嘉定等地军民的奋力抵抗,相继发生"江阴三日""嘉定三屠"等惨案。

清兵在攻克南京前,为迅速占领江南各地,对当地不服的汉人试图先进行武力震慑的心理战术。多铎在《谕南京等处文武官员人等》的布告中,曾露骨地宣称:"昨大兵至维扬,城内官员军民婴城固守,予痛惜民命,不忍加兵,先将祸福谆谆晓谕。迟延数日,官员终于抗命,然后攻城屠戮,妻子为俘。是岂予之本怀,盖不得已而行之。嗣后大兵到处,官员军民抗拒不降,维扬可鉴。"这等于是承认清兵在扬州进行了一场

① (清)顾祖禹:《读史方舆纪要》卷二十三。

大屠杀。

　　清兵占领南京城后,以为江南民风软弱,江南各地如同南京一样可传檄而定,无须用兵,于是分遣降官赴各地安抚。另一方面,清廷下达"剃发易服"之令,即强迫汉人剃发梳辫,改换清人衣冠,试图以发型、服式作为判别"顺""逆"的标志。"多尔衮完全按照清王朝在关外的既定政策办事,凡在清政权的势力范围以内,所有的汉人必须剃发,才能算是降顺。"①因此,弘光朝灭亡后不久,豫亲王多铎发布一则公告称:"剃头一事,本国相沿成俗。今大兵所到,剃武不剃文,剃兵不剃民,尔等毋得不遵法度,自行剃之。前有无耻官先剃求见,本国已经唾骂。特示。"②这说明清人入关不久让汉人剃头从其制,起初是比较谨慎的。然而,过了不久之后,这项政策却发生 180 度的大转变,变为强行推行"剃发令"。这里面有两个原因:一是政局出人意料地进展迅速。江南半壁臣服,除了东南西南,清人基本控制整个中原,安抚之策已达到目的;二是汉人官员的推波助澜。一些业已归顺的官员虽换了主子,倒也不甘寂寞,或自动剃发,以示忠心不二;或上书建议,以媚上谋取赏识。

　　例如,前明降臣孙之獬因受到同僚排挤,向多尔衮建议重新采取剃发易服之策。多尔衮认为,此时大势已定,清廷名正言顺地推行新制的时机已经成熟,便采纳了这一建议。顺治二年(1645)六月,多尔衮下令再次颁发"剃发令",强令十天之内汉人一律剃发、蓄辫,其执行的口号是"留头不留发,留发不留头",这对汉人的民族自尊心是一种极大的伤害。

　　顺治二年(1645)七月初九日,清廷又颁布"易服令",规定"官民既已剃发,衣冠皆宜遵满洲之制"。清人强力推行剃发令和易服令,是为体现民族征服,给被征服者打上自己的烙印。儒家思想影响中国两千多年,《孝经》开宗明义第一章指出:"身体发肤,受之父母,不敢毁伤,孝之始也。立身行道,扬名于后世,以显父母,孝之终也。"③因此,清"剃发

---

① 陈生玺:《清初剃发令的实施与汉族地主阶级的派系斗争》,《明清易代史独见》,郑州:中州古籍出版社 1991 年版,第 150 页。
② (明)文秉:《甲乙事案》卷下,《南明史料(八种)》,南京:江苏古籍出版社 1999 年版,第 559 页。
③ (春秋)孔丘:《孝经·开宗明义章第一》,北京:中国纺织出版社 2007 年版,第 53 页。

令"对当时的汉族人而言,心理上是难以接受的,这种强迫实行民族同化的政策,不仅遭到传统士大夫的抵制,也激怒了普通民众。清军占领南京后,由于江南各地民众的激烈反抗,未能迅速实现统一全国的计划,进展相当缓慢。

在清兵南下之际,顺治二年(1645)五月二十五日,明江阴知县林之骥即弃官而去。六月二十日,清廷委派的知县方亨来到江阴上任。"众问曰:'今江阴已顺,想无事矣。'方曰:'止有薙发耳,前所差四兵为押薙故也。'众曰:'发何可薙耶?'方曰:'此清律,不可违。'"①

不久,方县令就在江阴城内发布"薙发令","开读有'留头不留发,留发不留头'二语"②,立即引发江阴人民的极大不满。"北门少年素好拳勇,闻之,遂起乡兵,各服册纸,以锦袍蒙外,四门应者万人,俱扬兵。行至衙前,三铳一呐喊,至县后亦如之。方令见事急,闭衙不出,移书宗太守云:'江阴已反,速下大兵来剿。'时城门已诘奸细,获书,众大怒,将使者脔之,遂入县,以夏手巾系方之头拽之,曰:'汝欲生乎、死乎?'方曰:'一凭若等。'众使人守视,因曰,'既已动手,今察院中有鞑子四人,乃押薙头者,不如杀之。'于是,千余人持枪进院,四兵发矢,连伤数人。众惧欲退,有壮者持刀拥进,四兵反走,一堕厕中,一匿厕上,一走夹墙,一跃屋上,悉被擒。四兵初至时伪作满状、满语,食生物,小遗室内,席地而卧。至是入内,见帷灶颇丽,四兵遂作苏语曰:'吾本苏人,非鞑子,乞饶性命。'众磔之。"③方县令被杀于堂上。

集会群众群情激愤,推举本县典史陈明遇为领袖,以"大明中兴"为旗号,自称江阴义民,揭起抗清义旗。"北门乡兵奋袂而起,……四城内外应者数万人,求发旧藏火药器械,典史陈明遇许之。"④江阴百姓抗清的消息传开后,清常州知府宗灏派兵丁300人赶去镇压,结果被江阴义民歼灭于秦望山下。其后,江阴军民在陈明遇的带领下,又多次打退小股清军的进犯。同时,义军严查城中奸细,重赏检举、抓获奸细的人,处

---

① (清)计六奇:《明季南略》,北京:中华书局1984年版,第244页。
② (清)计六奇:《明季南略》,北京:中华书局1984年版,第244页。
③ (清)计六奇:《明季南略》,北京:中华书局1984年版,第244页。
④ (清)计六奇:《明季南略》,北京:中华书局1984年版,第241页。

决出卖情报、企图投敌的奸细,有效地遏制了江阴城内部的混乱局面。

顺治二年(1645)闰六月二十一日,清贝勒王博洛命明朝降将刘良佐统重兵包围江阴城。二十四日,刘良佐作招降书一纸,从东城外射进城内。二十五日,"江阴通邑公议回书,其略曰:'江阴礼乐之邦,忠义素著。止以变革大故,随时从俗,方谓虽经易代,尚不改衣冠文物之旧。岂意薙发一令,大拂人心,是以城乡老幼誓死不从,坚持不二。'"①

刘良佐见劝降无效,便四处捕杀城外义兵,企图断绝城内军民外援。七月初一日,刘良佐指挥清兵开始攻城,城中严密防御。"外兵箭射如雨,民以锅盖为蔽,以手接箭,日得三四百枝。"②随着江阴形势的日益严峻,陈明遇忠肝义胆,却自感缺乏军事组织才能,曰"吾智勇不如阎君"③,遂邀请赋闲在家的阎应元前来主持抗清守城的指挥事宜,乃往迎应元。"明遇遣人请旧典史阎应元为将,乡兵拥之入城,率众协守。"④

据《明史·阎应元传》记载:阎应元字丽亨,顺天通州(今北京通州)人。"崇祯中,为江阴典史。十七年,海贼顾三麻入黄田港,应元往击,手射杀三人。贼退,以功迁英德主簿,道阻不赴,寓居江阴。"⑤全家在江阴城外的砂山脚下闲居。

阎应元江阴守城事迹,分见于《明史》《清史稿》《明季南略》《江阴守城纪》等多种文献。阎应元在陈明遇的真诚感召下,应允共赴国难,遂带领江阴城祝塘少年六百余人,执械守城。在途经七里庙时,他慨然于庙壁上题诗,表达自己誓死抗清的决心。入城后,阎应元立即把全城的户口按丁壮老幼详加调查,挑选年轻力壮的男子组成民兵。会合乡兵二十余万人在城墙上轮流守岗,每个城垛十名,按时换班。由武举人王公略守东门,汪把总守南门,陈明遇守西门,阎应元自守北门。阎应元和陈明遇兼负昼夜巡查四门的责任,对城中过往行人严加盘诘,以肃清内奸。为解决军械粮饷供应,阎应元同绅民商议后,委任擅长理财人士

---

① (清)计六奇:《明季南略》,北京:中华书局1984年版,第246页。
② (清)计六奇:《明季南略》,北京:中华书局1984年版,第241页。
③ (清)抱阳生:《甲申朝事小纪》上册《阎应元小纪》,北京:书目文献出版社1987年版,第223页。
④ (清)计六奇:《明季南略》,北京:中华书局1984年版,第241页。
⑤ (清)张廷玉等:《明史》卷二七七《阎应元传》,北京:中华书局1974年版,第7100页。

把城内公私所藏物资分类征集,统一分配使用军需物资。阎应元组织人员随时修缮城池,制造武器,加强防守,作好守城的充分准备。"阎应元昼夜不寝,夜巡城见有睡者,以箭穿耳,军令肃然。"①

顺治二年(1645)七月十一日,清兵开始攻打阎应元镇守的北门。"大清兵力攻城,应元守甚固。"②城上矢石如雨注,清兵不敢接近城下。主帅刘良佐大怒,命令上将九员先驾云梯登城,城上义士以长枪刺之,上将五死四伤,有的身中三箭,有的被劈去头颅,有的堕下摔成齑粉,有的被火箭烧死。主帅更怒,传令十营内选猛将几员,步军三万,扎云梯十张,准备来日分十处攻城,如有退者立斩。

次日,清兵仍进攻北门,城外放炮呐喊。三万清兵造浮桥十条,一齐渡过外城河,分十处登云梯攻城。阎应元指挥城上用砖石掷下,以长枪拒敌。一时间乱石纷飞,炮火连绵,双方伤亡不计其数。"八月初六日,清之七王服重甲,遍身系双刀双斧及箭,手执枪,登城毁雉堞,势甚勇猛。守者以棺木捍御,用枪刺之,俱折不能伤。或云止有面可刺耳,遂群刺其面。旁一人用钩枪投其甲,乃仆棺中,又一人斩之,首重十八斤。持以示城下,清兵皆跪求首级,将尸掷下,首悬城上。敌复跪求,乃投下,取去缝合,挂孝三日,道士设醮城下招魂。有六人服红箭衣跪拜,城上炮发,悉化为尘。"③

在坚守城门的同时,江阴义军向四方请求援助。黄蜚、吴之葵领兵至太湖,与博洛率领的清军相遇。二人兵败后被俘,投降清朝。海寇顾三麻子因敬慕阎应元的为人,率舟师来援,苦战三日后失败,扬帆远去。此外,义阳王来援,败于砂山;秀才金矿会集精勇四百余人来援,被刘良佐以铁骑三千截在周庄左右,全军俱没。前来援助的外兵屡败,江阴沦为孤城。即便如此,刘良佐仍心有余悸,不敢再贸然攻城,只是用火炮不断攻击北城门,彻夜不息,城垛在炮火的轰击下塌陷数丈。阎应元立即命石匠砌墙,石匠畏惧不前。阎应元言辞恳切,动之以情,晓之以理,石匠深受感动,于是冒死登城修葺城垛,使之牢固如初。"平旦攻城,城

---

① (清)计六奇:《明季南略》,北京:中华书局1984年版,第245页。
② (清)张廷玉等:《明史》卷二七七《阎应元传》,北京:中华书局1974年版,第7100页。
③ (清)计六奇:《明季南略》,北京:中华书局1984年版,第247页。

碎,夜半修讫,清以为神。"①

随后,刘良佐百般劝降,城中遣四人出议。"良佐厚待之,约曰:'竖了顺民旗,薙发数十,周行城上,即退兵矣。'一人先还报,三人后去,各送十金。及还,白应元,竟匿馈银事。次日,四城立顺民旗,忽城下呼曰:'昨先回一相公尚未有银,特送至此。'城中闻之,疑三人为间,即杀之。且内有不愿降者,于是拔顺民旗,复竖大明旗,守之如故。"②

刘良佐只得再次后撤,移营至十方庵附近。第二天,刘良佐命令十方庵中的僧侣"望城跪泣,陈说利害"③,劝江阴军民早日投降。城中义民皆愿以死报国,要僧侣速去。当晚,僧人又来劝降,再次被众人遣走。刘良佐策马至城下,劝阎应元道:"弘光已北,江南皆下。若足下转祸为福,爵位岂在良佐下,何自苦如此?"阎应元骂曰:"我一典史卑官,死何足惜?汝受朝廷封爵,今日反来侵逼,汝心何心!"④刘良佐惭愧不已,又以清廷召谕相示,劝江阴士民接受招安。阎应元怒曰:"有降将军,无降典史!"一声梆响,火箭齐发,刘良佐连跨三马逃逸而去。清兵夜视江阴城,已到疑神见鬼的地步。

清贝勒王博洛闻江阴久攻不下,刘良佐劝降无效,极为愤怒。他命人绑缚降将黄蜚、吴志葵至十方庵,让他们作书劝降。黄蜚曰:"'我与城中无相识,何书为?'临城下,志葵劝众早降,蜚默然。应元叱曰:'汝不能斩将杀敌,一朝为敌所缚,自应速死。'志葵大泣拜谢。"⑤

直至八月初,江阴民兵由于昼夜守御,甚感疲惫,有人意志开始动摇。清兵在城外四处杀掠,民不聊生,为江阴百姓所不齿。那些剃发投降的人,被城上看见,必然痛骂,即使是至亲也像仇敌一般。阎应元见城防吃紧,在城中遍取民间散乱的头发,投城下诱敌松懈。清兵见城上有散发落下,以为是守城人皆已剃发,报告刘良佐。良佐派人进一步观察,方知是诈降。清廷多次劝降,有人开始犹豫,因阎应元镇守的北门

① (清)计六奇:《明季南略》,北京:中华书局1984年版,第247页。
② (清)计六奇:《明季南略》,北京:中华书局1984年版,第247页。
③ (清)计六奇:《明季南略》,北京:中华书局1984年版,第242页。
④ (清)计六奇:《明季南略》,北京:中华书局1984年版,第242页。
⑤ (清)计六奇:《明季南略》,北京:中华书局1984年版,第242页。

誓死固守，众意遂绝。"是时，城中益急，人人有必死之志，中秋家家畅饮如生祭然。"①

江阴文庙明伦堂，1645 年，阎应元、陈明遇、冯厚敦等人在此举兵抗清

被困既久，江阴城内伤亡惨重，战斗力日减，城中石灰断缺，不能乘夜修城。粮食越来越少，只能靠征集民间的米以补充军粮。据《江阴城守纪》记载：中秋前后，百姓携壶提觞登上城楼，举杯痛饮，诸生许用模仿楚歌，作《五更曲》，让善歌的人登高传唱，以笙笛箫鼓相和。

博洛平定松江后，掠二万余人，统兵数万至江阴城下。"围之，自巡城下者三，复登君山望之，谓左右曰：'此城舟形也，南首北尾，若攻南北必不破，惟攻其中则破矣。'收沿城民家锅铁铸弹子，重二十斤，纳大炮中，用长竹笼盛炮。……在南门侧发炮，石泥俱碎，城崩，遂不可修。"②

八月二十一日，博洛令数百人，把二百余座大炮全部搬到花家坝，专打东北角城墙。"铁子重十三斤，城中洞门十三重，遇树，树亦穿过，

① （清）计六奇：《明季南略》，北京：中华书局 1984 年版，第 247 页。
② （清）计六奇：《明季南略》，北京：中华书局 1984 年版，第 247—248 页。

第三章 明清之际江南文化遗民产生的历史背景

落地深一尺,守者大惧。城坏无站立处,时天复雨。"①城中义军只得外用牛皮帐护炮装药,城头危如累卵。城上因敌炮猛烈,见燃火,即躲到围墙后面。炮声过后,再登上城楼。清兵看到这种情况,故意放空炮,并让炮中只放狼烟,烟漫障天,咫尺难辨。守城者只听见炮声霹雳,以为清兵不能很快进入,而不知清兵已潜渡城河,从烟雾中蜂拥而至,众人来不及防御而崩溃。江阴城终被攻陷。

城破之时,阎应元端坐于东城敌楼之上,向人索笔,在城门之上写绝命诗曰:"八十日带发效忠,表太祖十七朝人物,十万人同心死义,留大明三百里江山。"题讫,带着千人上马格斗,杀死清兵无数,欲从西门突围而不得。他环顾从者说:"为我谢百姓,吾报国事毕矣!"自拔短刀,刺胸血出,投在前湖中。义民陆正先想把他从水中扯起,正赶上刘良佐遣兵来擒,刘良佐自称与阎应元有旧交,要生擒他。于是清兵把他捞起绑住,没有杀他。刘良佐踞坐在明佛殿,见阎应元来了,跃起,两手拍阎应元背而哭。阎应元说:"有什么好哭的,事已至此,只有一死。速杀我!"博洛坐在县署,急索阎应元至堂上。阎应元挺立不屈,背向贝勒,骂不绝口。一卒以枪刺他的小腿,阎应元血流如注,不支倒地。博洛命人把他关押在栖霞庵。阎应元濒死不悔,当夜寺中僧人不停听到"速杀我"的声音。天明时,终遇害。一月后,其子开启草敛的棺木,换贵重棺椁迁葬通州,见其尸体面如生者。

据《江阴城守后纪》所述:阎应元躯干丰硕,双眉卓竖,目细而长曲,面赤有须。每次巡城,身边有一人执大刀跟随左右,颇有云长再生之感。清兵望见,以为天神。阎应元号令严肃,对苟且偷安、不守法纪的人,必然重加责罚,以警示众人,即使乡绅、豪强也不例外。而当战士困苦时,他又会亲自熬药斟酒,温言慰劳;当有人遇难,他亲自购置棺木,哭奠而殓葬;接见敢死队的战士时,不称姓名而称兄弟。阎应元凡事以身作则,诚恳待人,士民皆怀德畏威。江阴军民之所以能守城 81 日而不破,与阎应元的人格魅力不无关系。

阎应元死后,家丁犹存十余人,皆因不降被杀,陆正先也一同殉难。

---

① (清)计六奇:《明季南略》,北京:中华书局 1984 年版,第 248 页。

城破后,陈明遇命全家男女43人在县衙举火自焚,自己复持刀与清兵血战,身负重创,死时握刀,身体僵立墙边不倒。训导冯厚敦自缢于明伦堂,妻与姊投井死。阎应元、陈明遇、冯厚敦,被誉为"江阴抗清三公"。中书戚勋、诸生许用举家自焚而死。诸生许王家,被清军拘押时,"或劝曰:'君故明一诸生,未食天禄,何以身殉?'王家曰:'君臣之义,岂论仕与不仕?公等复言。'"书生笪某,被清军抓获之后,"刑前叹曰:'我一介小人,今日得之士大夫之烈,为忠义而死,死之犹生也。'临刑神色不变。"

八月二十二日,清兵开始屠城。百姓或力战到底,或坦然就义。全城人民以先死为荣,无一人投降。《江阴城守后纪》曰:"有明之季,士林无羞恶之心。居高官、享重名者,以蒙面乞降为得意;而封疆大帅,无不反戈内向。独阎、陈二典史乃于一城见义。向使守京口如是,则江南不至拱手献人矣。"江阴民众计守城抗击清军81日,拒24万清师于城门之外,杀死75万人,其抗清斗争的事迹荡气回肠。清军为报复江阴人民的顽强抵抗,屠城三日,城内城外17万余人惨遭杀害,仅老幼53人幸免于难,史称"江阴三日"。

乾隆在乙酉江阴守城战131年后,对抗清三公——阎应元、陈明遇、冯厚敦,分别赐谥"忠烈""烈愍""节愍"。阎应元殉国192年后,清廷为安抚江阴百姓,下诏在江阴和其故乡通州为其修祠各一座,皆命名为"阎公祠"。

综上所述,"江阴,明属常州府,是江南地区因剃发而抗清最早、坚持最久、死伤最为惨重的一个城市,所谓'八十日带发效忠,十万人同心死义',对当时的形势以及后来的影响也最大。"①

几乎在"江阴三日"发生的同时,江南地区又接连发生"嘉定三屠"事件。清军在攻破嘉定(明属苏州府,今属上海嘉定区)后,明降清将领李成栋三次下令对城中平民百姓进行大屠杀。李成栋原是江北四镇之一高杰的部将,眼见大明危殆,遂在徐州降清。嘉定位于上海西北部郊

---

① 陈生玺:《剃发令在江南地区的暴行与人民的反抗斗争》,《明清易代史独见》,郑州:中州古籍出版社1991年版,第175页。

区，建于南宋嘉定十年（1217），是江南历史文化名城。朱子素《嘉定屠城纪略》、文秉《甲乙事案》、黄宗羲《弘光实录钞》、吴梅村《鹿樵纪闻》等文献，对"嘉定三屠"事件均有记载。

顺治二年（1645）"五月十三日，嘉定县闻维扬陷，留都将不守。"①弘光政权覆灭后不久，明嘉定县令钱默即弃官而去。二十四日，清廷授嘉定知县张维熙到任。张维熙在嘉定执行"剃发令"。"在有清一代，剃发和蓄发始终是一个尖锐的政治问题，凡是反清者多以蓄发和复衣冠作为号召和标志"②，因而激起当地群众的不满，拒不从命者甚多，起兵抗清之意遂在民众中酝酿。明原吴淞总兵吴志葵派人来嘉定，宣称"本镇即刻统大兵入县"，要求嘉定人民与之配合，共同剿灭驻扎在嘉定东关外的清兵梁德胜营。不久，"嘉定城内讹传吴志葵已到嘉定，远近乡兵亦陆续开来。当夜，愤怒的人群用火烧了梁德胜营的兵船，杀死清兵八十四人。但民众因缺乏作战经验，反被清兵击溃。梁德胜不敢留在嘉定，率余部狼狈逃向吴淞，往就李成栋大队。"③不久，吴志葵亲率百人，白布裹头，昼伏东门外，晚间持火把逼近县城，扬言捉拿张维熙，张吓得逃之夭夭。

此时，城内外民众不约而同地起兵反清。起初取得一些胜利，但没有形成集中统一的领导核心。在这种情况下，民众一致推举士绅黄淳耀、侯峒曾为首领主持抗清大计。"淳耀等相与谋曰：'今事成骑虎，无主必乱。'乃令元演作书急促其父峒曾入城，乡兵亦列帜往迎。既至，集众公议，画地而守。"④

侯峒曾（1591—1645），字豫瞻，号广成，嘉定人。"天启五年成进士，授南京武选主事，丁父忧。"⑤崇祯七年（1634）入都，任南京文选司主事，迁江西提学参议。在政治上，他倾向和同情当时的复社。有人诬陷复社领袖张溥，侯峒曾为他辩解。之后，他出任浙江右参政，分管嘉兴、

① （清）朱子素：《嘉定屠城纪略》，《扬州十日记》，上海：神州国光社民国三十五年版，第249页。
② 陈生玺：《剃发令在江南地区的暴行与人民的反抗斗争》，《明清易代史独见》，郑州：中州古籍出版社1991年版，第190页。
③ 南炳文：《南明史》，北京：故宫出版社2012年版，第121页。
④ （清）朱子素：《嘉定屠城纪略》，《扬州十日记》，上海：神州国光社民国三十五年版，第255页。
⑤ （清）张廷玉等：《明史》卷二七七《侯峒曾传》，北京：中华书局1974年版，第7099页。

湖州两府。"吏部尚书郑三俊举天下贤能监司五人,峒曾与焉。召为顺天府丞,未赴而京师陷。"①侯峒曾为人正直,为官廉洁,在任南部文选主事时,被誉为"南部三清"之一。"福王时,用为左通政,辞不就。及南京覆,州县多起兵自保。嘉定士民推峒曾为倡,偕里人黄淳耀、张锡眉、董用圆、马元调、唐全昌、夏云蛟等誓死固守。大清兵来攻,峒曾乞师于吴淞总兵官吴志葵。志葵遣游击蔡祥以七百人来赴,一战失利,束甲遁,外援遂绝"②。

黄淳耀(1605—1645),字蕴生,嘉定人。年少时家贫,粗茶淡饭,至10岁时才入私塾读书,刻苦努力,加上天资聪明,不到20岁已诗文出众,受到"嘉定四先生"之一程嘉燧的赏识,推荐给常熟大诗人钱谦益家执教蒙馆。黄淳耀极其崇拜陶渊明,故号陶庵,文章质朴淡雅,痛恨华而不实的八股文,与门人陆元辅组织直言社,倡导经世之用、言之有物的文章,名重一时。崇祯十六年(1643)中进士。此时,明王朝已是四面楚歌,风雨飘摇。黄淳耀哀民生多艰,叹朝纲不振,恨吏治腐败,故绝意仕途,回到故乡,与其弟黄渊耀隐居嘉定城内西林寺,著书立说,以诗文自娱。黄淳耀"弱冠即著《自监录》《知过录》,有志圣贤之学"。作为明末著名文学家,黄淳耀诗文风格清新雄健,充满生活气息。"所作诗古文,悉轨先正,卓然名家。有《陶庵集》十五卷。"③清代著名学者纪晓岚评其诗"浑然天成,绝无懦响"。

在侯峒曾和黄淳耀兄弟的联合感召和统一指挥下,城中民众不分男女老幼,纷纷投入抗清行列中。为鼓舞士气,侯峒曾下令在嘉定城楼上悬挂一面"嘉定恢剿义师"④的大旗,在四城门布置守城兵力:由南明诸生张锡眉率众守南门,秀水县教师龚用圆佐之;南明国子监太学生朱长祚守北门,乡绅唐咨佐之;黄淳耀兄弟守西门;侯峒曾亲自守东门,诸生龚孙炫佐之。此外,由诸生马元调与唐昌全、夏云蛟等负责后勤供给。集议已定,各头领率众在城上日夜巡逻。明清易代之际,儒生们的民族气节在民众中有相当大的号召力。"嘉人士争缚袴执刃以从,人情颇觉鼓舞。东北二门俱用大石垒断街路,惟西南二门稍按时启闭,仍用屋木乱石横塞道途,以遏兵锋。"不久,义师在北门仓桥街用火炮攻打清兵,打死清军吴淞总兵李成栋之弟李成林。"成栋闻弟死,日夜与诸副将相对涕泣。"

李成栋紧急调兵五千前来镇压。途中,清军的兵船被嘉定近郊乡兵一举烧毁,从而揭开嘉定民众抗清斗争的序幕。李成栋虽只有五千兵力,但均为装备精良、训练有素的精兵。"奈乡兵本村农乌合,初无将领,乘兴一聚,即鸟兽散,郊外无一人往来,孤城荡荡,仅存一白旗迎风招飐而已。成栋于军中选黠者二人,去其辫作僧人服,潜至城下侦得实,归报。成栋加额曰:'天也,天也!'始谋身自率合娄东兵共破嘉定云。"①

顺治二年(1645)六月二十九日,"成栋悉众过东门迤逦以北……至娄塘扎营。……峒曾、淳耀等亲自临城,勉以忠义,言与泪俱,人皆感奋。因下令诸乡勇能鼓众赴敌者,每人先给白布二疋,仍每日颁折饷银二钱;有能得敌兵首级者,每颗给银十两。"

顺治二年(1645)七月初三日,凶残的清军击败城外各村镇的乡兵后,李成栋便"会同娄东兵拥大众至",将嘉定城四面包围起来。清军虽兵临城下,但民众并不畏惧,反而聚集起十万人参与守城。李成栋随即下令,"尽锐攻城,炮声轰轰不绝",集中火炮齐轰东、西二门。黄昏时分,"突大雨如注,怪风暴起。"②至翌日破晓时分,暴风骤雨仍然不止。清兵见守城者"渐驰,攻愈急,多缚软梯至城下"③。接着,"成栋令兵丁潜伏城下穴城,而守者弗觉也。初四黎明,成栋置炮于地穴中,炮发震城,城一隅崩。铁骑直踊而上,乡兵不能御,城遂陷。"④

据《明史·侯峒曾传》记载:"七月三日大雨,城隅崩,架巨木支之。

---

① (清)朱子素:《嘉定屠城纪略》,《扬州十日记》,上海:神州国光社民国三十五年版,第255,257—258页。
② (明)文秉:《甲乙事案》卷下,《南明史料(八种)》,南京:江苏古籍出版社1999年版,第565页。
③ (清)朱子素:《嘉定屠城纪略》,《扬州十日记》,上海:神州国光社民国三十五年版,第262页。
④ (明)文秉:《甲乙事案》卷下,《南明史料(八种)》,南京:江苏古籍出版社1999年版,第565页。

明日雨益盛，城大崩，大清兵入。"①初四凌晨城破之时，"峒曾犹坐城楼，指麾自若，二子侍，遽呼曰：'事急矣，何以为计？'答曰：'有死而已，复何言？所恨者枉送一城百姓耳！'语未竟，守陴者过而大呼，城已破。峒曾急呼二子去，不从，复大声诃之，走数步复还，峒曾怒叱曰：'我死国事分也，祖母在，若辈应代我奉事，恋我何为？'二子恸哭而去。至孩儿桥皆被杀。峒曾溺宣家池不死，立水中叹曰：'人死亦大难事。'……为清兵引出斩之，竞夺其首献之成栋，枭示四门。"②

东门破后，西门尚未有兵，城中居民纷纷奔西门逃生，而清兵截段堵杀，居民投河死者无数，水为不流。时镇守西门的黄淳耀见大势已无可挽回，遂与弟渊耀骑马至早年读书的西林寺，准备自缢殉国。西林寺僧人无等法师劝他："公未仕，可勿死也！"黄淳耀心意坚决，曰："城亡与亡，此儒者分内事耳。"③他让无等法师帮他取来笔墨，在墙上奋笔疾书："大明进士黄淳耀，以弘光元年七月四日自裁于西城僧舍。呜呼，进不能宣力王室，退不能洁身自隐；读书鲜获，学道无成；耿耿不灭，此心而已！异时中华士庶再见天日，论其世者，尚或鉴之！"④书毕，见弟渊耀已缢梁间，遂缢其侧，年仅40岁。据清光绪七年《嘉定县志》记载：黄氏兄弟自缢后，对面墙上染着黄淳耀口中喷出的一片血迹，艳如桃花，灿若火焰。无等法师含泪用笔在一旁写下"留碧"二字。

又据朱子素《嘉定屠城略》记载：诸生张锡眉守南城，度城必破之时，作绝命词云："'我生不辰，侨居兹里；路远宗亲，邈隔同气。与城存亡，死亦为义；后之君子，不我遐弃。'及闻城破，谓其友曰：'宜速死。'……锡眉先驱妾入水，方自溺。"守城教谕龚用圆、诸生龚用广兄弟闻城破，拥抱恸哭曰："我祖父清白自矢，已历三世。今日苟且图存，何面目见祖宗于地下？"语罢双双自溺而死。嘉定城虽是个弹丸之地，但面对清军压境，守城义师在侯峒曾、黄淳耀的率领下，却英勇地坚守了近半个月。

---

① （清）张廷玉等：《明史》卷二七七《侯峒曾传》，北京：中华书局1974年版，第7100页。
② （清）朱子素：《嘉定屠城纪略》，《扬州十日记》，上海：神州国光社民国三十五年版，第262页。
③ （清）抱阳生：《甲申朝事小纪》下册，北京：书目文献出版社1987年版，第603页。
④ （清）吴梅村：《鹿樵纪闻》卷上，《扬州十日记》，上海：神州国光社民国三十五年版，第124页。

城破之后,李成栋入城"下令屠城"①,"兵丁遂得肆其杀掠。家至户到,虽小街僻巷,无不穷搜。刀声砉砉然,达于远迩。迄命之声嘈杂如市,所杀不可数计。"②对此,陈寅恪痛心地感叹道:"嘉定以区区海隅下邑,举兵抗清,卒受屠戮之祸。"③

然而,清军的暴行并未扑灭民众的反抗怒火。嘉定城被屠后,葛隆、外岗、马陆、杨家行等镇乡兵复聚,再议抗清,誓不反顾,并时有偷袭斩杀清兵之义举。李成栋在城内大举屠杀三四天后,侥幸逃脱在外的嘉定幸存者开始回城。七月二十三日,江东义士朱瑛"自称游击将军,率五十人入县,行牌督百姓守城"④,重兴义旅,再度举起抗清大旗。朱瑛率部会同重新回城的民众,集结起两千多人的队伍。朱瑛领导幸存者们在这座残破的城市展开了一场反屠杀运动,处死归降清军的汉奸和清军委派的官吏,将残留的清军驱赶出城外。

第二天,逃至城外的李成栋,急令娄东降将万国昌率兵增援。李成栋则坐镇城外葛隆镇织女庙,指挥各路兵马企图第二次攻城。七月二十六日清晨,清军乘城内民众武装力量尚未集结完毕,再次攻进城内。汉奸浦嶂向李成栋献计曰:"嘉定初被屠,虽有存者势不敢抗,然不剿绝,后必有变,因力劝成栋再屠其城。"于是,清军第二次屠城。在此次屠城中,浦嶂一马当先,他甚至将其好友娄复闻的全家斩尽杀绝。"诸生娄复闻,嶂友也,于南门外被缚,尚呼嶂字曰:'浦君屏我好友,释我,当厚报。'语未脱口,并其妻子及娣及外甥悉斩首,娄氏血脉遂绝。"嘉定城内民众"是日逢嶂者,韶龀不留"。

清军的第二次屠城,也未能削弱嘉定民众的反抗意志。"原任陆营把总吴之蕃者,父斗南,于崇祯朝奉命讨流贼死事,之蕃常自谓忠孝之门,闻手下百户降,怒曰:'奴辈皆世职,降何容易?俟大明兵得汝,安当抉汝眼,剖归腹,抽汝筋,凿汝骨,今日且莫喜也。'"八月十六日,吴之蕃率余部于江东起兵,乘舟至吴项桥登岸。吴军乃仓促集合之兵,战力不

---

① (清)朱子素:《嘉定屠城纪略》,《扬州十日记》,上海:神州国光社民国三十五年版,第63、264页。
② 陈寅恪:《柳如是别传》上册,北京:生活·读书·新知三联书店2001年重印版,第180—181页。
③ 陈寅恪:《柳如是别传》上册,北京:生活·读书·新知三联书店2001年重印版,第183页。
④ (清)朱子素:《嘉定屠城纪略》,《扬州十日记》,上海:神州国光社民国三十五年版,第265页。

强。当清兵反扑之时，见舟火起，"一时溃散，之蕃连杀数人不能定，呼天哭曰：'我父子并死王事，分也，所恨心力殚尽，得起义师，未战而溃，我目弗死矣！'于是挺枪欲赴斗死。"清兵拥入城内，把吴之蕃数百士兵砍杀殆尽，并第三次血洗嘉定城。经过这三次屠城，清兵在嘉定满城累累白骨之上，总算插上了"削发令已行"的旗幡。清军制造的"嘉定三屠"，民众无一投降者，悲壮惨烈，死于清兵屠刀下的城内外民众多达"二万余人，缙绅则有侯峒曾、黄淳耀、龚用圆，孝廉张锡眉，贡生则王云程，青衿则黄渊耀等七十八人"。总之，"南都沦陷，郡邑风靡，惟江阴与嘉定拒守最坚，死事亦最烈，忠义之气，上掩三光，下薄九地，百世而下，闻者犹兴起焉。"①正如《柳如是别传》所感叹："呜呼！后金入关渡江，其杀戮最惨之地，扬州而外，似应推嘉定。"②

明清易代，清军在南下途中连续制造了"扬州十日""江阴三日""嘉定三屠"等一系列惨案。这些惨案的发生，既是亡国的悲剧，也是亡天下的悲哀。"明末清初的学者常常把礼教统治的崩溃称作'天崩地解'，或'天崩地坼'，这并非仅指一个国家的败亡。顾炎武把它区分为'亡天下'和'亡国'。"③

由此可见，在"扬州十日"之后，相继发生的"江阴三日""嘉定三屠"等事件，是明清易代"天崩地解"的大变局中，江南各地民众在一批富有民族气节的士人感召之下，纷纷组织起民间抗清力量，与大举南下的清军展开的一场又一场悲壮激烈的大搏杀。总之，"从伯夷、叔齐的采薇首阳，到文天祥就义大都、谢皋羽恸哭西台，中华民族始终有一股正气，浩然充塞于天地之间，排荡在志士仁人的方寸之内。但无论时世之艰迫，阵容之强盛，气节之凛然，任何一个时代的节烈之士都不能与明清易代相比。"④抵抗的壮烈、投降的耻辱、文明的蹂躏，多少悲壮、屈辱与痛苦，伴随在这段充满腥风血雨的历史进程中。

---

① （清）朱子素：《嘉定屠城纪略》，《扬州十日记》，上海：神州国光社民国三十五年版，第266—269页。
② 陈寅恪：《柳如是别传》上册，北京：生活·读书·新知三联书店2001年重印版，第181页。
③ 卢兴基：《失落的"文艺复兴"——中国近代文明的曙光》，北京：社会科学文献出版社2010年版，第25页。
④ 时志明：《山魂水魄——明末清初节烈诗人山水诗论》，南京：凤凰出版社2006年版，第441—442页。

三、南明时期的反清复明运动

崇祯十七年(1644)三月,崇祯帝自缢身亡后,当时中国政治势力主要由三大部分组成:一是以李自成和张献忠分别领导的农民起义军;二是占据山海关外东北地区,以贵族势力为核心的清朝;三是控制南方各省的以明朝宗室为核心的残余势力。

明成祖朱棣从南京迁都北京后,南京原有的中央政权机构保留不动,这就形成了所谓南北两京制度。南京那套中央机构,平时主要作用是安置不得志的官员,但南京仍居于全国第二政治中心的地位。当李自成起义军攻下北京后,明朝残余势力在南京迅速拥立新皇帝,重建了统治南方半壁江山的南明政权。崇祯死难之后,"还有南京的弘光、福州的隆武、肇庆的永历,直至前清康熙元年(1662)永历帝为清吏所杀,还经历了一十八年。"①在这期间,反清复明运动从未停止过,其中涌现出许多投笔从戎、舍生取义的文化遗民。

按照"学界共识性的说法,'南明'所指乃明亡后,南京福王弘光、福州唐王隆武、肇庆桂王永历、绍兴鲁王监国等政权。昭宗永历十六年(1663)为清所杀,台湾郑成功、郑克塽依然奉永历年号至永历三十七年(康熙二十二年,1683),此年八月,台湾为清兵所破,因郑克塽以明朝国号降清,所以史学界有'明朔始亡'之说。因此南明的时间大约为四十年,即为 1644—1682 或 1644—1683 年"②。南明(1644—1683)作为明朝京师顺天府失陷后,由明朝宗室在南方建立的若干政权,如果按从弘光朝南京继统起,到永历帝被俘杀于缅甸来计算,南明政权起起伏伏在大陆维持了 19 年的时间,即 1644—1663 年。也就是说,"经过顺治时期十八年的军事征服,及至康熙元年,永历帝被害,南明最后一个小朝廷覆灭,遗民心中的象征和最后指靠丧失;退守台湾岛的郑成功和张煌

---

① 郭沫若:《甲申三百年祭》,《民国丛书》第四编第 74 册,上海:上海书店据野草出版社 1945 年版影印本,第 3 页。
② 敖运梅:《南明浙东遗民诗歌研究》,杭州:浙江大学出版社 2017 年版,第 14 页。

言相继死难,东南沿海反清军事力量几乎崩溃;康熙二、三年(1663、1664年),李定国、李来亨等领导的抗清武装相继失败。至此,大规模抗清斗争已经过去,清廷已基本建立起对全国的有效统治,社会秩序也逐渐由乱而治。"①

清人在中原建立政权后,明朝宗室及文武大臣大多逃亡南方,还据有淮河以南的半壁江山抵抗清兵。南明在大陆持续十多年的政权存在,给明遗民带来复国的希望。随着隆武帝被俘后绝食而亡,清军迅速占领东南大部。但是,直至"顺治年间的前半期,南明永历政权尚据有大西南,在大西农民军将领李定国的支持下,屡有克捷。同时,大顺农民军余部在先由郝摇旗、李锦、高必正,后由李来亨的率领下,集结在鄂西川东一带,建立根据地,组成'十三家军',给清朝在川湖的统治以极大的威胁。此外,活动于浙闽一带的郑成功、张煌言等,亦时而联兵抗战,震撼江南半壁。其余各地小股起义和汉族缙绅、遗民的反清斗争也异常活跃,因为他们感到尚有永历政权的'正朔',可作为救亡活动的指靠"②。

因此,救亡活动是明遗民们始终面对的时代主题,他们的人生理想围绕着这一主题展开。然而,看起来最直接的办法——复明运动,即从政治上恢复汉民族的政权,却并没有能够成为救亡的主要途径。这是因为真正投身于复明运动的遗民,却总是遭遇着志不得展的尴尬与失落。尽管"在清兵入关近三十年的时间里,南明遗民与清王朝的对抗始终没有间断"③,然而,"南明小朝廷是历史上较为短暂的临时政权,明朝江山被清朝取而代之,南明君臣便开始了颠沛流离的逃亡生活,亡国之悲如影相随,始终伴随着他们反抗与隐退的全程。"④这是一个历史的悲剧。

明清之际,江南地区大批"文化遗民"群体的存在,是导致南明时期

---

① 孔定芳:《清初遗民社会:满汉异质文化整合视野下的历史考察》,武汉:湖北人民出版社2009年版,第169页。

② 孔定芳:《清初遗民社会:满汉异质文化整合视野下的历史考察》,武汉:湖北人民出版社2009年版,第170页。

③ 敖运梅:《南明浙东遗民诗歌研究》,杭州:浙江大学出版社2017年版,第94页。

④ 敖运梅:《南明浙东遗民诗歌研究》,杭州:浙江大学出版社2017年版,第187页。

的反清复明运动此起彼伏的主要原因之一。从上述"嘉定三屠"这一事件中可以看出，嘉定历史上文化昌盛，多饱读诗书之士。他们深受传统儒家思想的影响，"家事国事天下事，事事关心"，涌现出一大批学识渊博、讲求气节的爱国志士学者。他们"博学于文"，"行己有耻"。例如，明末清初以黄淳耀、侯峒曾等为杰出代表的嘉定士绅，把节义看得比自己的生命还重要，尽管只是一介文弱书生，但当民族危难之际，他们义无反顾，挺身而起，在抗清斗争中爆发出惊人的能量，反映出厚重的儒学思想积淀。他们在"嘉定三屠"事件中表现出英勇的反抗精神，是南明时期反清复明运动中的一个缩影。作为一位亲历者，顾炎武在《秋山》一诗中写到江南民众抗清之酷烈时曰："旌旗埋地中，梯冲舞城端。一朝长平败，伏尸遍冈峦。"这些志士仁人毁家纾难，铁骨铮铮，投身抗清复明大业。

具体地说，"明末清初的抗清活动前后相继达二十余年之久，而反清复明势力的不断延伸历时更长。按抗清活动的时限和形式划分，大明英烈大致有这样几类：一是明亡前，为镇守边关，抵御清兵内扰而壮烈殉国的烈士，……二是弘光时，为坚拒清兵南下，反抗满清惨绝人寰的屠杀而慷慨就义的忠臣烈士，诸如史可法、陈子龙、徐石麒、夏完淳、眭明永、侯峒曾、侯岐曾、黄端伯、吴应箕、金声、江天一、麻三衡、吴易、钱棅等；三是南都失守后，清兵直逼江南各地，闻噩耗而从容赴难的忠烈之士，著名者如刘宗周、祁彪佳、夏允彝、黄淳耀、袁继咸、徐汧等；四是清兵势如破竹，进犯东南之际，随唐王、鲁王、永历等转战浙、闽、粤、赣、湘、桂之间，或兵败被俘不屈死、或事不可为自尽死的节烈之士，显名于后世者如张煌言……何腾蛟、瞿式耜、张同敞……等。"①这段论述对明末清初抗清活动的总结和概括，是基本符合历史事实的。

其实，"明末清初，激于大义、振臂而起的英烈之士何止万计，在二十四桥之地顿成焦土，六朝繁华皆为人间地狱，千里莺啼的江南顷刻成罪恶渊薮的危殆之际，从朝堂到草野，凡具忠义之心，受天地正气熏染

---

① 时志明：《山魂水魄——明末清初节烈诗人山水诗论》，南京：凤凰出版社 2006 年版，第 448—449 页。

的志士仁人,他们不管是伏处民间的布衣,还是世受国恩的廷臣,都欲奋力作飞蛾一扑,以期用鲜血和生命与凶残骄悍的民族入侵者作殊死搏击,最终存中华民族一线正统之脉。"①

在反清复明运动中,全国各地涌现出一大批抗清志士,其中尤以江南地区的卓越人物为多。例如,有15岁举义、17岁牺牲的夏完淳;以典史微职率领江阴全城抵抗清军81日的阎应元;无守城之责而与瞿式耜同死桂林、面斥汉奸的张同敞;从事长达20年艰苦卓绝的抗清斗争,最后慷慨就义,被历史学家顾诚誉为"几乎无可挑剔的完人"的张煌言;领导嘉定抗清,城破被杀的侯峒曾父子三人以及自缢的黄淳耀兄弟二人;性格狂放不羁,却出任南明官职,广州城破后抱琴而死的邝露;在广东举义,延缓清军进攻桂林的南明"三忠"陈邦彦、张家玉、陈子壮;通俗小说"三言"的编写者冯梦龙,在清兵南下时,还以七十高龄,奔走反清,除积极进行宣传,刊行《中兴伟略》诸书外,还直接参与抗清斗争。此外,还有绝食而死的大儒刘宗周,泣血而死的李定国,服毒殉国的宋应升(宋应星的哥哥),投水自尽的陈子龙、夏允彝、祁彪佳等等,数不胜数。这些人物均可以"文化遗民"的身份载入史册。正如章太炎所说:"愿吾滇人,勿忘李定国;愿吾闽人,勿忘郑成功;愿吾越人,勿忘张煌言;愿吾桂人,勿忘瞿式耜。"②坚持反清复明的诸多忠义之士,都具有儒者襟怀与浩然正气,这是明清之际江南文化遗民身上的两要素。

在南明后期反清复明的运动中,郑成功海上兴师成为一支主要的抗清力量。当时,郑成功水师最有可能攻克南京的一次是,"顺治十六年(1659)郑成功进兵江南,得到各地群众支持。五月十六日抵崇明,十九日经江阴。六月初八至丹徒,十三日泊焦山,十七日下瓜洲,二十四日克镇江,二十六日进逼江宁(治今南京市)。江宁城中,清兵守御力量单薄。郑成功以战舰数千,甲士十余万,于七月十二日登陆,在城外扎营八十三座,伺机入城。时两江总督郎廷佐为缓兵之计,佯使人通款,郑成功信之,从而延误战机达两月之久。待清崇明总兵梁化凤率部从

① 时志明:《山魂水魄——明末清初节烈诗人山水诗论》,南京:凤凰出版社 2006 年版,第 449 页。
② 章太炎:《太炎文录初编》,《章太炎全集》第四册,上海:上海人民出版社 1985 年版,第 189 页。

常州到达南京时,驻守于城内的清军即从仪凤、钟阜二门出击,次日又从水路出击,经'三却三进',海师大溃,甘辉被执而死,郑成功率海师败归厦门。"①

在郑成功以反清复明的旗号率舟师进兵江南时,江南的文化遗民钱谦益、柳如是等人都将反清复明的全部希望寄托在郑成功的身上,他们在江边的红豆山庄积极进行了一系列的策应活动。受郑成功水师由海入江,沿长江一路西进的影响,江南一些地方的文武官员已出现叛清投明的情况。据《清世祖实录》记载:"江宁巡抚蒋国柱疏言,镇江失守之时,知府戴可进等六员、武官副将高谦等十四员皆失身从逆。"②还有数十个城市阖城官民叛清投明的情况:"近闻江南各州县寇乱,有望风迎降者,有缚体献城者,此皆将帅纪律不明,有司抚绥无术,以致若此,夫叛逆固不可宽,若详究其由,岂有阖城官民同谋从逆之理,必有奸宄之徒,首为倡乱,今天威远震,大军已发,灭寇在旦夕间,设将叛逆之人,概伸国法,数十城百姓尽加诛戮。"③这一方面说明郑成功此次反清复明的壮举受到当地遗民的积极响应,另一方面说明当时清政权在江南的统治根基尚未完全稳固。南明时期的反清复明运动之所以坚持数十年之久,与江南文化遗民们积极参与其中并成为中坚力量是分不开的。

---

① 沈嘉荣:《顾炎武论考》,南京:江苏人民出版社 1994 年版,第 27—28 页。
② (清)班布尔善等:《清世祖实录》卷一二八。
③ (清)班布尔善等:《清世祖实录》卷一二七。

第四章　明清之际江南文化遗民群体构成

　　生活于明清易代之际的汉族文人,面对清人入主中原与政权更迭,身心遭受前所未有的冲击,痛苦的抉择残酷地摆在面前,他们无法回避。剧烈的历史变迁与社会动荡,使士族队伍发生迅速分化:有的人投身抗清队伍,甚至献出自己的宝贵生命;有的则抽身而退,隐逸于山水园林之中,终身不应试不做官;有的出于各种原因,选择与清朝合作的态度,担任或低或高的官职,但情感上又充满着矛盾和愧疚。在那个风云激荡的特殊年代,江南地区文化遗民不仅人数众多,而且人员构成多样化。其中既有几社、复社等文人社团的名士,也有著名的思想大家;既有文坛领袖,也有隐逸画家;还有积极参与反清复明活动的一大批仁人志士,如此等等。这些文化遗民的生存方式,大多以群体性形式出现在历史舞台上。文化遗民可谓明末清初一个特殊的文人群体。我们首先从群体构成的视角,来考察明清之际江南文化遗民的典型代表人物,以便发现和归纳一些带有规律性的现象。

一、东林党人:吴钟峦、华允诚

　　发端于万历年间的东林学派,是明末时期较早出现的文人社团,其成员大部分活动于万历、天启、崇祯三朝,也有部分东林党人在经历明清易代的变局后而成为文化遗民。从学风上说,"以顾宪成、高攀龙为首的东林学子,面对明末政治败坏,学风颓废的时局,应时而起,以'以天下为己任'的儒者情怀,将拯救人心、扭转风气、接续道统的理想寓于学术砥砺和时政讽议之中。对宋明理学的两股末流——'束书不观,游谈无根''明心见性'的王学末流和'死读书''只在注脚中讨分晓'的朱学末流——大加挞伐,使明末学风渐次由虚趋实。"①在这里,试以吴钟峦、华允诚为例加以说明。

吴钟峦(1577—1651),字峦稚,一作峦雉,又字峻伯,号霞舟、方外稚山,学者称其为霞翁、霞舟先生。南直隶常州府武进县(治今江苏常州武进区)人。少年时,喜欢读《坛经》,又好讲黄老长生之术。在东林书院听顾宪成讲学后,叹曰:保身养性,取之儒学即可,不必远求佛教和道教。于是,拜入东林门庭,受业于顾宪成、高攀龙。其学生有朱舜水、李应昇等人。

东林书院,位于江苏无锡

---

① 孔定芳:《清初遗民社会:满汉异质文化整合视野下的历史考察》,武汉:湖北人民出版社 2009 年版,第181页。

崇祯四年(1631),吴钟峦拔贡第一,时东林党大佬周延儒为首辅大学士,打算破格提拔。吴钟峦固辞,按照贡生的常例,被选为光州教谕。崇祯七年(1634)中进士,授长兴知县。任上体恤百姓,以清敏著称。当时,社会上流行"经世致用"之说。吴钟峦说:"不明于生死,必不能忠孝。不能忠孝,虽有经济之才,何益哉?"①

崇祯十七年(1644)三月,李自成军攻占北京后,在江南的明朝官员五月在南京拥立福王朱由崧为帝,史称弘光帝。吴钟峦擢为礼部主事。弘光元年(1645)初,吴钟峦未上任,"抵南雄,闻南都失,转赴福建,痛陈国计。"②弘光帝在位仅八个月。清军兵临江南,南京城门大开,朱由崧逃亡芜湖,后押往北京,翌年被清军处死。弘光元年(1645)闰六月,郑芝龙、黄道周等拥立朱聿键于福州登基称帝,改元为隆武。隆武帝以原官招吴钟峦,迁员外郎。此时,鲁王朱以海也起兵绍兴,号监国。定西将军张名振等保护鲁监国自绍兴出海,乘船渡海到达舟山。驻守舟山的肃虏侯黄斌卿借口自己是隆武朝廷所封,不承认鲁监国的合法性,拒绝朱以海进定海城,只好改道次普陀山暂度时日。吴钟峦随鲁监国在普陀山上借住两三个月,作《寓白华庵生辰》诗曰:"蓬莱飘渺几人探,欲问长生有贝函。最上大根堪付法,是中深处且抽簪。巢由遁世山之北,管葛匡时斗以南。海外余年殊自愧,可容永日作优昙。"

之后,鲁监国在舟山站住脚,重新整顿朝政。"以钟峦为礼部尚书,往来普陀山中。"③张肯堂为大学士,张煌言为兵部右侍郎,徐孚远为国子监祭酒,其他官职也作了安排。舟山群岛成为鲁监国领导浙东抗清活动的中心,牵制了东南地区大量清军,为郑成功部在福建沿海的扩展创造了有利条件。

清顺治八年(1651),清兵至宁波。注重名节的吴钟峦见危临难,深感大义所在,唯有一死,遂急忙从普陀山赶到定海。清兵乘雾攻打定海,守兵措手不及,城中兵六千,居民万余,坚守十余日,相继溃散。九月初二日,围城清军采取挖城竖梯战术,从舟山城西面突破明军防御,

① (清)张廷玉等:《明史》卷二七六《吴钟峦传》,北京:中华书局1974年版,第7068页。
② (清)张廷玉等:《明史》卷二七六《吴钟峦传》,北京:中华书局1974年版,第7068页。
③ (清)张廷玉等:《明史》卷二七六《吴钟峦传》,北京:中华书局1974年版,第7068页。

蜂拥入城。吴钟峦"乃急渡海,入昌国卫之孔庙,积薪左庑下,抱孔子木主自焚死"①。终年75岁。死前赋诗一首,其中两句曰:"只因同志催程急,故遗临行火浣衣。"并对门人说:"我死遂焚,无令此身入清土。"但其门人没有照办,后来还是将其葬于吴氏祖墓。乾隆四十年(1775),赐谥"忠烈"。

吴钟峦治学严谨,专攻濂洛,尤精于《易》。著述甚丰,主要有《霞舟易笺》《十愿斋易说》《文史》《梁园佳话》《稚山丛谈》《岁寒集》《十愿斋遗集》《稚山先生残集》《十愿斋全集》等。

华允诚(1588—1648),字汝立,南直隶常州府无锡(治今江苏无锡)人。出身世宦,书香门庭,家学渊源。母亲从小管教极严,惟闭户读书,不得置喙户外事。从同里高攀龙讲学于首善书院,先后旋里,遂受业为弟子,传其主静之学。又曾寄籍长洲(治今苏州)县学,受县令祁承业器重,让其子彪佳与之同学,相互勉励督促。天启二年(1622)进士。天启四年(1624)春,"从高攀龙入都,授都水司主事。攀龙去官,允诚亦告归。"②

崇祯改元(1628),华允诚起工部营缮主事,进兵部员外郎。崇祯二年(1629)冬,皇太极率清兵绕道蒙古从喜峰口越长城,包围偷袭北京,京师戒严。袁崇焕犯战略错误,不守蓟门而提兵入京。崇祯赫然震怒,下袁于锦衣狱,令各衙曹官属上城分守各门。华允诚分守德胜门,直接面对自西北而来的偷袭者的强大攻势。国难当头,身体瘦弱的华允诚精心供职,殒命不惜,风餐露宿城头"四十余日不懈"③。崇祯微服巡行察访时,发现德胜门器械装备严整,哨所士卒严阵以待,吏曹充满斗志,不由大喜过望,"赐白金,叙功,加俸一年,改职方员外郎。"④

崇祯五年(1632)六月,华允诚有感于温体仁、闵洪学乱政,以置生死于不顾的勇气,疏陈《三大可惜,四大可忧》。

崇祯五年(1632)十一月,华允诚上疏乞归终养。这年冬天,华允诚

① (清)张廷玉等:《明史》卷二七六《吴钟峦传》,北京:中华书局1974年版,第7068页。
② (清)张廷玉等:《明史》卷二五八《华允诚传》,北京:中华书局1974年版,第6648页。
③ (清)张廷玉等:《明史》卷二五八《华允诚传》,北京:中华书局1974年版,第6648页。
④ (清)张廷玉等:《明史》卷二五八《华允诚传》,北京:中华书局1974年版,第6648页。

奉旨回籍,以省亲归,孝养母。毋年八十三而终。福王时起吏部员外郎,十余日即引疾归。华允诚"践履笃实,不慕荣达。(周)延儒再召,遣人以京卿啖之,允诚拒不应。入南都,(马)士英先造请,亦不报谢"①。甲申(1644)国变,华允诚已 56 岁。作为明王朝命官,先朝遗民,面对杀声四起的"剃发令",是留头,还是留发?允诚牢记先师"不可有畏死之心,也不可有求死之念",他留着头发,带着一颗不屈的心,"屏居墓田"。躲躲藏藏四五年,最后还是在劫难逃。顺治五年(1648),华允诚被邻人告发,"与从孙尚濂骈斩于南京。"②

据《明遗民录汇编》记载:"华允诚……国变后不肯薙发,屏居墓田,依邹氏,间指头而叹曰:'留发必贾祸,然吾食禄先朝,去之何以见先帝于地下哉!'会邹氏有家难,被缚,疾呼允诚,允诚曰:'为我也。'遂肃衣冠而出。侄尚濂,邹氏婿,亦全发,俱拥至吴郡,见巡抚周伯达,伯达宛转劝薙发,不应。及至金陵,诣讯所,允诚箕踞坐,尚濂亦坐。既而蹴然起,允诚问何为,曰:'濂死已决,但极欲言恨,无可与语。'允诚曰:'丈夫到此,惟清尔心,括尔口。'尚濂曰:'诺。'既而问者咸集,允诚背立面南,举手指天曰:'二祖列宗神灵在上,我发不可断,身不可降。'因闭目据地不动,尚濂亦不屈,遂同死。允诚神色扬扬如平时,时戊子四月十四日,年六十一。是日天大雷电,晦冥,风雨骤至,父老见者相语曰:'此不要钱华吏部也。'仆薛成者,允诚就执,即恸哭不食,先一日死。又其仆朱孝,亦号哭立死。"③华允诚从被执而斩仅十一天时间。他著有《春秋说》《四书大全参补》,与马世奇、龚廷祥并称"锡山三忠"。

据《明季南略·龚廷祥小传》记载:"龚廷祥,字伯兴,号佩潜,无锡人。幼时,乡达陈幼学一见称异。为诸生,游马文忠世奇门中。崇祯己卯举人,癸未进士,有'不愿为良臣,愿为忠臣'之语。甲申,思宗死社稷,世奇殉难,廷祥设师位,为文祭且哭,如谢翱祭文信国状。乙酉,补中书。居无何,南都陷,廷祥具衣冠,别文庙,登武定桥,睹秦淮叹曰:'大丈夫当洁白光明,置身天壤,勿泛泛若水中凫,与波上下。'乃发愤自

① (清)张廷玉等:《明史》卷二五八《华允诚传》,北京:中华书局 1974 年版,第 6650 页。
② (清)张廷玉等:《明史》卷二五八《华允诚传》,北京:中华书局 1974 年版,第 6650 页。
③ 谢正光、范金民:《明遗民录汇编》下册,南京:南京大学出版社 1995 年版,第 842—843 页。

誓曰:'敢贪生以全躯者,有如此河。'遂沉水死。"①

二、几社领袖:夏允彝、陈子龙、徐孚远

几社是活跃于晚明江南松江地区的文人社团,其主要领袖人物有夏允彝、陈子龙、徐孚远等人。

夏允彝(1596—1645),字彝仲,号瑗公,松江华亭(明代属江苏,今属上海松江)人,夏完淳之父。"弱冠举于乡,好古博学,工属文。是时东林讲席盛,苏州高才生张溥、杨廷枢等慕之,结文会,名复社。允彝与同邑陈子龙、徐孚远、王光承等亦结几社相应和。"②与陈子龙、徐孚远等人同为"几社六子"之一。

崇祯十年(1637),夏允彝"与子龙同成进士,授长乐知县"③。他起程赴长乐任职时,带儿子夏完淳一同去福建,让他接触社会,增加阅历。到长乐县后,他体恤民情,废弊兴利,大刀阔斧地进行自己的改革计划,其治理思想是以古教化。他反对苛捐杂税,提倡民本主义思想,力求达到孔子所说的"大同"境界,即用古人的方法,来治理明末社会。他廉洁无私,通晓经术,"善决疑狱。他郡邑不能决者,上官多下长乐。居五年,邑大治。"④一时间,长乐县政通人和,百姓安居乐业。

居于东南沿海一隅的夏允彝,以他在长乐知县任上的政绩,引起朝廷重视。崇祯十五年(1642),"吏部尚书郑三俊举天下廉能知县七人,以允彝为首。帝召见,大臣方岳贡等力称其贤,将特擢。会丁母忧,未及用。"⑤就在夏允彝即将受命于危难,实现他为国尽忠的理想之际,其母顾氏不幸因病去世。夏允彝父子悲痛欲绝,匆匆从长乐奔回家乡松江料理后事。崇祯十七年(1644)三月十九日,李自成率领起义军攻陷

① (清)计六奇:《明季南略》,北京:中华书局1984年版,第229页。
② (清)张廷玉等:《明史》卷二七七《夏允彝传》,北京:中华书局1974年版,第7098页。
③ (清)张廷玉等:《明史》卷二七七《夏允彝传》,北京:中华书局1974年版,第7098页。
④ (清)张廷玉等:《明史》卷二七七《夏允彝传》,北京:中华书局1974年版,第7098页。
⑤ (清)张廷玉等:《明史》卷二七七《夏允彝传》,北京:中华书局1974年版,第7098页。

北京。崇祯在煤山吊死，明朝灭亡。丧母、丧君，明朝的灭亡，给在家服丧的夏允彝以沉重的打击。"北都变闻，允彝走谒尚书史可法，与谋兴复。闻福王立，乃还。"①

明室福王在南京监国后，"其年五月擢吏部考功司主事。疏请终制，不赴。"②夏允彝因为不满奸党马士英、阮大铖秉政，排斥忠说爱国人士，不仅坚辞不肯到任，还"一度渡江前往扬州，和督师史可法商量救国大计"③。南明弘光政权迅速崩溃后，夏允彝的才能无法施展。他"徬徨山泽间，欲有所为。"④当时，清廷在江南的统治尚不稳固，各地义师纷起抗清，明朝残余的军事力量散落民间。于是，夏允彝暗中写信给自己从前的学生、明朝江南副总兵吴志葵，商量准备合兵攻取苏州，然后收复杭州，再进兵南京，以图保有明朝江南半壁河山。此时，年仅15岁的夏完淳匆匆完婚后，马上和父亲一道加入军中。可惜，吴志葵缺乏长远谋略，军将多懈怠贰心，苏州城未攻下，残军大败四溃。

此时，夏允彝"闻友人侯峒曾、黄淳耀、徐汧等皆死"⑤，反而变得愈加平静，决定自杀殉国。乡人劝他可以趁乱渡海去曾任地方官的福建，招纳兵马，再图恢复。夏允彝考虑再三，没有同意。他担心举事再败，以至蒙羞万世。松江清军主将早闻夏允彝大名，表示只要他出山，许诺赐以高官厚禄。清将还表示，即使不愿入新朝为官，出来见一面也行。注重名节的夏允彝以"贞妇"自比，明白无误地表达自己不事二朝之决心。"这个时期，无论是史家的评价，还是见存于文集的私人感言，一般都把'死节'作为易代之际士人道德水平的最高表现。归庄赞为：'于波靡澜倒之时，屹然砥柱中流，激一时豪杰之心，立万世人臣之则，岂非天之无奈人何者耶！'死节者以生命的付出给他们的行为镀上了一层神圣

---

① （清）张廷玉等：《明史》卷二七七《夏允彝传》，北京：中华书局1974年版，第7099页。
② （清）张廷玉等：《明史》卷二七七《夏允彝传》，北京：中华书局1974年版，第7099页。
③ 中华书局上海编辑所：《夏完淳集前言》，《夏完淳集笺校》，上海：上海古籍出版社1991年版，第673页。
④ （清）张廷玉等：《明史》卷二七七《夏允彝传》，北京：中华书局1974年版，第7099页。
⑤ （清）张廷玉等：《明史》卷二七七《夏允彝传》，北京：中华书局1974年版，第7099页。

的光辉,也在情感上取得了多数人的认同。"①

　　顺治二年(1645)九月十七日,夏允彝给好友陈子龙等人写信交代后事,然后平静地与家人道别,把未完成的文集《幸存录》交予独子夏完淳,叮嘱他毁家饷军,精忠报国,代父完成恢复志愿。然后,他从容地投入松江塘自杀殉节,时年50岁,其兄、子、妻妾家人,皆肃穆哀恸地立于水滨观视。松塘水浅,只达夏允彝腰身以上,他埋头于水中,呛肺而死,背部的衣衫都未沾湿。《明史·夏允彝传》则说他"自投深渊以死"②。在明遗们看来,有尊严地死和没有尊严地活着,也许前者更有价值。夏允彝在没有家人阻难的情况下,有尊严地死去。陈子龙本想与夏允彝同死,但夏允彝的托付,加上他本人有九十老祖母需要赡养,故而忍死待变,割发为僧隐于乡间。"陈子龙挽诗有联云:'志在《春秋》真不愧,行成忠孝更何疑。'"③此情此景,令夏完淳肝胆欲裂,目睹父亲的刚烈死状,更加坚定了他必死救国的决心。

　　夏允彝著有《夏文忠公集》《私制策》《幸存录》等,其文学造诣与民族气节,和陈子龙齐名,世称"陈、夏"。"卧子与夏彝仲同举进士,房艺一出,脍炙人口。东南士子称大名家必曰陈卧子、夏彝仲。是两公者生而文章名世,没而忠义传世者也,齐驱并驾,洵为邦家之光矣!"④

　　陈子龙(1608—1647),字卧子,号大樽,松江华亭(明代属江苏,今属上海松江)人。"生有异才,工举子业,兼治诗赋古文,取法魏、晋,骈体尤精妙。"⑤陈子龙作为一位有心用世的学者和诗人,"崇祯初,他参加以张溥、张采为首的复社,又与夏允彝、徐孚远、周立勋等结几社,与复社相呼应。两社都是东林的后劲,既是文学团体,又是政治团体,以复兴绝学相期勉,以文章气节相砥砺,坚持同魏忠贤余党作斗争,社友大多数为爱国知识分子。崇祯十四年,复社主将张溥卒后,陈子龙实际上是两社共戴的领袖。当时称文章者,必称两社;称两社者,必称云间;称

---

① 李瑄:《明遗民群体心态与文学思想研究》,成都:巴蜀书社2009年版,第159页。
② (清)张廷玉等:《明史》卷二七七《夏允彝传》,北京:中华书局1974年版,第7099页。
③ (清)计六奇:《明季南略》,北京:中华书局1984年版,第266页。
④ (清)计六奇:《明季南略》,北京:中华书局1984年版,第268页。
⑤ (清)张廷玉等:《明史》卷二七七《陈子龙传》,北京:中华书局1974年版,第7096—7097页。

云间者,必推陈、夏。而陈子龙的诗文,尤其著称于当时。"①

陈子龙"崇祯十年进士,选绍兴推官"②。他具有卓越的军事才能,"以定乱功,擢兵科给事中。命甫下而京师陷,乃事福王于南京。其年六月,言防江之策莫过水师,海舟议不可缓"③。

南明弘光朝期间,朱由崧沉湎于酒色,掌握朝廷实权的马士英、阮大铖等人也是醉生梦死,利用手中的权力鬻官肥家。弘光朝廷建立不久,便露出亡国之象。针对这一现状,时任兵科给事中的陈子龙感慨地上疏说:"中兴之主,莫不身先士卒,故能光复旧物。陛下入国门再旬矣,人情泄沓,无异升平之时,清歌漏舟之中,痛饮焚屋之下,臣诚不知所终矣!其始皆起于故息一二武臣,以至凡百政令皆因循遵养,臣甚为之寒心也。"④然仅凭陈子龙一己之力,难以扭转弘光朝的腐败局面。

明宗室鲁王监国时,陈子龙"受鲁王部院职衔,结太湖兵,欲举事"。他暗中联络太湖水军,与夏完淳一同策动清松江提督吴胜兆举义抗清。然不幸事泄,兵变失败,不仅吴胜兆被杀,陈子龙本人也被清兵逮捕。顺治四年(1647)五月,陈子龙在被清兵押解南京途中,作出与挚友夏允彝一样的人生选择,决心投水自尽。他趁守卒不备,挣脱绳索,投跨塘桥河中殉节,以死明志,年仅 39 岁。他论"危时拙计"一首诗中的最后一段,可以作为他的墓志铭:"故物经时尽,殊方逐态新。恨无千日酒,真负百年身。芝草终荣汉,桃花解避秦。寥寥湖海外,天地一遗民。"⑤顾炎武《哭陈太仆》曰:"陈君晁贾才,文采华王国。早读兵家流,千古在胸臆。"⑥夏完淳《细林野哭》一诗哀悼他的老师陈子龙曰:"相逢对哭天下事,酒酣睥睨意气亲"⑦,他们两人的师生情很深。

① (明)陈子龙:《陈子龙诗集》(上册),上海:上海古籍出版社 1983 年版,"前言",第 2 页。
② (清)张廷玉等:《明史》卷二七七《陈子龙传》,北京:中华书局 1974 年版,第 7097 页。
③ (清)张廷玉等:《明史》卷二七七《陈子龙传》,北京:中华书局 1974 年版,第 7097 页。
④ (清)计六奇:《明季南略》,北京:中华书局 1984 年版,第 93 页。
⑤ (明)陈子龙:《陈忠裕公全集》卷十四,第 27 页。
⑥ (清)顾炎武:《哭陈太仆》,《顾亭林诗文集》,北京:中华书局 1983 年版,第 276 页。
⑦ (明)夏完淳:《细林野哭》,《夏完淳集笺校》,上海:上海古籍出版社 1991 年版,第 215 页。

陈子龙墓,位于上海松江广富林

　　在陈子龙短暂的一生中,他与柳如是的爱情悲剧不得不提。据陈寅恪《柳如是别传》考证,陈子龙与柳如是之关系,自苏州及松江相识后,"约可分为三时期。第一期自崇祯五年至崇祯七年冬。此期卧子与河东君情感虽甚挚,似尚未达到成熟程度。第二期为崇祯八年春季并首夏一部分之时,此期两人实已同居。第三期自崇祯八年首夏河东君不与卧子同居后,仍寓松江之时,至是年秋深离去松江,移居盛泽止。盖陈杨两人在此时期内,虽不同居,关系仍旧密切。凡卧子在崇祯八年首夏后,秋深前,所作诸篇,皆是与河东君同在松江往还酬和之作。"①

　　陈子龙作为明末江南文人年轻一代中的杰出代表,才华横溢,经世为怀,与黄宗羲、顾炎武等明末清初民主思想启蒙者相似,促使一批忧

---

① 陈寅恪:《柳如是别传》上册,北京:生活·读书·新知三联书店 2001 年重印版,第 106—107 页。

国忧民的士子对王阳明后学的空谈误国产生强烈的不满。他大声疾呼"经世致用",以改变残酷的社会现实。陈子龙的思想境界中既包含着对昏庸腐朽王朝的不满,也涵盖着对异族统治的愤恨。他投笔从戎的壮举以及宁死不屈的民族气节,将其人格精神上升到历史的新高度。正如陈寅恪《柳如是别传》所说:陈子龙"则以文雄烈士,结束明季东南吴越党社之局,尤为旷世之奇才"①。

　　明清易代之际,陈子龙以其突出之才情文章与铮铮之民族气节,成为当时文人的杰出代表。作为明末清初三大诗人之一,他与钱谦益、吴伟业齐名,诗、词、文、赋兼工。诗歌方面,他被誉为明代最后一位大诗人,朱东润和施蛰存等人认为其诗歌代表明代诗歌的最高成就。词方面,陈子龙被公认为"明代第一词人";并对清代词的复兴产生巨大深远的影响。陈子龙策论散文别具一格,吴伟业认为其散文可媲美苏轼、苏辙兄弟。② 陈子龙骈赋深得战国和汉代骈赋名家之妙,留存篇目虽少,但精品不少,被一些人推许为"明代骈文第一"。陈子龙因抗清而死,其作品在死后一百多年一直是禁书,不能刊行。直到乾隆年间,乾隆表彰明代忠烈,陈子龙等 26 人获得级别最高的"专谥",谥号"忠裕"。此后,陈子龙的作品才开始公开流传。陈子龙诗文集有《属玉堂集》《平露堂集》《陈李倡和集》(与李雯的诗歌合集)、《湘真阁稿》《三子新诗合稿》(与李雯、宋征舆的诗歌合集)、《焚余草》(明亡后陈子龙学生王沄搜集的诗词遗稿)诸稿;词集有《江蓠槛》《湘真阁存稿》。这些诗文在嘉庆年间被收入《陈忠裕公全集》。陈子龙与徐孚远、宋征璧合编的《皇明经世文编》是一部明代文章的总集。

　　近代南社诗人,如陈去病、柳亚子等都推崇陈子龙。"柳有诗云:'平生私淑云间派,除却湘真便玉樊。''湘真'是指陈子龙的湘真阁,'玉樊'是指夏完淳的《玉樊堂集》。当时南社诗人,多以陈子龙刚劲雄浑的诗风,鼓吹革命,在推翻清朝的斗争中,起了积极推动作用,这也可见陈子龙诗对后世的影响。"③

① 陈寅恪:《柳如是别传》上册,北京:生活・读书・新知三联书店 2001 年重印本,第 347 页。
② (清)吴伟业:《梅村诗话・陈子龙》曰:"其四六跨徐、庾,论策视二苏,诗特高华雄浑,睥睨一世。"
③ (明)陈子龙:《陈子龙诗集》(上册),上海:上海古籍出版社 1983 年版,"前言"第 6—7 页。

徐孚远(1599—1665),字闇公,晚号复斋,松江华亭(明代属江苏,今属上海松江)人,为万历首辅徐阶小弟徐陟的曾孙,明末诗人。崇祯二年(1629),陈子龙、夏允彝、徐孚远等六人组成文社"几社",以道义文章名于时。徐孚远为"几社"创始人之一,同时加入"复社"。崇祯十五年(1642)举人。时民变迭起,天下大乱,乃研习兵法,有救国利民之志。

关于徐孚远的抗清事迹,《明遗民录汇编》中有较详细记载。敖运梅在所著《南明浙东遗民诗歌研究》中,对作为遗民的徐孚远的抗清事迹也记叙说:"顺治二年(1645),清兵南下,时华亭知县举城投降。徐孚远与陈子龙、夏允彝等人在松江起义抗清。兵败长白荡,自信州入闽,投奔唐王。唐王授其福州推官,升兵科给事中。第二年,又命为行人司使。唐王政权覆灭后,徐孚远渡海入浙,往来于浙、闽之间,联络各地义军,促使义军团结协作,以图大业,但义军各自为政,难以凝聚力量。"直至"顺治六年(1649),徐孚远闽溃败入浙,复返浙东,入蛟关,结寨于定海的柴楼。恰鲁王从长垣至舟山,徐孚远即至鲁王处,升为左佥都御史。顺治八年(1651),随鲁王逃至福建,后居于厦门。顺治十五年(1658),桂王派使者延诏,升徐孚远为左副都御史。是年冬,奉郑成功命令随使者入滇拜谒桂王,迷路后飘至安南,安南王遣送其还于厦门。……1659年郑成功进攻南京失败,退据台湾,徐孚远仍居厦门,奔走于闽广沿海,仍与多处义军联络,意图恢复。康熙二年(1663),鲁王死,徐孚远由厦门逃亡至广东潮州府饶平县,继而秘密进行抗清复明活动。两年后病卒,其次子徐永贞扶棺归故里安葬之。"①综上所述,明亡后徐孚远起兵抗清,兵败后曾先后追随唐王、鲁王、桂王、郑成功等,在东南沿海一带秘密从事反清复明活动,时间长达20年。康熙四年(1665)病逝,终年67岁。

值得注意的是,徐孚远是漂浮海外的遗民。永历十五年(1661)三月,郑成功远征台湾,徐孚远曾随军赴台。永历十六年(1662)一月,待飓风后第二次赴台。永历十六年(1662)五月郑成功卒于台湾,十一月鲁王殂于台湾。徐孚远随舟三次入台,"为南明王朝奔走呼号二十余

---

① 敖运梅:《南明浙东遗民诗歌研究》,杭州:浙江大学出版社2017年版,第66—67页。

年,终含恨而逝。"①邓之诚在《清诗纪事初编》中评价徐孚远说:与"陈子龙结几社,忠义与之同,而文采则不逮。……其诗虽非当行,而海外遗事,不难考见"②,即表彰其"遗民"事迹。

三、复社名士:杨廷枢、万寿祺、阎尔梅、陈贞慧、冒辟疆、方以智、归庄

复社是晚明太仓人张溥、张采所创立的文人社团。张溥逝世后,复社的活动和影响仍存在了相当长的一段时间。"晚明文社中规模最大、名气最响的无疑是复社,它有狭义的和广义的两个含义:前者指作为众多文社之一的复社,后者指作为众多文社联合体的复社。"③复社成员中,涌现出了众多文化遗民。"夫士子者,国家之元气也。有明二百七十余年养士之报,至复社而会其归,一时殉难之士多出于其中。"④在这里,以杨廷枢、万寿祺、阎尔梅、陈贞慧、冒辟疆、方以智、归庄为例。

杨廷枢(1595—1647),字维斗,号复庵,南直隶苏州府长洲(今江苏苏州)人。早年为诸生,以气节自任,曾为东林党人周顺昌平反奔走呼冤而闻名。崇祯三年(1630),举应天乡试第一,"与金坛周钟为复社长,名闻四海。"⑤

明弘光元年(1645)清军南下苏州。他因反清事泄,避地芦墟,泛舟芦苇间。当地士绅纷纷出走,他却为抗清义军筹粮未走。1647年(永历元年、顺治四年),苏松提督吴胜兆反清,策划者戴之隽为杨廷枢门生,遂受牵连。四月二十四日被缚,狱中受尽折磨。清兵后将他押解到泗洲寺。当时,苏州巡抚土国宝正驻扎此地,领兵镇压分湖地区的抗清义军。土国宝重其人,三次劝杨廷枢剃发,他说:"砍头事小,剃头事

---

① 敖运梅:《南明浙东遗民诗歌研究》,杭州:浙江大学出版社2017年版,第68页。
② 邓之诚:《清诗纪事初编》上册,上海:上海古籍出版社2012年版,第94页。
③ 樊树志:《晚明大变局》,北京:中华书局2015年版,第462页。
④ 吴山嘉:《复社姓氏传略》,北京:中国书店1990年版,卷首顾叙,第1页。
⑤ (清)计六奇:《明季南略》,北京:中华书局1984年版,第256页。

大。"五月二日在永安桥(即泗洲寺桥)南,"为巴提督所手刃。"临刑时大叫"生为大明人",头将断还有"死为大明鬼"①之声。《明史·杨廷枢》中有"当事者执廷枢,好言慰之。廷枢嫚骂不已,杀之芦墟泗洲寺。首已堕,声从项中出,益厉"②的记载。清军将他悬首示众,责令"馈千金赎取"。门生迮绍原等凑银两将他赎出安葬,并私谥"忠文先生"。

杨廷枢在押送期间,"舟中题书血衣,并赋诗十二首寄归"③。舟中遗诗曰:"人生自古谁无死,留取丹心照汗青。正气千秋应不散,于今重复有斯人。其二:浩气凌空死不难,千年血泪未曾乾。夜来星斗终天灿,一点忠魂在此间。其三:社稷倾颓已二年,偷生视息又何颜。祇令浩气还天地,方信平生不苟然。其四:骂贼常山有舌锋,日星炯炯贯空中。子规啼血归来后,夜半声闻远寺钟。其五:有妻慷慨死同归,有女坚贞志不移。不是一番同患难,谁知闺阁有奇儿。其六:近来卖国尽须眉,断送河山更可悲。幸有一家妻共女,纲常犹自赖维持。"④其余六首,惜遗未传世。

万寿祺(1603—1652)字年少,又字介若、内景,江苏徐州铜山人。"崇祯庚午举孝廉。博学工诗,尚气节,精篆隶,善画。父某,故御史也,饶赀,田园数千顷,第宅如王侯,寿祺不屑也。"⑤与陈子龙乡试同年,与沛县阎尔梅是同乡。崇祯三年(1630)中举人后,先后五次参加会试,均不第。"年少早游吴门,与复社诸君子交,尤负奇节。"⑥万寿祺为人风流倜傥,数次在南京参加复社集会活动,又先后寓居苏州、镇江、松江,与陈子龙、杨文聪、顾梦游等唱酬砥砺,图谋救时报国,风流豪宕,倾动一时。

顺治二年(1645)清兵渡江,弘光政权瓦解,江南人民纷起抗清。万寿祺在苏州附近举兵,与沈自炳、钱邦芑等的陈湖之师,黄家瑞、陈子龙

---

① 蒋逸雪:《张溥年谱》,《民国丛书》第四编第 85 册,上海:上海书店据商务印书馆 1946 年版影印本,第 14 页。

② (清)张廷玉等:《明史》卷二六七《杨廷枢传》,北京:中华书局 1974 年版,第 6888 页。

③ (清)计六奇:《明季南略》,北京:中华书局 1984 年版,第 256 页。

④ (清)计六奇:《明季南略》,北京:中华书局 1984 年版,第 257 页。

⑤ 谢正光、范金民:《明遗民录汇编》下册,南京:南京大学出版社 1995 年版,第 938 页。

⑥ 陈去病:《五石脂》,南京:江苏古籍出版社 1985 年版,第 345 页。

等的泖湖之师,吴易等的笠泽之师,相互配合呼应。八月,诸义师溃败后,万寿祺被执,将及于难,遇救,得脱归江北。"在异族长驱直入,山河顿然飘零失色的阵痛中,淮上冒死冲突,能'以豪杰自命,与阎尔梅称同志'(卓尔堪《明遗民诗》)的壮烈之士要算万寿祺。"①因此,"其人实有志节,不当仅以诗文传。"②

从顺治三年(1646)春起,万寿祺"自是隐居山阳之浦西,筑庐冶圃(隰西草堂),灌园自给。至丙戌春,遂祝发为浮屠"③,托迹于佛门。他困于春闱达16年,隐于沙门又8年,在这二十几年中间,始终不曾进入官场。

后来,万寿祺在题为《隰西草堂》的一组诗中,回忆前情,有"往事悲浔泖,余生寄楚州"之句,在题为《自志六图》的一组画中,绘《泛湖图》一幅以志其事。顾炎武的《赠万举人寿祺》一诗,也特意表彰其事:"白龙化为鱼,一入豫且网。愕眙不敢杀,纵之遂长往。万子当代才,深情特高爽;时危见絜维,忠义性无枉。"

万寿祺与顾炎武、归庄等人交谊深厚。"明朝覆灭后,南北志士遥相呼应,试图在企盼和抗争间实现反清复明的大业,著名的抗清义士顾炎武就曾往来淮上数次,与淮中同志诸如万寿祺等人相交甚厚;归庄亦经顾炎武推介,馆于寿祺的隰西草堂。这些遗民志士的相互往来,绝非单是诗文相通,求田问舍,而更重要的是他们心底都蓄满着复仇的火焰,奔突着为崇高理想献身的热血"④。永历五年,顺治八年(1651),万寿祺在绘赠友人顾炎武的《秋江别思图》上识云:"子豫于商贾,余隐于沙门,虽所就之路殊,而志足悲矣。"并勉以顾念昔日声名,"舍商贾求所以为宁人者。"显然,他并没有忘情世事,解脱一切。他以"明志"为号,表面上似在声明他已与世无事,实际上是以此寄寓他不与清人合作、坚持民族气节的心态。

万寿祺博览群书,多才多艺,凡礼、乐、兵、农、天文、历法、历史、地

① 时志明:《山魂水魄——明末清初节烈诗人山水诗论》,南京:凤凰出版社2006年版,第271页。
② 邓之诚:《清诗纪事初编》上册,上海:上海古籍出版社2012年版,第88页。
③ 陈去病:《五石脂》,南京:江苏古籍出版社1985年版,第345页。
④ 时志明:《山魂水魄——明末清初节烈诗人山水诗论》,南京:凤凰出版社2006年版,第258页。

理之学,凡诗文、书画、金石、琴棋、刀剑以及女红刺绣、革工缝纫等百工技艺,无不通晓。"年少风流名隽,诗文之外,尤擅丹青。且好藏墨,工篆刻。著有《墨论》及《印说》,极可玩味。"①万寿祺的画,山水、人物、花卉并工,传世极少,代表作有《秋江别思图》《松石图》《山水图》等。万寿祺的书法,远师王羲之,近取颜真卿、米芾,广师历代名家,融会贯通,自成风格。工隶书,尤精行楷,作品总体呈现一种秀丽遒劲的风格。

阎尔梅(1603—1679),字用卿,号古古,晚号白耷山人,江苏沛县(今属江苏徐州)人。天启四年(1624),21岁的阎尔梅游学江南,结交夏允彝等仁人志士,尽显士子风骨。参加复社后,阎尔梅是其中重要人物,颇具盛名,人们常将他与张溥、张采"二张"相比。崇祯三年(1630),阎尔梅举京兆试第二十四名。他本应仕途远大,却因诋毁大权在握的魏忠贤阉党之流,义无反顾地成为复社骨干,难逃被逐出仕者行列的命运。

阎尔梅性格豪爽,有正义感,曾自称:"生平无长才,不能修饰边幅,与时人周旋,惟兢兢先人家训,好名节,又好读书稽古。遇古人有气谊事功文章者,辄慨然欣慕。其卑不足道者,心鄙夷之;或形之诗歌以诋刺之。"②

清军南下后,阎尔梅拥戴南明弘光政权。为保卫乡里,他出资组建一支700多人的乡民队伍。

南明巡按使王燮路过沛县时,阎梅尔白衣素冠叩见,备陈抗清大计,后又两次投书陈利病缓急事宜,王燮终不采纳。直至弘光元年(1645),才接到史可法之聘,赴白洋河共商抗清大计。阎尔梅提出三条建议:即首先安抚明末兴平伯高杰旧部;再进攻占据军事重镇徐州;最后西征北进,控制鲁、豫,与徐州形成鼎足之势,以攻势代守势,以取得抗清大业的成功。阎尔梅"屡以奇计说史可法,不能用"③。顺治二年(1645)初,史可法终未听取阎尔梅劝阻,一意退守扬州。

扬州城沦陷后,阎尔梅以一首长诗《惜扬州》写下心中的哀痛。诗

---

① 陈去病:《五石脂》,南京:江苏古籍出版社1985年版,第346页。
② (清)抱阳生:《甲申朝事小纪》下册,北京:书目文献出版社1987年版,第794页。
③ 邓之诚:《清诗纪事初编》上册,第89页,上海:上海古籍出版社2012年版。

中写道："伤哉胡骑渡沙南，杀人憔独扬州多。扬州习尚素骄奢，屠绘伦怒裤绛纱。廛市利农耕稼懒，贵介群争煮海差。炊异烹鲜陋吴会，园池宅第拟侯家。绮筵歌妓东方白，画般箫管夕阳斜。……鸣刀控矢铁锋残，僵尸百万街巷填。……掠尽巨商掠贵介，裘马郎君奔负戴。缯帛银钺水陆装，香奁美人膻卒配。妇思良贱苦鞭疮，疾驱枯骨投荒塞。死者未埋生者死，鸭绿江头哭不止。"诗中详细地记叙了清军在扬州犯下的大屠杀暴行，古今对比，极力渲染扬州往日的繁华，反衬如今一片废墟的苍凉，表达出作者面对山河破碎，却回天无力的悲痛心情。

顺治四年（1647），阎尔梅在山东参与反清组织榆园军活动，并削发为僧，自号"蹈东和尚"，以河南嵩山少林寺为联络点，开始云游四方，积极组织反清复明活动，虽屡遭失败，但百折不挠。顺治九年（1652）七月，阎尔梅在清初参与山东榆园军活动，榆园军失败后，因窝藏魏君重等榆园军首领而被人告发，被直隶总督马光辉、漕运总督沈文奎抓获。阎尔梅准备以死报国，面见漕运总督沈文奎时，"瞪目直上视，不拜"，表现出对投诚者的愤懑与轻蔑，并慷慨吟出"忠孝平常事，捐躯亦等闲"的浩然之歌。顺治十一年（1654），他成功地逃离了关押他整整两年的济南监狱，潜回老家沛县。次年，清军抄没阎家，其妻妾双双自杀，阎尔梅携幼子逃往河南，从此开始长达 18 年的颠沛流离的漂泊生涯。对此情景，他在《南迁》一诗中写道："宿露重封处，连山欲断时。东奔沙影尽，北望暮烟移。国破真堪恸，家亡未足悲。妻孥同一笑，何事说疏离。"

阎尔梅对于反清复明事业是如此执着，日思夜想，即使是一声马嘶也会激起他再踏征途的热情，使他想起召四方英雄杀敌立功的峥嵘岁月。他《蹈东集》中写道："款段怜人意，长嘶不肯驰。如呼诸义士，幸好杀胡儿。"而那些古代英雄的遗迹，那种不成功即成仁的壮怀激烈，也鼓舞坚定了诗人誓死抗清之决心。在乌江渡口，阎尔梅奋笔疾书道："阴陵道左困英雄，骓马长嘶千里风。成败任妨争面目，不随亭长渡江东。""一驴亡命三千里，四海无家十二年"，是对大明帝国这"最后一位遗民"的真实写照。邓之诚《清诗纪事初编》对阎尔梅的游历作这样的概括："年七十始不再出，犹以足迹未至闽粤滇黔为憾。同时顾炎武营营秦晋间,出入关塞;魏禧徘徊吴越;瞻眺及于粤闽。尔梅踪迹视炎武尤远且久。"①

阎尔梅毁家散财,奔走十几年的抗清斗争,最终失败了。他虽然没有像最初设想的那样,"不随亭长渡江东",而是选择忍辱偷生,隐姓埋名,辗转回到故乡,但他并没有因此安度余年,对故国的热爱之情,使他没有一刻忘记故国,没有一刻背弃明王朝。他始终牢牢地保持着民族气节,断然拒绝同清朝统治者合作。他曾数次冒着危险,偷偷祭拜先帝的陵墓,在那里洒一鞠辛酸的"遗民"泪,并且在诗歌中表示,自己要"死将为厉鬼,生且为顽民"。

在阎尔梅失望地回归故里后,他的一位故友胡谦光正好在沛县当县令。他仰慕阎尔梅的文名,致书阎尔梅,企图劝说他入仕为官。阎尔梅坚决地拒绝了这一要求,不惜得罪权贵,割袍断交,并作绝交诗一首,表明自己的志向和态度。《绝贼臣胡谦光》中写道:"贼臣不自量,称予是故人。敢以书招予,冀予与同坐。一笑置弗答,萧然湖水滨。湖水经霜碧,树光翠初年。妻子甘作苦,昏晓役春薪。国家有兴废,吾道有诎申。委蛇听大命,柔气时转新。生死非我虞,但虞辱此身。"诗中把清王朝的官员称为"贼臣",把背弃明朝,出仕清廷看作同流合污,而一再表明自己要像湖水一样保持高洁,但不再以过去那种激烈的斗争方式,而是要使自己的心气柔和含忍,以等待时机的转变。

正直不阿的士子视社稷安危与气节道德为安身立命之本,这是"文化遗民"们共同的浩然正气。然而,除了顾炎武,能像阎尔梅这样痴心不改,历经数十年半生漂泊者也是极少有的。康熙六年(1667),流落北京的阎尔梅与同样流亡此地的顾炎武相遇。这对江南士子的晤面,虽无详细的史料诗文记载,但可以想见这两个明王朝最后的、坚定的遗民行状相类,两个孤独的灵魂在茫茫黑暗中,会撞击出怎样心心相印的思想火花。作为一个没有精神家园寄托的流浪者,阎尔梅以其沉重的人生代价,以《侠士行》中所说"不为五侯生,甘为布衣死"的精神,书写了一代大明"文化遗民"的慷慨悲歌。

---

① 邓之诚:《清诗纪事初编》上册,上海:上海古籍出版社 2012 年版,第 90 页。

钱谦益可谓明清之际的诗坛盟主,大学问家。然而,他在阎尔梅面前却显得有点猥琐。阎尔梅在前朝是个未得一官半职的白衣举人,然而,他不受昔日亲朋好友的劝诱,拒绝出仕新朝。清廷巡抚赵福星、吏部尚书陈名夏都曾经想举荐阎尔梅入仕清廷,阎尔梅均断然回绝,体现出一个刚直不阿文人的人格力量。他既具备"士可杀而不可辱"的刚毅;又保有"落落生平耻受恩,甘为寡合住秋村"的坚韧。康熙元年(1662),阎尔梅见到蛰居常熟故里的钱谦益。尽管有柳如是红袖添香,有绝代佳人催发诗兴,然而在阎尔梅"大节当年轻错过,闲中提起不胜悲"的指陈之下,钱谦益只有羞报而已。正因为阎尔梅心底坦荡,才敢于直陈当时的大诗豪。

阎尔梅的古诗学习李白,诗有奇气,律绝二体皆格律严谨,声调雄浑。他历经乱世,遭际坎坷,家破国亡,其诗作多感怀时世,充满深厚的家国情怀,风格苍凉刚健。他的诗文与同乡万寿祺风格相近,被时人并称为"阎万"。诗人除记载自己抗清的经历,表达誓死抗清的决心,也有许多篇幅记叙了清军入关的暴行和对人民肆意屠杀的情形,无情揭露清朝统治者的残暴野蛮,因而难逃被禁毁的命运。传世诗集有《白耷山人集》。

阎尔梅后半生一直漂泊于大江南北和中原腹地,足迹遍及楚、秦、晋、蜀等九省,为抗清斗争流尽最后一滴血。康熙十八年(1679)冬,享年77岁的阎尔梅含恨临终前,仍念念不忘告诫家人,绝不能用清人的圆顶墓为之掩棺,而要以汉人明朝的方顶墓埋葬自己。据《沛县志》载:"先生弥留之际,嘱家人逝后按明俗筑方坟葬之,以示死不降清"。阎尔梅墓坐落在沛县西杏花村旁。

明末清初,徐州人万寿祺与阎尔梅二人,同郡、同年生,同科考中举人,明亡后又同以举兵抗清称誉一时。他们以相同的气节,忠贞前主,致力于抗清复明,被后人称为"徐州二遗民"。"二遗民志气凌厉,常思有所为。故虽事隐遁,而报国之忧,始终未昧。"①

陈贞慧(1604—1656),字定生,江苏宜兴人。明末诸生,又中乡试

---

① 陈去病:《五石脂》,南京:江苏古籍出版社1985年版,第346页。

副榜第二人。父陈于廷，东林党魁，官至左都御史。陈贞慧是复社成员，文章风采，著名于时，与冒襄、侯方域、方以智，合称"明末四公子"。晚明时期，曾与吴应箕、顾杲共议声讨阮大铖，由吴起草《留都防乱公揭》，揭贴于南京，为阮大铖所恨。南明弘光朝，受阮迫害，曾一度入狱。"党祸起，逮贞慧至镇抚司，事虽解，已濒十死。国亡，埋身土室，不入城市者十余年。遗民故老时时向阳羡山中一问生死，流连痛饮，惊离吊往，闻者悲之。顺治十三年，卒，年五十三。"①陈贞慧文章婉丽娴雅，兼擅骈散两体。记载掌故及纪念明末清流和殉难人士的作品，多寄托故国之思。著有《皇明语林》《山阳录》《雪岑集》《交游录》《秋园杂佩》诸书。

冒襄（1611—1693），字辟疆，号巢民，一号朴庵，又号朴巢，南直隶扬州府如皋县（今江苏如皋）人。明清时期，如皋城里的冒氏家族是当地的名门望族，世代仕宦之家，也是一个文化世家，人才辈出。父冒起宗，官至山东按察司副使，督理七省漕储道。冒襄少年负盛气，才特高，幼年随祖父在任所读书，10岁能诗，14岁刊刻诗集《香俪园偶存》。文苑巨擘董其昌作序，把他比作初唐的王勃，期望他"点缀盛明一代诗文之景运"。

在1627—1642年间，冒襄曾六次赴南京乡试，六次落第，仅两次中副榜，深感怀才不遇。明代自万历以来已江河日下，特别是宦官弄权，朝纲倾颓，已达登峰造极。面对这种危亡局势，具有正义感的知识分子无不忧心如焚。崇祯九年（1636），冒襄参加复社，与宜兴陈贞慧、桐城方以智、商丘侯朝宗过从甚密，人称"四公子"。他们年龄相仿，意气相投，或结伴同游，或诗酒唱和，或抨击阉党，或议论朝政、主持清议，希望改革政治，挽救国家危亡。崇祯十二年（1639）由吴应箕起草、冒襄等复社140余人具名的《留都防乱公揭》，产生较大影响，使阮大铖之流如过街老鼠。

崇祯十七年（1644），李自成的农民军攻入北京，明亡。随后，清兵入关，建立大清朝。明朝旧臣在南京建立弘光政权，阮大铖投靠马士

---

① （清）赵尔巽：《清史稿》，列传二百八十八《陈贞慧传》。

英,当上南明兵部尚书兼副都御史,开始报复复社诸君子。正巧冒襄因风闻高杰将驻防如皋,举家逃往南京。在南京,阮大铖对冒襄游说不成后,便派遣锦衣卫逮捕他。直至第二年,马、阮逃离南京,冒襄始得脱离牢狱之灾。1645年6月,如皋城抗清英雄陈君悦组织义兵抗拒清廷官吏,冒襄举家逃往浙江海宁盐官。从夏至冬,辗转颠沛,在马鞍山"遇大兵,杀掠奇惨","仆婢杀掠者几二十口,生平所蓄玩物及衣具,靡孑遗矣。"第二年,他从盐官回归如皋隐居。

对于冒襄的这一段人生经历,赵园在《明清之际士大夫研究——作为一种现象的遗民》中指出:"处易代之际的戏剧性之一,即人生过程陡然的转折,人被迫重新选择角色。当此之际,吸引了更多的关注,也被认为尤具戏剧性的,自是公子王孙的命运。这也是传统的诗题。冒襄所谓'富贵福泽风雅文章,与夫死生患难骨肉流离疾病呻吟之苦',是对其人明亡前后一段人生的精辟概括。"[1]

明朝灭亡后,冒襄心灰意冷,遂将他与董小宛栖隐之处水绘园改名为水绘庵,决心隐居不仕。清兵平定全国后,降清的复社成员陈名夏从北京写信给冒襄,信中转达当权人物夸他是"天际朱霞,人中白鹤",要"特荐"他。但冒襄以痼疾"坚辞"。康熙年间,清廷开"博学鸿儒科",下诏征"山林隐逸"。冒襄也属应征之列,但他视之如敝屣,坚辞不赴。这些都充分表现出他以明朝遗民自居,淡泊明志,决不仕清的心态和节操。与此同时,他缅怀亡友,收养东林、复社和江南抗清志士的遗孤。例如,在水绘园内增建碧落庐,以纪念明亡时绝食而死的好友戴建;"明末四公子"之陈贞慧的儿子陈维崧,在水绘园中读书学习长达14年;水绘园前后收养的抗清义士遗孤达20多位。当时,水绘园高雅显目,遗民名士钱谦益、吴伟业、王士禛、孔尚任、陈维崧、戴本孝等纷纷前来如皋相聚,在园中诗文唱和,游舫啸咏,水绘园盛极一时。如今,水绘园壹默斋有两副对联:一副为牧斋老人所写,"遗民老似孤花在,陈迹闲随旧燕寻";一副为王士禛所写,"澹如秋水闲中味,和似春风静后功",都表

---

[1] 赵园:《明清之际士大夫研究——作为一种现象的遗民》,北京:北京师范大学出版社2014年版,第97页。

达出当时名士们的遗民心态。

随着岁月的流逝，冒襄已是垂垂暮年，生活穷困潦倒，只能靠卖字度日。他自述道："献岁八十，十年来火焚刃接，惨极古今！墓田丙舍，豪豪尽踞，以致四世一家，不能团聚。两子罄竭，亦不能供犬马之养；乃鬻宅移居，陋巷独处，仍手不释卷，笑傲自娱。每夜灯下写蝇头小楷数千，朝易米酒"，表达出不事二姓的遗民心态。

冒襄以气节文章名满天下，一生著述颇丰，传世的有《先世前征录》《朴巢诗文集》《岕茶汇抄》《水绘园诗文集》《影梅庵忆语》《寒碧孤吟》和《六十年师友诗文同人集》等。其中，《影梅庵忆语》洋洋四千言，回忆他和董小宛缠绵悱恻的爱情生活，成为忆语体文字的范文。

在结识董小宛之前，冒襄曾是秦淮旧院的熟客，与李湘真、顾媚等青楼女子交往甚密。青年才俊借助往来南京参加乡试的机会，流连于烟花柳巷之间，乃明末流行的社会风气。旧院女子出身贫寒，也每每借助声乐、歌舞、戏曲、诗文、书画等才艺迎合文人阶层的精神需求来谋生。崇祯十二年（1639），经方以智介绍，冒襄辗转南京、苏州两地，数次寻访董小宛未果，终在苏州半塘与其相识。

此后两年间，董小宛随钱谦益自杭州出发同游黄山、白岳，以至于崇祯十四年（1641）冒襄省亲南岳途经苏州时，都未能见到仍旧滞留黄山的她，却在好友许直的引荐下，与陈圆圆相识，并对其一见倾心，两人甚至誓定芳约。无奈冒襄急需为身处战乱中的父亲奔走陈情，只能将这门亲事暂且放下。未曾料到，此一去竟成永别，陈圆圆于崇祯十五年（1642）为豪强劫掠。

在纪念董小宛的《忆语》中，冒襄不惜笔墨，以大段篇幅记述他与陈圆圆的感情经历，实属罕见。正当冒襄因陈圆圆被掠而无比悔恨之时，却在夜游虎丘的途中偶遇董小宛。同样遭受劫掠骚扰，董小宛"为势家所惊"，正卧病在床，寝食俱废。冒襄的来访，无疑让她感到温暖，遂产生以身相许的念头。次日，冒襄辞行，董小宛则靓装鲜衣，登船相随，由浒关至梁溪、毗陵、阳羡、澄江，抵达北固，甚至还在金山上临江起誓："此身如江水东下，断不复返吴门。"这无疑是《忆语》中最动人的爱情誓言。

冒襄以委婉的方式拒绝董小宛的心意,相约季夏乡试之后再作商议。董小宛回到苏州,百日茹素,杜门不出,等到试期将近,便孤身买舟自苏州出发,颠沛流离抵达南京,见到刚刚出闱的冒襄,细述"江行风波盗贼惊魂状",不免"声色俱凄,求归逾固"。

崇祯十五年(1642)八月十五中秋日,复社诸友刘履丁、陈梁、魏学濂、李雯等人与冒襄置酒桃叶渡水阁,青楼女史顾媚、李大娘也在座,大家都为董小宛的精神所感动,纷纷赋诗作画表达祝福与鼓励。至此,冒襄对待董小宛的态度才有根本性的转变。董小宛初到如皋,并未住进位于集贤里的冒家宅院,而是由冒襄夫人苏元芳为其置办了一处别院。崇祯十六年(1643)初夏,董小宛才正式搬进冒家,居住在艳月楼中。对于董小宛家居生活的细节描述,构成《忆语》中的核心篇章,包括侍亲、编书、习字、作画、制香、栽花、饮食等内容,她将早年在旧院中习得的颇具艺术趣味的生活方式带到冒襄身边,令其受用不已。从崇祯十五年(1642)冬到顺治八年(1651)正月间,两人共同生活了八年零两个月。

很快,亡国之耗传到江南,接着清兵南下,时局危困。冒氏一门在盐官城外的秦溪遭遇清兵,细软衣物被洗劫一空,二十多名仆婢被杀,仅八人得以侥幸逃生。冒襄不堪奔命之苦,身患重病,几近僵死,而董小宛则日夜守护,前后共150天。《忆语》以极其动情的笔墨记述了这段经历:"此百五十日,姬仅卷一破席,横陈榻旁,寒则拥抱,热则披拂,痛则抚摩。或枕其身,或卫其足,或欠伸起伏,为之左右翼。凡病骨之所适,皆以身就之。鹿鹿永夜,无形无声,皆存视听。"直到顺治三年(1646),局势稍安,冒襄与董小宛才回到如皋老家,结束流离患难的生活。

然而平静的日子尚未来临,冒襄又深陷反清复明的政治漩涡中,至少已成为清廷怀疑的对象,《忆语》以"谗口铄金"形容当时的处境。此时,如皋乡民抗击清兵的起义盟主、冒襄的表伯李之椿,与王思任、倪元璐、黄道周、王铎并称"天崇五才子"。冒襄自然脱不了干系。何况他还经常与参加复明运动的钱谦益、黄毓祺互通声气,以致告讦成风,杀机四伏。巨大的精神压力使冒襄再一次病倒,直到顺治六年(1649),他的身心都处于极度紧张、虚弱状态,全靠董小宛的悉心照顾才得以康复,足见二人感情深厚。

方以智(1622—1671),字密之,安庆府桐城县人(今安徽桐城市),出身士大夫家庭。曾祖父方学渐,精通医学、理学,对诸子百家融会贯通,自成体系。除记录赴东林讲学的《东游记》外,著有《易蠡》《性善绎》《桐夷》《迩训》《桐川语》等。因方学渐曾受学于泰州学派的耿定理,《明儒学案》把他列入《泰州学案》。祖父方大镇在万历年间,曾任大理寺左少卿,著有《易意》《诗意》《礼说》《永思录》《幽忠录》等数百卷。外祖父吴应宾,精通释儒,著有《学易全集》《学庸释论》《宗一圣论》《三一斋稿》等。父亲方孔照,万历四十四年进士,崇祯朝官至湖广巡抚,通医学、地理、军事,著有《周易时论》《全边略记》《尚书世论》等,《明史》有传。《周易时论》被《四库提要》列入存目。此书对方以智的影响很大。

方以智自幼秉承家学,接受儒家传统教育,十岁能为诗文,从小由母亲和姑姑抚养长大。姑姑方维仪是明大理少卿方大镇之女,姚孙棨之妻,少年寡居。方维仪颇有才气,是当时著名的女诗人,曾随父宦游,至四川嘉定、福建福宁、河北、京师等地,见名山大川,历京华胜地。除了家学,方以智的老师都是当时的著名学者:白瑜长于辞赋经史,崇尚实学。王宣专攻名物训诂和《河》《洛》之学,治学严谨,是治《春秋》的大家。傅海峰是当时的名医。另外,家中还有藏书丰富,被誉为"两间皆字海,一尽始羲皇"的稽古堂。在这样的环境中,少年时代的方以智受到浓厚学术氛围的熏陶。由于祖辈都直接或间接同东林党有关系,他从小养成关心时世的习惯。14 岁时,徒步到数百里外的考场参加会试,以此来磨练意志。

成年后,方以智载书泛游江淮、吴越间,遍访藏书大家,博览群书,四处交游,结识学友。在他的学友中,有西洋传教士毕方济与汤若望。从他们那里,方以智阅西洋之书,学习了解西方近代自然科学,更加开阔了视野。为谏议皇帝选贤用能,革除弊端,实行改革,他曾写《拟求贤诏》《拟上求治疏》《拟上求读书见人疏》等,以襄扶明朝中兴为己任。在《书鹿十一传后》中,他表示要"挹东海之泽,洗天下之垢"。

方以智"崇祯时,尝避地南都,与杨廷枢、陈子龙、夏允彝相友善,成庚辰进士。父孔炤以楚抚被逮,以智怀血疏,跪朝门外,叩头号呼,求代父死。帝叹曰:'求忠臣必于孝子之门。'并释之,擢检讨"①。方以智父亲任湖广巡抚时被杨嗣昌弹劾下狱,方以智怀血疏讼冤,其父方得释,一时传为佳话。当时,方以智与陈贞慧、侯方域、冒辟疆,四人均是名门望族之后,诗词文章一流。他们主盟复社,裁量人物,讽议朝局,人称"复社四公子"。

崇祯十三年(1640),方以智中进士后,选为庶吉士。时有人向崇祯皇帝推荐方以智,崇祯召对德政殿。方以智"语中机要,上抚几称善"。后在京任工部观政、翰林院检讨、皇子定王和永王的讲官。

崇祯十七年(1644),李自成农民军攻入北京,崇祯皇帝自缢于煤山。"方以智在崇祯灵前痛哭,被农民军俘获,农民军对他严刑拷打,两髁骨见"②,但他始终不肯投降。不久,李自成兵败山海关,方以智侥幸乘乱南逃,大难不死。当方以智在北京誓死不降农民军之事传入江南时,友人把他比拟为文天祥。

方以智辗转奔向南京投奔南明弘光政权,仇敌阮大铖把持南明弘光朝政,旧怨复发,借口方以智在李自成入京后没有"殉节",而把其列入"从逆六等"中的第五等,处理方法是"宜徒拟赎"。方以智在南都不能久留,由陈子龙介绍,经过浙江、福建,辗转到达广州,流寓岭南一带以卖药为生。方以智到粤不久,其夫人潘氏携第三子方中履经福建来广州团聚。

不久,南明隆武(1645)帝以原官庶吉士相召,方以智不应,取名"三萍",浪迹于珠江山水间。隆武二年(1646),桂王朱由榔称帝于肇庆,由于父执瞿式耜的引荐,方以智参与了拥立永历政权的活动,任左中允,少詹事,翰林院侍讲学士,拜礼部侍郎、东阁大学士,方以智很快发觉桂王政权朝不保夕,事无可为,内则门户纷争,太监专权,外则与广州绍武政权同室操戈,兵戎相见,桂王更是胆小如鼠,稍稍闻风鹤即奔走靡常。方以智心灰意冷,又被太监王坤诬劾免职,不得不退隐在湖南广西交界

---

① 谢正光、范金民:《明遗民录汇编》上册,南京:南京大学出版社 1995 年版,第 30—31 页。
② (清)万斯同、(清)王鸿绪:《清史稿》,《方以智传》。

方以智墓,位于安徽省枞阳浮山白沙岭

的苗峒中,过着"曲肱茅屋鸡同宿,举火荒村鬼作邻"的生活。永历帝多次召他为东阁大学士,他十次上疏辞退。他的诗句"西南更望层云黑,谁把新亭泪眼看",说明了对永历朝廷的失望。

永历四年(1650),清兵入广西桂林,瞿式耜与张居正的曾孙张同敞共同守城殉难。方以智去昭平仙回山"披缁为僧"。方中履随方以智入山"父析子荷,父汲子炊",过着饥寒交迫的生活,终于被清兵搜出。清帅马蛟驎见反复逼降无效,在方以智的左边放一件清军官服,右边放一把明晃晃的军刀,让方以智选择。他毫不犹豫,立即走到右边,表示宁死不降。清将领欣赏其气节,将他释放。获释后,方以智去梧州出家,在云盖寺披缁为僧。他虽出家,但保持着和三个儿子的联系,也保持着和士林遗老的交往,在发愤著述同时,秘密组织反清复明活动。

顺治十年(1653)元旦,方以智回到桐城南郊白鹿湖见到父亲方孔照。他在《象环寱记》中说:"以祇支为退路,即为归路。"说明他在梧州为僧,实际目的是回乡。安徽地方官要奏用他时,他说:"匹夫不可夺志,出世人安往,不得涅盘也?"就在这年,他重回离别十年的金陵,皈依天界寺的觉浪道盛法师。觉浪是当时佛教曹洞宗的前辈,曾因文字中称朱元璋为"太祖高皇帝"被清廷逮捕下狱,后查明系明亡以前所作而释放。方以智"闭关"于金陵高座寺的看竹轩,潜心写哲学著作。作为曹洞宗的法门弟子,佛教对他有一定影响。同时,出家也是他与环境作斗争的一种手段。

康熙十年(1671)冬,方以智为粤事牵连被捕,解往广东。余英时在《方以智晚节考》中考得方以智之死,乃是罹难死节。① 方以智行至江西万安,想起前朝文天祥事迹,便自沉于惶恐滩江殉国。

方以智学识渊博,一生著述很多,计有一百余种。其中,有反映其科学见解的《通雅》和《物理小识》;哲学著作《药地炮庄》和《东西均》。其他比较重要的,还有《浮山文集》《易余》《一贯问答》《切韵源流》《周易图象几表》《性故》《学易纲宗》《医学会通》等。《清史稿》说:"以智生有异秉,年十五群经子史略能背诵。博涉多通,自天文、舆地、礼乐、律数、声音、文字、书画、医药、技勇之属,皆能考其源流,析其旨趣。"②这一评价并不过分,他在许多领域都有自己的独到见解。

归庄(1613—1673),字玄恭,号恒轩,苏州昆山人。出身书香门第,曾祖父归有光隆庆时为南京大理寺丞,后人赞其散文为"明文第一"。父亲归昌世,昆山三才子之一,书法晋唐,善草书,兼工印篆,擅画兰竹。归庄自幼受诗书熏陶,为诸生时,即博览群书,下笔数千言不止,工诗文散曲,擅画竹石,尤精于书法,狂草功力更深,时人以为绝伦。17 岁时与顾炎武一同参加复社,后又参加惊隐诗社。两人以学行相推许,"而不谐于俗,有归奇顾怪之目。"③崇祯十三年(1640)以特榜被召,鉴于国事日非,辞不赴。

顺治二年(1645),清兵又攻江南。昆山知县出走,县丞阎茂才代知

第四章 明清之际江南文化遗民群体构成

---

① 余英时:《文史传统与文化重建》,北京:生活·读书·新知三联书店 2004 年版,"总序",第 1 页。
② 万斯同、王鸿绪:《清史稿》,《方以智传》。
③ 谢正光、范金民:《明遗民录汇编》下册,南京:南京大学出版社 1995 年版,第 1170 页。

县，下剃发令，士民大哗。归庄写诗《断发二首》，其一曰："亲朋姑息爱，逼我从胡俗，一旦持剪刀，剪我头半秃。发乃父母生，毁伤贻大辱，弃华而从夷，我罪今莫赎。人情重避患，不惮计委曲，得正复何求，所惧非刑戮！况复事多变，祸福相倚伏，吾生命在天，岂必罹荼毒！已矣不可追，垂头泪盈掬。"其二曰："华人变为夷，苟活不如死，所恨身多累，欲死更中止。高堂两白头，三男今独子，我复不反顾，残年安所倚？隐忍且偷生，坐待真人起。赫赫姚荣国，发垂不过耳。誓立百代勋，一洗终身耻。"①

归庄在昆山起兵抗清，鼓动群众杀阎茂才，闭城拒守，七月城破，死者四万余人，嫂陆氏、张氏俱殉节，其父亦相继卒。归庄被指名搜捕，亡命他乡。未几，潜返乡里，削发为僧，称普明头陀。后来顾绛改名"炎武"，归庄则改名"祚明"，以示志向。归庄为表示和新朝划清界限，将自己的居所命名为"己斋"，以示抗拒。"己斋"乃是"己之斋也"，即"我之所居"的意思。归庄这样命名自己的居所，是"不得已而寓其意"，与魏晋名士何晏(190—249)于魏宫之中，画地自处，命名为"何氏之庐"，以区别于外面非何氏之土的用意一样。

顺治九年(1652)，应抗清义士万寿祺之聘，到淮阴任教，暗中与顾炎武联系谋抗清。万寿祺死后，归庄回昆山隐居，卖书画为生，拒不仕清，野服终身。后遭母丧，继而长子外出谋生，不知所终。"其秋传凶问，不详地与日"，遂愈癫狂，每日"纵酒狂歌，长篇短咏，挥洒淋漓"，往来湖山。晚年寄食僧舍，非素交虽厚不纳。好友顾炎武此时远游北方，奔走王事，归庄每念及故友，不胜唏嘘之至，写信言道："昔柳子厚之窜于南方，怀其祖先不若马医畦之鬼，无享岁时之祭，君独无邱墓之思乎？"然两人各处一地，终未再见一面。

归庄晚年致力于汇刻曾祖《归有光全集》，康熙十二年(1673)未竟而卒，卒年六十一。归庄在逝世那年的元旦，作了一首诗，诗曰："常年元日五更兴，多病衰翁兹未能。名姓不劳通邑里，豆觞并免召亲朋。山头爆竹豪家事，天上风云稔岁征。甲子重逢怀感叹，平生壮志竟何凭？"

① (清)归庄:《断发二首》，《归庄集》上册卷一，上海:上海古籍出版社1984年版，第44—45页。

用"甲子"纪年,不用清朝的年号,也算是了却了归庄作为明遗民的心愿。

顾炎武在云游至山东章丘时,获知归庄死讯,特在桑家庄设坛致祭,写下《哭归高士》诗四首悲悼。其一曰:"弱冠始同游,文章相砥砺,中年共墨衰,出入三江汭。"后人在诠释"归奇顾怪"时说:"先生(指顾炎武)北游后已不复怪,庄虽里居而晚节益奇。"传世著作有《归玄恭文钞》《归玄恭遗著》等。

归庄仲兄归尔德,名昭,官至同知,贤明有政声。归昭勤王时,参史可法幕府。弘光元年(1645)四月,扬州为清军所陷,归尔德于西门浴血奋战,壮烈牺牲。叔归继登,亦在长兴遇害。归庄闻耗,不辞险阻,往收遗骨而归。直至顺治十年(1653),归庄葬三世七人。归尔德随史可法战死扬州,尸骨无存,为其立衣冠冢。

四、儒林传人:刘宗周、黄宗羲、
陆世仪、顾炎武、吕留良

在明清之际的文化遗民中,有不少著名的思想家,他们大多为儒学传人。在这里,以刘宗周、黄宗羲、陆世仪、顾炎武、吕留良为例。

刘宗周(1578—1645),字起东,绍兴山阴(今浙江绍兴)人。因讲学于山阴蕺山,学者称蕺山先生。他是明代最后一位儒学大师,也是宋明理学(心学)的殿军。他开创的蕺山学派,在中国思想史特别是儒学史上影响巨大。清初大儒黄宗羲、陈确、张履祥等都是这一学派的传人。

刘宗周"父坡,为诸生。母章氏妊五月而坡亡。既生宗周,家酷贫,携之育外家"[1]。外祖父章颖,字叔鲁,别号南洲,是当时浙东一带很有名气的儒者,精通《易》学。年轻时屡试不第,遂以讲学为生,与族兄章礼、章焕号称章氏三杰。刘宗周受到外祖父的培育,学问日进,万历二十五年(1597)考中举人,四年后考取进士。因母亲去世,没有受官。

---

[1] (清)张廷玉等:《明史》卷二五五《刘宗周传》,北京:中华书局1974年版,第6573页。

"宗周始受业于许孚远。已,入东林书院,与高攀龙辈讲习。"①刘宗周拜许为师时,问为学之要,许告以"存天理,遏人欲"。刘宗周受许孚远影响很大,从此"励志圣贤之学"。许勉励其"为学不在虚知,要归实践",刘宗周"为之猛省"。后来他提倡"慎独"之说,与许孚远很有关系。万历三十二年(1604),刘宗周北上京师赴选,任行人司行人。

黄宗羲墓,位于浙江余姚

当时朝政黑暗,权臣当道,排斥正人。刘宗周任官不到一年,以侍亲为由,告辞还乡。不久,外祖父、祖父相继去世。他承重守制,于居丧之暇,在大善寺僧舍延课生徒。他闲居七年,贫病交加,敝衾破缶,衣食不继,往往靠借贷度日。他足迹不至公庭,官吏有慕名造访者,拒而不见。万历四十年(1612),因人推荐,朝廷下诏恢复刘宗周行人司行人的旧职。在北上途中,路过无锡,拜访高攀龙。高与顾宪成都是当时的理学巨子,东林书院创建人。刘宗周在无锡短暂停留,与高相互切磋学

---

① (清)张廷玉等:《明史》卷二五五《刘宗周传》,北京:中华书局1974年版,第6591页。

问,有问学三书,一论居方寸,二论穷理,三论儒释异同与主敬之功。

当时东林党人与朝中大臣互相攻讦,形同水火。刘宗周上《修正学以淑人心以培养国家元气疏》,指出当时廷臣日趋争竞,党同伐异之风行,而人心日下,士习日险。他希望朝廷化偏党而归于荡平,不必以门户分邪正。这篇奏疏对当时的党争作了持正的分析,不全以东林党人为是,也不全以东林党的政敌为非。但朝中党派倾向已很明显,刘宗周在前疏中发明顾宪成之学,被认为同情东林党。他鉴于群小在位,党祸将兴,就申文吏部,请给假放归。解官后,刘宗周的心情反而觉得轻松。他早就想潜心学问,摆落世事的缠绕。小人当道,国事日非,既不能做济世之名臣,不妨做一个弘道之名儒。

刘宗周"早年不喜象山、阳明之学",认为陆、王心学"皆直信本心以证圣,不喜言克己功夫,则更不用学问思辨之事矣",容易导致禅学化。到了中年,他的学术主张发生很大变化。这次解官后,他闭门读书,"悟天下无心外之理,无心外之学",转向陆王心学,著《心论》一文,阐发自己的心学观,认为"只此一心,散为万化,万化复归于一心","大哉心乎,原始要终,是故知死生之说",完成了对心学从"始而疑"到"中而信"的转变。

在教学之暇,刘宗周撰成《论语学案》《曾子章句》两部重要著作。在《论语学案》中,刘宗周强调"学字是孔门第一义",指示"君子学以慎独,直从声外立根基",反映出他的学术思想既由心学中脱胎,又希望矫正心学之失的特征。这表明刘宗周对阳明心学开始由"中而信"到"终而辩难不遗余力"的转变。刘宗周家居三年,其学术思想日渐成熟,声名远扬。

明熹宗即位后,录用东林党人,刘宗周被起用为礼部仪制司添注主事。这时熹宗乳母客氏、近侍魏忠贤干预朝政,刘宗周上疏参劾。天启三年(1623),刘宗周升为尚宝少卿,旋告归。次年,奉圣旨升通政司右通政。朝廷照会赞扬刘宗周"千秋间气,一代完人。世曰麒麟凤凰,学者泰山北斗",将推他进入内阁。刘宗周鉴于群贤被逐,不愿出山。他上疏推辞说:"世道之衰也,士大夫不知礼义为何物,往往知进而不知退。及其变也,或以退为进。"他要以自己的行动,来矫正士风,砥砺气节,为衰世树一榜样。

此时魏忠贤阉党当道,缇骑四出,削籍的士大夫遍天下。刘宗周既因得罪魏忠贤得祸,慨然叹道:"天地晦冥,人心灭息,吾辈惟有讲学明伦,庶几留民彝于一线乎!"他召集诸生,于蕺山之麓会讲,提出"慎独"之说,作为自己学术思想的根本所在。

在刘宗周看来,慎独是学问的第一义。"《大学》之道,一言以蔽之,曰慎独而已矣";"《大学》言慎独,《中庸》亦言慎独。慎独之外,别无学也。"他认为"君子之学,慎独而已矣"。什么是"独"? 刘宗周弟子陈确解释说:"独者,本心之谓,良知是也。""慎独"作为人具有的一种主观道德能力,是一种内省的道德修养功夫。刘宗周把"独"提升到本体论高度,"独之外别无本体,慎独之外别无功夫。"他在当时历史条件下提出"慎独"说,主要是针对当时的士风,希望通过内省的功夫,收拾人心,使人人向善,跻于道德之域,以解救"世道之祸"。

刘宗周被革职后,闲居讲学达四年之久。这一时期,明代党祸达至顶峰。东林等书院被毁,并榜东林党人姓名于天下。很多士大夫被削籍为民、逮捕入狱甚至被处死。天启五年(1625)七月,杨涟、左光斗、袁化中、魏大中、周朝瑞、顾大章"六君子"先后被魏忠贤掠杀于镇抚司狱中。这六人中,有几位是刘宗周的密友,他以悲愤的心情写了一篇《吊六君子赋》。随后,密友高攀龙自沉于止水,黄尊素也被杀害。刘宗周本人也被列入黑名单。不久熹宗崩,信王朱由检嗣位,改元崇祯,大赦天下,解除党禁,斥逐阉党,为死难者恢复名誉,给还削籍诸臣官诰,刘宗周幸免于难。"崇祯元年冬,召为顺天府尹。辞,不许。"①

崇祯即位之初,即欲改弦更张,励精求治,朝政出现了一些新气象,明朝社稷似乎有了一线新希望。刘宗周"明年九月入都",上疏曰:"仁以育天下,义以正万民,自朝廷达于四海,莫非仁义之化,陛下已一旦跻于尧、舜矣。"②崇祯认为这是迂阔之言,然叹其忠。崇祯求治心急,人才、饷粮、流寇、边患等常萦绕在心,希望群臣能拿出一些行之有效的具

---

① (清)张廷玉等:《明史》卷二五五《刘宗周传》,北京:中华书局 1974 年版,第 6574 页。

② (清)张廷玉等:《明史》卷二五五《刘宗周传》,北京:中华书局 1974 年版,第 6576 页。

体措施。刘宗周认为这些都是刑名之术,近于功利,人主应以仁义为本。因议论不合,他任顺天府尹一年,就告病回乡,会集同志讲学。

崇祯九年(1636),朝廷诏升刘宗周为工部左侍郎。此时东北已建国号为清,日益强大。各地起义如火如荼,江山已摇摇欲坠,崇祯求治的希望化为泡影。刘宗周多年赋闲,对明王朝的痼疾了解得很清楚。冰冻三尺,非一日之寒,急功近利,是无法解决国家的根本问题的。他希望能从皇帝本人做起,先修德治心,亲近儒臣,这才是为治的根本。他向崇祯上《痛愤时艰疏》[①],历数从前弊政,请崇祯帝更调化瑟。刘宗周向崇祯推销自己的"慎独"之学,崇祯帝当然不会感兴趣,认为刘宗周的话是迂阔无用的陈词滥调。不久,刘宗周再次告病求归。

政治上的失意,换来学术上的丰收。刘宗周从宦海漩涡之中解脱出来,将更多的时间投入讲学与著述之中,全身心地在绍兴蕺山书院讲学。崇祯十一年(1638),刘宗周完成《阳明先生传信录》一书的删定。他做这项工作的目的,是要纠正王学末流之弊。

崇祯十五年(1642)八月,刘宗周被重新起用为左都御史。尽管刘宗周不太情愿复出,但君命难违,他还是去了。入朝后,刘宗周多次上疏,请崇祯革除弊政,以摆脱国家的危机。刘宗周虽素负清望,但毕竟只是一位饱读诗书的学者、思想家,而不是一位运筹帷幄的政治家,因此他的一些主张并不合时宜。崇祯帝急于求治,刘宗周却说先治心,崇祯帝要求才望之士,刘宗周却说操守第一;崇祯帝访问退敌弭寇之术,刘宗周却说仁义为本。崇祯说他"愎拗偏迂",又一次将他革职。这一年刘宗周65岁,这是他第三次被革职。

革职后,刘宗周继续进行学术活动,又写下《读易图说》《易衍》《古易钞义》《大学诚意章章句》《证学杂解》《良知说》《存疑杂著》等重要著作。他对王阳明及其后学进行批评,在一些关键问题上对宋明理学进行总结。

崇祯十七年(1644),李自成率领的农民军攻破北京,崇祯自缢身亡。福王朱由崧在南京监国,建立南明,诏起复刘宗周左都御史原官。

---

① (清)张廷玉等:《明史》卷二五五《刘宗周传》,北京:中华书局1974年版,第6578页。

福王政权不仅于内政外交上没有任何作为,反而继承了崇祯朝的所有弊端。刘宗周上疏献计,一曰据形势以规进取,一曰重藩屏以资弹压,一曰慎爵赏以肃军情,一曰核旧官以立臣纪。又上疏请诛内外不职诸臣,于是,他成为众矢之的,受到排挤。刘宗周对崇祯亡国的原因进行分析,认为"先帝无亡国之征,而政之弊有四:一曰治术坏于刑名,二曰人才消于党论,三曰武功丧于文法,四曰民命促于贿赂,所谓四亡征也"。他希望福王政权能改弦易辙,吸取教训,但这只是一厢情愿。在愈演愈烈的党争中,他不得不辞职。在出都门前,上《再陈谢悃疏》,对福王进行最后忠告。他的忠告有五条:一曰修圣政,无以近娱忽远猷;二曰振王纲,无以主恩伤臣纪;三曰明国是,无以邪锋危正气;四曰端治术,无以刑名先教化;五曰固邦本,无以外衅酿内忧。① 福王未予理睬。

回到绍兴后,刘宗周与门人编定了《中兴金鉴》。该书原本为福王而作,旨在总结历史上中兴之主的历史经验,作为福王的借鉴。分为祖鉴、近鉴、远鉴、王鉴、五帝鉴。该书最终没能送到福王手中。刘宗周又对《大学》进行考订,著《大学参疑》,确定《大学》的文本,并略为诠解。他晚年对门人说:"学之要,诚而已,主敬其功也。敬则诚,诚则天。良知之说,鲜有不流于禅者。"②

弘光元年(1645)五月,清兵攻破南京,福王被俘遇害,潞王监国。六月十三日,杭州失守,潞王降清。十五日午刻,刘宗周听到这一消息,时方进膳,推案恸哭说:"此予正命时也。"于是,他决定效法伯夷、叔齐,开始绝食。他说:"至于予之自处,惟有一死。先帝(指崇祯)之变,宜死;南京失守,宜死;今监国纳降,又宜死。不死,尚俟何日?世岂有偷生御史大夫耶?"当时江南士大夫纷纷降清,做了贰臣,玷污名教。刘宗周要以行动成就自己的人格,为衰世作一表率,其言曰:"非难自刭、投渊也,但此身不得全,而归之,不可以见我父母耳。"③弘光元年(1645)闰

---

① 参阅(清)李清:《南渡录》卷三,《南明史料(八种)》,《江苏地方文献丛书》,南京:江苏古籍出版社1999年版,第242—243页。

② (清)张廷玉等:《明史》卷二五五《刘宗周传》,北京:中华书局1974年版,第6592页。

③ 文秉(明):《甲乙事案》卷下,《南明史料(八种)》,《江苏地方文献丛书》,南京:江苏古籍出版社1999年版,第561页。

六月初八日,刘宗周前后绝食两旬而死。"有《绝命诗》曰:'留此旬日生,少存匡济志。决此一朝死,了我平生事。慷慨与从容,何难亦何易。'……公以宿儒重望为海内清流领袖,尝以出处卜国家治乱,而终以节见。悲夫!其论学也,以为学者学为人而已,将学为人,必证其所以为人。"①刘宗周以身殉国后,几十个弟子纷纷跟随先生,有的绝食,有的投江。

黄宗羲(1610—1695),浙江绍兴府余姚县人。字太冲,一字德冰,号南雷,别号梨洲老人,学者称梨洲先生。明末清初经学家、史学家、思想家、地理学家、天文历算学家、教育家。"东林七君子"黄尊素长子,与顾炎武、王夫之并称明末清初三大思想家。

黄宗羲父黄尊素,万历进士,天启中官御史,东林党人。因弹劾魏忠贤而被削职归籍,不久下狱,受酷刑而死。崇祯元年(1628)魏忠贤、崔呈秀等已除,天启朝冤案获平反。黄宗羲上书请诛阉党余孽许显纯、崔应元等。五月刑部会审,出庭对证。黄宗羲出袖中锥刺许显纯,当众痛击崔应元,拔其须归祭父灵,人称"姚江黄孝子",明思宗叹称其为"忠臣孤子"。

黄宗羲归乡后,即发愤读书,"愤科举之学锢人,思所以变之。既,尽发家藏书读之,不足,则钞之同里世学楼钮氏、澹生堂祁氏,南中则千顷堂黄氏、绛云楼钱氏,且建'续钞堂'于南雷,以承东林之绪"②。出身于东林之后的黄宗羲,应父命从学于晚明王学大师刘宗周,深受王学和蕺山之学的浸染。"黄宗羲认为,王阳明心学经再传之后,已流于禅,失去本意,是刘宗周起而匡正,才恢复其原貌。因此他编纂《明儒学案》,前后分别以王阳明、刘宗周为宗。"③

崇祯四年(1631),张溥在南京召集"金陵大会",当时恰好也在南京的宗羲经友人周镳介绍参加复社,成为社中活跃人物之一。这年,宗羲还加入了由名士何乔远为首领的诗社;后来,宗羲与万泰、陆符及其弟宗炎、宗会等还在余姚组织过"梨洲复社"。

① (清)计六奇:《明季南略》,北京:中华书局 1984 年版,第 282—283 页。
② (清)赵尔巽:《清史稿》卷 480,《黄宗羲传》。
③ 刘玉才:《清代书院与学术变迁研究》,北京:北京大学出版社 2008 年版,第 29 页。

崇祯十五年(1642),黄宗羲北京科举落第,冬月初十,宗羲回到余姚家中。崇祯十七年(1644)春,明亡。五月,南京弘光政权建立,阮大铖为兵部侍郎,编《蝗蝻录》(诬东林党为蝗,复社为蝻),据《留都防乱公揭》署名捕杀,黄宗羲等被捕入狱。翌年五月,清军攻下南京,弘光政权崩离,黄乘乱脱身返回余姚。闰六月,余姚孙嘉绩、熊汝霖起兵抗清。于是,变卖家产集黄竹浦600余青壮年,组织"世忠营"响应,著《监国鲁元年大统历》,鲁王宣付史臣颁之浙东。顺治三年(1646)二月,被鲁王任兵部职方司主事。五月,指挥"火攻营"渡海抵乍浦城下,因力量悬殊失利。六月兵败,清军占绍兴,与王翊残部入四明山,驻杖锡寺结寨固守,后因其外出时部下扰民,寨被山民毁而潜居家中,又因清廷缉拿,避居化安山。六年朝鲁王,升左副都御史。同年冬,与阮美、冯京第出使日本乞兵,渡海至长崎岛、萨师玛岛,未成而归。遂返家隐居,不再任职鲁王行朝。七至十一年,遭清廷三次通缉,仍捎鲁王密信联络金华诸地义军,派人入海向鲁王报清军将攻舟山之警。其间家祸迭起,弟宗炎两次被捕,几处极刑;儿媳、小儿、小孙女病夭;故居两次遭火。顺治十年九月,始著书讲学,康熙二年至十八年(1663—1679),于慈溪、绍兴、宁波、海宁等地设馆讲学,撰成《明夷待访录》《明儒学案》等。

康熙十七年(1678),诏征"博学鸿儒",学生代为力辞。十九年,康熙帝命地方官"以礼敦请"赴京修《明史》,以年老多病坚辞。康熙帝令地方官抄录其所著明史论著、史料送交史馆,总裁又延请其子黄百家及弟子万斯同参与修史。万斯同入京后,也执意"以布衣参史局,不署衔、不受俸"。是年黄宗羲始停止讲学,悉力著述。二十二年,参与修纂《浙江通志》。廿九年,康熙帝又召其进京充顾问,亦辞。

康熙二十五年(1686),王掞视学浙江,倡议在黄宗羲故居黄竹浦重建忠端公(黄尊素)祠,宗羲写《重建先忠端公祠堂记》。次年,王掞又捐俸汇刻刘宗周文集,宗羲与同门友董玚、姜希辙一起编辑《刘子全书》,并为之作序。

康熙二十七年(1688),黄宗羲将旧刻《南雷文案》等文集删削修改,定名《南雷文定》重行刊刻。这年,他自筑生圹于龙虎山黄尊素墓侧,并有《筑墓杂言》诗。康熙二十九年(1690),黄宗羲年已80,曾至杭州、苏州等地寻访旧迹，拜访朋友。次年，应新安县令靳治荆之邀游览黄山，为汪栗亭《黄山续志》作序。康熙三十一年（1692），黄宗羲病势沉重，闻知贾润刊刻其《明儒学案》将成，遂抱病作序，由黄百家手录。次年，《明文海》编成，宗羲又选其精萃编为《明文授读》

康熙三十四年七月三日（1695年8月12日），黄宗羲久病不起，与世长辞。他在病中曾作《梨洲末命》和《葬制或问》，嘱家人丧事从简：死后次日，"用棕榈抬至圹中，一被一褥不得增益"，遗体"安放石床，不用棺椁，不作佛事，不做七七，凡鼓吹、巫觋、铭旌、纸幡、纸钱一概不用"。黄宗羲曾自云一生有三变："初锢之为党人，继指之为游侠，终厕之于儒林"，这正是其一生的写照。

黄宗羲学问渊博，思想深邃，于经史百家及天文、算术、乐律以及释、道无不研究。著作宏富，一生著述多至50余种，300多卷。其中最为重要的有《明儒学案》《宋元学案》《明夷待访录》《孟子师说》《葬制或问》《破邪论》《思旧录》《易学象数论》《明文海》《行朝录》《今水经》《大统历推法》《四明山志》等。他虽不应清廷征召，由于在史学上成就很大，清廷撰修《明史》时，"史局大议必咨之。"[①]在哲学和政治思想方面，他是一位从"民本"立场抨击君主专制制度者，堪称中国思想启蒙第一人。他的政治理想主要集中在《明夷待访录》一书中。

《明夷待访录》一书计十三篇。"明夷"本为《周易》中的一卦，其爻辞有曰："明夷于飞垂其翼，君子于行三日不食。有攸往，主人有言。"为六十四卦中第三十六卦，卦象为"离下坤上"，即地在上，火在下。"明"即太阳（离），"夷"是损伤之意。从卦象上看，太阳处"坤"即大地之下，是光明消失，黑暗来临的情况，意光明受到伤害。这暗含作者对当时黑暗社会的愤懑和指责，也是对太阳再度升起照临天下的期盼。指有智慧的人处在患难地位。"待访"是等待贤者来访，让此书成为后人之师的意思。另外，"明"就是太阳，亦称为"大明"，暗合"大明朝"；"夷"有"诛锄"之解，又有"视之不见"之解，暗含作者的亡国之痛。

《原君》是《明夷待访录》的首篇。黄宗羲在开篇就阐述人类设立君

---

① 章培恒等主编：《清史稿选译》（修订版），《黄宗羲传》，南京：凤凰出版社2011年版，第80页。

主的本来目的,是为了"使天下受其利""使天下释其害",是要君主负担起抑私利、兴公利的责任。对于君主,他的义务是首要的,权力是从属于义务之后为履行其义务服务的。君主只是天下的公仆而已,从而对君主"家天下"的行为从根本上否定了其合法性。

黄宗羲认为要限制君主的权力,首先得明辨君臣之间的关系。他认为:"原夫作君之意,所以治天下也。天下不能一人而治,则设官以治之。是官者,分身之君也。"从本质上来说:"臣之与君,名异而实同",都是共同治理天下的人。因此,君主就不应该高高在上,处处独尊,而是应该尽自己应尽的责任,即为天下兴利除害。否则就该逊位让贤,而不应"鳃鳃然唯恐后之有天下者不出于其子孙"。至于为臣者,应该明确自己是君之师友,而不是其仆妾,"我之出而仕也,为天下,非为君也;为万民,非为一姓也。"如果认为臣是为君而设的,只"以君一身一姓起见","视天下人民为人君囊中之私物",自己的职责只在于给君主当好看家狗,而置"斯民之水火"于不顾,那么,这样的人即使"能辅君而兴,从君而亡,其于臣道固未尝不背也",但同样是不值得肯定的。因为"天下之治乱,不在一姓之兴亡,而在万民之忧乐"。这就是黄宗羲的君臣观。它对传统的"君为臣纲","君要臣死,臣不得不死"的封建纲常,无疑是一个有力的冲击。

黄宗羲提出"天下为主,君为客"的民主思想。他说"天下之治乱,不在一姓之兴亡,而在万民之忧乐",主张以"天下之法"取代皇帝的"一家之法",从而限制君权,保证人民的基本权利。黄宗羲的政治主张抨击封建君主专制制度,有极其重要的意义,对以后的反专制斗争起了积极的推动作用。

黄宗羲对明史的研究就其著述成果而言,可以分为两部分:一是所撰的《弘光实录钞》四卷、《行朝录》三卷;二是搜集史料选编的、卷帙浩繁的《明史案》二百四十二卷,《明文案》二百十七卷,及增益《明文案》而成的四百八十卷的《明文海》。在明史的研究中,黄宗羲形成了他的史学研究方法论。主要有三个方面:首先,黄宗羲十分注重史料的搜集。他的史料概念十分宽阔,不仅包括历史人物、事件、典章法令等,也包括建置沿革、山川变异,甚至是乡邦文献所记的亭台楼阁也作为史料予以

浙江余姚龙湖草堂，黄宗羲晚年隐居处

考证、保存。其次，黄宗羲在史学研究中还十分注重真实性。对所得史料总要广证博考、去伪存真，才加引用，并力求客观地作出合乎历史真实面目的论述。即使对自己昔日积累的史料，也决不轻率运用，同样要予以核实，以确保其无误。再者，黄宗羲十分注重史学主体即史学家在治史中的作用。表现为这样几个方面：一是要求史学主体通过自己的思维运作确保史学研究的客观性，以真实地揭示历史的本来面目；二是史学主体在史学研究中应当有自己的是非观，不仅要"寓褒贬于史"，还得对历史事件作出中肯的评价；三是要求史学主体以饱含自身情感的笔写出历史的过程。

黄宗羲的《明儒学案》是具有划时代意义的哲学史专著，开创了编写学术思想史的先河。全书共 62 卷，列出了 17 个学案，计叙述学者200 余人。从所列的人物看，除刘基、李贽、何心隐外，《明儒学案》基本上把所有明代重要思想家都包罗进去了；从学派上看，既叙述了以王阳明为代表的心学各派，又叙述了以吴与弼、胡居仁、娄谅为代表的程朱理学各派；从哲学性质看，既叙述了吴与弼、王阳明等唯心主义思想家，也叙述了罗钦顺、王廷相等唯物主义思想家。这是中国第一部系统的内容丰富的哲学史专著。

陆世仪(1611—1672),字道威,自号刚斋。江苏太仓人,生于理学世家。据《明遗民录汇编》陆世仪小传记载:"少即笃志圣贤,钱忠介公肃乐牧太仓时,一见奇之,曰:'他日必以魁儒名世。'"①少时曾从名儒刘宗周求学,擅长诗词,文诗敏捷,其名著于乡。喜好结社,27 岁与同里乡贤陈瑚、江士韶、盛敬同坐一室,相互切磋结社,人称"四君子"。后建同善会,以筹救济。入清,不应科举,在海门第一桥南"凿池十亩,筑亭其中",晚自号桴亭,建"桴亭书院",隐居此处读书、著述、讲学,世称桴亭先生。诸生,入清不事科举,专意讲学著述。

顺治十五年(1658),陆世仪应督学张能麟延聘,赴江阴广福山房讲学,同时编辑《儒家理要》一书。事后,陆世仪被广泛邀请到无锡东林、毗陵(常州)、云阳(丹阳)等地讲学。由是,桃李遍布,影响弥远,"江南大儒"名望随之而立。"陆世仪与顾炎武同里,与黄宗羲同学,因地缘与师承关系,三人均在经世致用、倡导风气方面息息相通"。晚年于太仓结"十老会",游庐山,访白鹿洞。

陆世仪在给张溥的信中曾说:"士君子处末世,时可为,道可行,则委身致命以赴之,虽生死利害有所不顾。盖天下所系者大,而吾一身之所系者小也。若时不可为,道不可行,则洁身去国,隐居谈道,以淑后世,以惠来兹,虽高爵厚禄有所不顾。盖天下之所系者大,而万世之所系者犹大也。"②他入清以后的表现,的确是践履了此信中所说的"洁身去国,隐居谈道,以淑后世,以惠来兹,虽高爵厚禄有所不顾"的誓言。

总的来说,"陆世仪生当乱世,曾在清兵南下时,上书言事,痛陈时弊,起兵抗清;而在大势已去,事不可为之际,又隐身乡间,摒弃红尘,冥志著书立说。时局稍定后,往来东林(无锡)、毗陵(常州)之间,授徒讲学,力辞当局邀荐,安乐于乡间田园。"③他"一生虽没有黄宗羲亲率义师抗击清兵的激壮,也没有顾炎武为恢复故国而南北奔走的坚韧,但明亡

① (明)冯梦龙:《中兴实录》,《南明史料(八种)》,《江苏地方文献丛书》,南京:江苏古籍出版社 1999 年版,第692页。
② (明)陆世仪:《论学酬答》卷一,《与张受先先生论出处书》,《续修四库全书》第946册,第75—76页。
③ 时志明:《山魂水魄——明末清初节烈诗人山水诗论》,南京:凤凰出版社 2006 年版,第129页。

后,他心中潜蓄暗含的故国之情、亡国之恨并不逊色梨洲与宁人:'北望中原恨未休,南冠今日更蒙羞。何堪更向新亭饮,尽日相看作楚囚'(《答友人见招》)。"①

陆世仪对抗清复明的志士极为崇敬,常在诗中表达出这一心情。例如,他的"《遥哭希声钱公》二首就写得慷慨激切、哀婉沉痛,可看作是对故国河山沦丧的挽歌。钱公希声,即钱肃乐,当清兵南下时,起兵浙东,奉鲁王监国,并转战岭海闽越间,后战事失利,触枕受创绝食以死。钱肃乐任职太仓时,对陆世仪极其推奖,'一见即奇之,曰:他日必以魁著。'钱肃乐以起义师抗清死,陆世仪对之伤悼甚哀:'中原倾覆事如何?穷海孤臣强负戈。……正气如公那可灭!涛声隐隐似悲歌'(其一)"②。

就学问来说,"太仓学子陆世仪、盛敬、陈瑚、江士韶四人,都务实学,他们早在崇祯九年(1636)就开始会讲,凡经史百家、天文、地理、礼乐、农桑、河渠、兵法无不涉及,所以明清之际陆世仪积其十余年之心得撰成《思辨录》,还撰成《三吴水利志》《城守要略》《八阵法门》《书鉴》《诗鉴》等。"③其中,《思辨录》分大学、小学、立志、居敬、格致、诚正、修齐、治平、天道、人道、诸儒异学、经、史、子14门类,35卷,数百万字。顾炎武读《思辨录》后大为折服,致书陆世仪云:"知当吾世而有真儒也。"卒后初谥文潜,改谥尊道,后人建安道书院,以示敬仰。总之,"陆世仪于明清之际以理学名世,明亡后不应科举,讲学以终,可以说是个气节之士。"④

顾炎武(1613—1682),号亭林,字宁人,自署蒋山傭,苏州昆山人。"炎武初名绛,国亡改炎武,炎武者,取汉光武中兴之义也。"⑤著名思想家、史学家、语言学家,与黄宗羲、王夫之并称为明末清初三大儒。

顾炎武出生于昆山千灯镇,原为顾同应之子,曾祖顾章志。顾氏为

---

① 时志明:《山魂水魄——明末清初节烈诗人山水诗论》,南京:凤凰出版社 2006 年版,第 133—134 页。

② 时志明:《山魂水魄——明末清初节烈诗人山水诗论》,南京:凤凰出版社 2006 年版,第 132 页。

③ 韦祖辉:《海外遗民竟不归——明遗民东渡研究》,北京:商务印书馆 2017 年版,第 24 页。

④ 蒋寅:《明清之际知识分子的命运与选择》,《学术的年轮》,北京:中国文联出版社 2000 年版,第 142 页。

⑤ 谢正光、范金民:《明遗民录汇编》下册,南京:南京大学出版社 1995 年版,第 1223 页。

江东望族,顾炎武过继给去世的堂伯顾同吉为嗣,寡母是王述之女,16岁未婚守节,独力抚养顾炎武成人,教以岳飞、文天祥、方孝孺忠义之节。顾炎武14岁取得诸生资格后,便与同乡挚友归庄同入复社,以在野党人自居。昆山士子当时参加复社的共有18人,顾炎武名列第6位①,明末曾参加复社的反阉党斗争。

顾炎武"貌极怪丑,两眼俱白中外黑……与同邑归庄齐名。两人皆耿介不混俗,乡人有归奇顾怪之目"②。所谓一"奇"一"怪",是因为他俩的言行与众不同。顾炎武曾自我表白曰:"自余所及见里中二三十年来,号为文人者,无不以浮名苟得为务。而余与同邑归生独喜为古文辞,砥行立节,落落不苟于世,人以为狂。"③

他14岁中秀才之后,连年参加"岁试",却屡试不中,"感四国之多虞,耻经生之寡术",以为"八股之害,等于焚书;而败坏人才,有盛于咸阳之郊",自27岁起,断然弃绝科举帖括之学,遍览历代史乘、郡县志书,以及文集、章奏之类,辑录其中有关农田、水利、矿产、交通等记载,兼以地理沿革的材料,开始撰述《天下郡国利病书》和《肇域志》。崇祯十四年(1641)二月,祖父顾绍芾病故。崇祯十六年(1643)夏,以捐纳成为国子监生。

清兵入关后,顾炎武暂居常熟语濂径,由昆山县令杨永言之荐,投入南明朝廷,任兵部司务。他在《感事》一诗中说:"须知六军出,一扫定神州",将复仇的希望寄托于弘光小朝廷。他满腔热忱,撰《军制论》《形势论》《田功论》《钱法论》,即著名的"乙酉四论",为行朝出谋划策,针对南京政权军政废弛及明末种种弊端,从军事战略、兵力来源和财政整顿等方面提出一系列建议。

顺治二年(1645)五月,顾炎武取道镇江赴南京就职,尚未到达,南京即为清兵攻占,弘光帝出逃,南明军崩溃。接着,清军铁骑又指向苏、杭。清军进入苏南地区后,顾炎武先后在苏州、昆山两地参加抗清斗争。此时,江南各地的抗清义军纷起。据《昆山先贤冢墓考》云:乙酉之

① (清)张穆:《顾亭林先生年谱》卷一。
② 谢正光、范金民:《明遗民录汇编》下册,南京:南京大学出版社1995年版,第1223页。
③ 沈嘉荣:《顾炎武论考》,南京:江苏人民出版社1994年版,第59页。

夏，"先生（指炎武）应昆山令杨方言之辟，与嘉定诸生吴其沆及归庄共起兵，奉故郧抚王永祚，以从夏文忠公于吴，江东（指南明福王）授公兵部司务事，既不克，永言行遁去，其沆死之，先生与庄幸得脱。"①这条资料，将顾炎武抗清的经历记述得比较清楚。

具体地说，顾炎武和挚友归庄、吴其沆等人皆投笔从戎，先参加了金都御史王永祚为首的一支义军。诸义军合谋，拟先收复苏州，再取杭州、南京及沿海，一时"千里吴封大，三州震泽通。戈矛连海外，文檄动江东"②。义军攻进苏州城不久即遇清军伏击而溃，松江、嘉定亦相继陷落。顾炎武潜回昆山，又与杨永言、归庄等守城拒敌；不数日昆山又失守，死难者多达4万，吴其沆战死。顾炎武生母何氏右臂被清兵砍断，两个弟弟被杀，他本人则因城破之前已往常熟语濂径而侥幸得免。9天后，常熟陷落。顾炎武嗣母王氏生前曾受明朝旌表，当她闻说清兵下江南的消息后，"遂不食，绝粒者十有五日"而卒。顾炎武在《先妣王硕人行状》中记载了王氏的临终遗言："我虽妇人，身受国恩，与国俱亡，义也。汝无为异国臣子，无负世世国恩，无忘先祖遗训，则吾可以瞑于地下。"③嗣母以生命殉道的义举，对顾炎武的触动极深。清兵下江南，顾炎武家破人亡，亲身体会到野蛮征服者的暴行。

顾炎武安葬嗣母王氏后，顺治二年（1645）闰六月，明宗室唐王朱聿键在福州称帝，年号隆武。经大学士路振飞推荐，隆武帝遥授顾炎武为兵部职方司主事。由于嗣母新丧，顾炎武一时难以赴任，只能"梦在行朝执戟班"④。当时，清松江提督与巡抚土国宝不和。前明兵科给事中陈子龙、成安府推官顾咸正、兵部主事杨延枢等暗中策动吴胜兆举义反正。顾咸正为顾炎武同宗长辈，陈子龙等人与顾炎武往来密切。因此，顾炎武也参加了此事的策划。顺治四年（1647）夏，由于事情败露，"几事一不中，反覆天地黑"⑤，吴胜兆被解往南京斩首，清廷大肆搜捕同案

① 潘道根：《昆山先贤冢墓考》。
② （清）顾炎武：《千里》，《顾亭林诗文集》，北京：中华书局1983年版，第265页。
③ （清）顾炎武：《先妣王硕人行状》，《顾亭林诗文集》，北京：中华书局1983年版，第165页。
④ （清）顾炎武：《延平使至》，《顾亭林诗文集》，北京：中华书局1983年版，第268页。
⑤ （清）顾炎武：《哭陈太仆》，《顾亭林诗文集》，北京：中华书局1983年版，第276页。

诸人。陈子龙往投顾炎武处,顾炎武此时已离家出走。于是陈子龙逃入顾咸正之子顾天遴、顾天逵家躲藏,不久三人即被逮捕。顾炎武多方营救,未能奏效。其间,顾炎武还往寻顾咸正,"扁舟来劝君:'行矣不再计'"①,催促他及时出走,而顾咸正不听。陈子龙在押解途中,乘差官不备投水自尽,杨延枢及顾氏父子先后遇害,受此案株连而死者40余人。

在策动吴胜兆反正的同时,顾炎武还进行了其他一些活动。顺治三年(1646),顾炎武本打算赴福建就职方司主事之任,大约将行之际,路振飞派人与他联系,要他联络"淮徐豪杰"。此后四五年中,顾炎武"尝东至海上,北至王家营(按:今属江苏淮阴),仆仆往来,盖受振飞命,纠合淮徐豪杰"②,奔走于各股抗清力量之间。"炎武每从淮上归,必诣洞庭(按即太湖)告振飞之子泽溥,或走海上,谋通消息"③,意图纠合各地义军伺机而动。虽然弘光及闽浙沿海的隆武等南明政权都先后瓦解,顾炎武亲身参与的抗清活动一再受挫,但是他并未颓丧,却以精卫填海自比:"万事有不平,尔何空自苦,长将一寸身,衔木到终古。我愿平东海,身沈心不改,大海无平期,我心无绝时。"④

从顺治八年(1651)开始,顾炎武在颠沛流离的一生中,曾来金陵拜谒孝陵七次,赴天寿山拜谒崇祯陵六次,写下诸多诗篇,以抒发明遗民眷念故国的情怀。其中,《金陵杂诗》写道:"春雨收山半,江天出翠层。重闻百五日,遥祭十三陵。祝版书孙子,祠官走令丞。西京遗庙在,天下想中兴。"⑤《再谒孝陵》写道:"瞻拜魂犹惕,低徊思转哀。"⑥《恭谒高皇帝御容于灵谷寺》写道:"飘泊心情苦,来瞻拜跪恭。"⑦顾炎武曾绘有一张《孝陵图》,在明遗民中流传甚广。

顺治十年(1653)九月,抗清志士张名振在长江口大破清兵,进屯崇明(今属上海)。次年正月,他又率"海舰数百"溯长江而上,直抵镇江,

---

① (清)顾炎武:《哭顾推官》,《顾亭林诗文集》,北京:中华书局1983年版,第275页。
② 邓之诚:《清诗纪事初编》上册,上海:上海古籍出版社2012年版,第1—2页。
③ 邓之诚:《清诗纪事初编》上册,上海:上海古籍出版社2012年版,第2页。
④ (清)顾炎武:《精卫》,《顾亭林诗文集》,北京:中华书局1983年版,第279页。
⑤ (清)顾炎武:《金陵杂诗五首》其二,《顾亭林诗文集》,北京:中华书局1983年版,第264页。
⑥ (清)顾炎武:《再谒孝陵》,《顾亭林诗文集》,北京:中华书局1983年版,第302页。
⑦ (清)顾炎武:《恭谒高皇帝御容于灵谷寺》,《顾亭林诗文集》,北京:中华书局1983年版,第303页。

并登金山遥祭孝陵（明太祖朱元璋陵）。顾炎武为之欢欣鼓舞，在《金山》一诗中写道："东风吹江水，一夕向西流。金山忽动摇，塔铃语不休。水军十一万，虎啸临皇州。巨舰作大营，飞舻为前茅。黄旗亘长江，战鼓出中洲。……沈吟十年余，不见旌旆浮。忽闻王旅来，先声动燕幽。阖闾用子胥，鄢郢不足收。祖生奋击楫，肯效南冠囚。愿言告同袍，乘时莫淹留。"①这一时期，顾炎武还同归庄、陈忱、吴炎、潘柽章、王锡阐等共结惊隐诗社，表面上是一些志同道合的故国遗民在优游文酒，其实是以诗社为掩护，秘密进行抗清活动。顾炎武在淮安结识定交的挚友王略、万寿祺等人，都是富有民族气节的抗清志士。

顺治十四年（1657）元旦，顾炎武晋谒孝陵。之后返昆山，变卖家产，从此离开故乡，一去不归，此年顾炎武45岁。顺治十六年（1659），至山海关，凭吊古战场，此后20多年间，他孑然一身，游踪不定，足迹遍及山东、河北、山西、河南，仔细观察山川地理，秘密联络遗民志士，结识了许多志同道合的朋友，继续致力于复明大业。而顾炎武25年流亡生涯中的精神支柱，"就是这种不远千里不辞劳苦的频繁拜谒。从南京到北京，从孝陵到十三陵，每当信念发生危机的时候，不管路途多么遥远，顾炎武都会跪倒在大明王朝列朝皇帝的陵前去寻找他继续流亡下去的勇气。此时的陵墓已经不是简单的陵墓了，它已经成为一种象征，一种精神的旗帜，一种漂泊无主的臣民的心灵皈依的家园"②。

直至晚年，顾炎武始定居陕西华阴。章炳麟曾说："宁人居华阴，以关中为天府，其险可守，虽著书，不忘兵革之事。"③叶恭绰《矩园余墨·序跋》第一辑《啸月楼藏朋旧尺牍跋》也说："诸遗民于郑成功、吴三桂皆失败后，似对东南、西南已经绝望，复转而有志于北方，而于陕、晋、鲁、冀、察、绥尤为重视。观于李天生（因笃）、屈翁山（大均）、阎古古（尔梅）以至朱竹垞（彝尊）辈皆曾周历边塞，当非止流连光景者。当时顾亭林实隐然为其领袖。"④他晚年在北方的活动，主要是在联络各地的志士，

① （清）顾炎武：《金山》，《顾亭林诗文集》，北京：中华书局1983年版，第309页。
② 田崇雪：《遗民的江南——中国文化史上的遗民群落》，北京：学林出版社2008年版，第119页。
③ 章太炎：《太炎文录初编》卷一，《说林》上（五则录一）。
④ 转引自朱则杰：《清诗史》，南京：江苏古籍出版社1992年版，第101页。

共谋抗清复明的义举。

顾炎武还有两位友人值得一提。吴炎(1623—1663),江苏"吴江之烂溪人,字赤溟,又字如晦,号魄庵,明亡后更名赤民,以示不忘故国之情,并隐居于湖州山中。后与伯叔昆季等数人结成逃亡盟于溪上,坚守不仕于清朝的志节。初则以诗文自豪,继而潜心史学"。潘柽章(1626—1663),江苏"吴江人,字圣木,一字力田。十五岁补桐城县学生,明亡后隐居于韭溪,学贯百家,天文、地理、皇极、太乙之书无不通晓。数往南京谒明孝陵,称颂明太祖起兵灭元之功绩,在诗文中赞扬抗元名将陆秀夫,以抒发对故国的思念。吴炎与潘柽章自幼相识,交谊颇深。顺治五年(1648),吴炎与潘柽章等人仿《史记》体例,着手编纂《明史记》,购得明实录,旁采其他文集奏疏,并向顾炎武借得明史资料千余卷,怀纸呒笔,早夜矻矻,其所手书,盈床满箧"①。

顾炎武得知吴、潘二人撰写《明史记》的消息,非常高兴。"他回忆说:'及数年而有闻,予乃亟与之交。二子皆居江村,潘稍近,每出入,未尝不相过。又数年,潘子刻《国史考异》三卷,寄予于淮上,予服其精审。又一年,予往越州,两过其庐。及余之昌平、山西,犹一再寄书来。'顺治十三年(1656)顾炎武特作《赠潘节士柽章》一首,以兴奋的心情赞扬吴潘二子对千端万绪、行将中绝的《明史》,'荦然持巨笔,直溯明兴始',即指在淮上,收到潘子寄给的《国史考异》,'予服其精审'。……正因为顾炎武与吴潘二子关系密切,志同而道合,他俩合著《明史记》,顾氏以千余卷资料相借,表示了极大支持。顾炎武北游之后,仍然与吴潘往来,保持着经常的联系"②。

康熙二年(1663),顾炎武在山西汾州时,"得知两位执友吴炎、潘柽章遭湖州庄氏史案罹难,心情万分悲痛,特于旅舍遥祭。有《汾州祭吴炎潘柽章二节士》诗一首,云:'露下空林百草残,临风有恸奠椒兰。韭溪血化幽泉碧,蒿里魂归白日寒。一代文章亡左马,千秋仁义在吴潘。巫招虞殡俱零落,欲访遗书远道难。'"③

---

① 沈嘉荣:《顾炎武论考》,南京:江苏人民出版社1994年版,第114页。
② 沈嘉荣:《顾炎武论考》,南京:江苏人民出版社1994年版,第116页。
③ 沈嘉荣:《顾炎武论考》,南京:江苏人民出版社1994年版,第114页。

中国历史上的遗民现象始于伯夷、叔齐,顾炎武称赞伯夷、叔齐的行为为后世遗民之师表。他在《谒夷齐庙》一诗中写道:"言登孤竹山,忾焉思古圣。荒祠寄山椒,过者生恭敬。百里亦足君,未肯滑吾性。逊国全天伦,远行辟虐政。甘饿首阳岑,不忍臣二姓。可为百世师,风操一何劲。悲哉尼父穷,每历邦君聘。……终怀耿介心,不践脂韦径。庶几保平生,可以垂神听。"①顾炎武曾亲登华山西峰,宿其峰复庵,眺望其景,发思古之幽情。"开户而望大河之东,雷首之山,苍然突兀,伯夷、叔齐之所以采薇而饿者,若揖让乎其间,固范君之所慕而为之者也。"②此文中所说"范君",即范养民,于崇祯十七年(1644)夏,"自京师徒步入华山为黄冠。数年,始克结庐于西峰之左,名曰复庵。"③顾炎武慕名而去,颇有些追随于范氏之后,隐居于这仙山琼阁,优游于山水之间的念头。

顾炎武从"明道救世"的经世思想出发,以"天下为己任"而奔波于大江南北,具有"天下兴亡,匹夫有责"的高尚情操。康熙七年(1668),他因莱州黄培诗案入狱,得友人李因笃等营救出狱。清廷定鼎中原后,依历代为前朝修史的惯例,诏开明史馆,延聘前朝遗老参修《明史》。康熙十年(1671)夏,顾炎武游京师,住外甥徐乾学家中。熊赐履设宴款待顾炎武,邀请他佐其纂修《明史》,被断然拒绝。顾炎武说:"不为介推之逃,则为屈原之死矣。"④在场的除熊赐履,还有徐乾学,听到此语,"两人皆愕然"。顾炎武还进一步规劝熊赐履,也不应参加修《明史》。酒后,徐乾学说舅父讲话太过。顾炎武之所以如此,是因为不忘嗣母王氏临终前的"遗戒","毋得事二姓。"⑤

康熙十七年(1678),康熙帝开博学鸿儒科,招致明朝遗民。"清康熙中征天下遗逸应博学科,炎武独不至。"⑥顾炎武三度致书叶方蔼,表示耿耿遗民之心,终始不变,以死坚拒推荐。又说"七十老翁何所求?正欠一死! 若必相逼,则以身殉之矣!"。康熙十八年(1679)清廷开明

① (清)顾炎武:《谒夷齐庙》,《顾亭林诗文集》,北京:中华书局1983年版,第337—338页。
② (清)顾炎武:《复庵记》,《顾亭林诗文集》,北京:中华书局1983年版,第106页。
③ (清)顾炎武:《复庵记》,《顾亭林诗文集》,北京:中华书局1983年版,第105页。
④ (清)顾炎武:《记与孝感熊先生语》,《顾亭林诗文集》,北京:中华书局1983年版,第196页。
⑤ 邓之诚:《清诗纪事初编》上册,上海:上海古籍出版社2012年版,第1页。
⑥ 谢正光、范金民:《明遗民录汇编》下册,南京:南京大学出版社1995年版,第1223页。

史馆，顾炎武以"愿以一死谢公，最下则逃之世外"回拒熊赐履。康熙十九年(1680)，顾炎武夫人死于昆山，他在妻子灵位前痛哭祭拜，作诗云："贞姑马鬣在江村，送汝黄泉六岁孙。地下相逢告父姥，遗民犹有一人存。"

康熙十九年(1680)元旦之日，顾炎武时年 68 岁，曾作联一副曰："六十年前二圣升遐之岁，三千里外孤忠未死之人"①，反映出他对明朝朱氏皇帝的耿耿忠心。"顾炎武当时正北游秦晋，故谓三千里外孤忠未死之人，又明神宗朱翊钧(1573—1620)及明光宗朱常洛(朱翊钧长子1590—1620，在位仅 29 天)均死于万历庚申(1620)，故顾炎武 1680 年作诗时称'六十年前二圣升遐之岁'。忠也者，忠贞不贰。顾炎武的'忠'，是忠于朱明王朝，而坚决不仕二朝"。"顾炎武坚持不仕清朝，嗣母遗训，这是家庭影响；从思想根源来说，是儒家的'忠'君思想所起的作用，他认为不仕二朝，好比一个妇人'从一而终'，他答复友人议论他'荐而不出，其名愈高'时说：'嗟乎！此所谓钓名者也。今夫妇人之失所天也，从一而终，之死靡慝，其心岂欲见知于人哉?'因此，他把历史上的忠臣义士作为自己的楷模"。在顾炎武看来，"臣事君以忠，为祖国建功立业，其中陶渊明的不为五斗米折腰，固然表露一种清高，主要在'耻事二姓'这一点上，顾炎武对之产生共鸣。"②

纵观顾炎武的一生，入清时顾炎武年方 32 岁，从亲自参加抗清复明的斗争，到对新朝一直采取不合作的态度，他始终坚持明遗民的立场。明亡后，他一度亲自参与抗清活动，失败后一直处于北游状态，这是他在家乡无法安居的情况下，不得已采取的一种"以游为隐"的生存方式。康熙二十一年(1682)正月初四(2 月 10 日)，顾炎武在山西曲沃韩姓友人家，上马时不慎失足，呕吐不止，初九(2 月 15 日)卒，享年70 岁。

吕留良(1629—1683)，字庄生，又名光轮，一字用晦，号晚村，别号耻翁、南阳布衣、吕医山人等，暮年为僧，名耐可，字不昧，号何求老人。

---

① (清)顾炎武：《与毛锦衔》，《顾亭林诗文集》，北京：中华书局 1983 年版，第 142 页。
② 沈嘉荣：《顾炎武论考》，南京：江苏人民出版社 1994 年版，第 146—148 页。

浙江崇德县(今浙江桐乡市崇福镇)人。

吕留良幼时即"颖悟绝人,读书三遍辄不忘。八岁善属文,造语奇伟,迥出天表"①。10 岁时,三兄吕愿良组建澄社于崇德。这是一个砥砺气节的学术社团。一时间,东南青年士子千余人,往来聚会,征选诗文,评议朝政。澄社虽然不到两年工夫就解散了,但少年吕留良的脑海中深深保留着对它的记忆。崇祯十四年(1641),孙子度建徵书社于崇福禅院。时留良 13 岁,又以诗文入社。他博学多艺,深受孙子度赏识,被视为畏友。

明亡后,三兄吕愿良随史可法镇守扬州,吕留良与侄儿吕宣忠(长留良 4 岁)于顺治二年(1645),散家财招募义勇,与入浙清军抗衡。吕宣忠曾署总兵都督金事,在其友人董时雨的操持之下,四处联络,苦心经营。监国鲁王加封宣忠为扶义将军,给予敕印,令其还至太湖,率部抗清。后大战清兵于澜溪(太湖下游,乌镇附近),兵败。宣忠遣散所部,入山为僧,后因探父病回家被清军所捕。孙子度极力营救,未得效果,遂殉难虎林。侄就义之日,吕留良曾为其送行。国仇家恨,使留良痛心疾首。他"幼素患有咯血疾。方亮功之亡,一呕数升,几绝"②。他在抗清战斗左股中箭,留下终身创伤。《厉耦耕诗》云:"箭瘢入骨阴辄痛,舌血溅衣洗更新"。

吕留良兵败后隐居行医,于清顺治十年(1653)改名光轮,应试得诸生,但之后一直与坚持抗清的张煌言等保持联系。雍正在《大义觉迷录》中,指责他"于顺治年间应试,得为诸生,嗣经岁科屡试,以其浮薄之才,每居高等,盗窃虚名,夸荣乡里……按其岁月,吕留良身为本朝诸生十余年之久矣,乃始幡然易虑,忽号为明之遗民。千古悖逆反复之人……"对于这段应考经历,吕留良在其后的诗文中多次表示反悔与自责。他一直以"失脚"来比喻这次出试,如《耦耕诗》曰:"谁教失脚下渔矶,心迹年年处处违。雅集图中衣帽改,党人碑里姓名非。苟全始信谈

---

① 包赉:《吕留良年谱》,《民国丛书》第四编第 85 册,上海:上海书店据商务印书馆 1940 年版影印本,第11页。

① 包赉:《吕留良年谱》,《民国丛书》第四编第 85 册,上海:上海书店据商务印书馆 1940 年版影印本,第11页。

② 包赉:《吕留良年谱》,《民国丛书》第四编第 85 册,上海:上海书店据商务印书馆 1940 年版影印本,第90页。

何易，饿死今知事最微。醒便行吟埋亦可，无惭尺布裹头归。"①

顺治十一年（1654），陆雯若约请吕留良一起租屋吴门，评选清朝入主中原后顺治三年（1646）开始八股取士至顺治十一年（1654）共五科的文章，故名《五科程墨》。吕留良借评选时文宣扬"华夷之分大于君臣之伦"的思想，其民族气节对士人学子影响极大。"他是把握住孔子的夷夏之防，他利用评选制艺，使民族思想普遍到一班青年的士子，他彻头彻尾至死不衰干这恢复民族的工作。因为他有这样的毅力，所以他的思想遍天下。"②

康熙五年（1666），浙江学使至嘉兴考核生员，吕留良拒不应试，被革除诸生。此举震惊社会，而他却怡然自得。此后，他便隐居于崇德城郊南阳村东庄（在今桐乡县留良乡），自办"天盖楼"刻局，继续选刻时文出售。他"自弃诸生后，或提囊行药以自隐晦，且以效古人自食其力之义。而远近复争求之。"此时，他的诗朋文友大半散去，独与张履祥、何商隐、张佩蒽等人交往，一起专攻程朱理学，创立南阳讲学堂，设馆授徒。他"身益隐，名益高"。张履祥的"学术人格都为世人所宗仰。故他极力想请考夫（张履祥字考夫）到家中来教学"。他多年竭诚聘请，终于康熙八年（1669）亲迎清初理学大儒张履祥至东庄讲学，共力"发明洛闽之学"，另一方面，又编辑刻印《朱子遗书》广播四方，"以嘉惠学者"③。

康熙十七年（1678），清廷开博学鸿词科，"想用这个方法收罗明朝的遗逸。浙江当局，首荐晚村，牒下，他誓死不受。"④康熙十九年（1680），清廷为进一步拉拢和软化明遗民，征聘天下山林隐逸，嘉兴郡守复荐留良。在被逼无奈之下，吕留良只好削发为僧，取"僧名耐可，字不昧，号何求老人。筑室于吴兴埭溪之妙山，颜曰'风雨庵'。峭壁寒

---

① 邓之诚：《清诗纪事初编》上册，上海：上海古籍出版社2012年版，第245页。
② 包赉：《吕留良年谱》，《民国丛书》第四编第85册，上海：上海书店据商务印书馆1940年版影印本，序第9页。
③ 包赉：《吕留良年谱》，《民国丛书》第四编第85册，上海：上海书店据商务印书馆1940年版影印本，第53—55页。
④ 包赉：《吕留良年谱》，《民国丛书》第四编第85册，上海：上海书店据商务印书馆1940年版影印本，第143页。

潭，长溪修竹，有泉一泓，构亭其上，题以'二妙'。先君幅巾挂杖，逍遥其间"①，隐居讲学，门人弟子亦甚众。此时，大清江山日益稳固。吕留良时刻惦记的抗清复明计划基本上已成泡影，这愈发增加了其愤世嫉俗之感。他平生最反对佛教，虽剃了头发披着僧衣，但他骨子里的精神仍是个孔孟信徒。

康熙二十二年（1683），吕留良重游杭州，所写诗篇收入《欸气集》。是年八月，因病与世长辞。临终前三天，还靠着茶几改订书稿，勉力补辑《朱子近思录》及《知言集》，并作《祈死诗》六篇。"门人子侄苦请稍辍，以俟病间。先君毅然曰：'一息尚存，不敢不勉。况此时精神犹堪收拾。后此更何及耶？'"临终时，"门人陈鏦等入问。勖以细心努力为学，呼不孝辈谕以孝友大义而已。"②

吕留良为学尊朱辟王，推明儒学本旨，精治《四书》，详辨夷夏之别，其著述由门人辑为《四书语录》《四书讲义》《吕子评语》等。后人曾编有《吕晚村先生文集》八卷、《东庄诗存》七卷、《续集》四卷；与张履祥合选《四书朱子语类摘抄》三十八卷。留良自幼推崇朱熹，为文似朱熹，翻澜不已，善于说理。近人邓之诚说："以诗文论，诚宗羲劲敌，唯史学不如。"③例如，吕留良在《乱后过嘉兴》一诗中写道："兹地三年别，浑如未识时。路穿台榭础，井汲骷髅泥。生面频惊看，乡音易受欺。烽烟一怅望，洒泪独题诗。"④

吕留良具有深厚的民族思想，生前散布出激烈的排夷言论。他死后49年，即清雍正十年（1732），受湖南儒生曾静先前反清一案牵连，被雍正皇帝钦定为"大逆"罪名，惨遭开棺戮尸枭示之刑，其子孙、亲戚、弟子广受株连，无一幸免，或斩首，或流徙为奴，罹难之酷烈，为清代文字狱之首。吕氏的民族节慨与反清复明思想，多见于其著作《吕晚村先生文集》《东庄吟稿》等。他的反清思想表现为激烈的行动，如清康熙五年

---

① 包赍：《吕留良年谱》，《民国丛书》第四编第 85 册，上海：上海书店据商务印书馆 1940 年版影印本，第 150 页。

② 包赍：《吕留良年谱》，《民国丛书》第四编第 85 册，上海：上海书店据商务印书馆 1940 年版影印本，第 155 页。

③ 邓之诚：《清诗纪事初编》上册，上海：上海古籍出版社 2012 年版，第 244 页。

④ 邓之诚：《清诗纪事初编》上册，上海：上海古籍出版社 2012 年版，第 244 页。

(1666)拒不应试,被革除诸生,当时朝野为之震惊。尔后,康熙十七年(1678)、十九年(1680),两次不应"征辟",决意出家为僧,遁迹吴兴县妙山,筑风雨庵著书、讲学,所著诗词文章多有"谤议及于皇考"言论,如此等等。辛亥革命后,吕留良被尊为反清志士,始得昭雪翻案,崇德地方官绅民众筹资为其建亭立碑。吕留良纪念亭坐落于桐乡市崇福镇中山公园内,蔡元培题词曰:"为民族争存,碎尸无憾;以文章报国,没世勿谖。"

吕留良一生从事朱学,然与当时其他讲理学者不同,不以语录、讲章行世,而以时文评选著称,《四书讲义》便是其时文评选之中发明朱子《四书章句集注》相关义理的精华。钱穆在《中国近三百年学术史》中谈及吕留良的《四书讲义》时道:"余读其书,其发明朱子义理,诚有极俊伟为他家所未及者,而尤在其政论。自朱子卒至是四百余年,服膺朱子而阐述其学者众矣,然绝未有巨眼深心用思及此者。晚村良不愧清初讲朱学一大师,于晦庵门墙无玷其光荣。"

经由吕留良重新诠释的朱学,彰显了儒学的节义之道,认为为人为学当重节义而非功名利禄,这种朱学是易代之际学术的一种典型。甚至可以说,吕留良的朱学是真正结合其时代的朱学,也是真正承继了朱子,乃至孔、孟儒学的真精神。这种思想与吕留良独特的遗民心态密切相关,历经家族与个体于明清两代之际的多层面的交涉,以及反复挣扎,方才会尤其重视出处、辞受所体现的节义之道。而且,随着年岁的增长,就其人生之抉择而言,他也越来越坚定了其明之遗民的角色。在吕留良看来,南宋亡国的内在原因是陆九渊心学中夹杂着禅学成分,因而在学术抉择上,他越来越趋向于朱学。

对吕留良学术思想作同情之了解,则必须对其遗民心态之曲折亦当有同情之了解。明末清初,"这时的民族争扎舍了学术思想是再找不到更好的利器,晚村(吕留良)先生便是应时而起的一个,而且是一个民族思想运动的代表者。当时站在这条战线上的人,比他较先辈的有顾炎武、黄宗羲、张履祥等,比他较后辈的有全祖望等。这班人虽都是灌注民族思想到民间的巨子,可是他们看到时势已不可为,都改为独善其身,仅作消极不合作的抵制,而晚村先生除与他们取同样的态度拒绝清政府博学鸿词山林隐逸等征聘外,还借评选制艺文字作积极的宣传。"①总之,在清初统治者的暴力面前,吕留良不愧为一个特立独行的豪杰之士。

吕留良所有的遗民举动与遗民心态,皆源于其"夷夏之防"的思想,看重民族之义。这就是说,"晚村先生的中心思想在于'夷夏之防',他的主要事业在于灌输智识分子的民族思想。"②

五、文学大家:冯梦龙、钱谦益、吴梅村

明清之际的文化遗民中,有不少著名的文学家。在这里,以冯梦龙、钱谦益、吴梅村为例。

冯梦龙(1574—1646),字犹龙,又字子犹,号龙子犹、墨憨斋主人、吴下词奴、姑苏词奴等,南直隶苏州府长洲县(今江苏苏州市)人,明代文学家、思想家、戏曲家。

冯梦龙出身名门世家,少有才气,并放荡不羁,常游于烟花巷里。冯氏兄弟,一门风流。兄冯梦桂,画家;弟冯梦熊,诗人,三人被称为"吴下三冯"。冯梦龙除写诗文外,主要精力用于写历史小说和言情小说,他自己的诗集今已不存,但值得庆幸的是由他编纂的 30 种著作得以传世,为中国文化宝库留下一批不朽的珍宝。冯梦龙以其对小说、戏曲、民歌、笑话等通俗文学的创作、搜集、整理、编辑,为我国文学发展作出了独特贡献。

冯梦龙自幼喜好读书,他的童年和青年时代,受经问道,博学多识,把主要精力放在诵读经史以应科举上。苏州是复社当时的活动中心,冯梦龙是复社成员之一,被社友们称为"同社长兄"③。清同治《苏州府

---

① 包赉:《吕留良年谱》,《民国丛书》第四编第 85 册,上海:上海书店据商务印书馆 1940 年版影印本,序第 3—4 页。
② 包赉:《吕留良年谱》,《民国丛书》第四编第 85 册,上海:上海书店据商务印书馆 1940 年版影印本,第116页。
③ 容肇祖等:《冯梦龙与〈三言〉》,台北:台湾木铎出版社 1983 年版,第 4 页。

志》卷十八《人物》载,他"才情跌宕,诗文丽藻,尤明经学"①。冯梦龙曾在其《磷经指月》一书《发凡》中回忆道:"不佞童年受经,逢人问道,四方之秘复,尽得疏观;廿载之苦心,亦多研悟。"然而,功名似乎与他无缘,科举屡试不中,后来就在家中著书。

冯梦龙的文学成就很高,而仕途却不顺利。直到崇祯三年(1630),他57岁时,才补为贡生。崇祯四年(1631),破例授丹徒训导。崇祯七年(1634),他61岁被任命为福建寿宁知县。在任寿宁知县时,曾上疏陈述国家衰败之因。他在任四年,为政清廉,秉持"济世为民,两袖清风"的执政理念,不仅造福一方百姓,颇有政绩,更是竖起勤政廉洁、为民务实的精神标杆,在当地留下"政简刑清,首尚文学,遇民以恩,待士有礼"的美名。作为一代清官廉吏,冯梦龙编著自传性笔记《寿宁待志》。这是"一部别具一格的志书,从书名到内容,都不同凡响。不叫'县志',而叫'待志',蕴寓着'宁逊焉而待之'的深意。而内容除记载寿宁县的历史、地理、政治、经济以及风土人文外,大量篇幅为冯氏宦游福建时施政活动与政治思想的实录"②。

崇祯十一年(1638),冯梦龙回到家乡。回苏州后刚开始的几年,冯梦龙的生活基本上是安定的。直至崇祯十七年(1644),李自成攻入北京,崇祯帝自尽,清兵入关,在天下动荡的局势中,关心国家大事的冯梦龙坐不住了。在清军南下时,他以70高龄,奔走反清,在群众中积极进行抗清宣传;还从南下避兵祸的难民中收集材料,在苏州编写、自刻、刊行《甲申纪事》13卷,以"七一老人草莽臣冯梦龙"署名。此书保存了诸多珍贵的历史资料。他一心寄望于南明弘光小朝廷。"明清之际,冯梦龙愤于明亡,怀着沉痛的心情收集明亡时事,撰成《甲申纪事》,希图南京弘光政权能够汲取教训,振作精神,成为中兴之主。"③其中,《甲申纪事》第七卷至第十二卷,冯梦龙编辑成《中兴实录》,"辑弘光朝部分奏

---

① 高洪钧编著:《冯梦龙集笺注》,天津:天津古籍出版社2006年版,第3页。
② 容肇祖等:《冯梦龙与〈三言〉》,台北:台湾木铎出版社1983年版,第114—115页。
③ 白寿彝:《中国通史》第九卷《中古时代·明时期(下册)》,上海:上海人民出版社1999年版。

疏、公告而成,确凿有据"①,并写有《中兴实录序》。

在清兵下扬州,陷南京,占苏州后,冯梦龙于弘光元年(1645)离开吴江,先去浙江湖州,后又到杭州,并前往台州下属天台县,因此时鲁王在台州监国,浙东成为抗清中心。从"吴门后学七二老人冯梦龙书于天宁僧舍"的《题杨忠愍赠养虚先生诗册三绝句》来看,他曾住在台州府治临海县城内的天宁寺中。然而,在台州监国的鲁王很快失败了。冯梦龙北返无望,又继续沿海路南下。

台州临海县在海边,从海路至福州较为便捷。唐王监国时任吏部尚书的黄道周,与冯梦龙素有交往。早在崇祯年间,黄道周就应邀为冯梦龙儒学新著《纲鉴统一》作序。因此,冯梦龙应黄道周之邀,到当时被视为"中兴有望"的福州,在唐王手下任职是有可能的。"弘光覆亡后,江南沦入清兵之手,他又匍匐千余里,参加福建隆武政权的抗清活动,宣传抗清复明,并不顾年迈,编辑《中兴伟略》,记隆武政权初创之事,以表达对中兴的希望。"②

南明弘光元年(1645),唐王朱聿键于闰六月初二日由文武臣僚迎贺,初七日驾临福州布政司监国。后经黄道周、郑芝龙等劝进,奉唐王于福州即帝位,改元隆武。据容肇祖1931年发表的论文《冯梦龙生平及其著作》考证,《中兴伟略》是冯梦龙于"闰六月初二日"至"闰六月二十七日"之间在福州编印出版的,因他说"恭迓唐王监国"而不称皇帝,可知"是在登极以前"③。

从冯梦龙在苏州自刻本《甲申纪事》13卷题"七一老人草莽臣冯梦龙",到唐藩刻本《中兴实录》题"七二老臣冯梦龙"的署名变化,可见冯梦龙在福州编刻《中兴实录》时已在唐王手下为官了。可见冯梦龙崇祯十一年(1638)从寿宁县令位退下,时隔7年重返福建,从事抗清复明活动。

编刻《中兴实录》之后,冯梦龙的确切行踪已难以考证。顺治三年

---

① (明)冯梦龙:《中兴实录》"点校说明",《南明史料(八种)》,《江苏地方文献丛书》,南京:江苏古籍出版社1999年版,第577页。
② 白寿彝:《中国通史》第九卷《中古时代·明时期(下册)》,上海:上海人民出版社1999年版。
③ 谢海潮:《冯梦龙在闽路线考略》,载《福州日报》2016年12月13日。

（1646），清军入福建，隆武帝在汀州被掳，绝食而亡，享年44岁。清兵入闽，烽火连天，已愈70高龄的冯梦龙很难离开福建北返。南明唐王隆武二年（1646）春，冯梦龙忧愤而死；另一说法是被清兵所杀，终年73岁。直至1646年下半年，其子冯焴把冯梦龙辞世噩耗、《辞世》诗稿及未完成的《墨憨词谱》书稿带回苏州。

明代文学是以小说、戏曲和民间歌曲的繁荣为特色的。小说、戏曲方面，颇有一些大作家，但在小说、戏曲、民间歌曲三方面都作出杰出贡献的，有明一代唯冯梦龙一人而已。他最有名的作品为《喻世明言》《警世通言》《醒世恒言》，合称"三言"，这是中国白话短篇小说的经典作品。"三言"以通俗易懂的小说形式，阐明了"国正天心顺，官清民自安"的道理。此外，冯梦龙在文学上有价值的作品还有：整理东南民歌的《挂枝儿》《山歌》；辛辣小品文《古今谭概》《笑府》；对传奇的改订和创作等。

冯梦龙编选的"三言"，代表着明代拟话本的最高成就。这三部小说集，相继辑成并刊刻于明代天启年间。"三言"各40篇，共120篇，约三分之一是宋元话本，三分之二是明代拟话本。"三言"中较多地涉及市民阶层的经济活动，表现了小生产者之间的友谊；也有一些宣扬封建伦理纲常、神仙道化的作品；其中表现恋爱婚姻的占很大比例，《杜十娘怒沉百宝箱》是其中很优秀的一篇，也是明代拟话本的代表作。明代拟话本较多地反映了市民阶层的感情意识和道德观念，具有市民文学色彩，表现了资本主义萌芽时期的社会风貌，具有鲜明的时代特色。

钱谦益（1582—1664），字受之，号牧斋，晚号蒙叟，东涧遗老，学者称虞山先生，苏州常熟人。明末清初，江南常熟一带文风鼎盛，那里的学者们在目录、版本、古文、诗歌等方面都取得了很高的成就。钱谦益在明末清初文冠江南，是清初诗坛盟主，学识渊博，考据功底深厚。他早年是东林党领袖之一，黄宗羲是其好友，郑成功是其学生，金圣叹是其外甥。

就钱谦益的一生来说，"其早期既处身晚明动荡之政局，历东林党争、参预弘光朝事，乃至南京迎降、北上服官而南归，终则投身于复明之秘密活动，赍志以殁。"①从文化遗民意义上考察，钱谦益是思想性格最

---

① 谢正光：《清初诗文与士人交游考》，南京：南京大学出版社2001年版，第60页。

矛盾、最复杂的一位。陈寅恪的《柳如是别传》,以钱谦益夫人柳如是为书名,表面上是柳如是的传记,实际上是用很大篇幅论述钱谦益在降清之后的人生经历,以极其详尽的史料和以诗证史的方法,考证钱谦益晚年与柳如是相配合,鼎力支援郑成功等一批仁人志士的反清复明活动,为我们评价钱谦益提供了新视角。

钱谦益出生于学问世家,祖父和父亲都是研究《春秋》经学的大家。深厚的家学渊源,造就了钱谦益的才学根底。他自幼受到良好的传统教育,年少时即以文名为海内瞩目。15 岁时,他随父亲去拜见已革职居家、正主持东林书院的顾宪成,后因父辈影响而与顾宪成情谊笃厚,使他未入仕则已身系东林。他 25 岁中举人,万历三十八年(1610)29 岁北上会试,以廷试第三名探花及第,得授礼部侍郎、翰林院编修,从此踏上仕途。

在入仕前后,钱谦益从东林党的同调、骨干,发展成为东林党党魁之一。“党社清流之魁首”①的身份,影响着他一生的政治派别与学术思想。他以天下为己任,具有经世致用的政治思想,认为忠臣义士、俊民才子乃是天地间之“元气”,是国家赖以立国的一种道德力量。很早就中进士的钱谦益,仕途并不平坦。甫中进士不久,其父钱士兴去世,他只得按惯例离职服丧。因与东林党人的密切关系,在阉宦把持朝政时,他长期得不到补官,赋闲家居,悠游山林,修道习佛。后遭温体仁、周延儒等人排挤,又多次被革职。

万历四十七年(1619),29 岁就“高中鼎甲的东林钜子的钱谦益已经度过了他家居的第九个年头。在这一年,他对宋元之际的历史产生深厚兴趣,重新辑录一部散佚了的著作《桑海遗录》。它载录的是亡宋遗臣文天祥、陆秀夫的旧事。钱谦益阅读时深受感动:‘篝灯疾读,若闻叹噎,须髯奋张,发毛尽竖,手自缮写,不敢以属侍史。渍泪彻纸,不数行辄掩卷罢去也。’王朝的暮气在士人心中引起了莫可名状的悲凉,而他们在反观自身时,往往会产生无处着力的失落,这时的情感寄托就很容易投向前朝遗民。因而,钱谦益决定搜罗遗逸旧事,续成一部更为完

---

① 陈寅恪:《柳如是别传》下册,北京:生活·读书·新知三联书店 2001 年重印本,第 1169 页。

备的'遗录'"①。

崇祯戊寅间,柳如是年 20 余,"昌言于人曰:'吾非才学如钱学士牧斋者不嫁。'牧斋闻之,大喜过望,曰:'今天下有怜才如此女子者乎?吾非能诗如柳如是者不娶。'"②崇祯十四年(1641),59 岁的钱谦益迎娶 23 岁的"吴中名妓"柳如是,以旷世才子配绝代才女,然在当时竟致非议四起。婚后,钱谦益在虞山为她盖华丽的绛云楼,金屋藏娇。两人同居绛云楼,在一起读书论诗,相处甚欢。

明亡后,崇祯十七年(1644)四月,南明福王朱由崧由马士英、阮大铖等拥立称帝于南京,纪年弘光。钱谦益任南明朝礼部尚书。南明弘光元年(1645)五月,清兵进逼南京。兵临南京城下后,"扬州十日"惨剧的制造者、清豫亲王多铎发布檄文称:"昨大兵至维扬,城内官员军民婴城固守。予痛惜民命,不忍加兵,先将祸福谆谆晓谕,迟延数日,官员终于抗命。然后攻城屠戮,妻子为俘。是岂予之本怀,盖不得已而行之。嗣后大兵到处,官员军民抗拒不降,维扬可鉴!"这一檄文是在赤裸裸地威胁南京军民,如果不投降的话,清军就要像在扬州一样搞大屠杀。

五月初九日,豫王多铎"开闸放舟"渡江。"时清兵已渡江,而南京犹不敢言,虽窃窃语乱,各官犹未知确信。"③至十一日黎明,"钱谦益肩舆过马士英家,门庭纷然。良久,士英出,小帽快鞋,上马衣,向钱一拱手云:'诧异,诧异!我有老母,不得随君殉国去矣。'即上马去。后随妇女多人,皆上马妆束,家丁百余人。出城至孝陵,诡装其母为太后,召守陵黔兵自卫。黔兵亦半逃。平旦,百姓见宫门不守,宫女乱奔,始知君、相俱逊去,惊惶无措,遂乱拥入内宫抢掠,御用物件遗落满街。一时文武逃遁隐窜,各不相顾。洗去门上封示,男女众涌出城。有出而复返。少顷,忻城伯赵之龙出示安民,有'此土已致大清国大帅'之语,闭各城门以待清兵。"④

在多铎师至南京之前,"故明福王朱由崧及大学士马士英遁走太

① 李瑄:《明遗民群体心态与文学思想研究》,成都:巴蜀书社 2009 年版,第 44 页。
② (清)沈虬:《河东君记》,《牧斋杂著》(下册),上海:上海古籍出版社 2007 年版,第 966 页。
③ (清)计六奇:《明季南略》,北京:中华书局 1984 年版,第 213 页。
④ (清)计六奇:《明季南略》,北京:中华书局 1984 年版,第 214 页。

平。忻城伯赵之龙,大学士王铎,礼部尚书钱谦益等三十一人以城迎降。"①当清兵大举逼近南京时,柳如是曾劝钱谦益一同跳水自尽,以死全节,表示对明故国的忠贞之心,曰:"'是宜取义全大节,以副盛名。'牧斋有难色。"②他沉思无语,最后下水试了几步,竟以"水太冷,不能下"为由加以拒绝,柳如是则"奋身欲沉池中",硬被钱谦益拉住了。钱谦益既不肯投水殉国,又觍颜迎降,而且连发也剃了。据史惇《恸余杂记》记载:"豫王下江南,下令剃头,众皆汹汹。钱牧斋忽曰:'头皮痒甚。'遽起。人犹谓其篦头也。须臾,刚髡辫而入矣。"钱谦益《西湖杂感》其十六云:"建业余杭古帝丘,六朝南渡尽风流。白公妓可如安石,苏小坟应并莫愁。戎马南来皆故国,江山北望总神州。行都宫阙荒烟里,禾黍丛残似石头。(诸本此句下有自注云:'有人问建业。云吴宫晋殿亦是宋行都矣。感此而赋。')"陈寅恪在《柳如是别传》中指出:"此首自伤其弘光元年五月迎降清兵之事。夫南宋都临安,犹可保存半壁江山,岂意明福王竟不能作宋高宗耶?'吴宫晋殿'乃指明南都宫阙而言,不过诡称前代之名为隐语耳。"③在这里,陈寅恪考证出钱谦益对明朝的惋惜之情,挖掘其晚年复杂的感情心态。"牧斋之降清,乃其一生污点。但亦由其素性怯懦,迫于事势所使然。若谓其必须始终心悦诚服,则甚不近情理。"④这一评述还是较为客观、公允的。

陈寅恪说:"牧斋为一世文雄,自有定评"⑤。南明弘光政权亡后,清朝统治者看中钱谦益在文坛的名望,于顺治二年(1645)秋任命其为礼部右侍郎,出任《明史》副总裁。钱谦益要"随例北迁"⑥,柳如是不愿随夫君北上,留居南京。"据有学集拾红豆诗二集《后秋兴八首。八月初十日小舟夜渡,惜别而作》。其五云:'水击风抟山外山。前期语尽一杯间。'……当时牧斋迫于不得已而往北京,但河东君独留南中,仅逾一岁,即顺治三年秋,牧斋遂返故里。可知钱柳临别时必有预约。两人以

① 陈寅恪:《柳如是别传》下册,北京:生活·读书·新知三联书店 2001 年重印本,第 861 页。
② 陈寅恪:《柳如是别传》下册,北京:生活·读书·新知三联书店 2001 年重印本,第 882 页。
③ 陈寅恪:《柳如是别传》下册,北京:生活·读书·新知三联书店 2001 年重印本,第 1046 页。
④ 陈寅恪:《柳如是别传》下册,北京:生活·读书·新知三联书店 2001 年重印本,第 1045 页。
⑤ 陈寅恪:《柳如是别传》下册,北京:生活·读书·新知三联书店 2001 年重印本,第 1183 页。
⑥ 陈寅恪:《柳如是别传》下册,北京:生活·读书·新知三联书店 2001 年重印本,第 881 页。

后复明之志愿,即决定于离筵之际矣。"①清初政治环境险恶,朝廷对前朝大臣并不放心,时常加以监控。另一方面,钱谦益由于受到明朝遗老遗少的非议,他自己也受到良心的谴责,于是在担任新朝官职不到半年后,于顺治三年(1646)六月就告病返乡,携柳如是回到家乡常熟故居。

归乡后,钱谦益先唯以著述、佛事为业。之后的举动,据《柳如是别传》考证,钱谦益反省思过,痛悔降清之举,并积极投身反清活动,如策反总兵马进宝,并与郑成功、瞿式耜遥相联系,如此等等。陈寅恪写于1954年的《题初学集并序》一诗就已指出:"余少时见初学集,深赏其'埋没英雄芳草地,耗磨岁序夕阳天。洞记清夜秋灯裏,共简庄周说剑篇'之句。今重读此诗,感赋一律"。"早岁偷窥禁锢编,白头重读倍凄然。夕阳芳草要离冢,东海南山下滰田。(归玄恭赠牧斋联云:居东海之滨,如南山之寿。)谁使英雄休入彀,(明南都倾覆,牧斋随例北迁,河东君独留金陵。未几牧斋南归。然则河东君之志可以推知也。)转悲遗逸得加年。(投笔集和杜工部秋兴诗云:'苦恨孤臣一死迟。')枯兰衰柳终无负,莫咏柴桑拟古篇。"②

此时,钱谦益一边在诗文中抒发怀念故国的黍离之悲,一边秘密从事抗清复明活动。顺治四年(1647),受淄川谢陛案牵累,钱谦益突然被捕,银铛北上,关入刑部大狱。钱谦益危难时刻,卧病在床的柳如是扶病随行,上书陈情,誓愿代死或从死。他们一路北上,历尽艰辛。对此,钱谦益感慨万千地说:"恸哭临江无孝子,从行赴难有贤妻"。朝廷最终没有找到什么把柄,顺治五年(1648)将钱谦益释放回家。"钱牧斋由降清改为反清,固可能由于自己的愧悔,更可能由于柳如是的开导劝说,此为据事理人情的推论,应不误也。"③回家不久,顺治五年(1648)四月,钱谦益又因黄毓祺起义反清案被株连,羁囚南京狱。后因证据不足,又经柳如是奔走营救,多方斡旋,钱谦益得以免祸。出狱后,被管制在苏

---

① 陈寅恪:《柳如是别传》下册,北京:生活·读书·新知三联书店2001年重印本,第1034—1035页。
② 陈寅恪:《题初学集并序》,陈美延、陈流求编:《陈寅恪诗集》,北京:清华大学出版社1993年版,第91页。
③ 王永兴:《学习〈柳如是别传〉的一点体会——柳如是的民族气节》,《〈柳如是别传〉与国学研究——纪念陈寅恪教授学术讨论会论文集》,杭州:浙江人民出版社1995年版,第30页。

州,寄寓拙政园。"黄毓祺案牧斋虽得苟免,然复明之志仍不因此而挫折。今就牧斋作品中所能窥见者,即游说马进宝反清一事。"①

顺治六年(1649)己丑之秋,钱谦益从苏州返回常熟,移居红豆山庄。他表面上息影居家,筑绛云楼以藏书检校著述为掩护,暗中与西南和东南海上反清复明势力联络。他致书南明桂王政权当时留守桂林的弟子瞿式耜,"以隐语作楸枰三局,寄广西留守太保瞿公"②,痛陈天下形势,列举当务之急著、要著、全著。信中曰:"难得而易失者时也。计定而集事者局也。人之当局,如弈棋然。楸枰小技,可以喻大。在今日有全着,有要着,有急着。善弈者,视势之所急而善救之。今之急着,即要着也。今之要着,即全着也"③,并报告江南清军将领动态及可能争取反正的马进宝部队等动态。瞿式耜得书后,以《早成中兴伟业事》上奏桂王说:"盖谦益身在(虏)中,未尝须臾不念本朝,而规画形势,了如指掌,绰有成算","忠躯义感溢于楮墨之间。"④

顺治七年(1650)起,钱谦益不顾年迈体弱,多次亲赴金华策反总兵马进宝反清。顺治九年(1652),李定国攻克桂林后,以蜡书命钱谦益及前兵部主事严拭,联络东南地区抗清队伍。钱谦益便"日夜结党,运筹部勒"。"牧斋此时相与往来之人,其酬赠诗章见于《有学集》者,大抵为年少尚未有盛名,而志在复明之人。"⑤

顺治十一年(1654),郑成功、张名振北伐,钱谦益与柳如是积极响应,"尽囊以资之"。起事失败后,钱谦益并未灰心,仍先后与反清复明志士魏耕、归庄、鹤足道人等秘密策划,以接应郑成功再度从海上北伐,希望他率师来攻取南都。"清初的抗清斗争,一为西南腹地粤区,一为东南滨海边隅。钱谦益的两个弟子,瞿式耜在粤西,郑成功在海上,都与他经常秘密联系,是当时抗清的两支主要力量。"⑥因此,钱谦益晚年参与反清复明活动绝非偶然。

① 陈寅恪:《柳如是别传》下册,北京:生活・读书・新知三联书店2001年重印本,第1035页。
② 陈寅恪:《柳如是别传》下册,北京:生活・读书・新知三联书店2001年重印本,第1036页。
③ 陈寅恪:《柳如是别传》下册,北京:生活・读书・新知三联书店2001年重印本,第1035—1036页。
④ 陈寅恪:《柳如是别传》下册,北京:生活・读书・新知三联书店2001年重印本,第1035页。
⑤ 陈寅恪:《柳如是别传》下册,北京:生活・读书・新知三联书店2001年重印本,第1057页。
⑥ 裴世俊:《四海宗盟五十年——钱谦益传》,上海:东方出版社2001年版,第174页。

顺治十一年(1654),钱谦益在长江口白茆港卜筑芙蓉庄,因庄内有红豆树,又名红豆庄。顺治十二年(1655)冬至次年三月,钱谦益以就医秦淮为名留滞金陵,从其《就医秦淮,寓丁家水阁绝句三十首》来看,"可以知牧斋此次留滞金陵,与有志复明诸人相往还,当为接应郑延平攻取南都之预备。"①顺治十三年(1656),"移居白茆之芙蓉庄,即碧梧红豆庄也。在常熟小东门外三十里。先生外家顾氏别业也。""长江为通南都之大道"②,而"白茆为长江口岸之巨镇,先生与同邑邓起西,昆山陈蔚村归玄恭及松江嘉定等诸遗民往还,探刺海上消息,故隐迹于此。一以避人耳目,一以与东人往还较便利也。"③钱谦益隐居在红豆山庄,既方便联络各地遗民,也便于与海上水师联系。在随后的时间里,钱谦益一直从事反清复明的地下活动,柳如是都辅佐在旁。正如陈寅恪在《柳如是别传》中所感叹:"呜呼! 建州入关,明之忠臣烈士,杀身殉国者多矣。甚至北里名媛,南曲才娃,亦有心悬海外之云,(指延平王)目断月中之树,(指永历帝)预闻复楚亡秦之事者。"④

顺治十六年(1659),郑成功、张煌言率水陆大军再度北伐,连克数镇。当舰队抵达镇江,准备进攻南京之时,前期形势大好。进军途中,郑成功赋诗《出师讨满夷,自瓜洲至金陵》曰:"缟素临江誓灭胡,雄师十万气吞吴。试看天堑投鞭渡,不信中原不姓朱。"郑成功此次行动起倾国之师进入长江,有气吞山河之势。至金陵外围后,又赋诗《晨起登山踏看远近形势》曰:"旭日东升万壑明,高林秋爽气纵横。千峰无语闲云起,瀑布湍飞系我情。"郑成功"欲成'奇兵浮海,直指金陵'之举,则皆南明兴亡关键之所在,殊可注意也"⑤。对于郑氏此次壮举,钱谦益欣喜若狂,慨然赋诗《金陵秋兴八首次草堂韵己亥七月初一作》等,歌颂郑成功抗清之师,抒发"长干女唱平辽曲,万户秋声息捣砧"⑥的豪情,以至诗中表达出随郑成功入海抗清的心愿。此时的钱谦益,已是年近八旬的白

---

① 陈寅恪:《柳如是别传》下册,北京:生活·读书·新知三联书店 2001 年重印本,第 1127 页。
② 陈寅恪:《柳如是别传》下册,北京:生活·读书·新知三联书店 2001 年重印本,第 1160 页。
③ 陈寅恪:《柳如是别传》下册,北京:生活·读书·新知三联书店 2001 年重印本,第 1071—1072 页。
④ 陈寅恪:《柳如是别传》下册,北京:生活·读书·新知三联书店 2001 年重印本,第 1143 页。
⑤ 陈寅恪:《柳如是别传》下册,北京:生活·读书·新知三联书店 2001 年重印本,第 964 页。
⑥ (清)钱谦益:《牧斋杂著》(上册),上海:上海古籍出版社 2007 年版,第 1 页。

发苍苍老人了。

然而,郑成功、张煌言发动攻取南都的长江之役,在占领瓜洲、镇江之后,行动比较缓慢,没有立即派主力登陆,直趋南京,而是固执于水路进发,结果上海、杭州等地的清廷援军抢先进入南京;郑成功到了南京城下,先送招降书,顿兵坚城之下不攻不战,延误了战机,结果清廷其他地方的援军也陆续赶到南京,最终南京战役失败,郑成功退出长江。郑成功功败垂成,钱谦益心灰意冷,写下悲凉伤心的《后秋兴八首之二八月初二日闻警而作》组诗,其五云:"荷锄父老双含泪,愁见横江虎旅班"①;痛感"败局真成万古悲"②。

当包括郑成功在内的反清志士种种努力都未能成功,反清复明彻底无望后,钱谦益才转而潜心佛法,寻求思想和精神上的解脱,真正结束了他坎坷的政治生涯。钱谦益晚年在柳如是的鼓励和支持下,参与反清复明运动,在诗歌、史学著作中表现出"文化遗民"心态。他曾两度入狱,乃至倾家荡产,晚景凄凉,虽有失节污点,却以从事复明运动补过,也获取了不少遗民的谅解。

康熙三年(1664)夏,钱谦益卧病不起,自知不久人世,而丧葬费用尚无着落,恰好盐台顾某来求文三篇,答应给润笔费一千两白银。此时,钱谦益已无力为文,只好求前来探视的学生黄宗羲代笔。黄宗羲略显推辞之色,重病中的钱谦益无奈之下只好将黄反锁于书房之内,逼迫他连夜写出三篇文章,这才解决了丧葬费用。钱谦益卒后,黄宗羲作《钱宗伯牧斋》哭述心曲:"四海宗盟五十年,心期末后与谁传?凭裀引烛烧残话,嘱笔完文抵债钱。(问疾时事。宗伯临殁,以三文润笔抵葬之费。皆余代草。)红豆俄飘迷月路,美人欲绝指筝弦。(皆身后事。)平生知己谁人是? 能不为公一泫然!"③据顾公燮《消夏闲记》记载:钱谦益临死前还呼喊:"当初不死在乙酉日,这不是太晚了吗?"从这里可以看出,他临终前对自己的降清行为深怀悔恨之意。

---

① (清)钱谦益:《牧斋杂著》(上册),上海:上海古籍出版社 2007 年版,第 6 页。
② (清)钱谦益:《牧斋杂著》(上册),上海:上海古籍出版社 2007 年版,第 66 页。
③ (清)黄宗羲:《南雷诗历》卷二,《钱宗伯牧斋》,《黄宗羲全集》第十一册,杭州:浙江古籍出版社 2005
    年版,第 256 页。

康熙三年(1664),钱谦益 83 岁高龄去世,葬于常熟虞山南麓。其诗作于明者收入《初学集》,入清以后作收入《有学集》;另有《投笔集》系晚年之作,多抒发反对清朝、恢复故国的遗民心愿。钱谦益入清前后所作的《有学集》,曾经风行一时。《集》中行文仍奉明朔,有弘光纪元而无顺治年号,内明外清,显触时忌,因而乾隆时,他的诗文集遭到禁毁。乾隆对历史人物所流露的对清朝的不敬之词尤为敏感,常亲力亲为地在谕旨中指点臣下史官如何品鉴和剔除这些有损天朝圣誉的文字。

钱谦益是一个思想人格都比较复杂的文人。在他的身上,不乏晚明文人的纵诞习气,又时时表现出维护传统道德的严肃面貌;他本以东林"清流"自居,又因热衷于功名而屡陷政治漩涡,留下诒事阉党、降清失节的污名;他的忠君观念并不执着,《陆宣公墓道行》诗中有云"人生忠佞看到头,至竟延龄在何许",又在降清后秘密从事反清复明活动,力图在传统道德观上重建自己的人生价值。这种进退维谷、反复无常的尴尬状态,虽然最终取得南明诸王及明遗民的谅解,但仍被后世清朝皇帝所憎厌。乾隆对他非常厌恶,特地把他编为贰臣传乙等,还对他《初学集》等著作予以禁毁。

尤其在乾隆时期,一道道谕令将钱谦益的声誉打入最低谷,不仅彻底否定其人品,也否定其学问。乾隆三十四年(1769)六月的一道谕令,对钱谦益作了近于人身攻击的诅咒,文曰:"钱谦益本一有才无行之人,在前明时身跻膴仕。及本朝定鼎之初,率先投顺,溷陟列卿,大节有污,实不足齿于人类……今阅其所著《初学集》《有学集》,荒诞悖谬,其中诋毁本朝之处,不一而足。夫钱谦益果终为明朝,守死不变,即以笔墨腾谤,尚在情理之中,而伊既然本朝臣仆,岂得复以从前狂吠之语,列入集中,其意不过欲借此以掩其失节之羞,尤为可鄙可耻! 钱谦益业已身死骨朽,姑免追究,但此等书籍悖理犯义,岂可听其流传,必当早为销毁。"

乾隆帝下谕数年之后,余怒仍然未消,又两次下诏,几乎有把钱谦益打入十八层地狱之势。乾隆四十一年(1776)诏曰:"钱谦益反侧卑鄙,应入《国史贰臣传》,尤宜据事直书,以示传言。"乾隆四十三年(1778)二月又下谕曰:"钱谦益素行不端,及明祚既移,率先归命。乃敢于诗文阴行诋毁,是为进退无据,非复人类。若与洪承畴等同列《贰臣传》,不示差等,又何以昭彰瘅？钱谦益应列入乙编,俾斧钺凛然,合于《春秋》之义焉。"①乾隆把钱谦益列入《贰臣传》乙编,认为钱对明朝、对清朝都是叛徒,这正好从反面证明了钱谦益"文化遗民"的真实面目。

其实,处于明清之际的一些文士,具有彷徨、苦涩、矛盾心态的人并不在少数,钱谦益仅是其中的一个代表。然而,他在文坛学界的宗主地位,并未因此而动摇。《清史稿·文苑传》对他赞誉有加:"博学工词章","为文博赡,谙悉朝典,诗尤擅其胜,明季王李号称复古,文体日下,谦益起而力振之。"钱谦益八十华诞时,归庄送寿联云:"居东海之滨,如南山之寿。"即使是像顾炎武这样至死不仕清廷,不愿列名于钱"门生"之人,仍肯定其"文章宗主"地位。

作为政坛文坛上的风云人物钱谦益,因其复杂多变的性格及其在明清政权更替中的失节表现,被世人及后人争论不止。其实,钱谦益后来在诗中一再表示出的负疚悔恨之意,如《后秋兴之十二》其四所云的"忍看末运三辰促,苦恨孤臣一死迟"②,已经得到他同时代的一些文化遗民们的理解和同情。例如,陈子龙《上少宗伯牧斋先生》曰:"阁下雄才峻望,薄海具瞻,叹深微管,舍我其谁?"黄道周曰:"虞山尚在,国史犹未死也。"阎尔梅《钱牧斋招饮池亭谈及国变事恸哭,作此志之,时同严武伯熊》一诗曰:"绛云楼外凿山池,剪烛春宵念昔时。鼎甲高题神庙榜,先朝列刻党人碑。邵侯无奈称瓜叟,沈令何言答妓师。大节当年轻错过,闲中提起不胜悲。"③归庄《祭钱牧斋先生文》曰:"古之所谓不朽,立德、立言与立功。……先生之文,光华如日月,汗浩如江海,巍峨如华嵩。……先生通籍五十余年,而立朝无几时,信蛾眉之见嫉,亦时会之不逢。抱济世之略,而纤毫不得展;怀无涯之志,而不能一日快其心胸。"④

清朝皇帝煞费苦心,始终没有把钱谦益和清初遗民们的文集销毁

---

① 王钟翰点校:《清史列传》卷79,《贰臣传乙编·钱谦益》,北京:中华书局1987年版。

② (清)钱谦益:《牧斋杂著》(上册),上海:上海古籍出版社2007年版,第66页。

③ 裴世俊:《四海宗盟五十年——钱谦益传》,上海:东方出版社2001年版,第203页。

④ (清)归庄:《祭钱牧斋先生文》,《归庄集》下册卷八,上海:上海古籍出版社1984年版,第470—471页。

第四章　明清之际江南文化遗民群体构成

殆尽。随着晚清"残明遗献的复活",钱谦益《初学集》《有学集》《投笔集》再度问世,引起当时反清革命家的高度重视。《国粹丛书》向读者介绍《投笔集》。章太炎《訄书·别录甲》曰:"郑成功尝从受学,既而举舟师入南京,皖南诸府皆反正。谦益则和杜甫《秋兴》诗为凯歌,且言新天子中兴,己当席蒿待罪。当是时,谓留都光复在俾倪间,方偃卧待归命,而成功败。后二年,吴三桂弑末帝于云南,谦益复和《秋兴》诗以告哀。凡前后所和百章,编次为《投笔集》,其悲中夏之沉沦、与犬羊之俶扰,未尝不有余哀也。"章太炎的这一评价,准确把握住了钱谦益晚年的思想脉络。

近代学者金鹤冲著《钱牧斋先生年谱》,"予观范蠡之入宦于吴,李陵之欲得报汉,古今豪杰,志事昭然。先生入清廷,五阅月而后引退者,所以观衅也。子侄应试,与郎廷佐、土国宝、梁化凤周旋者,将以行其志也。乙酉以后,摇笔伸纸,多抑塞愤张之语,不知者谓其自掩投降之迹,貌为忠愤之词,然则先生乃死国之臣,必经纪其家,输饷义师,破产结客,举出于伪乎?丁亥下狱,濒死陷危,廑而获免,而仍奔走湖海,奋髯扬袂,筹画策略,笼络将帅,不惜以身家性命为孤注者,亦可以伪为之乎?呜呼!先生之泣血椎心,太息痛恨于天之亡我者,且不为死生祸福动摇其心,彼专制帝王之诏令,成败论人之故习,岂足与语先生哉!"①

近现代文人学者对钱谦益也多有积极评价。徐世昌《晚清簃诗汇·诗话》曰:"牧斋才大学博,主持东南坛坫,为明清两代诗派一大关键。"柳亚子曰:"及去秋武昌发难,沪上亦义军特起。余为寓公斯土,方闭户吟虞山《秋兴》诸诗,以当铙吹。"武昌起义之际,对南明史颇有研究的柳亚子,闭户吟诵钱谦益步韵杜甫《秋兴》八首,耳边仿佛响起向清王朝胜利进军的号角。陈寅恪《柳如是别传》中《咏红豆》一诗曰:"东山葱岭意悠悠,谁访甘陵第一流。送客筵前花中酒,迎春湖上柳同舟。纵回杨爱千金笑,终剩归庄万古愁。灰劫昆明红豆在,相思廿载待今酬。"②顾诚《南明史》曰:"降清的官员也不能一概而论……钱谦益就是一个相

---

① 金鹤冲:《钱牧斋先生年谱跋》,钱谦益《牧斋杂著》(下册),上海:上海古籍出版社 2007 年版,第 958 页。
② 陈寅恪:《柳如是别传》(中),北京:生活·读书·新知三联书店 2001 年版,第 1 页。

当特殊的例子。""幕后联络东南和西南复明势力高层人物的正是钱谦益。"钱仲联《梦苕庵诗话》曰："有清一代诗人,工七律者无过牧斋……然则牧斋志节,历久不渝,委曲求全,固不计一时之毁誉也。"钱谦益在诗学上开启唐宋兼宗之门,打破七子狭隘的取法范围,在江浙间带动了一批诗人,影响深远。

钱谦益虽有降清失节的污名,晚年却在爱妻柳如是的影响和支持下,终于走上反清复明的道路。在钱谦益年老病逝后,柳如是"不堪恶人欺凌,也选择投缳自尽,遗嘱有'以索悬棺而葬'之句,以示不肯沾着清朝土地。"①这种名士气节,令人感叹。

吴伟业(1609—1672),字骏公,号梅村,别署鹿樵生、大云道人,江苏太仓人。7岁读家塾,14岁能属文。复社创始人张溥见到伟业文章时,感叹地说:"文章正印在此子矣!"于是,收留吴伟业在门下受业,传授通今博古之学。在张溥的影响下,吴伟业不仅学到了广博的知识,为他的文学创作打下扎实的基础,而且使他后来也成为复社魁首之一。

吴伟业于崇祯元年(1628)考中秀才,崇祯三年(1630)中举人,崇祯四年(1631)23岁参加会试,以第一名获隽;紧接着廷试,又以一甲第二名连捷。当时有人怀疑这里面有舞弊之嫌,主考官不得不将其会元原卷呈请御览,结果崇祯皇帝在卷子上批了"正大博雅,足式诡靡"八个字,物议平息。这使吴伟业声名鹊起,并因此对崇祯皇帝怀有一种刻骨铭心的知遇之感。晚明时期,东林、复社与阉党争斗不断,吴伟业在仕途上颇不顺利。弘光朝时,他被福王授少詹事,两个月后知事不可为,又"与大学士马士英、尚书阮大铖不合,请假归"②。

接着,"清兵南下之后,吴伟业长期隐居不仕,以复社名宿主持东南文社活动,声望更著。吴伟业的儿女亲家陈之遴是由明入清的大臣,当时正置身于新朝的党争之中,试图借吴伟业的声望和文采以结主上,同时希望吴伟业也能入阁为相,以扩大自己的势力,因此极力荐举吴伟业仕清为官。……吴伟业慑于清廷淫威,碍于老母敦促,于顺治十年

---

① 南京老克:《暮光寻旧梦》,南京:江苏人民出版社2018年版,第96页。
② 马导源:《吴梅村年谱》,《民国丛书》第四编第85册,上海:上海书店据商务印书馆1935年版影印本,第2页。

（1653）九月被迫应诏北上。……吴伟业内心对自己的屈节仕清极为歉疚，痛悔无绪，常借诗词以写哀。顺治十三年（1656）底，以丁忧南还，从此不复出仕。"①

此后，十余年间，东南时兴大狱，吴伟业每每惊恐不安，生怕罹难。康熙十年（1671）夏季，江南酷热，吴伟业在《致冒辟疆书》中自称："旧疾大作，痰声如锯，胸动若杵"，预感自己不久于人世，便留下遗言："吾一生遭际万事忧危，无一刻不历艰险，无一境不尝艰辛，实为天下大苦人。吾死后，敛以僧蓑，葬吾于邓尉灵岩相近，墓前立一圆石，曰：诗人吴伟业之墓"。这一年的十二月二十四日，一代诗人吴伟业病逝，葬于苏州元墓山之北。

从吴伟业的晚节来看，他入清后坚持隐居十年，本想以遗民终老此生，无奈清廷极力征召他为官，后来又由于陈名夏、马国柱、孙承泽、冯铨、陈之遴等人的反复荐举而被动出仕。其中，陈名夏时任吏部左侍郎兼翰林侍读学士，马国柱时任两江总督，孙承泽时任都察院左都御史，冯铨时任内翰林弘文院大学士兼礼部尚书，陈之遴时任户部尚书、内翰林弘文院大学士。"吴伟业仕清时间前后不到三年，却给他带来了巨大的精神痛苦。他本为一位海内景仰的守节遗民，侯方域称其为'十年以还，海内典刑沦没殆尽，万代瞻仰，仅有学士'，出仕后却受人讥讽，自身也陷入名节污损的羞辱感中，以至临终追思平生，居然以'竟不值一钱，何须说'绝笔。"②

从吴伟业仕清前后的心态来看，他的出仕并非本愿。在清议的舆论压力下，也出于对自己节操的珍惜，吴伟业曾力图辞荐自保。他曾有《上马制府书》《辞荐揭》，两次向举荐自己的两省总督马国柱恳辞，又写《投赠督抚马公》诗，表达自己安于田园的心愿。诗中有云："青山旧业安常税，白发衰亲畏远游。惭愧荐贤萧相国，邵平只合守瓜丘"，从此诗看，他此时固穷守节的决心，在其心中的分量仍然很重。在清廷方面，为促使吴伟业出仕，软硬兼施，除冠冕堂皇的举荐之外，也有凶恶霸道

---

① 朱则杰：《清诗史》，南京：江苏古籍出版社 1992 年版，第 60—61 页。
② 李瑄：《明遗民群体心态与文学思想研究》，成都：巴蜀书社 2009 年版，第 381 页。

的逼迫。他后来在回忆当时情形时说："改革后,吾闭门不通人物,然虚名在人,每东南有一狱,长虑收者在门,及诗祸、史祸,惴惴莫保。十年,危疑稍定,谓可养亲终身,不意荐剡牵连,逼迫万状,老亲惧祸,流涕催装。"①

吴伟业是一位多才多艺的作家,学识渊博。他不但工诗能文,而且熟悉音律,擅长度曲填词、杂剧传奇、绘画等,以诗歌创作成就最大,其诗取经唐人,各体皆工,而以七言歌行最能自成一体,时称"娄东派",世称"梅村体",与钱谦益、龚鼎孳并称"江左三大家"。著有《梅村家藏稿》五十八卷,《梅村诗余》,传奇《秣陵春》,杂剧《通天台》《临春阁》,史乘《绥寇纪略》《春秋地理志》等。现存诗歌近千首,其中五古、七古近160首。这160首古诗中长篇巨制约占半数,可称得上长篇叙事诗的就有20余篇。吴伟业大量长篇叙事诗的创作,开创了清代长篇叙事诗空前繁荣的局面,从而也奠定了他在中国古典叙事诗发展史中的特殊地位。同时,他还精工词曲书画,堪称博学多才,著述宏丰。他的作品反映的社会生活面相当广阔,因而有"诗史"之称。代表吴伟业诗歌突出成就的当推《圆圆曲》,这标志着中国古代叙事诗所达到的新高度。

吴伟业以其长篇叙事诗,奠定了他在明清之际诗坛上的重要地位。《四库全书总目》评论吴伟业诗说："其少作大抵才华艳发,吐纳风流,有藻思绮合、清丽芊绵之致。及乎遭逢丧乱,阅历兴亡,激楚苍凉,风骨弥为遒上。"陈廷焯在《白雨斋词话》中评论说："吴梅村词,虽非专长,然其高处,有令人不可捉摸者,此亦身世之感使然。"又说："梅村高者,有与老坡神似处。"邓汉仪在《天下名家诗观》中认为:梅村诗"其叙战事始末,则系一代兴亡实迹,非雕虫家所可拟也。"康熙帝亲制御诗《题〈吴伟业集〉》:"梅村一卷足风流,往复搜寻未肯休。秋水精神香雪句,西昆幽思杜陵愁。裁成蜀锦应惭丽,细比春蚕好更抽。寒夜短檠相对处,几多诗兴为君收",对吴伟业诗歌皆给予高度评价。

面对改朝换代激烈的政治动荡时,吴伟业困惑、犹豫、畏缩,患得患失直至失足失节。不到三年的仕清,给吴伟业的后半生带来无穷的痛

145

---

① （清）吴伟业:《与子暻疏》,《吴梅村全集》卷五七,上海:上海古籍出版社1990年版。

苦。他悔恨自己的节操就这样毁于一旦,又以此后数十年的生命作了真诚的自省与忏悔。吴伟业不是一个完人。但是,我们不能因为吴伟业的仕清,就低估他在中国文学史、文化史上的作用和地位。作为一个诗人,吴伟业的成就足垂千古;在明清易代之际的文化传承中,他发挥了重要的作用。

以吴伟业与卞玉京的关系为例。明崇祯十六年(1643),一次偶然的机会,吴伟业在南京秦淮河畔与卞玉京相见。当时,他已是名满天下的诗人,而卞玉京是著名的"秦淮八艳"之一,诗词书画都很好。吴伟业曾赞美她"双眸泓然,日与佳墨良纸相映彻"。两人一见,相互倾情,卞玉京更是手抚几案,脉脉相问"亦有意乎"。吴伟业的选择颇为暧昧,他回避了婚娶。时局恶化之快,出人意料。他们分别的第二年,李自成占领明王朝首都北京,崇祯在煤山自缢。一个多月后,被吴伟业定义为"冲冠一怒为红颜"的吴三桂引清军入关,横扫中原。在此后的多年里,吴伟业与卞玉京失去联系。一个偶然的机会,吴伟业通过老朋友钱谦益打听到卞玉京的下落,并终于等到那令人心跳不已的辘辘声,结果却是卞玉京着道袍与他相见。这段恋情影响了吴伟业一生,直至临死前他对此还念念不忘。吴伟业的《圆圆曲》写的是陈圆圆,但其中似乎能见到卞玉京的影子。

六、遗民诗人:邢昉、顾梦游、纪映钟、余怀、吴嘉纪

在明清之际的文化遗民中,有不少著名的诗人。清人卓尔堪选辑的《明遗民诗》共 16 卷,共收录 500 多家诗人,近 3000 首诗。在这里,以邢昉、顾梦游、纪映钟、余怀、吴嘉纪为例。

邢昉(1590—1653),字孟贞,又字石湖,江苏南京高淳人。"筑室石臼湖滨,家贫取石臼水为醇酒,沽之以给食,湖水清,酒美,高淳酒由此得名。"[1]因家居石臼湖滨,故自号石臼,人称邢石臼。

---

[1] 时志明:《山魂水魄——明末清初节烈诗人山水诗论》,南京:凤凰出版社 2006 年版,第 311 页。

邢昉 9 岁能文,16 岁能诗,19 岁考县学,25 岁为增广生,29 岁诗集《蓬池草》印行,名震江南。以后却屡试不中,43 岁第六次参加乡试,主考官称其文笔太狂,邢昉愤而作《太狂篇》,从此绝意仕途。崇祯十年(1637),应杨文骢之请赴华亭幕府。崇祯十三年(1640),邢昉、方文等人于金陵结社。崇祯十七年(1644)八月,母赵孺人逝,居母丧。清兵入关后,其好友杨文骢在抗清前线牺牲,他赋诗"生前粉绘人争取,死后声名尤冠古。可怜埋骨竟茫茫,四海五洲无寸土。"他的同乡、薛城义士赵士林以书作铠甲,手持长锹与清军搏斗死,他哀曰:"颈血鲜鲜百日中,握拳透爪气如虹。平生陋巷谁知者?死后方同颜鲁公。"邢昉晚年,清朝廷多次召其为京官,他不为所动,终身布衣,甘于贫困潦倒,闭门吟诗著书。这种高风亮节、不媚流俗的风骨得到时人的敬重。

据卓尔堪《明遗民诗》所载:邢昉"性孤介,不慕荣利,不问生产,不屑借交游以博名誉。落落穆穆,多否少可,一语不合,辄拂衣去,耻与尘俗俯仰。"邓之诚《清诗纪事初编》曰:"时钱(谦益)、吴(伟业)声名,奔走一世,片言可以为人轻重,独有不肯随之俯仰者,则(邢)昉与(吴)嘉纪二人。"清代诗人王士祯在他的《渔洋诗话》中论次当时的布衣诗人,独推邢昉为第一人。

据《明遗民录汇编》邢昉小传记载:"邢昉……少好学,能文章,弱冠从海内诸名流游,声誉日隆,为复社领袖。明亡,弃诸生服,伏处湖滨,弹琴赋诗,以终其身。最工五言诗,清真古淡。读其诗者,谓无一畅快语,如读孟郊《东野集》,令人不欢,盖自写其所遇也。施愚山与相友善,殁后,为辑其遗诗以传。王渔洋尝以不得友其人为恨,特属人访其后人,则老妻稚孙,茕茕孤寡,饘粥恒苦不给,脱赠三百金,为置腴田百亩,俾免饥寒。而其家竟不知谁为之者。嗟夫,羊舌下泣之仁,郈成分宅之谊,岂所望于素未识面之人?而古道亦可风矣。"①

邢昉"处身故国沦陷、山河失色的易代之际,他没有明显的参与抗清活动的记录,但他通过诗文所表现的对时事的关心、对民生的哀叹、

① 谢正光、范金民:《明遗民录汇编》上册,南京:南京大学出版社 1995 年版,第 363 页。

对死难的英烈的钦佩,足以反映作为遗民诗人的气节与心志"①。例如,他的《广陵行》记叙清兵南下,"扬州十日"的惨状:"客言渡江来,昨出广陵城。广陵城西行十里,犹听城中人哭声。去年北兵始南下,黄河以南无斗者。泗上诸侯卷旌旄,满洲将军跨大马。马头滚滚向扬州,史相堂堂坐敌楼。外援四绝誓死守,十日城破非人谋。扬州白日闻鬼啸,前年半死翻山鹞。此番流血又成川,杀戮不分老与少。城中流血迸城外,十家不得一家在。到此萧条人转稀,家家骨肉都狼狈。乱骨分纷弃草根,黄云白日昼俱昏。"

邢昉诗最工五言,著有《宛游草》《石臼集》。《石臼集》是在其去世后才刊刻行世的,大约在顺治年间。钱谦益、施闰章、顾梦游等人为这部诗集分别撰写序文。乾隆初年,再一次刊行的时候,沈德潜又为其撰写序文。《石臼集》前集九卷所编的诗歌是邢昉作于明朝时期之诗,共作 1433 首;后集七卷编的是他作于清朝时期的诗歌,共收诗作 898 首。

顾梦游(1599—1660),字与治,江宁(今江苏南京)人。明崇祯十五年(1642)岁贡生,喜交结四方名士贤豪,入清不仕。隐于民间,以逸民身份终于清顺治十七年。有被列入四库禁毁书的《顾与治诗》八卷行世。

顾梦游"交游广泛而急人之难,以尚义为高,凡遗民诗人多与之往来,诸如邢昉、顾祖心、万寿祺、杜濬等。据邓之诚《清诗纪事初编》载:'平生树名好义,有东汉人风,千里赴宋珏之丧;割宅居费笔山,没为营葬;周旋姜子羹、释函可之难;尝为苏武子、于司直、费笔山刻遗集,皆末世不能为也。'"②

时志明在《山魂水魄——明末清初节烈诗人山水诗论》中曾指出:"顾梦游为人豪侠仗义,有古仁人君子之风,其生当鼎革之际,时常感怀往事,留恋故国,故而形成凄切悲怆、绮丽哀艳的诗风,'何人对此最深情,风前独下钟山泪。游子皆言风景殊,居人倍感河山异。余生曾作太平民,及见神宗全盛治。……繁华既往莫重陈,幕燕摇摇定犹未。但愿

游人去复来,再见太平全盛事'(《秦淮感旧》)。满目河山,风景殊异,诗人在天坼地裂的巨变中,深沉怀念的是作'太平民'时'全盛治'的繁华景象。"①

顾梦游在《乙酉除夕》一诗中写道:"青萤灯火不成欢,薄醉微吟强自宽。何意有家还卒岁? 久知无地可垂竿。壮心真共残更尽,泪眼重将旧历看。同学少年休问讯,野人今已掷儒冠。"在《腊八日水草庵即事》一诗中写道:"清水塘边血作磷,正阳门外马生尘。只应水月无新恨,且喜云山来故人。晴腊无如今日好,闲游同是再生身。自伤白发空流浪,一瓣香消泪满巾。"诗中一再流露出诗人生当乱世,壮志难酬的故国遗民心态。

纪映钟(1609—1681),字伯紫,又作伯子,号戆叟。江南上元(今江苏南京)人,明诸生。入清后隐居不仕,自称钟山遗老。妹纪映淮,清初著名女诗人。其夫抗清被戮,映淮守寡以终,著有《真冷堂词》。"映钟尤以诗称,与同里顾梦游齐名。梦游不出里门,映钟橐笔游四方。"②在晚明时代的南京士林中,纪映钟的地位颇为崇隆,与顾梦游并称南京诗坛的两位职志。

崇祯时,纪映钟曾主金陵复社事。明亡后,弃诸生,躬耕养母。阉党遗孽马士英、阮大铖擅权南京弘光小朝廷,纪映钟发动复社同志进行回击。由陈贞慧、吴应箕、顾杲等起草的《留都防乱公揭》,揭发马士英、阮大铖之流作为魏忠贤阉党余孽,祸乱朝政的卑鄙无耻的丑恶行径。后入天台山为僧,复舍去。

纪映钟入清后数次入京。康熙二年(1663),应龚鼎孳以"总角交"名义之邀,纪映钟赴寓京师,"最终成为龚鼎孳'遗民门客'。纪映钟以南京遗民领袖之身份,入清廷大僚龚鼎孳之幕十余年,参与其政事和文坛事务的处理,并多次参与龚氏救援遗民人士的行动,实系沟通龚氏与遗民士人群体的桥梁。而纪映钟入幕后,亦能持守志节,保持遗民身份,有别于一般的清客之流。"③

① 时志明:《山魂水魄——明末清初节烈诗人山水诗论》,南京:凤凰出版社 2006 年版,第 335 页。
② 邓之诚:《清诗纪事初编》上册,上海:上海古籍出版社 2012 年版,第 19 页。
③ 白一瑾:《"遗民门客"纪映钟与清初京城诗坛》,载《中国韵文学刊》2018 年第 3 期,第 58 页。

龚鼎孳，字孝升，号芝麓，合肥人。“因有江左三家之刻，以与钱谦益、吴伟业并重。”[①]龚氏为清廷“贰臣”，但他是一个好士爱客之人，与纪映钟“共事十年寄腹心”[②]。据《清诗纪事初编》记载：龚鼎孳“官刑部尚书，婉转为傅山、陶汝鼐、阎尔梅开脱，得免于死。艰难之际，善类或多赖其力，又颇振恤孤寒。钱谦益所谓‘长安三布衣，累得合肥几死’，吴伟业谓‘倾囊橐以恤穷交，出气力以援知己’。以是遂忘其不善而著其善，得享重名，亦由此矣”[③]。例如，阎尔梅“因参与榆园军反清事，长期被清廷追捕，流浪四方。康熙四年因乡人出首，复为清廷所缉，处境危急，阎尔梅不得不携次子秘密入京向老友龚鼎孳求救。龚鼎孳遂慨然应允……其间，纪映钟百般设法，不仅为阎尔梅代作辩章，且利用清廷自首宽免的刑例，假报阎氏年岁，在阎氏获释过程中出了极大的力量”[④]。纪映钟与阎尔梅交游密切。阎氏《赠纪伯紫》诗中，称其为“四十五年一良友”。直至龚鼎孳死后，纪映钟方南归，移家仪真，卒于该地。

纪映钟负一世盛名，“及没乃无人为之表幽。卓尔堪《遗民诗》选其诗，削去姓名，俱不可解。所著《真冷堂集》，世无传本。”[⑤]而“纪映钟以故国遗民的身份，守志贞洁，不与尘俗合污，‘躬耕养母，远害全身’，游历四方的过程中，他不仅目睹的残酷现实形之笔墨，发于歌诗，而且还通过呜咽的陇头之水、怒发相向的崇山峻岭来寄托‘苍远’的心志，抒写‘悽深’的心曲。如《乌龙潭》借‘松涛白日飞，荷叶远天碧。……鸟影摩天空，鱼弄波声涬’的景色描写，抒发‘叹息斯人亡，澄潭空日夕’的故国之痛；再如《雨夜强饮》以旅途中遇雨的苦闷，借‘并州连夜雨，秋水涨汾河。万岭交阴气，孤城俯白波’的苍凉遒劲，反衬‘乡心惊觱篥’的凄切哀伤”[⑥]。著有《戆叟诗钞》四卷。

余怀（1616—1696），字澹心，一字无怀，号广霞，祖籍福建莆田，后随父辈迁居南京，而自称江宁余怀、白下余怀、旧京余怀，晚年退隐吴

---

① 邓之诚：《清诗纪事初编》下册，上海：上海古籍出版社2012年版，第552—553页。
② 白一瑾：《“遗民门客”纪映钟与清初京城诗坛》，载《中国韵文学刊》2018年第3期，第59页。
③ 邓之诚：《清诗纪事初编》下册，上海：上海古籍出版社2012年版，第553页。
④ 白一瑾：《“遗民门客”纪映钟与清初京城诗坛》，载《中国韵文学刊》2018年第3期，第59页。
⑤ 邓之诚：《清诗纪事初编》上册，上海：上海古籍出版社2012年版，第19页。
⑥ 时志明：《山魂水魄——明末清初节烈诗人山水诗论》，南京：凤凰出版社2006年版，第339页。

门。余怀"身为明朝诸生,入清后,坚守气节,不俯仰时流,常怀奋身救国、追念故朝之心,因而他的诗处处流溢着哀感顽艳、愁恨无穷的悲愤气"[1]。

余怀生活的时代,正是明末清初社会大动荡的时期。余怀早年熟读经史,学识渊博,有匡世之志,文名震南都。南京国子监(南雍),规模巨大,参与南都乡试的东南数省学子,常聚学于此。余怀曾游学南雍。时为南京国子监司业的吴伟业,十分欣赏这位才情俊逸的文学少年,写了一阕《满江红·赠南中余澹心》:"绿草郊原,此少俊,风流如画。尽行乐,溪山佳处,舞亭歌榭。石子冈头闻奏伎,瓦官阁外看盘马。问后生,领袖复谁人,如卿者?鸡笼馆,青溪社,西园饮,东堂射。捉松枝麈尾,做些声价。赌墅好寻王武子,论书不减萧思话。听清谈,逼人来,从天下。"

崇祯十三年(1640),余怀由于才名远播,被曾任明南京兵部尚书的范景文邀入幕府,负责接待四方宾客并掌管文书。余怀以布衣入范幕,既表明范景文对其才干的赏识,也表明余怀与范景文同有济世之志。据《社事始末》记载:崇祯十五年(1642),复社在苏州虎丘召开大会。大会由郑元勋、李雯主盟。龚鼎孳、方以智、邓汉仪等复社名流均与会,余怀也参加了此次虎丘大会。

崇祯十七年(1644)三月,李自成率领农民军攻占北京,明朝灭亡。五月,福王朱由崧继位南京,建元弘光。马士英把持朝政,引用阉党阮大铖,排斥忠良,煽构党祸,大肆迫害东林与复社人士。南京成为党争的中心。余怀积极参与反对马、阮的斗争。后来,他回忆说:"余时年少气盛,顾盼自雄,与诸名士厉东汉之气节,挨六朝之才藻,操持清议,矫激抗俗。布衣之权重于卿相。"[2]

清军占领南京后,余怀破产丧家。随之而来的,是清统治者以血腥屠杀为手段强制推行剃发与更换服制的种族文化专制政策。抵抗没有力量,投降无法接受。唯一的出路,就是以道装为掩饰,流亡他乡。从

---

[1] 时志明:《山魂水魄——明末清初节烈诗人山水诗论》,南京:凤凰出版社 2006 年版,第 332—333 页。

[2] (清)余怀:《同人集》卷二。

顺治年间直到康熙初年,他经常奔走于南京、苏州、嘉兴一带,以游览为名,联络志同道合者,进行抗清复明的活动。这时期余怀有大量诗歌宣泄丧家失国的悲痛、表述抗争复国的壮志,以及流露期盼胜利的心情。

顺治十六年(1659),郑成功在南京城下严重受挫,转而经营台湾。顺治十八年(1661),明永历帝被吴三桂擒获,次年被杀。与此同时,清军制造了一系列大案,抗清势力几被摧残殆尽。余怀复明的希望终于破灭。从康熙八年(1669)起,余怀隐居吴门,以卖文为生。同时,精力集中于学术著作方面。他忍受着心灵上的巨大苦痛,坚守明遗民的身份,拒不出仕。他的许多著作都不书清朝年号。这种守身如玉的崇高气节,不忘故国的高尚情怀,十分难能可贵。

在余怀的著作中,以小品文《板桥杂记》流传最广而影响巨大。南京十里秦淮河畔,是明代风月香艳中最醒目的符号;而长板桥一带旧院则是青楼画舫最为盛集之地。"东林遗忠,复社名流,是旧院的贵客,青楼的佳宾。"①余怀"不同意以《杂记》为'狭邪之是述,艳冶之是传'的看法,明确指出:'此即一代之兴衰,千秋之感慨所系。'应该说,恪守民族大义,对民族文化遭受巨大破坏深怀无限悲痛,才是余澹心写作《板桥杂记》的根本原因"②。在《杂记》中,"作者毫不掩饰他的亡国之痛,'黍离'之悲。在追述昔日旧院诸多见闻中,他感情十分强烈,常常不能自已而慨然泣下。其孤怀遗恨,真可谓'中心藏之,何日忘之'。历史地看,如实地看,作者这种对往昔的怀念,是对故国的无限情思,是对过去长期生活的南都文化氛围的深深眷念,当然也是对清朝统治者野蛮疯狂屠杀的抗议,对用残酷暴力手段去摧折数千年汉民族文化习俗的抗议。"③

余怀作于顺治七年(1650)的《三吴游览志》,是作者该年四月初一从南京出发,途经句容、奔牛、无锡,苏州、松江、太仓一带游览,直至六月十九日"移舟陆墓"止所作的游记。"是时,江南一带的反清武装斗争已遭残酷镇压,吴易、陈子龙、夏完淳、黄毓祺等先后殉难,但抗清暗流

① (清)余怀:《板桥杂记(外一种)》,上海:上海古籍出版社 2000 年版,"前言",第 6 页。
② (清)余怀:《板桥杂记(外一种)》,上海:上海古籍出版社 2000 年版,"前言",第 8—9 页。
③ (清)余怀:《板桥杂记(外一种)》,上海:上海古籍出版社 2000 年版,"前言",第 8 页。

仍然波涛汹涌。……值得注意的是,江南一带的士子们,又重新活跃起来,组织各种诗社,进行公开交往。如慎交社、同声社、惊隐社以及莲社、望社等。顺治七年春,吴伟业倡议,合慎交、同声诸社,于嘉兴南湖立十郡大社,集太仓、松江、昆山、苏州、嘉兴一带十郡之名士。与会者连舟数百艘,为入清以来规模之空前。"①吴伟业实际上已成为江南文坛的盟主,海内士子的领袖。余怀此次三吴之游,主要目的就在于推动吴以领袖身份,再次掀起江南地区反清斗争的热潮。尽管这一目的没有达到,但这一游记充分展现了余怀作为明遗民而进行的反清活动,以及当时江南文士的互相交往和社会生活情状。因此,《三吴游览志》既是作者游览三吴地区的记录,又是明末遗民对社会剧变感慨的真实记载。全篇有感即发,诗文错杂。其中,诗80多首,既有五言七律绝,也有古诗,无论是表达抗清复明的壮志,期盼胜利的激情,还是宣泄失国破家之悲痛,倾吐个人内心的愤懑,都呈现出沉郁苍凉、慷慨顿挫之风格。正如有的论者所指出的:"余怀借山水之漫游,写逸士之胸襟;托文士之雅集,吐亡国之忧愤;藉歌女之遭遇,叹前途之多歧;借友人之凋零,申己志之坚贞。"②

作为一位杰出的遗民诗人,"在余怀诸多的山水之作中,值得一说的应是《金陵怀古诗》,这组诗虽标明怀古,但'怀古'往往由睹物引起,眼前景、心中情,景情相激,情景相融,就衍生出'雨花台上草青青,落日犹衔木末亭。一线长江三里寺,千年鹤唳九秋萤'(《雨花台》)的哀怨凄切;'蔓草离离朝送客,骊驹愁唱新亭陌。夜深苦竹啼鹧鸪,空帘独宿头皆白'(《劳劳亭》)的忧伤无奈;'洲前白鹭几时飞,芳草王孙归未归?二水依然台下过,阿谁演念家山破'(《白鹭洲》)的故国之思。'高卧东山四十年,一堂丝竹败符坚。至今墩下潇潇雨,犹唱当时奈何许'(《谢公墩》)以景写情,借古喻今,透过重重历史云烟交织的迷离帷幕,我们感受到的是诗人与新朝顽强抗争、对故国绵绵思念的隽永情怀。"③

吴嘉纪(1618—1684),字宾贤,号野人,其庐舍名陋轩,泰州安丰场

① (清)余怀:《板桥杂记(外一种)》,上海:上海古籍出版社2000年版,"前言",第9—10页。
② 朱丽霞:《从华亭之游看余怀的遗民情结》,载《齐鲁学刊》2004年第4期。
③ 时志明:《山魂水魄——明末清初节烈诗人山水诗论》,南京:凤凰出版社2006年版,第334页。

（今江苏东台市）人。出生盐民，明末绪生，清初杰出的布衣诗人。明清之际社会大变革中家庭破败，目睹江淮人民遭受清兵屠杀的惨状，绝意仕进，隐居家乡，闭门苦吟，著有《陋轩诗》《陋轩诗续》留存。嗜书工诗，其诗因事而作，即事写情，语言简朴通俗，内容多反映百姓贫苦，以"盐场今乐府"诗闻名于世。

吴嘉纪祖父吴凤仪，是明代哲学家王心斋的学生。吴嘉纪天资聪明，少时受业于吴凤仪的弟子刘国柱，参加府试，名列前茅，中第一名秀才。成年后，他生活贫困，住所仅草屋一楹，名其为"陋轩"。住所四周杂草丛生，蓬蒿遍地，而他却终日把卷苦吟，不与外人往还，故人称他为"野人"，他也乐以"野人"为号。扬州诗友汪楫访问地方文人学士，得知吴野人安贫乐道，长于吟咏，又自立一家，遂将其诗送两淮盐运使周亮工阅览，周亮工又转扬州推官王士祯。"王士祯见其五言诗清冷古澹，雪夜被酒为诗序，驰使三百里致之。嘉纪大喜，买舟至广陵谒谢，遂定交。"①周亮工、王士祯二人都为吴嘉纪诗卷作序，随后由泰州分司汪兆璋搜集吴诗400首刊刻问世。

吴嘉纪作为"一个信守故国之情的遗民诗人，他的山水诗必不可免地要寄托哀时悼逝的悲怆之音，如《泊船观音门十首》就是最典型的借景伤怀、独抒亡国之恨的山水诗歌：'即以山为郭，坚完世所稀。云鸿应得度，塞马竟如归。陇雨耕时大，人烟战后微。年年禾与黍，养得骆驼肥'（其四）。以山为郭，亦难挡住'塞马'渡江的暴虐，云鸿不度、禾黍离离，江山在'骆驼肥'的无可奈何中换了主人，其直白的意象所寓含的哀感是那样催人泣下"②。

顺治二年（1645）四月，清军围攻扬州。扬州人民在民族英雄史可法的领导下，展开激烈的防御战。城破后，史可法死，清军屠城十日，扬州被杀军民逾百万，全城一片腥风血雨，苦难深重。面对清军的种种暴行，吴嘉纪以诗为史，秉笔实录。在《李家娘》《难妇行》等诗中，描写百姓受清兵掠杀之痛；在《挽鲍念斋》《我昔五首效袁景文》《过史可法相国

---

① 谢正光、范金民：《明遗民录汇编》上册，南京：南京大学出版社1995年版，第223—224页。

② 时志明：《山魂水魄——明末清初节烈诗人山水诗论》，南京：凤凰出版社2006年版，第341页。

墓》等诗中,描写了一批爱国妇、爱国少年、爱国将士的形象。

　　作为遗民诗人,"吴嘉纪的诗歌深刻揭露了清兵的残暴罪行,反映了战乱给人民造成的无尽苦难。特别是惨绝人寰的'扬州十日'大屠杀,写来尤为触目惊心。如《挽饶母》四首之三有云:忆昔芜城破,白刃散如雨。杀人十昼夜,尸积不可数。伊谁蒙不戮?鬼妻与鬼女。红颜半偷生,含羞对新主。城中人血流,营中日歌舞。'芜城'为扬州旧称,此诗以回忆的形式,叙述清兵在扬州杀人如麻,掠人妻女;后两句对比强烈,感恸倍深。"①《李家娘》写一个反抗清兵侮辱而被'剖腹取心肺'的女子,开头亦云:城中山白死人骨,城外水赤死人血。杀人一百四十万,新城旧城内有几人活?诗歌用鲜血淋漓的笔墨、骇人听闻的数字,勾画出扬州被洗的惨酷景象。"②又如《过兵行》云:"扬州城外遗民哭,遗民一半无手足。贪延残息过十年,蔽寒始有数椽屋。大兵忽说征南去,万马驰来如疾雨。东邻踏死三岁儿,西邻掳去双鬟女。……入郡沸腾曾几时,十家已烧九家室。一时草死木皆枯,昨日有家今又无!"③

　　吴嘉纪一生作诗存世1091首,汇成《陋轩诗集》。其中,不少诗句眷怀明朝故国,痛斥清军暴行,曾在《清代禁书总目》中被列为禁书。卓尔堪在《明遗民诗》卷八中论吴嘉纪,说他"为海内大家,乐府五七言古尤擅绝一时"。吴宓在读《明遗民诗》笔记中说:"吴嘉纪之乐府诗及五古、七古,写悲惨之实事,真挚动人。"④吴宓是1961年12月在重庆西南医院住院时,阅读《明遗民诗》的。他读完后,在笔记中对明遗民诗总体评论说:"坐衾中读《明遗民诗》下册完。按明遗民诗,称颂秦始皇(攘夷,定乱)、曹操(终为汉臣)及西施(助越沼吴,爱国大义)者甚多,已早开近年(一九五九以来)之新观点、新评论矣。"⑤

　　吴嘉纪的夫人王睿,字智长,是个甘守贫困、志趣高洁的女词人,是明代"泰州学派"创始人王艮的后裔。王睿自幼聪明好学,勤于作词。

① 朱则杰:《清诗史》,南京:江苏古籍出版社1992年版,第89页。
② 朱则杰:《清诗史》,南京:江苏古籍出版社1992年版,第89页。
③ 朱则杰:《清诗史》,南京:江苏古籍出版社1992年版,第89—90页。
④ 吴宓著,吴学昭整理:《吴宓诗话》,北京:商务印书馆2005年版,第315页。
⑤ 吴宓著,吴学昭整理:《吴宓诗话》,北京:商务印书馆2005年版,第315页。

与吴嘉纪结为夫妇后,志趣相投。吴嘉纪将自己诗集题名为《陋轩诗》,王睿也将自己词集题名为《陋轩词》,一诗一词,珠联璧合,均为时人所推崇。康熙二十二年(1683),王睿逝世,吴嘉纪写《哭妻王氏》诗12首,悲恸欲绝。诗序云:"(王氏)归余四十五年,尝愿先余死。问之,曰:冀得君挽诗耳。今子死,余哭子有诗。涕泗之时,诗愧不工,然子愿酬矣!子愿获酬,余悲可胜言哉!"女词人生前太穷,《陋轩词》未能印行,连原稿也不知下落。翌年,67岁的吴嘉纪也在悲痛和穷愁潦倒中离开了人间。他身后萧条,由挚友汪舟次、程云家为其料理丧事,汪舟次题写墓碑:"东淘布衣吴野人先生之墓"。辛亥革命后,南通实业家张謇资助树立了石牌坊,并亲笔为牌坊撰写对联:"蒹葭秋水伊人思,禾黍西风故国愁。"

七、隐逸画家:萧云从、龚贤、宋曹、徐枋

在明清之际的江南文化遗民中,有不少著名的隐逸画家。在这里,以萧云从、龚贤、宋曹、徐枋为例。

萧云从(1596—1673),字尺木,号于湖老人、无闷道人、默思。明末安徽姑孰(今安徽当涂县)人。"父名慎余,为明乡饮大宾",懂绘画。云从幼而好学,15岁"笃志绘事,寒暑不废,始摹唐寅作品"①。崇祯十一年(1638)与弟云倩,同时加入复社。少年科考不利,直到44岁才考中崇祯贡生。

1644年,明廷灭亡。1645年清兵攻占扬州后,三月占领芜湖。"萧云从无奈避兵于高淳。时高淳为抗清据点","一六四七年秋,萧氏从高淳归乡,见故居梅筑成为清军马厩,感慨万分,写下《移居诗》六首。"②萧云从忧愤国破家亡,明季未仕,入清誓不与朝廷合作。他或闭门读书赋诗作画,或遨游名山大川,诗画才华,成就日著。诗继承杜甫,多即事忧

---

① 沙鸥:《萧云从诗文辑注》,合肥:黄山书社2010年版,"前言",第2页。
② 沙鸥:《萧云从诗文辑注》,合肥:黄山书社2010年版,"前言",第3页。

时之作,雄浑奔放,音韵铿锵。其作品诗中有画,画中有诗,配俊逸潇洒的书法,达到诗书画三者和谐的境界。"画中人物皆世外高人,画中题咏皆山水清音,然其遗民情结独显其画印之上。如《双桂峰图》钤印'忍辱金刚',《凤凰山图》钤印'朴本恨人',《采石图》钤印'梁王孙',《隐玉山图》钤印'萧天子裔'等等。其《景山图》题诗曰:'石磴崎岖一径通,洞门尝是白云封。陈罗仙子今何在?惟有青山不改容。'此'惟有青山不改容'便是其不与清廷合作之宣言。"①

萧云从志行高洁,为人所敬慕。清初,拘节守志,不肯臣事,不结权贵。顺治十七年(1660),太平知府胡季瀛,求画不与。康熙元年(1662),胡季瀛在采石矶重修太白楼,邀其绘太白楼壁画。出于对太白的热爱,萧云从绘峨眉烟云、华岳苍松、匡庐瀑布、秦岱旭日四幅名山壁画,使"名山之胜""仙魄攸存"。萧云从壁画完成后,当即引起轰动,文人墨客纷至沓来,赞叹不绝。

萧云从"不与清廷官员交往,却与具民族气节及爱国思想之书画家交往。江苏溧阳书家彭旦兮为明末孝廉,明亡后隐居不仕。萧云从主动与之交往,画山水长卷,换取其隶书为晚年临摹之用。他还与明中书舍人唐祖命友情深厚。唐祖命有诗云'残花野蕨围荒砦,破帽疲驴避长官',与徐文长'疲驴狭路愁长官,破帽残衫拜孝陵'之句有异曲同工之妙"②。

明末清初,中国画坛上出现一个奇峰独秀的画派,这就是以太平府署所在地姑孰为名的"姑孰画派"。萧云从是这个画派的创始人,其画初学倪云林、黄公望,晚年放笔,遂成"清疏韶华、笔墨爽利"而独树一帜的姑孰画派。萧云从的画镂版传世的,有以人物为主的《离骚图》64幅和以山水为主的《太平山水图》44幅。顺治五年(1648),萧云从创作的《太平山水图》44幅,是其杰出作品,又是姑孰画派的代表作。萧云从采用古人画法,题古人诗句,绘自然风景,在构图特征和布置点染上颇具独特风格。人物画代表作《离骚图》,人物造型准确,神态动人,点缀

---

① 沙鸥:《萧云从诗文辑注》,合肥:黄山书社2010年版,"前言",第3—4页。
② 沙鸥:《萧云从诗文辑注》,合肥:黄山书社2010年版,"前言",第4页。

景物,赋有生命。清高宗得萧云从《离骚图》后,于乾隆四十七年(1782)命侍臣补绘重刻。

当时,太平府所辖的当涂、芜湖一带,跟萧云从学画的人很多。其中,有他的弟弟萧云倩、儿子萧一,侄子萧一荐、萧一箕,犹子萧一芸,还有画友陈延、孙逸、韩涛、方兆曾、释渐江、王履瑞、施长春等数十人。尤其是自成一派的"海阳四大家"之中的孙逸、释渐江二位著名画家,都向他求教过画艺,尊他为画派始祖。"萧云从与志同道合画家亲如兄弟。居住芜湖期间,他与寓居芜湖的新安人孙逸感情甚笃,一同卖画,且无文人相轻之陋习,并对其十分推崇。……时人并称二人为'孙萧'。"[1]

萧云从著有《易存》《韵通》《杜律细》等。康熙十二年(1673),"萧云从度完困苦、忧郁、不得志的一生,临终执诸同志手,曰:'道在六经,行本五伦,无事外求之,仍衍其旨。'赋诗毕,瞑去,"[2]享年78岁,逝后葬于芜湖城西严家山。

卞孝萱在《萧云从诗文辑注》"序"中,对其一生概括为:"萧云从尺木氏,首先是位爱国主义者。明崇祯十一年,参加复社。因科举不得志,无心仕进,筑精舍于姑孰大江之湄。尚未安居,清军已攻入芜湖,萧氏避兵于高淳。数年后返乡,故居已毁,国亡家破,义愤填膺,誓不与清廷合作,亦不与清官交往,鬻画为生,只与明之遗民及画家来往。清康熙十二年,抑郁而终。"[3]

龚贤(1618—1689),又名岂贤,字半千、半亩,号野遗,又号柴丈人、钟山野老,江苏昆山人,流寓金陵(今南京市)。明末清初著名画家,被后世誉为"金陵八家"之首。他性情孤僻,与诸遗民交厚,一生大半过着隐居林下,栽树种花的悠游生活。

龚贤出生于昆山一个家道中落的官宦之家。10岁前母亲去世,11岁随祖父、父亲迁居南京。父龚元美续娶王氏。不久,祖父与父亲均迁官入川,从此音讯杳然。龚贤随继母王氏留寓南京。13岁开始习画,与杨龙友同师董其昌。21岁左右在秦淮河畔参加复社活动,其时正值明崇祯

---

① 沙鸥:《萧云从诗文辑注》,合肥:黄山书社2010年版,"前言",第4页。

② 沙鸥:《萧云从诗文辑注》,合肥:黄山书社2010年版,"前言",第6页。

③ 沙鸥:《萧云从诗文辑注》,合肥:黄山书社2010年版,"序",第1页。

末年。复社成员在这里结社赋诗,讲学论艺,挽救民族的危机。龚贤正直不阿的人品,以及在诗、书、画上的成就,在金陵士大夫中崭露头角。

　　明末清初战乱之时,龚贤外出漂泊流离。南明弘光元年(1645),清兵攻陷南京,龚贤因野居北郊而幸免于难。这时,龚贤的生活非常贫困。为了生活,他离开南京,途经扬州时,赋《扬州曲》二首,记清军屠城后的惨状。顺治五年(1648),应故交徐逸之聘,由扬州赴泰州海安镇徐氏之柳庄,设帐教授其子徐凝,一住近五年。龚贤早年丧妻,在泰州孤身一人。从泰州回来后,在扬州又住了几年,还作了两次远游。顺治十二年(1655)南下浙江桐江。顺治十四年(1657),曾北上京师。从北京回扬州后,龚贤再度婚配,对续弦夫人十分满意。次年,40岁的龚贤喜得贵子。

　　康熙三年(1664),龚贤再次返回南京居住,年已46岁。战乱洗劫后的家乡,呈现出一幅惨景。国破家亡,摧残着一个"文化遗民"的心灵。他举起悲愤的笔,写下《登眺伤心处》一诗:"登眺伤心处,台城与石城。雄关迷虎踞,破寺入鸡鸣。一夕金筏引,天边秋草生。橐驼为何物,驱入汉家营!"

龚贤故居半亩园,又名扫叶楼

在南京,龚贤一家几经搬迁,最后迁居清凉山下虎踞关。他以百金购瓦屋四、五间,于屋前半亩空地上,筑园栽植,莳花种竹,命为"半亩园"。龚贤请王石谷画《半亩园图》,并题长跋描写"半亩园"的景色:"清凉山上有台,亦名清凉台。登台而观,大江横于前,钟阜横于后。左有莫愁,勾水如镜;右有狮岭,撮土若眉;余家即在此台之下。转身东北,引客视之,则柴门犬吠,仿佛见之。"又自写小照,着僧服,手持扫帚,作扫叶状,悬于楼堂,以示与清朝统治者格格不入,后人因此将他的旧居称为"扫叶楼"。龚贤晚年幽居于此,赋诗作画,其《溪山无尽图卷》跋语曰:"忆余十三便能画,垂五十年而力砚田,朝耕暮获,仅足糊口,可谓拙矣!"

龚贤定居半亩园后,以卖文卖画、课徒为生,过着隐士生活,与书画界有诸多交往。除与金陵画家高岑、樊圻、邹喆、吴宏等切磋画艺,好友还有屈大均、吕潜、程正揆、王石谷、孙枝蔚、戴本孝、弘仁等。他的两位挚友周亮工、孔尚任与他不仅志趣投合,还是他的主要经济资助者。龚贤是周亮工家常客,周氏丰富的书画收藏令龚受益匪浅。周亮工去世时,龚贤极为悲痛,他为周亮工写的挽诗中有"哭公独我头全白,在世人谁更眼青"的悲叹。孔尚任小龚贤30岁,两人艺术志趣相投,相互欣赏。

康熙二年(1663)前后,龚贤继妻及其他亲人相继有八人去世,他受到沉重打击,人到暮年,日常生活依靠自己妹妹料理。王懋林《虎踞关访龚半千半亩园》曰:"补衣烦老妹,依仗赖娇儿"。康熙二十八年(1689),龚贤病卒于南京半亩园。死后因贫不能具棺葬,丧事由好友孔尚任料理。孔尚任作《哭龚半千》五律四首,抚其孤子,收其遗书,移枢于故里昆山邑西渡桥镇。

《桃花扇》作者孔尚任是龚贤的好友。病中的龚贤,曾向孔尚任讲了许多官场上令人痛恨的事。孔尚任十年后完成的名剧《桃花扇》与龚贤有关,其中许多内容就是龚贤向他讲述的亲身经历。孔尚任曾作《哭龚半千》诗四首,其三曰:"尺素忽相投,自言罹大病。缘有索书人,数来肆其横。问我御暴方,我有奚权柄?哀哉末俗人,见贤不知敬!郁郁听其亡,谁辨邪与正?"

龚贤与同时活跃于金陵地区的画家樊圻、高岑、邹喆、吴宏、叶欣、胡慥、谢荪并称"金陵八家";与清初著名诗书画家吕潜并称"天下二半"(龚贤,字半千;吕潜,号半隐)。工诗文,善行草,源自米芾,又不拘古法,自成一体。

　　作为一位山水画家,龚贤作品多写金陵山水,作画善于用墨,主张墨气要厚润,以层层积墨见长,虽不用泼墨,实具有泼墨烟润淋漓之效果,使画面湿润厚重,适于表现江南湿意浓重的山水景色,使其绘画作品具有一种浑厚苍秀、深郁静穆的格调。其创作以五代董源、巨然的画法为基础,以宋初北方画派的笔墨为主体,参以二米(米芾、米友仁父子)、吴镇及沈周等人的笔风墨韵,同时结合自己对自然山水的观察和感受,形成浑朴中见秀逸的积墨法。

　　龚贤是先以诗歌闻名于世的。客居海安、扬州时期,龚贤创作了大量诗歌,居扬州期间,在六年内作诗 200 多首,是他一生中写诗最多的时期,传于后世的《草香堂集》共收诗 203 首。《草香堂集》中的诗,大部分反映了他在海安、扬州时的生活经历和思想状况。他的诗作很有特色,其好友方文在《喜龚半千还金陵》诗中称赞他:"更妙是诗篇,浑朴复雄放"。龚贤自己则在《生日作》中说:"余生皆酒力,不幸以诗名。"

　　宋曹(1620—1701),字邠臣,号射陵,盐城新兴场人(现盐城市亭湖区新兴镇)。宋家祠堂大门两侧曾有"两朝辅弼,十世簪缨"的对联。从宋曹曾祖、祖父起,皆以举人入官。宋曹"工诗善画。初举山林隐逸,辞以疾不就。清人以博学鸿辞荐,固辞不就。时人高其行,称为射陵先生。"[1]入清后,他不满清朝的腐朽统治,过着隐居生活,自号耕海潜夫,以书诗自娱。

　　宋曹父鼎彝公是三科武举,博学好古。宋曹自幼受其熏陶,早得启蒙。父亲对他要求甚严,7 岁即读帖临池,酷暑严寒从不间断,十载笔耕,自勤不息。而立之年,能诗能书,瞩目乡里。宋曹才华出众,但仕途并不得志。明崇祯时,官至中书舍人,其位级从七品官。南明复亡后,宋曹好友司石盘、厉豫等人举兵起义。未及一年,兵败淮安。宋曹受其

---

① 谢正光、范金民:《明遗民录汇编》上册,南京:南京大学出版社 1995 年版,第 238—239 页。

牵连,身陷囹圄。营释后,携家小隐居汤庄,筑"蔬枰园"侍奉老母。每年仍到北宋庄祭祖。过着隐居生活的宋曹,以书诗自娱,吟留下感怀言志的洋洋诗篇,是一位很有骨气的爱国诗人。

为了实现书法方面的抱负,他毅然离家出游,浪迹江淮,壮游山河,客维扬、润州、昆山、苏州、杭州等地,拜师会友,吊古觅胜。康熙六年(1667),会顾炎武,互赠诗赋,结为友好。历数载,他遍觅南北名碑,吮吸精髓,悟入微际,并加以融会贯通,取舍扬弃,为自己寻得一条正宗的书法道路。

顺治十八年(1661),他的书法艺术已达纯熟地步。是年书成《草书千字文》,为他的代表作。该书法气势融贯、跌宕起伏,如行云流水,确有大河奔涌,一泻千里之势。晚年的宋曹,学与年俱进,而书法更臻精善。除《草书千字文》之外,又撰成理论著作《书法约言》。全著含总论、论草书等七篇,对学书要略,对文字,对楷、行、草各书都有精到的论述。

康熙十七年(1678),清廷以纂修明史,开博学鸿词科,征召海内名儒,侍郎严沅和江苏巡抚慕无颜共举宋曹为博学鸿词,他均以母老固辞未赴。康熙二十二年(1683)年,两江总督于成龙请他去南京编撰《江南通志》,盛情难却,他带上长子恭贻一起赴任。志书编成后,宋曹坚不留名,最终《江南通志》仅署了宋恭贻的名字。于成龙敬重他的人品,称他为"射陵先生"。于成龙邀其出山,终于使宋曹结束隐居生涯。

盐城大纵湖有一"龙兴寺",建于明开启年间,苦于无名。宋曹隐居北宋庄,让寺庙主持喜出望外,请他题名"龙兴禅院",他欣然挥毫。三十年寒暑,宋曹闭门养息,会友谈艺,聚首唱和,遂使诗书融合,造诣日深。他的诗文集有《杜诗解》《会秋堂诗文集》等。

徐枋(1622—1694),字昭法,号俟斋,自署秦余山人,吴县(今江苏苏州)人。明末清初画家,擅行草,书法孙过庭;长于山水画,取法董源、巨然、荆浩、关仝,亦宗倪瓒、黄公望,以书画诗赋闻名吴下。徐枋与杨无咎、朱用纯,并称"吴中三高士","与宣城沈寿民、嘉兴巢鸣盛,称海内三遗民。"①

---

① 谢正光、范金民:《明遗民录汇编》上册,南京:南京大学出版社1995年版,第542页。

徐枋系殉节官员徐汧之子。徐汧为明少詹事，入清后，顺治二年（1645）殉国难。据《明遗民录汇编》徐枋小传记载："徐枋……父忠节公汧，崇祯戊辰进士，南都立，迁少詹事，屡疏诋马、阮，为所齿，乞病归。乙酉六月，苏州破，正衣冠，投虎丘新塘桥下死。"①

徐汧自尽殉节时，年四十九，谥文靖。范石夫《朋旧尺牍跋》曰："勿斋太史当先帝之变，已义不欲生，避迹虎丘之长荡。一泓秋水，朝夕徘徊。乙酉六月十二日，有剃发之令，默无一言。是晚月明如昼，以酒犒诸从，躬倚船舷，对月独坐，突跃入水中，人不及救。"

据罗振玉稿本《徐俟斋先生年谱》记载：徐枋年九，从虞山赵端吾受《论语》《孝经》。年十，从叶襄就读。徐枋《五君子哀诗》曰："忆昔执经初，枋年未束发"。年十二，始学文。徐汧于家中开文社，徐枋之社作为张溥、张采、周镳等文坛巨子所赏，一时传诵父执。陈子龙至折辈行与订忘年交。年十四，入学为弟子员。徐汧携见兵部尚书申用懋，申以此子为非常人也。年十五，从郑敷教游。徐枋《赠业师郑士敬先生序》曰："小子枋年十五，即执经从吾郑先生游，时崇祯之丙子岁也。"徐枋《答惠生而行书》曰："泛滥于诸子百家，自汉至宋说家者流，无不熟览。"年十六，受业于昆山朱集璜，长达五年。年十八，朱集璜授经于家，至昆山就学。徐枋《朱师母六十寿序》曰："己卯春，先师以事留滞于家，不入郡城，枋遂负笈执经以从授馆师门。"崇祯十五年（1642），年二十一，乡试中举。徐枋《朱先生传》曰："余十六岁执经于先生，朝夕侍先生者五年，第六年壬午，余遂幸售去，而是科得隽者。"顺治二年（1645）七月二日，昆山失守，其师朱集璜投水自尽。

毫无疑问，对徐枋一生及其生存方式影响最大的事件，是其父徐汧的自尽殉国。徐枋记述当时情形说："乙酉之夏，先人将殉节。仆誓必从死，先人呼仆而泣，谕之曰：'我固不可以不死，若即长为农夫以没世可矣。'仆死志未遂，故谨守先人之一言，至二十八年而不变也。匿影空山，杜门守死，始则绝迹城市，今并不出户庭，亲知故旧都谢往还，比屋

① 谢正光、范金民：《明遗民录汇编》上册，南京：南京大学出版社 1995 年版，第 541 页。

经年莫睹我面。佣力自活,采薇苟全。"①父亲的殉节,给徐枋树立了一个极高的道德尺度。为了达到这个尺度,就必须完全守住自己的德操,不使它有丝毫让人讥议的地方。他考虑到"(先君)年当强盛而束身以殉家,有正寝而惨死于路,此终身之恨,百身莫赎者也。苟通时人而取世资,是忘吾亲也。"②于是,他决定"束身土室,与世诀绝"③,自称孤哀子,终身不仕异族,自是不入城市,遁迹山中,布衣草履,卖画自给。先隐居苏州西南邓尉山中,及游灵岩山,爱其旷远,卜涧上居之,筑室名"涧上草堂"。

另据记载:"徐枋……及父死,绝食七日,不死。于是终身不薙发,白衣冠,每遇烈皇帝崩日及父死日,必痛哭三昼夜不绝。隐居灵岩山中,土室树屋,人莫得见也。抚军汤斌慕其人,再屏驺从诣山中,辄闭户不纳,乃嗟叹而去。……枋隐居四十余年卒,年七十余。孝廉高蹈者,吴越为多,然始终裹足不入城者,唯枋及巢鸣盛、李权,而枋没最晚,故名益重。"④

清初学者邵廷采曾在《明遗民所知传》徐枋传记后面议论道:"'古称求忠臣必于孝子之门,今得孝子于忠臣之门。夫移孝为忠,时顺而易,体忠为孝,势逆而难也。'他根据一般的看法说,两种道德在一定条件下可以互相转化而合一,两人的作为恰是在'忠孝'双重情感的要求下对人生处境的选择。"⑤

徐枋在《居易堂集》中留下了关于其避世生活比较详细的记录,我们可以据此近距离地了解避世遗民的真实心态。徐枋在《居易堂自序》中说:"前二十年不入城市,后二十年不出庭户",避世之决绝,远远超出当时的一般遗民。"枋耐寒饥,不纳入一丝一粟,惟洪储时急而周之,曰:'此世外清净食也。'尝绝粮数日"⑥,仕清官员的馈赠自不必说,甚至连亲友以及志同道合者的善意帮助,也视为对自身独立性的威胁而坚

---

① (清)徐枋:《与冯生书》,《居易堂集》卷三。
② (清)徐枋:《诫子书》,《居易堂集》卷四。
③ (清)徐枋:《居易堂集自序》。
④ 谢正光、范金民:《明遗民录汇编》上册,南京:南京大学出版社1995年版,第541页。
⑤ 李瑄:《明遗民群体心态与文学思想研究》,成都:巴蜀书社2009年版,第99页。
⑥ 谢正光、范金民:《明遗民录汇编》上册,南京:南京大学出版社1995年版,第542页。

决拒绝。遗民中的前辈李模赠米给他，"特以父执尊行之命，不敢不屈意勉领一次"，第二次就无论如何不肯接受，并且说："鄙性硁硁，颇严取与，今虽饥饿，未变初心。"①他虽"藜藿不继，莫能强以一钱之馈"。这完全是出于对道德完美的追求。

徐枋隐居山中，"性峻洁，键户不与人接。"②为解决生计问题，他不得不卖画自给，但采取了一种极其特殊的卖画方式，即"卖者不问其人，买者不谋其面。"③具体的方法是，"蓄一驴甚训，通人意，日用间有所需，则以所作书画卷至簏于驴背驱之。驴独行，及城阛而至，不阑出一步。见者争趣之曰：'高士驴至矣。'亟取卷，以日用所需物如其指，备而纳诸簏以为常。"④

作为一位刻苦自闭的遗民，徐枋隐居生活极为清苦。其《再生记》曰："自国变后，衣食恒不继。冬至夏，则日食一饭一糜而已。冬夏只服一苎衣。是岁危病，至除夕晡时，尚未得午饭。病中约絮于背，荐薪而寝。医者郑钦谕先生见之，为之流涕，解衣赠之。"《病中度岁记》曰："自丁酉十一月，祁寒无裈，中寒如疟，复为庸医所误，至于呕血。"徐枋病后又遭"逋赋"案牵累，四处躲藏，居无定所。此时，"家止四壁，薇蕨不供，朝夕仰屋无所出，势岌岌殆"。幸得布衣张隽仗义相助，为其倾资偿所欠者数十余金。他"一女年止三岁，冬无絮衣，患成寒疾，至此十年不愈。一儿年十二，便能书画，见者以为神童，而饥不得食，病不得药，遂殒其命"⑤。对纯粹完美道德之追求，与人的正常生活需求产生冲突，有时还需要为此付出高昂的代价。然而，节操之清白，在徐枋心目中超过了生命的价值。

徐枋性峻介。江苏巡抚汤斌，为掩饰投靠异族之污点，故作风雅，三至其门，均为徐枋拒见。"枋预走避，留老仆宿门外，叩门不启。"直至后来吊唁其母，汤斌登其堂，坚坐移晷，为诵白驹之诗，徐枋避不见。汤

---

① （清）徐枋：《与钦遵一书》，《居易堂集》卷一，上海：华东师范大学出版社2009年版。
② 谢正光、范金民：《明遗民录汇编》上册，南京：南京大学出版社1995年版，第542页。
③ （清）徐枋：《答友人书》，《居易堂集》卷二。
④ 谢正光、范金民：《明遗民录汇编》上册，南京：南京大学出版社1995年版，第542页。
⑤ （清）徐枋：《与冯生书》，《居易堂集》卷三。

斌喟然曰:"贤者不可测如是耶",徘徊久之而去。弟子潘耒举鸿博授官归,跪门外三日,始许入见,责之云:"吾不图子之至于斯也!"川湖总督蔡毓荣自荆州致书求其画,徐枋答书而返币,竟不为作。

康熙三年(1664),黄宗羲至浙江灵岩山弘储馆之天山堂。徐枋与黄宗炎、高斗魁、王廷璧、邹文江、文秉、周茂藻等集会,与黄宗羲论文甚惬,宗羲赋诗以赠。关于此次集会,黄宗羲分别用《轮庵禅师语录序》以及《赠以灵上座》《集灵岩寺》《与徐昭法》三诗作了介绍。《集灵岩寺》诗曰:"艳说古吴名胜地,松风五月隔兵尘。应怜此日军持下,同是前朝党锢人。霜雪蒙头羞佛火,兴亡昨梦到蚍臣。狂言世路难收拾,不道吾师狂绝伦"。

徐枋《〈致巢端明孝廉书〉书后》曰:康熙六年(1667)"丁未暮春,嘉兴巢鸣盛忽破例远顾余于山中,洄沿二百里,越嘉禾、松陵、吴郡,凡两宿而后到吾草堂,远道护持而来者,嘉兴黄子锡复仲,而草堂中同集者,为江右曾灿青藜、山东姜宇节奉世也,一时传为盛事"。巢鸣盛国变后不入城市,世所谓海内三遗民者,徐枋、巢鸣盛及宣城沈寿民也。

康熙八年(1669)冬,归庄来访,待雪灵岩。徐枋《答玄恭》小注曰:"己酉冬,天气甚暖,玄恭忽来,云待雪灵岩,且出扇索画雪景。因赠绝句:'为望同云住半途,连朝晴旭丽高衢。知君素有回天志,急扫吴山飞雪图。'"从上述几条资料可见,徐枋晚年与遗民朋友交往甚多。

康熙十一年(1672),川湖总督蔡毓荣慕徐枋之高节,不敢以金馈赠,托冯羽赠药,价值千金。徐枋以书谢冯生而却之。在清初从易代到康熙中叶的几十年间,社会由动荡趋于平静,民族之间的冲突由激烈趋于缓和,再加上意志稍弱者对于社会风气的适应,种种原因使明遗民群体一直处于不断分化之中。即使是闭门守节的徐枋,也关注到这一问题。他说:"天下之乱,亦已十年矣。士之好气激尚风义者,初未尝不北首扼腕、流涕伤心也。而与时浮沉,浸淫岁月,骨鲠销于妻子之情,志概变于菀枯之计,不三四年而向之处者,出已过半矣。"①而徐枋却一直没有动摇过自己的遗民意识。

---

① (清)徐枋:《姜如农给谏画像序》,《居易堂集》卷五。

清初复杂的社会政治，令遗民处于极其艰难的生存环境中。坚守遗民的生活方式的人，只有真正明白主体生命的真实需求，才能做到不为境遇所动。徐枋曰："人惟自有我在，不为物转，故能素位而行，自然不淫、不移、不屈，触处皆是。不然，茫茫滚流，毫无把柄，岂不为境遇所动哉？"①

徐枋与同里杨无咎交好，常以名节相砥砺。徐枋长子孟然、三子文止皆师于杨无咎。康熙三十三年（1694），73岁的徐枋临殁，招无咎至，托其孤孙。命5岁孙出拜曰："此亡儿文止遗腹子也。儿向辱先生教，不幸早卒。今余且死，念非先生无可讬者，愿以此累先生。"言已，越五日而卒。卒后，贫无以殓，江苏巡抚宋荦方抚吴，致厚赙，寡媳孤孙以遗命辞，其弟子潘耒将其葬于光福香雪海的真如坞。墓碑刻篆文"明孝廉俟斋徐公之墓"。宋荦素慕徐枋之为人，将"涧上草堂"改宅为祠，捐赀修葺。潘耒作《徐昭法先生祠堂记》。此祠于嘉庆、道光年间数次重修，后毁于火。

据《明遗民录汇编》记载：徐枋于"康熙三十三年卒，年七十有三"②。徐枋一生著述颇丰，曾自谓：此二十年中所成书，《通鉴纪事类聚》三百若干卷、《廿一史文汇》若干卷、《读史稗语》二十余卷、《读书杂钞》六卷、《建元同文录》一卷、《管见》十一篇，计成书亦且几百卷矣。以上著述均不传，所见者仅潘耒编校的《居易堂集》二十卷。

另据《明遗民录汇编》记载，与徐枋相关的遗民朋友还有"朱用纯，吴人，年十二，与徐枋同学。有至性，能文章，以学行世其家。乱后隐居不出"③。"明朱用纯，字致一，江苏昆山人。父集璜，诸生，贡太学，清兵下江东，城陷不屈死。用纯慕王裒攀柏之义，自号曰柏庐，隐居味道，以诸生老。其学确守程朱，知行并进，而一以主敬为程。……顾弟子曰：'学问在性命，事业在忠孝，勉之哉！'"④而当时的隐逸画家还有"王时敏，字逊之，号烟客，太仓人。太傅锡爵孙，翰林衡子。资性颖异，淹雅

---

① （清）徐枋：《答筇老》，《居易堂集》卷四。
② 谢正光、范金民：《明遗民录汇编》上册，南京：南京大学出版社1995年版，第543页。
③ 谢正光、范金民：《明遗民录汇编》上册，南京：南京大学出版社1995年版，第137页。
④ 谢正光、范金民：《明遗民录汇编》上册，南京：南京大学出版社1995年版，第137—138页。

博物,为董其昌、陈继儒所赏。崇祯中,以阴历官太常卿。清人入燕,杜门谢客,以书史自适。工诗文,兼精隶书画法。卒年八十九。子撰、孙原祁并以画名。"①

八、抗清志士:夏完淳、吴易、堵胤锡、 黄毓祺、张肯堂、张名振、张煌言

在明清之际的文化遗民中,有不少投笔从戎的志士为反清复明事业献出了宝贵的生命。在这里,以抗清志士夏完淳、吴易、堵胤锡、黄毓祺、张肯堂、张名振、张煌言为例。

夏完淳(1631—1647),松江府华亭县(今上海市松江区)人,原名复,乳名端哥,字存古,号小隐,又号灵首。夏允彝之子,师从陈子龙。"云间有少年君子焉,夏完淳,字存古,吏部考功郎彝仲先生子也。垂髫时,一目十行,片言居要,几社父执诸公咸奇之,称为小友。"②夏完淳出生时,离大明朝灭亡只有 13 年,可谓内忧外患,积重难返。

夏允彝为松江名士,与陈子龙等人同创几社。夏完淳受父亲影响,矢志忠义,崇尚名节。夏完淳天资聪颖,有神童之誉。"六岁能诗文,事子龙为师。"③9 岁时,父亲把他写得较好的诗合集,为其印出第一本诗集《代乳集》。夏允彝出游远方,经常带完淳在身边,使他阅历山川,接触天下豪杰。初受知于复社领袖张溥,后师从陈子龙,在文章气节方面,深受二人熏陶。陈子龙欣赏夏完淳的才华,"与李舒章、宋辕文选明诗成集,独书完淳于后,其采择人物亦与焉,一时盛推之。"④

崇祯十六年(1643),夏完淳"和同年辈的杜登春及少年英俊之士组织'西南得朋会',成为'几社'的后继"⑤。次年春,农民起义军席卷北

---

① 谢正光、范金民:《明遗民录汇编》上册,南京:南京大学出版社 1995 年版,第 95 页。
② (清)沈起:《夏完淳》,《夏完淳集笺校》,上海:上海古籍出版社 1991 年版,第 549—550 页。
③ 柳亚子:《夏内史传略》,《柳亚子集外诗文辑存》,上海:上海人民出版社 2011 年版,第 16 页。
④ (清)沈起:《夏完淳》,《夏完淳集笺校》,上海:上海古籍出版社 1991 年版,第 550 页。
⑤ 中华书局上海编辑所:《夏完淳集前言》,《夏完淳集笺校》,上海:上海古籍出版社 1991 年版,第 672 页。

方。完淳"年十四,与杜登春等数人称'江左少年',上书缙绅四十家,乞举义勤王。及京师陷,存古又草檄讨从贼诸臣。时人壮其忠义。"①弘光元年(1645),清兵的铁蹄踏遍江南大地,夏完淳年方15。他跟随父亲夏允彝、师陈子龙等在松江参与起兵抗清。"完淳首次从军,参与制订恢复江南的大计"②。失败后,其父夏允彝投水自殉。此时,"起兵旁掠郡县者有吴易"③,在太湖地区活跃着一支由吴易领导的抗清队伍。这支队伍号称"白头军",所有兵士皆以白布缠头作标志,以此为明朝"戴孝"。夏完淳追随陈子龙与太湖义军联系,"遵父遗命,尽以家产饷军。陈公战败,存古走吴日生易军为参谋"④,继续从事抗清复明活动。自此,松江义军与太湖义军实现了联合作战。

夏允彝夏完淳父子之墓,位于上海松江

吴易(? —1646),字日生,苏州吴江人。"少有才名,负气矜奇,兼好兵法,通任侠,雅不欲以经生自见。"⑤崇祯十六年(1643)进士,曾为复

---

① (清)汪端:《夏完淳传》,《夏完淳集笺校》,上海:上海古籍出版社1991年版,第553页。
② (明)夏完淳著、王白坚笺校:《夏完淳集笺校》,上海:上海古籍出版社1991年版,"前言",第4页。
③ 张廷玉等:《明史》卷二七七《吴易传》,北京:中华书局1974年版,第7103页。
④ (清)汪端:《夏完淳传》,《夏完淳集笺校》,上海:上海古籍出版社1991年版,第553页。
⑤ 柳亚子:《吴日生略传》,《柳亚子集外诗文辑存》,上海:上海人民出版社2011年版,第13页。

社活跃分子,能诗善文。"福王时,谒史可法于扬州。可法异其才,题授职方主事,为已监军。"①

"白头军"的兴起,正值江南各地抗清义军风起云涌之时。"清兵初到南方,未习水战,吴易使'部卒习水师者',以农民打扮混杂在群众中,散处湖畔。清兵掠民舟渡水,强拉群众为之操船,散处于湖畔的吴易士卒因得混入其中。当行船到中流,这些操船者就突然跳入水中,把船凿孔弄沉,清兵'溺死者无算'。"吴易的"白头军"发展迅速,屯兵长白荡,出没太湖、三泖间,给清军以沉重打击,其中最漂亮的"分湖大捷",杀敌3000多,斩清兵中下级军官20多名,获战船500余艘。吴易部屡获胜利,影响很大。福王隆武政权授予吴易兵部右侍郎,总督江南诸军,不久又升为兵部尚书,封中忠义伯,浙东鲁王政权也封之为长兴伯。

然而,吴易部虽强盛一时,但毕竟与其他抗清武装无直接联系,处于孤立状态。不久,清总兵吴胜兆以舟师至,太湖义军被清军团团包围。海盐一战,吴易部被清兵所袭,"白头军"大败。吴易本人逃入湖中,父吴承绪、妻沈氏及女均投湖自杀。夏完淳也泅水脱险,但其抗清复明意志仍坚定不移。

隆武二年(1646)夏,吴易听外人风传清朝任命的嘉善知县刘肃之想反正,岂知刘肃之早就通知大批清兵埋伏,待吴易一入门,立即逮捕了这位"白头军"领袖。吴易就义于杭州草桥门。临刑前,吴易写《绝命辞》。"落魄少年场,说霸论王,金鞭玉辔拂垂杨。剑客屠沽连骑去,唤取红妆。歌笑酒炉旁,筑击高阳,弯弓醉里射天狼。瞥眼神州何处在?半枕黄粱。成败论英雄,史笔朦胧,与吴霸越事匆匆。尽墨凌烟能几个,人虎人龙。双弓酒杯中,身世萍逢,半窗斜月透西风。梦里邯郸还说梦,蓦地晨钟。"

为吴易收尸的为包捷。据《明遗民录汇编》记载:"捷字惊几,亦吴江人。当兆奎之死,尝哭之内桥。及公之亡,竟去为僧,终老于西山,识者高之。而公有宠姬香嬢,亦同被俘。公既殉,有艳其色欲夺志者,香

---

① (清)张廷玉等:《明史》卷二七七《吴易传》,北京:中华书局1974年版,第7103—7104页。

矢死自守,泣曰:'我相公每饭不忘故君,妾宁忍负之? 若必相迫,有死而已!'诸帅闻之,咸为肃然,莫不敬礼,遂听其所之。香归,乃择族子为公嗣,而已入一草庵,洁身削发终焉。"①又云:"吴江包捷,崇祯壬午举人。乙酉,避地穹隆山,灌园自给。孙孝廉兆奎死内桥,捷往哭之。进士吴易屯兵太湖被杀,捷往收其尸。吴人以捷为栾布朱场之节焉。"②由此可见,包捷也是明末清初的一位遗民志士。

夏完淳闻吴易死讯后,立即着白服前往,在吴江为吴易起衣冠冢,与文人同道哭吊,赋《吴江野哭》《鱼服》两诗,祭奠吴易,表达复仇雪恨的决心。其中,《鱼服》一诗曰:"投笔新从定远侯,登坛誓饮月氏头。莲花剑淬胡霜重,柳叶衣轻汉月秋。励志鸡鸣思击楫,惊心鱼服愧同舟。一身湖海茫茫恨,缟素秦庭矢报仇。"③

永历元年(1647)早春时分,得悉清朝任命的苏松提督吴胜兆要反正的消息,夏完淳萌发希望,急忙为吴胜兆与浙东义师牵线搭桥,积极准备待事发时亲自参加战斗,作决死之战。吴胜兆谋泄,其手下将领抢先一步把他的计划上告清朝。吴胜兆一卒未出,身已成擒。清廷对吴胜兆一案十分重视,四处抓人,陈子龙等人首先遭到逮捕。押送途中,陈子龙投水殉国。夏完淳痛心国事,写下《大哀赋》,文采宏逸,情词哀婉,阅者无不感叹。

永历元年(1647)春,明鲁王赐谥夏允彝为"文忠"公,并遥授夏完淳为中书舍人。夏完淳写谢表,连同抗清复明志士数十人名册,交与专在海上往来通信联系的秀才谢尧文,使赴舟山呈与鲁王。谢在漴阙候船,被清兵拿获,解送提督吴胜兆处系狱。后吴胜兆反清事败,清当局得夏完淳所书谢表等,于是南京总督军务洪承畴,秉承清摄政王意旨,按名册严缉夏完淳等,务必一网打尽。

夏完淳在清政府通缉名单中,便一度匿藏于嘉善岳父钱栴家中。他秘密西行受阻后,决定渡海加入鲁王政权军队,再图大业。夏完淳是至孝之人,临行前又返回松江老家探望嫡母和生母,准备与二老告别之

① 谢正光、范金民:《明遗民录汇编》上册,南京:南京大学出版社1995年版,第191页。
② 谢正光、范金民:《明遗民录汇编》上册,南京:南京大学出版社1995年版,第112—113页。
③ (明)夏完淳:《鱼服》,《夏完淳集笺校》,上海:上海古籍出版社1991年版,第316页。

后再出发。清廷眼线很多，夏完淳甫一回家，即为人侦知。"逻卒至钱栴家，名捕内史，内史奋然曰：'天下岂有畏人避祸夏存古哉！'遂与钱栴并被执。"①夏完淳是朝廷重犯，被立刻取水道押赴南京受讯。船过细林山（即辰山），想起恩师陈子龙为国殉节，作《细林夜哭》诗，以表哀悼。船过吴江，又作《吴江夜哭》诗，以悼念吴易。

此时，清廷主持江南一带招抚的是大汉奸洪承畴。他得知夏完淳与其岳父钱栴被捕，很是得意，有心想软化夏完淳，便亲自审问。"至南都，虏经略洪承畴欲以不义陷之，谬曰：'童子何知，岂能称兵叛逆，误堕贼中耳。归顺当不失官。'"夏完淳挺立不跪，佯为不知审讯大员就是洪承畴，"厉声曰：'我常闻亨九（洪承畴字）先生，乃本朝人杰，松山、杏山之战，血溅章渠，先皇帝震悼褒恤，感动华夷。吾常慕其忠烈，年虽少，杀身报国，岂可以让之！'左右曰：'上座者即洪经略。'内史叱之曰，'亨九先生死王事已久，天下莫不闻之。曾经御祭七坛，天子亲临，泪洒龙颜，群臣呜咽。汝何等逆徒，敢伪托其名，以污忠魄。'因跃起，奋骂不已。承畴色沮，无以应。"②

在南京受押的80天，是16岁的夏完淳走完人生旅途的最后日子。其间，他不仅智斗大汉奸洪承畴，巧妙羞辱这个清朝鹰犬，并且赋诗写词多篇，表达了他"今生已矣，来世为期"的冲天豪情和家国之仇未报的遗恨。江南沦亡后，夏完淳于被羁之初，作《采桑子》一词，从内心深处抒发他的亡国之愁："片风丝雨笼烟絮，玉点香毬。玉点香毬，尽日东风不满楼。暗将亡国伤心事，诉与东流。诉与东流，万里长江一带愁。"③

夏完淳岳父钱栴，"字彦林，云南巡抚士晋之子。崇祯六年，举顺天乡试，性豪侠，坐作声誉。……弘光初，授职方司主事，奉命还里。南京陷，与从弟棅起兵，棅败走，栴亦郁郁家居。后敌捕总督陈子龙，因连及栴与昆山顾咸正、嘉定侯岐曾、长洲刘曙、栴婿夏完淳等名士数十人。栴尝与吴易用合谋，并藏子龙，坐罪论死。临讯，栴不屈，顾谓完淳曰：'子年少，何为亦求死？'完淳笑曰：'宁为袁粲，不作褚渊。丈人何相视

① 柳亚子：《夏内史传略》，《柳亚子集外诗文辑存》，上海：上海人民出版社2011年版，第16页。
② 柳亚子：《夏内史传略》，《柳亚子集外诗文辑存》，上海：上海人民出版社2011年版，第16—17页。
③ （明）夏完淳：《采桑子》，《夏完淳集笺校》，上海：上海古籍出版社1991年版，第358页。

之轻耶！'遂同日死。"①此时，"钱栴同在讯，气稍不振。内史大言曰：'当日者，公与督师陈公子龙及完淳三人，同时歃血，上启监国，为江南举事之倡，江南人莫不踊跃。今与公慷慨同死，以见陈公于地下，岂不亦奇伟大丈夫哉！'栴遂不屈，与内史同死。临刑神色不变，时年十七，永历丁亥九月十九日也。"②夏完淳在狱中谈笑自若，自被捕至狱中所写诗，名《南冠草》，都是慨世、伤时、怀友和悼念死者之作，慷慨悲凉，传诵千古。继其父所作政论集《续幸存录》，分析南明弘光王朝败亡的原因，识见超卓。其中写道：南都之政，"幅员小矣，而官愈大；郡县少矣，而官愈多；财富贫矣，而官愈富。'三反'之政，古人切戒。彼昏不知，淫酗而已。呜乎！"③夏完淳不仅为一代诗人，也实备良史之才。柳亚子《题夏内史集》曰："悲歌慷慨千秋血，文采风流一世宗。"④

顺治四年（1647）九月十九日，夏完淳就义于南京西市。临刑前，他写下《狱中上母书》《遗夫人书》，派人转送老家的嫡母盛氏、生母陆氏及夫人钱氏。其中，《上母书》曰："不孝完淳，今日死矣。以身殉父，不得以身报母矣。……节义文章，如我父子者几人哉！……人生孰无死，贵得死所耳。父得为忠臣，子得为孝子，含笑归太虚，了我分内事。大道本无生，视身若敝屣，但为气所激，缘悟天人理。噩梦十七年，报仇在来世。神游天地间，可以无愧矣！"⑤

临刑时，夏完淳立而不跪，神色不变，刽子手战战兢兢，不敢正视，过了很久，才持刀从喉间断之而绝，年仅17岁。钱彦林等30多名抗清义士，一同在南京西市慷慨就义。夏完淳死后，由友人杜登春、沈羽霄收殓遗体，归葬于松江昆冈乡荡湾村夏允彝墓旁。身后留有妻钱秦篆、女儿以及遗腹子，其子出世后不幸夭折，一代忠良绝嗣。

钱秦篆（1631—？），夏完淳之妻，嘉善人，出身名门。她兰质蕙心，极其贤淑，是一位聪明灵秀的女子。夏完淳《遗夫人书》写得动人心弦，

① （清）屈大均：《嘉兴起义诸臣传》，《夏完淳集笺校》，上海：上海古籍出版社1991年版，第549—550页。
② 柳亚子：《夏内史传略》，《柳亚子集外诗文辑存》，上海：上海人民出版社2011年版，第17页。
③ （明）夏完淳：《续幸存录》，《夏完淳集笺校》，上海：上海古籍出版社1991年版，第451—452页。
④ 柳亚子：《题夏内史集》，《夏完淳集笺校》，上海：上海古籍出版社1991年版，第699页。
⑤ （明）夏完淳：《狱中上母书》，《夏完淳集笺校》，上海：上海古籍出版社1991年版，第413—414页。

全文曰:"三月结缡,便遭大变,而累淑女,相依外家。未尝以家门盛衰,微见颜色。虽德曜齐眉,未可相喻。贤淑和孝,千古所难。不幸至今吾又不得不死,吾死之后,夫人又不得不生。上有双慈,下有一女,则上养下育,托之谁乎?然相劝以生,复何聊赖!芜田废地,已委之蔓草荒烟;同气连枝,原等于隔肤行路。青年丧偶,才及二九之期;沧海横流,又丁百六之会。茕茕一人,生理尽矣!呜呼!言至此,肝肠寸寸断,执笔心酸,对纸泪滴;欲书则一字俱无,欲言则万般难吐。吾死矣,吾死矣!方寸已乱。平生为他人指画了了,今日为夫人一思究竟,便如乱丝积麻。身后之事,一听裁断,我不能道一语也。停笔欲绝。去年江东储贰诞生,各官封典俱有,我不曾得。夫人,夫人,汝亦明朝命妇也。吾累汝,吾误汝,复何言哉!呜呼!见此纸如见吾也。外书奉秦篆细君。"[1]夏完淳死后,钱秦篆同时受父死母丧夫亡的重大打击,悲痛欲绝,削发为尼,独守青灯古佛,孤独地度过一生。

夏完淳的伯父夏之旭,当年曾以文才著名,但科举并不顺利,止步于生员,在夏允彝前往长乐当县令期间,他负责照顾年迈的母亲。他对夏完淳的影响也比较大。明亡之后,夏之旭听从陈子龙安排,参与策反吴胜兆,事败之后被缉捕,自缢于当地文庙,也是一个气节凛然的烈士。

夏完淳同辈的姐妹也极富文采,对他影响很大。夏完淳有一姐一妹。姐夏淑吉是个女诗人,字美南,号荆隐,虽然是正房盛氏亲生,与完淳同父不同母,年长完淳 15 岁,但和弟弟的感情非常深厚。夏完淳诗文中提到她的地方极多,认为其文采比得上东汉才女蔡文姬。夏淑吉夫家是浙江嘉定的侯家,丈夫侯文中是夏完淳最敬佩的同辈人之一,在完淳六七岁时就已早逝,完淳对他的了解多是从其遗留的诗文中得到的。侯家是江南有名的书香门第,后来在抗清斗争中,父子几人同时遇难,几乎全家都为国捐躯。姐丈一家的这种气节,对夏完淳成长的影响如春风化雨,渗透在日常生活之中。

夏完淳妹惠吉,字昭南,号兰隐,和他同为陆氏夫人所生。惠吉的字为"昭南",和字"美南"的姐姐淑吉同称"二南",再加上夏完淳,姐、

---

① (明)夏完淳:《遗夫人书》,《夏完淳集笺校》,上海:上海古籍出版社 1991 年版,第 417 页。

弟、妹三人又被称为"空谷三隐"（夏完淳号小隐）。夏惠吉也富有才气，和完淳的感情也很好。夏完淳在诗中称赞他们的兄妹情谊："天涯风雨雁飞鸣，雨雪相依倍有情……论心此日欢方恰，惜别他时感又生"。夏完淳牺牲前，郑重地把生母陆氏托付给这个唯一的妹妹照顾。

夏完淳的亲眷中，除嘉定侯家外，还有嫡母盛氏侄女盛蕴贞。和夏淑吉一样，她也是侯家的儿媳，但她的命运比年轻时守寡的夏淑吉还要不幸。她的未婚夫是淑吉丈夫侯文中的堂弟侯智含，也是有名的才子。在抗清斗争中，侯智含在逃难时死去，她便成了还未成亲的未亡人。在那个兵荒马乱的年代，她和夏淑吉一样削发为尼，做了淑吉的徒弟。其诗作真挚动情，如《赠圣幢诗》，其中"心能同水月，骨自带烟霞"被传为佳句。她和夏完淳是表亲，又是完淳姐夏淑吉的妯娌，因此也和夏完淳成为互相影响的知己。

夏完淳很小由父母做主定亲，其岳父钱栴，字彦林，是嘉善一带极有名望的才子，而且性格豪爽，被称作钱长公。这位岳父可谓夏完淳的师表。明亡时他积极参加抗清，组织义军，后因掩护完淳的老师、抗清义士陈子龙而被捕，和女婿夏完淳同一天为国捐躯。他死后，妻子徐氏不愿独活，投水自尽。

钱栴的两个儿子也都是有才名的人，和夏完淳非常要好。长子钱熙风姿玉立，才气纵横，是夏完淳最敬重的同辈人之一，因参加抗清活动，积劳成疾去世。夏完淳伤心不已，曾写下"千古文章未尽才"的悼语。钱熙之弟钱默 8 岁能写诗，15 岁成进士，和夏完淳有唱和，也有神童之誉，并为夏完淳写过一篇《神童赋》，被传为佳话。明末家破人亡后，钱默便流浪各地，不知所终。钱栴的堂兄钱栋也是夏完淳的抗清同志，和他们翁婿二人在同一天壮烈殉国。亲戚们的才情与气节，对夏完淳的成长影响至深。

夏完淳的成长，还在于他有一批良师。这些当时杰出的人物中，对夏完淳影响极大的是陈子龙。陈子龙，字卧子，也是松江华亭人，他比夏允彝小 12 岁，但夏允彝非常器重他的才华，常不遗余力地帮助他，与他结为忘年之交。二人志同道合，同为几社的组织者与创始人，人称"陈、夏"。陈子龙不但有丰富的学识，而且志向高远、善于运筹帷幄，是难得的济世之才。

在文学上,陈子龙和夏允彝一样主张继承明代前后七子传统,诗宗法汉魏六朝盛唐之音,以求振兴国运。陈子龙的才气在当地及江南各省都很有名,尤其以不读死书,重视时务而闻名于世,这在明末是较难得的。陈子龙对宦官的痛恨以及对人民的同情,都深深打动了学生的心,夏完淳的文学成就深受其影响。陈子龙和夏完淳既是师生关系,又是志同道合的朋友,后来成为共同战斗的战友。

夏完淳在世只有短短的 17 年,但他在明末文坛上却有着不可磨灭的光辉。夏完淳短暂的一生,著有赋 12 篇,各体诗 337 首,词 41 首,曲 4 首,文 12 篇。其中,《大哀赋》"内容涉及的范围很广,它指斥朝政的腐败,怀故国的沦亡,评议人事的得失,抒陈复国的抱负,不仅概括了个人战斗的一生,也概括了明、清之际的全部史迹,这是一篇具有史诗意义的作品"①。夏完淳的诗作具有慷慨悲壮、清新开朗的独特风格,有极大的艺术感染力,能引起人强烈共鸣。夏完淳诗集中的爱国主题与爱国激情,热烈的战斗气息,充沛的乐观精神,夺目的华美文辞,动人的浪漫色彩,都足以辉耀千秋,令他屹立于古今爱国诗人之林。

现代爱国诗人柳亚子,在青年时期读夏完淳的诗歌后敬慕不已,在《题〈夏内史集〉》其五中,写下"悲歌慷慨千秋血,文采风流一世宗。我亦年华垂二九,头颅如许负英雄"以自励。

堵胤锡(1601—1649),字仲缄,一字牧子,号牧游,江苏宜兴屺亭镇前亭村人。祖上有两代人出任过镇江卫指挥佥事、南京兵马指挥使副指挥等武职。到明隆庆年间,家道式微,又因争产发生家庭纠纷,祖父堵佳寄寓于武进县夹山之麓随十房街村岳父王心崖家,堵胤锡就出生在这里。他后来在无锡从师,又以无锡籍参加科举,登进士第。因此,《明史》和无锡地方志把他列为无锡籍。

堵胤锡 11 岁时,父母俱丧,12 岁时,依于岳家陈氏。其岳父贫而好义,聘请塾师教他诗文。万历四十八年(1620)十月,堵胤锡参加县试,被录取。十一月参加府试又被录取。十二月参加院试,被黜。这时无

---

① 中华书局上海编辑所:《夏完淳集笺校》,上海:上海古籍出版社 1991 年版,第 677 页。

锡马世奇赏识他的才学,他便受业于马世奇门下,执弟子之礼,攻读数年,学业大进。天启元年(1621)七月,他写万言书呈何太守应瑞,太守奇其才,并予以鼓励。天启二年(1622)五月,胤锡补府学弟子员。天启六年(1626),参加院试,名列一等。

崇祯六年(1633),中江宁乡试第十六名。崇祯十年(1637)中进士。崇祯十二年(1639)四月,任南京户部主事。九月,任兑差分司之职,秉公办事,革除陋规。崇祯十三年(1640)正月,任北新钞关分司之职,申明课则,革除积弊。这时淫雨连绵,米价昂贵,商船不至,他就出台免税招商办法,不久商船就陆续到来。这年十二月,天灾流行,百姓生活困苦,他特为减餐,停止宴会,不听音乐,茹蔬食粥。他赈济灾民,每人半升,隔日一次,共给米 200 石,救活万余人。崇祯十四年(1641),出任长沙知府。当时,"山贼掠安化、宁乡,官军数败,胤锡督乡兵破灭之,又杀醴陵贼魁,遂以知兵名。"①崇祯十五年(1642),他处理积案 300 余件,编纂《长沙府志》。

崇祯十七年(1644)正月,至南都,会见史可法、袁继咸,共以国士见许,委以长沙监军之任。四月,他闻京师三月十九日之变,崇祯帝自缢于煤山,失声痛哭,作《坠龙骚》五章。这年五月,福王即位于南都,次年改元弘光。"福王命为湖广参政,分守武昌、黄州、汉阳。"②堵胤锡为湖广按察司副使,提督学政。他以国仇未雪为耻,行事"苟利国家,我则专之",训练士卒,讲解战术,更加勤奋。

南明弘光元年(1645)三月,堵胤锡巡试湖南。"乙酉四月,督师何腾蛟抵长沙,相见抱项大哭,徐挥泪进策曰:'楚囚泣无为也,不措饷能辑兵乎? 不招降能张楚乎?'何公然之。自是,公措置转运资何公军不绝。五月,南都失守。报至,檄告天下勤王,设三科以募士。"③六月,堵胤锡建立"君子营",设科募士,他亲自去观察和了解当地青年的状况,测验其胆气和力量,决定招募 300 人,分成 10 营,取越王勾践君子六千之意,不叫兵丁,而称为君子,以示尊重之意。

① (清)张廷玉等:《明史》卷二七七《堵胤锡传》,北京:中华书局 1974 年版,第 7151 页。
② (清)张廷玉等:《明史》卷二七七《堵胤锡传》,北京:中华书局 1974 年版,第 7151 页。
③ (清)计六奇:《明季南略》,北京:中华书局 1984 年版,第 399—400 页。

这年闰六月,唐王即位于福州,改元隆武。八月,堵胤锡升任金都御史,巡抚湖广。此时,"李自成死,众拥其兄子锦为主。"①李锦一眼失明,"号一只虎,性极凶暴。"②满朝文武为此深感恐惧,独堵胤锡议抚之,曰:"覆亡无日,吾愿赤手往,为国抚集其众。"③"……乃即军中宴之,导以忠孝大义数千言。明日,高氏出拜,谓锦曰:'堵公,天人也,汝不可负!'别部田见秀、刘汝魁等亦来归。"④

隆武二年(1646)二月,堵胤锡率师渡澧水,准备与忠贞营合攻荆州。久围不下后,有人建议决水灌城,堵胤锡曰:"我为朝廷复疆土,首以人民为本。若此,则生民胥溺,我得空城何益!"⑤他未采纳这个建议。迟疑两日后,清援兵至,李锦部大败,诸将遂溃而还。堵胤锡"堕马伤臂几死。过新化驿,题诗云:'不眠灯火暗孤村,风雨潇潇杂夜魂。鬼定有知号汉阙,家于何处吊荒原。三更乌化千年血,万里人悲一豆恩。南望诸陵迷野渡,钟山肠尽可怜猿。'又云:'短策回瞻城曲阴,剑声犹吼不平心。孤军雨裹鼙声碎,乱水桥边马影深。南北试看谁世界,死生此刻辨人禽。倒翻廿一听前史,正气千秋歌到今'"⑥。

永历二年(1648)四月,清廷招降书至,被堵胤锡严词拒绝。因连年征战,堵胤锡积劳成疾,时常吐血。他望阙再拜,写了遗疏送给皇上,愤激之情溢于言表。这年十一月二十六日,堵胤锡吐血病卒,年仅49岁。三军恸哭,如丧父母。永历帝痛悼不已,"涕泣减膳,辍朝五日。赠公上柱国、中极殿大学士、太傅兼太子太师镇国公,谥文襄。"⑦著有《十四朝史纲》《春秋说义》等。

黄毓祺(1579—1649),字介之,号大愚,江苏江阴人。家住江阴东城内。月城黄氏九世孙,义士黄銮曾孙。自幼好学,素有文学,有盛名。天启元年(1621)恩贡。崇祯年间与缪尊素成立"江上九子社",主张"广

---

① (清)张廷玉等:《明史》卷二七七《堵胤锡传》,北京:中华书局1974年版,第7151—7152页。
② (清)计六奇:《明季南略》,北京:中华书局1984年版,第400页。
③ (清)计六奇:《明季南略》,北京:中华书局1984年版,第400—401页。
④ (清)张廷玉等:《明史》卷二七七《堵胤锡传》,北京:中华书局1974年版,第7152页。
⑤ (清)计六奇:《明季南略》,北京:中华书局1984年版,第403页。
⑥ (清)计六奇:《明季南略》,北京:中华书局1984年版,第403—404页。
⑦ (清)计六奇:《明季南略》,北京:中华书局1984年版,第410页。

言路，行改良，正朝政"。明末闭户读书，长斋事佛，与钱谦益多有往来。

黄毓祺早年与周延儒曾同窗共读。一日，两人议论天下事，话不投机，黄毓祺用桌上砚台掷之，没打中，叹曰："恨不杀此误国儿!"后周延儒在朝为官，果然庸懦贪鄙，最后因延误军机之罪，被崇祯勒令自杀。

弘光二年(1645)，清军南下江阴，黄毓祺参加江阴抗清守城战斗。守城之役，与友人参将张宿，上舍程壁等，歃血同盟，协力拒守。八月城破，黄毓祺自取法名"印白"，隐居"古梅禅院"，伺机再起。次年潜回江阴，目睹祖坟被掘，重新营葬。据《明季南略》记载：黄毓祺门人徐趋，字佩玉，亦以气节著。江阴城守，毓祺与趋起兵行塘以应。鲁监国遥授兵部尚书，赐敕印。城破，伏处城外乡间，谋求援兵，伺机再起。

永历元年(1647)正月，黄毓祺组织船只千艘，起兵海上，谋复常州。他纠合师徒，自舟山出发。钱谦益妻柳如是至海上犒师，前往崇明时，适飓风大作，船只大多被飘没。黄毓祺溺于海，赖勇士石负之，始得登岸。约常郡五县，同日起兵恢复，聚众数万，屯武进白土地方，五鼓薄郡北城，放火烧门。知府夏一鹗、同知黄谋驰至。门将破矣，夏一鹗领家丁数十骑，开门杀出，冲过吊桥，众皆散走。此时城门洞开。徐趋固文士，不知兵。纶巾羽扇，驱兵至府署。署中出骑兵数人，挺刀逐之，众惊逸，自相蹂践，徐趋乃被执。黄毓祺遁江北。吏执其子大湛、大淳、大洪，兄弟争死勿怯。

黄毓祺事既不就，而志不少衰，逃名潜窜，甚至纳屦踵决，乞食于市。永历二年即顺治五年(1648)四月，"凤阳巡抚陈之龙擒江阴黄毓祺于通州法宝寺，搜出伪总督印及悖逆诗词"[1]，下海陵狱。"钱谦益曾留黄毓祺宿其家，且许助资招兵"[2]，因黄毓祺案也被逮至南京入狱。狱吏执黄毓祺见廉使夏一鹗。"一鹗为常州府时，治徐趋之狱，尝垂涎于祺而欲未遂。……祺不应，索笔供云'身犹旧国孤臣，彼实新朝佐命(寅恪案'彼'指钱牧斋)。各为一事，马牛其风'。一鹗大怒，酷肆拷掠，诘以若欲何为。曰，求一死耳。"[3]七日后，遂因于广陵狱。

① 陈寅恪：《柳如是别传》下册，北京：生活·读书·新知三联书店 2001 年版，第 902 页。
② 陈寅恪：《柳如是别传》下册，北京：生活·读书·新知三联书店 2001 年版，第 902 页。
③ 陈寅恪：《柳如是别传》下册，北京：生活·读书·新知三联书店 2001 年版，第 907 页。

黄毓祺豪于诗文,在狱中慷慨如平时,题咏不少辍。落笔洒然,痛所志不遂,郁伊骚屑之情,溢于辞色。有绝命词曰:"人闻忠孝本寻常,墙壁为心铁石肠。拟向虚空擎日月,曾于梦幻历冰霜。檐头百里青音吼,狮子千寻白乳长。示幻不妨为厉鬼,云期风马昼飞扬。"①永历三年即顺治六年(1649)三月,"移金陵狱。将刑,门人告之期。祺作绝命诗,被衲衣,趺坐而逝。旨下,命戮其尸。"②时年六十一。尸体由邓大临"棺殓送归",葬月城吴家村西。地方人士钦崇其一生忠义,曾私谥其号为"文烈",供奉于月城古梅禅院。

清乾隆四十一年(1776)入祀忠义祠。其著作有《古杏堂集》十卷,《大愚老人集》二卷、附录一卷。此外,尚有《江上二黄先生遗稿》等。《江上诗钞》收其诗一卷。

黄毓祺有妻徐氏、赵氏,共生四子三女。子黄大湛、黄大淳、黄大洪等。当黄毓祺在金陵狱中时,先是"兄弟争死",后"俱发旗下为奴"。黄大湛妻周氏,宁死不当亡国奴,以自刎、投水、吞金、绝食等方式自杀未遂,最后于永历四年(1650)自缢身亡。黄氏兄弟远戍燕北,受尽颠沛流离之苦,后由僧人绍元"倾赀赎以归"。

据《明遗民录汇编》记载:"黄晞,字仔薪,江阴人。父毓祺,弘光末,清破江阴,毓祺以兵袭城,不克,被执死。晞兄弟四人,轮旗下为奴。岁余,乡人敛金赎之,遂乞食南归。骨肉丧亡,毗陵大室争延致为子弟师。晞学有源委,论经史贯穿不倦,幅巾白衣袍终其身。年七十余卒。所著志文百余篇。"③

黄氏家族一门忠义。"黄锺,字吕侣,号音古,又号觉浪,江阴人。笃行博学,举诸生,从高攀龙学。及攀龙罹珰祸,为文往祭,哭甚哀,即弦诸生曰:'入朝为珰用,则负吾所学,不为珰用,祸患立至,安用科第为?'隐居教授生徒。甲申闻国变,号泣累日,遂成颠疾,或不食饮,或坐卧山巅,累夜不归,或咄咄谵语,如与鬼神晤对状。乙酉夏,谓其子孙曰:'吾不能久留斯世。'沐浴更衣冠,端坐而逝,年八十八。其从侄毓祺

---

① 陈寅恪:《柳如是别传》下册,北京:生活·读书·新知三联书店 2001 年版,第 907 页。
② 陈寅恪:《柳如是别传》下册,北京:生活·读书·新知三联书店 2001 年版,第 907 页。
③ 谢正光、范金民:《明遗民录汇编》下册,南京:南京大学出版社 1995 年版,第 859 页。

亦以名节显。"①

张肯堂(？—1651)，字载宁，号鲲渊，松江府华亭县(今上海松江区)人。天启五年(1625)进士。居松江时，朱舜水曾出其门下。初任余干县知县。崇祯七年(1634)擢御史。至崇祯十四年(1641)，累升为佥都御史，巡抚福建。南都弘光亡，唐王朱聿键即位福州，进太子少保、吏部尚书，寻改左都御史，掌都察院事。陈子龙吴淞起事败，请出募舟师由海道抵江南，招合义旅，为郑芝龙所阻。隆武二年(1646)，郑芝龙降清，被软禁北京，清军攻入福建，唐王被俘而死，张肯堂漂泊海上。

隆武元年(1645)闰六月，浙江的明遗臣拥鲁王朱以海监国，是为南明政权之一。这个小朝廷初驻绍兴，形成隆武帝与鲁监国并存的局面。鲁监国二年(1647)，张肯堂入舟山，希望能在这里取得隔海相望的故乡松江反清力量的支持，继续进行反清战斗。当时，舟山的实际控制者是唐王所封的肃虏侯黄斌卿。崇祯末年，黄斌卿为舟山参将。弘光元年(1645)，任南明福王政权江北总兵。次年兵败，回到舟山任总兵。

黄斌卿对隆武朝的旧臣张肯堂从海上来到舟山还是欢迎的。他把自己的住所，原舟山参将府让给张住。黄氏表面上礼贤下士，内心却猜忌刻薄，无远略，只求割据自保。清松江提督降将吴胜兆因不满清廷对他罚俸半年，遂决定反正归明，派使者向舟山的黄斌卿、张名振请求支援。张肯堂喜出望外，黄却不愿意。指挥水师的兵部右侍郎沈廷扬与鲁王军队张名振、张煌言所部渡海前去，在崇明岛外遇风暴而失败，沈廷扬死于海难。两张实力大减，黄斌卿更不把鲁王势力放在眼里。张肯堂多次劝说黄氏与盟友交好，然无济于事。浙东鲁王政权军队大败时，黄斌卿拒绝接纳鲁王避难。张肯堂就这样度过了寂寞的两年。他在散文《寓生亭记》中，把自己感慨地比作"寓生之木"，只能攀附在别的树木上，任凭风吹雨打，透露出十分无奈的心情。

鲁监国四年(1649)，张名振为扩展鲁监国地盘，会同奉化鹿颈头守将王朝先等攻打舟山，讨伐黄斌卿。黄斌卿众叛亲离，抵抗失败，只好请张肯堂出面向鲁王请罪，以求免死。最后，黄斌卿还是被张名振所

① 谢正光、范金民:《明遗民录汇编》下册，南京:南京大学出版社 1995 年版，第 862 页。

杀,抛尸大海。这年十月,鲁王进驻舟山,以定海城为大本营。张肯堂把参将府让给鲁王居住,鲁王拜张肯堂为东阁大学士。舟山至此成为鲁王政权的反清基地。次年,张名振因与王朝先意见相左,袭杀王后合并其部众,从而掌握鲁政权的全部兵权。

鲁监国六年(1651)九月,清浙闽总督陈锦从松江、镇海、海门三路围攻舟山。鲁王集团其实早已获悉,却在应战决策上出现重大失误。鲁王和张名振、张煌言等率水师北上攻打吴淞口,以牵制清军兵力;相国张肯堂、安洋将军刘世勋、荡北伯阮进等留守舟山。清军趁大雾笼罩定海攻陷螺头门,围城十日。南明守将阮进火攻退敌,不料风反自焚,清兵蜂拥登岸,直逼定海城下。定海城守军火药耗尽,内奸金允彦、邱元吉弃城投敌,引清兵入城。刘世勋、张名扬等率全城军民进行激烈巷战,终因寡不敌众,城陷。刘世勋在巷战中战死、张名扬被捕。鲁王与张名振回师救援,却在螺头门受潮水阻挡,远眺定海城中火光冲天,知大势已去,只得转航福建沿海,依附郑成功而去。郑成功令人将他们安置在厦门对海的金门岛。

城陷当日,清军挨家挨户搜捕,不分军民一概屠杀。《舟山市志》称,南明鲁王政权军队、官员和城内居民有1.8万人死难。这是舟山历史上悲惨的一页。定海城血流成河,尸体累累相枕,井中填满尸骨,大火昼夜不息。史称"辛卯之难"。"张肯堂在舟山,多树梨花,作亭其间,颜曰雪交。至是题绝命诗于亭而缢。其前二联云:'虚名廿载著人寰,晚岁空余学圃间;难赋归来如靖节,聊歌正气学文山。'自肯堂外,死者数十人。胜国孤臣,于斯尽矣!"[①]张肯堂全家老小二十余口皆自缢而死。雪交亭系张肯堂平日读书处。张名振母、弟张名扬被执,不屈,被杀,其全家数十口皆自焚。

张肯堂漂泊半生,死于非难。他的部下汝应元,字善长,江苏华亭(今上海松江区)人。少读书,有勇干,善料事,深得张肯堂信任。应元随张肯堂从福建至舟山,后在普陀山出家,僧名无凡。舟山城破后,无凡冒死进城,诣清帅乞葬肯堂遗骸,许之。他葬肯堂遗骸于普陀山宝称

---

① (清)吴梅村:《鹿樵纪闻》卷中,《扬州十日记》,上海:神州国光社民国三十五年版,第147页。

庵旁,还全力营救被俘的张肯堂孙子张茂滋。无凡守其墓终生。张肯堂、张名振、张煌言被称为"南明三忠烈"。

张名振(?—1655),字侯服,明南直隶应天府江宁县(今江苏南京)人。《清史稿·张名振传》对其生平的记载不详,事迹多见于野史稗钞。少时刚直豪爽,颇有谋略,心怀壮志。游历京师,东厂太监曹化淳引为上宾,与东林党关系密切。"张名振者,石浦守将也,与斌卿为儿女姻。"①崇祯末年,以副将任台州石浦游击,主管象山港一带防备。

顺治二年(1645),南京、杭州相继失守。弘光朝后,南明初期出现明宗室诸王相继称王称帝的复杂背景。此时,张名振招集义师,图谋恢复,与张煌言等拥立鲁王朱以海监国绍兴。张名振被封为富平将军,守备钱塘江,曾计划出击海宁,因清军迅速大举南下,乃退守石浦。几乎同一时期,福建郑氏地方势力拥立鲁王叔辈的唐王朱聿键于福州称帝,年号隆武。这样,在东南沿海就有了两个并立的南明小朝廷。张名振因与同奉隆武年号的舟山总兵黄斌卿有姻亲关系,此时也接受唐王册封。"绍兴之破,与鲁王投舟山,斌卿不欲奉王,故随郑彩入闽,而名振独留。"②顺治三年(1646),鲁王败退入海,张名振扈从鲁王至舟山,黄斌卿拒之不纳。"斌卿本无大志,特为利而动。"③鲁王只得随郑彩沿海南下厦门,张名振则留守舟山。"其年冬,溃将张国柱来犯,斌卿连战不能御。名振使其将阮进以数舟冲国柱营,因风水之势,发礮击之,国柱败去。(阮)进故海盗,精水战,为名振心腹,既破国柱,斌卿以计笼络使去张而归己,名振由是不悦。"④张名振与黄斌卿的矛盾自此产生。

顺治四年(1647),张名振奉鲁王至福建长垣,被封为定西侯。鲁王诸将中,以张名振兵力最强。获悉清江南提督吴胜兆举兵反正消息后,张煌言劝张名振驰援吴胜兆,遂监其军以行。"胜兆镇松江,以滥抚太湖白党,遂怀异志,以蜡书求援海上,斌卿不许,名振独以兵就约。"⑤于

① (清)吴梅村:《鹿樵纪闻》卷中,《扬州十日记》,上海:神州国光社民国三十五年版,第145页。
② (清)吴梅村:《鹿樵纪闻》卷中,《扬州十日记》,上海:神州国光社民国三十五年版,第145页。
③ (清)吴梅村:《鹿樵纪闻》卷中,《扬州十日记》,上海:神州国光社民国三十五年版,第146页。
④ (清)吴梅村:《鹿樵纪闻》卷中,《扬州十日记》,上海:神州国光社民国三十五年版,第145页。
⑤ (清)吴梅村:《鹿樵纪闻》卷中,《扬州十日记》,上海:神州国光社民国三十五年版,第145页。

是,张名振率水师急驰崇明,途中遇海啸,狂风巨浪覆舟,士卒死伤大半。张名振侥幸得免,走间道返回象山南田。

自顺治九年(1652)起,张名振多次与郑成功部合作,从海上入长江与清军作战。当时,南明水军中以福建郑成功部战船数量最多、兵力最强。顺治九年(1652),张名振奉郑成功之令,节制诸军,张煌言监军,誓师北伐,以期收复南京。大军过舟山时,占领金塘岛,杀降将金允彦,祭辛卯舟山死事者,焚香缟素,全军俱哭。接着,张名振与监军张煌言带领五六百艘战船继续向北进发,来到长江口的崇明一带沙洲。崇明城中的清军兵力有限,不敢出战,被围长达八个月。张名振部以崇明和附近沙洲为基地,在近城十里之外,崇明产米之乡筑圩耕种,为长江战役作充分准备。

之后,张名振和张煌言率战船进入长江口,一路上金鼓齐鸣,几万水师摇旗呐喊,冲过狼山(今江苏南通市南面沿江重镇)、福山(与狼山隔江相对)、江阴、靖江等清军江防重地,抵达瓜州。在京口、金山一带秘密义勇们的内应下,水师在金山抢夺江岸登陆,缴获清军江防大炮十余门和火药、钱粮等物。张名振、张煌言等在五百校尉的簇拥下登上京口金山寺,"向东南遥祭孝陵,泣下沾襟",慨然题诗曰:"十年横海一孤臣,佳气钟山望里真。鹘首义旗方出楚,燕、云羽檄已通闽。王师桴鼓心肝噎,父老壶浆涕泪亲。南望孝陵兵缟素,会看大纛祃龙津!"诗前序云:"予以接济秦藩,师泊金山,遥拜孝陵有感而赋。"[1]"秦藩"指南明桂王政权,这一年李定国在西南发动大规模的反攻,率八万主力出湖广,刘文秀率偏师六万下四川,节节胜利,天下震动。张名振奉命率数百艘战船首入长江,兵临南京,登金山,祭孝陵,开辟东南战场,是为配合桂王军队在西面与清军的作战,诗中充满着豪迈乐观的情绪。

顺治十年(1653),张名振、张煌言率水师再次入长江作战。观兵仪征,战不利,旋破横江铁甲而出,在吴淞口伏击清兵大胜,俘获战船无数。接着,又退守崇明,挫败追击的清兵。顺治十一年(1654),张名振与张煌言合兵,自吴淞口第三次进入长江,希期收复明朝失地。战舰已

---

① (清)计六奇:《明季南略》,北京:中华书局1984年版,第484页。

直抵燕子矶,终因兵力单弱,无功而返。

顺治十二年(1655)十一月,张名振会同郑成功部将甘辉、陈六御等自厦门北上,夺取定海。台州守将马信约降,张煌言以沙船五百迎之。舟山清守将陈虎战死,巴臣兴投降。在"辛卯之难"四年之后,张名振的军队终于收复舟山,迫降城内清军。张名振素缟痛哭入城,遍寻母尸,哀恸逾恒,三军将士皆为之动容。十二月,张名振终因国恨家仇,郁积于心,鞠躬尽瘁而逝于舟山军中。张名振留下遗嘱,所属部卒归张煌言统率继续抗清,并叮咛"吾于君母恩俱未报,若母尸不获,毋收吾骸"。

张名振年长张煌言 16 岁,虽长幼有序,但交同莫逆。两人十载同命,声息相应。张煌言《哭定西侯墓》诗云:"牙琴碎后不胜愁,絮酒新浇土一杯。冢上麒麟哪入画,汀前鸿雁已分传。知君遗恨犹瞠目,似我孤忠敢掉头。来岁清明寒食节,可能重到剪春楸?"此诗系《奇零草·一纪》之后,自顺治二年(1645)张名振、张煌言奉鲁王入海,至顺治十二年(1655)张名振去世,正好十年。《一纪》诗云:"一纪戎衣有寸尘,到来江汉只孤臣。龙编未达刘琨表,蛟岛空存豫让身。甑堕妻孥宁复惜,剑悬朋友更谁亲?频年惭负苍生望,敢向桃源别问津。""剑悬"用季札挂剑典故。吴季札出使过徐,徐君好季札剑,因使上国未献。待季札返回时,徐君已亡,乃解宝剑系徐君墓树而去。后人以"挂剑"表示对亡友的信义。此时,张煌言在舟山军中,曾亲临张名振墓前祭奠,"浇土""挂剑"乃实情实景。

张名振忠义过人。当初,张名振、张煌言奉鲁王至厦门面见郑成功,郑成功初不为礼,待张名振祖背露"赤心报国"[①]四大字,深入肤寸,乃呼老将军,下拜,乃与二万人,共谋复南京。《东南纪事》总结张名振一生说:"名振扑斌卿,歼郑彩,掩朝先,或以为趋利转圜,挟诈背本。然事鲁王始终一节,出入环卫,险夷无二。"鲁王在金门闻张名振死讯后,"垂泪,几废寝膳。"在鲁王看来,张名振一军是他的生死依托,其杀黄斌卿、郑彩和王朝先,均事出有因。张名振去世后,张煌言继任兵部尚书,接管军权,又几次与郑成功联手作战,继续反清大业。

① (清)吴梅村:《鹿樵纪闻》卷中,《扬州十日记》,上海:神州国光社民国三十五年版,第 147 页。

张煌言(1620—1664),字玄著,号苍水,鄞县(今浙江宁波)人。崇祯时举人,官至南明兵部尚书,坚持抗清斗争近二十年。

南明弘光元年(顺治二年、1645 年),清军大举南下,连破扬州、南京、嘉定等城。当时,宁波城中文武官员有的仓皇出逃,有的策划献城投降。25 岁的张煌言挺身而出,投笔从戎。刑部员外郎钱肃乐等率众集会于府城隍庙,张煌言毅然参加,倡议勤王,集师举义,并奉表到天台(今浙江天台县),请鲁王朱以海北上监国。

隆武二年(顺治三年、1646 年)五月,清征南大将军贝勒博洛突破钱塘江,绍兴、杭州、义乌、金华等城相继失守,南明宗室乐安郡王、楚亲王、晋平郡王均在金华殉国。鲁监国则在时为石浦守将的张名振拥戴下,自台州出海到达舟山。张煌言随即赶回鄞县故里,与老父、继母、妻儿子女诀别,追随鲁王一行至舟山。然而,舟山总兵、隆武帝所封肃虏侯黄斌卿拒绝接纳鲁监国。鲁王只得在张煌言等人护拥下前往福建暂避,张名振留舟山待机。

永历元年(顺治四年、1647 年),清苏松提督吴胜兆欲在苏州反正,起事前联络张名振支持。张煌言劝张名振援吴胜兆,张名振遂命张煌言为监军,徐孚远副之。四月六日从岑江(即浙江舟山岑港)出发,不料在崇明岛外遇风暴。张煌言因飓风吹翻船舶,陷入清军之手七天,后寻找机会逃至海上。在途经黄岩时,又被追赶的清军包围并以箭射之。张煌言率领数骑突出包围,并在浙东招募集结义军拒守。其时,当地的多个山寨经常劫掠民众,唯独张煌言让其部下不要扰民,得到民众拥护。

永历五年(顺治八年、1651 年),浙东抗清义军拥奉鲁王在舟山重建行寨。八月,鲁王封张煌言为兵部左侍郎。总督军务的兵部尚书张名振和张煌言奉鲁王令,率大军从海上进攻崇明,获得初胜,但根据地舟山却因防守空虚,被清军袭破,二张匆匆回军,已回天乏力,只能保护鲁王又撤至福建。此时,郑成功已向时处云南的永历帝称臣并承认永历朝为南明正统,遂将鲁王安置于金门岛。张煌言主动与郑成功交好,两位抗清义士结下深厚友谊。

永历七年(顺治十年、1653 年)八月,张名振和监军兵部侍郎张煌言带领五六百艘战船向北进发,来到长江口的崇明一带沙洲。崇明城中的清军兵力有限,不敢出战,被围长达八个月。明军以崇明和附近沙洲为基地,筑圩耕种。

永历九年(顺治十二年、1655 年),张名振与张煌言合兵三入长江,抵燕子矶,因兵力单弱,无功而返;乃会同郑成功部甘辉、陈六御等收复舟山。岁末,张名振猝死。张名振原本遗嘱由张煌言统领其军,而郑成功却下令由陈六御接掌。次年,清军再度占领舟山,陈六御阵亡。在众将士的推戴下,张煌言成为鲁监国军队的主要领袖,继续同郑成功联合抗清作战。"当郑成功终于进军长江时,张煌言率所部先行。"[1]

永历十二年(顺治十五年、1658 年),永历帝封郑成功为延平郡王,张煌言为东阁大学士兼兵部尚书,负责浙江军事。同年,清军进至云贵。郑成功、张煌言进军浙江,攻克乐清(今浙江温州乐清)、宁海(今浙江宁波宁海县)等地。后因在羊山遇台风,损失巨舰百余艘,漂没战士8000 余人,被迫撤回厦门。

永历十三年(顺治十六年、1659 年)五月,为牵制向云贵地区大举进攻的清军,郑成功率水陆大军 17 万,在舟山会合张煌言所部 6000人,自崇明口入长江同清军作战。义军刚抵达长江口时,张煌言根据自己多次进入长江的作战经验,以"崇明,江海门户"为由,建议郑成功先占领崇明全岛作为后方根本,务使义军"进退有所据",可惜郑成功并未采纳,主张全军西进。当时,驻防长江两岸的清军,"于金焦间横铁索绝流,夹岸列西洋大炮,守御甚严"。张煌言"引舟入江,乘风溯流而进,方过焦山,风甚急,急叱舟人断索鼓棹;两岸炮轰如雷,弹飞或电,同舟百艘,得至金山,十七舟而已,翼日延平克瓜洲。"[2]攻克瓜洲后,张煌言向郑成功建言:"延平以芜湖咽喉之地,属余统本辖戈船往赴。临发,余谓延平:'师久易生他变,宜乘朝气,分兵袭取旁郡邑,使金陵为孤注,然后以全力搏之;不可先挫锐于坚城之下。'延平唯唯。七夕,余至芜湖,传檄郡邑,致书缙绅,大江南北来归去者数十城。"[3]

① 牟复礼、崔瑞德编:《剑桥中国明代史》,北京:中国社会科学出版社 1992 年版,第 771 页。
② (清)吴梅村:《鹿樵纪闻》卷中,《扬州十日记》,上海:神州国光社民国三十五年版,第 143 页。
③ (清)吴梅村:《鹿樵纪闻》卷中,《扬州十日记》,上海:神州国光社民国三十五年版,第 143—144 页。

张煌言到芜湖后,将义军兵分四路,分道攻城略地,且在沿途诸郡县张贴檄告,号召各地"归正反邪"。许多故明降清的旧官吏,见此文告,纷纷倒戈,于是太平、宁国、池州、徽州、广德及诸属县皆请降,使义军很快收复四府、三州、二十四县,城池近三十座。一时皖南、苏南大为震动。义军纪律严明,所过之处,对民众百姓秋毫无犯。张煌言每经郡县,入谒孔子庙,坐明伦堂,进长吏,远近响应,致使出现父老争出持牛酒犒师,扶杖炷香,望见衣冠,涕泪交下的空前盛况,这给义军很大支持和鼓舞。可是,这一大好形势,却因郑成功军攻打南京城失利而急转直下。不久,张煌言又得到郑成功军放弃瓜洲、镇江等地,退回海上的消息。郑成功大军一撤,张煌言孤军悬于芜湖一带,清军得以集中力量回过头来对付他。

此时,清两江总督郎廷佐一方面调遣水军切断张煌言义军东退的水路,另一方面又写信向张煌言劝降。张煌言对招降书拒不应。为摆脱困境,张煌言又率"余兵道繁昌,谋入鄱阳湖",向江西发展。义军船队进抵铜陵时,与湖广来援的大批清军水师遭遇,与之激战而败退。最后,张煌言"抚残兵仅数百,退次无为,焚舟登陆"。又从陆路自桐城,取道霍山、英山,到达东溪岭时,适逢清军"追骑至,从者尽散"。张煌言好不容易才突围而出,只得"变服夜行,至高浒埠,有父老识之,匿于家数日,导使出间道,渡江走建德、祁门乱山间"。此时张煌言身染疟疾发作,几不能行,但他仍不顾病痛,奋力疾行。到达休宁后,"得舟下严州"。登岸后,又复行山路,途经浙江的东阳、义乌"至天台达海"。历尽千难万险,兵败后绕道潜行二千余里,九死一生,终于回到浙江沿海地区。此后,他收集旧部,准备东山再起。郑成功得到张煌言生还的消息后,也将自己的部分兵力拨归他统辖,致使其义军稍有壮大。张煌言将义军屯驻长亭乡,筑塘捍潮,辟田以赡军需军饷。同时,张煌言又派遣使者向永历帝禀告自己兵败的消息。永历帝得悉后,在敕书中表示安抚慰问的同时,又给他"加兵部尚书"的职衔。

永历十五年(顺治十八年、1661年),清廷为肃清东南沿海地区的抗清势力,颁布"迁海令",以断绝义军的粮饷接济。义军无所得饷,只得开屯南田自给。当郑成功率军东征,从荷兰殖民者手中收复台湾时,张煌言不理解此举的重大战略意义,曾写信给郑成功阻之。不久,清军直下云南,终使南明永历政权覆亡。逢此危急之际,张煌言"遣其客罗纶入台湾",催促郑成功出兵闽南,一方面支持东南沿海民众反对"迁海令"的斗争,另一方面也可牵制清军,以解永历政权之危。郑成功"以台湾方定,不能行"为由,加以拒绝。于是,张煌言只得又遣使者到湖北郧阳山中,去说服"十三家兵"出战。"十三家兵"原是李自成起义军的余部,由郝永忠、刘体纯等部将率领。他们以夔东茅麓山为根据地,坚持抗清斗争。张煌言要"十三家兵"出征,"使之扰湖广",以挽救永历政权即将覆亡的军事危局。但"十三家兵"终因兵力衰疲,势单力薄,未能出战。

永历十六年(康熙元年、1662年),张煌言将义军移驻沙堤。其时,郑成功收复台湾后,建立郑氏政权。而鲁王则身居金门,故郑成功对其衣食供奉"礼数日薄"。张煌言虽对鲁王仍忠心不贰,且"岁时供亿不绝",但又"虑成功疑",故"十年不敢入谒"鲁王。待到张煌言"及闻桂王败亡"后,便"上启鲁王,将奉以号召",但未得到郑成功的支持。五月,郑成功病逝于台湾。张煌言大哭曰:"'吾无望矣!'会闽南诸遗老以成功卒,谋复奉鲁王监国,煌言喜,劝成功子经继父之志,经不能复振。"[1]抗清斗争形势更为严峻。张煌言转战于宁海临门村一带。这时,清廷浙江总督赵廷臣趁张煌言义军处境艰难之际,再次写信招降,张煌言不为所动,并回信拒绝。十一月,鲁王薨于金门。义军虽多次奋战,然孤悬海上,被迫孤军作战,日渐势单力薄。为此有人提议将义军队伍拉上鸡笼岛驻扎,张煌言认为此议不可行,鸡笼小岛,四面环海,易攻难守,若招致清军突袭,有全军覆没的危险。

康熙三年(1664)六月,随着永历帝、监国鲁王、郑成功等人相继死去,张煌言见大势已去,复明无望,在南田的悬岙岛(今浙江象山南)解散义军,隐居海岛不出。"明统已不存,煌言乃散军居南田之悬岙,从者只数人。"[2]七月十七日,清军通过叛徒找到张煌言隐居地,夜半渡岛,张

① 孟森:《明史讲义》,北京:中华书局2016年版,第310页。
② 孟森:《明史讲义》,北京:中华书局2016年版,第310页。

煌言同部属罗子木、侍僮杨冠玉等人被执。九月初七日,张煌言被清军杀害于杭州弼教坊。他赴刑场时,大义凛然,面无惧色,抬头举目望见吴山,叹息道:"大好江山,可惜沦于腥膻!"就义前,赋《绝命诗》云:"海甸纵横二十年,孤臣心事竟茫然;桐江只系严光钓,震泽难回范蠡船。生比鸿毛犹负国,死留碧血欲支天;鲁戈莫挽将颓日,敢望千秋青史传?"①临刑时,他拒绝跪而受戮,"坐而受刃",年仅45岁。监斩官见杨冠玉年幼,有心为他开脱。杨冠玉却断然拒绝道:"张公为国,死于忠;我愿为张公,死于义。要杀便杀,不必多言。"言罢,跪在张煌言面前引颈受刑。

张煌言死后,由鄞县万斯大等人与和尚超直收尸,并由张煌言外甥朱湘玉到总督衙门买回首级殡殓,并遵照他在《入武林》诗中所表示的愿望,葬于杭州南屏山北麓荔枝峰下,成为与岳飞、于谦一样埋葬在杭州的第三位英雄,后人称之为"西湖三杰"。乾隆四十一年(1776)清高宗命录前朝"殉节诸臣",并加以褒谥和祭祀,收入《钦定胜朝殉节诸臣录》。清廷对张煌言加谥"忠烈"。

柳亚子写有《题张苍水集三首》,其一云:"廿年横海汉将军,大业蹉跎怨北征。一笑素车东浙路,英雄岂独郑延平。"其二云:"起兵慷慨扶宗国,岂独捐躯为故王?二百年来遗恨在,珠申余孽尚披猖。"其三云:"北望中原涕泪多,胡尘惨淡汉山河。盲风晦雨凄其夜,起读先生正气歌。"

---

① (清)吴梅村:《鹿樵纪闻》卷中,《扬州十日记》,上海:神州国光社民国三十五年版,第144页。

第五章　明清之际江南文化遗民类型划分

　　明清之际江南文化遗民群体构成的考察，主要是对这三十多名明遗民代表人物的遗民身份进行论证，这是划分遗民类型的基础。明末清初遗民存在时间较长，成员构成也较为复杂。"就明遗民这一特殊群体而言，群体的界定、群体内部的差异、传统文化对遗民人生选择影响的程度、易代之际的复杂形势留给遗民人生选择的空间、道德理想与生活现实在遗民人生选择中影响力的消长、明亡的反思、思潮的变化、清廷的政策等等，都与他们的思想走向和人生取向有甚大之关系。……而道德评价更为困难，传统文化中的华夷之别与多民族统一国家观念的交错，历史与现实的是非，随着时间的推移，更加错综纠结，乱如理丝。"①对这些问题作出深切判断，才有可能对明清之际江南文化遗民进行类型划分。"明清易代，使得晚明诸遗老选择了不同的道路，有的以死效忠故国，有的起而反抗，失败后或家居或归隐山林，还有的则亡命于他国，或逃避现实或乞师援助。"②对明清之际江南文化遗民的不同类型进行梳理分析，大体上可将他们分为投笔从戎型、高蹈隐士型、孤忠尽节型、幡然醒悟型四类。

---

① 李瑄：《明遗民群体心态与文学思想研究》，成都：巴蜀书社 2009 年版，第 5—6 页。
② 汪学群：《明代遗民思想研究》，北京：中国社会科学出版社 2012 年版，第 207 页。

一、投笔从戎型

从明清之际文化遗民产生的历史背景,到对文化遗民代表人物群体构成、生平事迹的考察,是试图以重大事件、重要人物为中心,从宏观叙事上串联起南明时期(包括弘光朝、鲁监国、隆武朝、永历朝等)反清复明运动的一幅完整画面。一般说来,"明遗民活动的时间范围大致从甲申(1644,明崇祯十七年,清顺治元年)到康熙三十年(1692)左右,约五十年。在这五十年中,社会发生着剧烈的动荡,清廷对待汉族士人的政策在不断地调整,与之相应,明遗民不是一个静态存在的群体,它也处于不断变化的过程中。从成员来看,随着时间推移,伤痛淡忘,不少人难以抵御生活的压力或诱惑而中途改志;也有人在经历了人生的磨砺之后重新选择要成为'遗民'。总体情绪上,亡国之初是愤激不能自已,到了康熙中叶,随着生活的逐渐安定,慢慢趋于平静。其面临的主要问题,最初是生存与复国,到后来成了如何保持晚节。"①明遗民产生与活动的时间跨度较长,这是造成明遗民类型多样性的客观现实的历史背景。

明末清初的许多文人士子,在民族国家的生存发展处于严重危机的紧急状态下,都能够奋起从戎,甘愿抛头颅,洒热血,谱写了一曲曲可歌可泣的英雄史诗。无论是从江阴保卫战的守城英雄阎应元、陈明遇,到以黄淳耀、侯峒曾等为杰出代表的嘉定士绅;从几社领袖夏允彝、陈子龙、徐孚远,到复社名士万寿祺、阎尔梅、归庄;还是抗清志士夏完淳、吴易、堵胤锡、张名振、黄毓祺、瞿式耜、张煌言,他们都是投笔从戎、舍生取义的文化遗民。即使是那些侥幸未罹难者,明亡后为躲避清廷的追捕和屠杀,隐姓埋名,或遁居山林,或浪迹江湖,也多以名节自持,心念明室,长歌当哭,传达出孤臣义士的共同心声。

投笔从戎型的明遗民,以一种视死如归的精神,成为英勇抗清志士。正如黄容《明遗民录》自序所云:"大抵古今以来,一代之兴,必有名

---

① 李瑄:《明遗民群体心态与文学思想研究》,成都:巴蜀书社 2009 年版,第 5—6 页。

世之佐树伟绩于当时;一代之末,必有捐躯赴义之人扬忠烈于后世,而其守贞特立,厉苦节以终其身,或深潜岩穴,餐菊饮兰,或蜗庐土室,偃仰啸歌,或荷衣箨冠,长镵短镰,甘作种瓜叟,亦有韦布介士,负薪拾穗,行吟野处,要皆磊砢抱志节,非苟且聊尔人也,岂可与草亡木卒同其凋谢者哉。"①因此,"南明王朝的遗民中,首先进入人们视野的便是殉国殉道的遗民。"②投笔从戎型的殉国遗民,饱受传统礼教的濡染,以传承"忠孝"为己任,恰逢国难之时,无以尽忠尽孝,或战死沙场,或采取自杀方式,以成全其"忠孝"名节。史书记载的投笔从戎型的明遗民,数量比较多。

例如,据《明遗民录汇编》记载:"明恽日初,字仲升,号逊庵,武进人也。举崇祯六年乡试副榜,久留京师。十六年,应诏上备边五策,不报。知时事不可为,乃归,携书三千卷,隐天台山中。三年而两京亡。唐王立福州,鲁王亦监国绍兴,吏部侍郎姜垓荐日初知兵,鲁王遣使聘之,固辞不起。……金坛人王祈,聚众入建宁,属县多响应。于是建阳士民数百人,噪于日初之门,固请不得。至建宁,见王祈非初志也。日初曰:'建宁,入闽门户,能守则诸郡安。然不扼仙霞关,建宁终不守也。欲取仙霞,宜先取浦城。'乃遣长子桢随副将谢南云先趋浦城,失利,皆死。……日初收残卒,走广信,寻入封禁山中,数日粮尽,喟然曰:'天下事坏散已数十年,不可救正。然庄烈帝殉社稷,薄海茹痛,小臣愚妄,谓即此可延天命。今乃至此,徒毒百姓,何益?'遂散众,独行归常州。久之,张煌言与郑成功军薄江宁,败走。讹传张公弟凤翼乃日初门人,从师匿,县官将收捕。日初色如常,曰:'吾当死久矣。'既而事解。卒年七十有八。"③简言之,恽日初是刘宗周弟子。崇祯年间曾上守边备御之策,不用。退居天台山中。清兵南下时,为僧,法名明昙,流寓福建建阳。旋参王祈义军,收复建宁,不久兵败,长子恽桢战死,恽桓与恽格被掳。恽日初收残兵入江西,见事不可为,乃归。闭门著书讲学,不改僧服。著有《见则堂语录》《不远堂诗文集》。

① 谢正光、范金民:《明遗民录汇编》下册,南京:南京大学出版社 1995 年版,第 1361 页。
② 敖运梅:《南明浙东遗民诗歌研究》,杭州:浙江大学出版社 2017 年版,第 24 页。
③ 谢正光、范金民:《明遗民录汇编》下册,南京:南京大学出版社 1995 年版,第 819—820 页。

又如,"王玉藻,字质夫,号螺山,江都人。博学尚气节,以文章道义著。崇祯癸未进士。令浙江慈溪,有异政。甲申,闻国变,哀号不食者累日。左右劝曰:'天下事尚可为,人臣志在灭贼,可徒死乎?'遂议城守。寻闻弘光帝立,玉藻以郡兵应之。已而清人覆南都,玉藻遂与旧臣辅鲁王监国,累迁太常,督军保绍兴。及监国走海岛,玉藻仰天大痛,跃入池中,家人救之,得不死。遂闭户,不与时人通……玉藻终身不薙发,不改故衣冠。一夕忽作绝命词曰:'平生辛苦泣孤臣,剩得干干净净身。四大既崩神失散,这篇草稿付谁人?'仍掷笔死,年六十八。"①简言之,王玉藻是明崇祯进士,授慈溪知县。明鲁王监国时,起兵抗清,晋升御史,以兵科都给事中募兵守钱塘江。屡上疏论战守,不得志。明鲁王兵败后,自杀不成,逃往剡溪。继隐居北湖,发誓不易衣去发,作绝词以逝。遗命不冠而敛。

又如,"黄翼圣,字子羽,江南常熟人。崇祯中以荐授成都府新都知县,流寇至,拒城战,走之,升安吉州知州。为人孝友慈良,居官扞难,以廉辨闻。国亡,与州民哭别,归沙头之印溪,杜门谢客。己亥十月卒,年六十四。有《莲芯居士集》。诗清新有雅思,徐波序而定之。"②崇祯中,黄翼圣以诸生应聘,官四川新都知县、安吉州知州。明亡后,以遗老自居,杜门不出,潜心于佛教,与朱明镐、吴伟业及僧人苍雪等人唱和较多。

据《明季南略·王献之不屈》条目记载:"王谋,字献之,号春台,无锡人。本杭姓,济之先生异母弟也。父讳州牧,高才博学,赍志以没。公居三,幼嗣南门王氏,遂因王姓。……丙戌仲冬,公将起义,时先生居江阴,又以平日性谨,故不敢告。公素精管辂术,卜之不。再卜,兆益凶。大怒,掷课筒于地,次日遂行。率乡兵万人,夜薄郡城,积苇焚门。将破,萧太守闻报,登城望之,俱白布裹首,乃曰:'贼夜至,必非明兵。'亲率师启门出战。有家丁温台者,于阵前擒一人斩之,将首级飞掷空中。乡兵本乌合,俱卖菜儿,素不知兵,猝见首级飞堕,皆惊,悉溃走。

---

① 谢正光、范金民:《明遗民录汇编》上册,南京:南京大学出版社 1995 年版,第 74—75 页。

② 谢正光、范金民:《明遗民录汇编》下册,南京:南京大学出版社 1995 年版,第 897 页。

公皮靴步行,道复滑,萧守驰骑突追,遂被获。庭见不跪,萧太守问何人,公曰:'先锋王某也。'严刑拷讯,公犹自侈其众,大骂不屈。萧守亦异之,因下狱。此十一月十一日事。久之,诸囚越狱,公独不走,遂见杀。嗟嗟,韦布之中,非无义士!惜乎其子单寒,不克传之于世也!"作者对此评论说:"予思当日驱市入围郡城,犹以螳臂当车,羊肉投虎耳,其迂戆固不足道。所难者濒死不屈,狱开不逃,虽古之烈士,何以加焉。"①

据《明季南略·宜兴卢象观死难》条目记载:"卢象观,字幼哲,宜兴人,象昇弟。⋯⋯象观里居距城六十里,族人千计。清至,象观聚乡兵千人,象昇故将亦归之。有陈坦公者,勇而才,象观以为将。时清兵已踞宜兴城,而乡镇拥众悉归象观,象观遂得乌合数万。谋破城,自率前队先行,坦公以大军继后。行三十里,至一镇,象观遣使觇城中。还报无兵,可取。象观信之,竟不俟坦公,身率三十骑疾趋入城,不知清兵驻营城外平原,盖利于驰突也。守卒见象观至,登城射矢,外营清兵驰入,象观遇于曲巷,被围。坦公引兵半道,问留兵曰:'卢公安在?'兵曰:'适报城中无兵,轻骑先入矣。'坦公大惊曰:'书生不晓兵事,身为大帅,轻至此乎!'即选精骑三百赴援,见象观颊中二矢,危甚。杀退敌兵,以己马授象观驰出城,自为拒后。⋯⋯象观忽遇清兵,与战,众寡不敌,左右欲退,已扬帆矣。象观持刀断索,曰:'誓死于此!'不去,遂被杀。卢象晋,象观弟也,不薙发,佯狂。己丑七月,捕置狱中,盖一门忠义云。"②卢象观是崇祯壬午解元,癸未进士。授江西抚州府金谿知县,未任,改中书。乙酉之变,起兵不克而死。

据《明季南略·昆山朱集璜赴水》条目记载:"朱集璜,字以发,昆山贡士,故恭靖公孙。陶琰,字圭稚,昆山诸生。⋯⋯邑中谈经济推朱,言理学推陶。乙酉闰六月,昆山士民起义兵,斩守令,迎旧令杨永言入城拒守。永言,河南人,善骑射,抗御若干日,集璜协守甚力。七月初五日甲寅,清兵至城下。初六乙卯,炮击西城,城溃而入。集璜被执,大骂不

① (清)计六奇:《明季南略》,北京:中华书局1984年版,第238—239页。
② (清)计六奇:《明季南略》,北京:中华书局1984年版,第239—240页。

屈,见杀。故将王公扬,年七十,奋勇力战死。陶琰居鸡鸣塘,去城二十余里,方率乡兵三百人赴援,中途闻城破而溃,彷徨久之乃还,曰:'以发其死矣,后之哉!'是夜,拒户自缢死。而他书则云自刎死也。《启祯实录》云:朱集璜掌东南门钥匙,启门以出,莫禁也,而集璜竟赴水死。后十日,家人始获尸于荐严寺后之河,同殡于陶氏之庐。"①昆山贡士朱集璜参与守城,抗御清兵,城破后赴水死。

二、高蹈隐逸型

同为明遗民,他们所经历的家仇国恨是相同的。"明遗民存道的具体内容表现为人伦秩序及其规范下的道德原则,聚焦点就是'君臣之义'。遗民对故国的归属感,往往通过它表现出来。'不仕二姓'因此成为易代之际判断士人政治操守的一般标准,在明遗民的人生选择中作为指导原则发生作用。"②

明遗民们"不仕二姓"的政治操守及故国情怀具有一致性,但由于各人不同的人生经历,以及生活志趣的差异,形成了不同的遗民类型。这就是说,他们"不仅人生境界有高下,数以千计的明遗民在许多方面都有所不同。固然有孤介特立、持身不苟的,也有和而不同、周旋当世的;固然有甘处贫贱、弃家不顾的,也有善于敛财、周全家室的;固然有著述不辍、修身讲学的,也有狂放不羁、颓然放废的;固然有矢志抗清的,也有逐渐接受了易代现实的。"③

从古代文献的记载来考察,所谓"高蹈",其基本内涵有二:一为"远游"之义,如《左传·哀公二十一年》云:"鲁人之皋,数年不觉,使我高蹈";二为"过隐居生活",如晋张协《七命》云:"嘉遁龙盘,玩世高蹈"。高蹈隐逸型的明遗民,在面对清兵的大刀劲弩时,虽缺乏一定勇气和胆量进行正面抵抗,大多只能哀叹回天无力,但都能坚守苦节,不愿出仕,

---

① (清)计六奇:《明季南略》,北京:中华书局1984年版,第258—259页。
② 李瑄:《明遗民群体心态与文学思想研究》,成都:巴蜀书社2009年版,第195—196页。
③ 李瑄:《明遗民群体心态与文学思想研究》,成都:巴蜀书社2009年版,罗宗强序,第1页。

以明遗民身份终其一生。隐逸型遗民们惟借助于放浪山水、啸傲山河，以抒发其悲愤的情感意绪，并以此表达不愿与新朝合作的态度。与丘壑江湖一样，田园山林作为一块僻远宁静之地，对于饱尝颠沛流离之苦和深怀家国败亡之痛的文人士子来说，也是一个重要的精神家园。

费孝通在《论绅士》中说，汉代以后，士大夫找到了一个"逃避权力的渊薮"①。在费孝通看来，孔子其实就是一个"用之则行，舍之则藏的卫道者"②。孔子曰："笃信好学，守死善道。危邦不入，乱邦不居。天下有道则见，无道则隐。"③"邦有道，则仕；邦无道，则可卷而怀之"④。"邦有道"，我们就该投入现实世界做出一番事业；"邦无道"，我们就隐入山林，在山水世界中存续文化血脉。"无道则隐"，历来是士人"逃避权力"的一种归隐传统。"道不行，乘桴浮于海"⑤，归隐山林成为中国士人特有的情怀。从东汉严子陵辞汉光武帝刘秀隐居富春江，到东晋陶渊明解印辞官归隐田园，这一隐逸文化的传统对后世学者的影响极大。

明清易代之际，为"对付明遗民，清廷采用了软硬兼施的两手政策。除了暴力打压之外，尚有名利的诱惑。清人在掌握政权以后，很快恢复了科举考试来笼络多数汉族士人，又不断通过征辟山林隐逸、特开博学鸿词科等手段来分化遗民群体。"⑥在这一情势之下，"乱世之下涌现出各种人群，尤其是饱读诗书的文士对国运民瘼有着一定的担当，在多数人选择自保时，部分遗民文人激流勇进，勉力抗清，当家国沦亡成为既定事实时，他们选择避世隐居。"⑦投笔从戎型的文化遗民是"激流勇进，勉力抗清"者，高蹈隐士型的文化遗民则"选择避世隐居"。据《明遗民录汇编》记载，高蹈隐士型遗民的数量最多。这一类遗民的隐居方式虽

---

① 费孝通：《论绅士》，费孝通、吴晗等：《皇权与绅权》，长沙：岳麓书社 2012 年版，第 4 页。
② 费孝通：《论师儒》，费孝通、吴晗等：《皇权与绅权》，长沙：岳麓书社 2012 年版，第 25 页。
③ (春秋)孔子：《论语》卷十六，《泰伯》下，程树德撰：《论语集释》第二册，北京：中华书局 1990 年版，第539—540 页。
④ (春秋)孔子：《论语》卷三十一，《卫灵公》上，程树德撰：《论语集释》第四册，北京：中华书局 1990 年版，第1068 页。
⑤ (春秋)孔子：《论语》卷九，《公冶长》上，程树德撰：《论语集释》第一册，北京：中华书局 1990 年版，第299 页。
⑥ 李瑄：《明遗民群体心态与文学思想研究》，成都：巴蜀书社 2009 年版，第 140 页。
⑦ 敖运梅：《南明浙东遗民诗歌研究》，杭州：浙江大学出版社 2017 年版，第 18 页。

多种多样,然皆以先朝之遗民终,盖遗民中之"精忠苦节"①者也。他们选择隐逸之路,最担心的是民族文化的失落、学术风气的消散。试以下述数种为例。

有的遗民隐士,选择隐居在江海湖泊之间,著书吟诗,陶冶情操,自得其乐。例如,"明张以谦,字赞虞,武进人。诸生。国变后,隐居邑境之芙蓉湖,著《记事珠》十卷,嘉庆间刊行,然类事之书,非其至者。诗一卷,名《冰雪吟》,气格颇近林霁山、郑所南,而竟无人敢付剞劂者。其《登秦望山望江》云:'高秋一望气悲哉,扶杖看山眠暂开。万里江流京口下,千帆风色海门来。天清深谷闻樵笛,日落寒烟销戍台。矫首不禁愁思起,凄凉况复角声哀。'断句如《寄吴安之》云:'乾坤不变独臣腊,日月犹留处士诗。'《赵止庵遁迹维扬》云:'燕台谁和高生筑,吴市常吹伍相箫。'《书怀》云:'浮萍岂敢随流水,劲草犹能抗疾风。'《吊汉虞司直》云:'半壁已忘周日月,孤城犹见汉旌旗。'"②

又如,"明郭士髦,字斯士,号觉海,太仓人。幼多病,年十三病愈,始就传,负笈入城,寻师而受业焉。学益进,文誉隆起。病复作,迁居海上,编茅结庐,朝夕海潮声与诵声相应和,意自得也。甲申之变,妻孥避居他所,独偕其父守旧庐。见舍旁池水汪洋,指而叹曰:'此余死所也。'一夕披衣起,见月光满地,潜起户而出,欲自沉于水。适其父睡醒,呼曰:'大郎早起何之乎?'因迁延复返,盖士髦之欲以身殉国,而隐忍不决者,徒以亲故也。明亡,旧居屯兵,无所归,遂寄居西泾。时家业荡尽,以授徒自给。未及父亡,自此无意人间事矣。年六十五卒。"③他们属于避世遂志的遗民。

有的遗民隐士,或举家迁于舟上,或筑居水中,誓不登岸,遗命葬于海岛。例如,"陆苏,字望来,江阴人。六岁善属文,十一岁值甲申国变,苏白衣冠哀号七日夜。乙酉清人下江南,遂毁巾衫,焚笔砚,举家迁于舟,誓不登岸,冠昏皆在舟中。惟披网捕鱼,令童子入市换米以自给。每遇风雨之夕,辄系棹荻苇间,仰天长号,呼崇祯皇帝不辍。久之声即

---

① 吴山嘉:《复社姓氏传略》,北京:中国书店 1990 年版,卷首李叙,第 1 页。
② 谢正光、范金民:《明遗民录汇编》上册,南京:南京大学出版社 1995 年版,第 641 页。
③ 谢正光、范金民:《明遗民录汇编》下册,南京:南京大学出版社 1995 年版,第 718 页。

哑,相知者掉艇来访,以书代语,扬帆海上,随波以往。或遭舟几覆,众皆股栗,苏仰天大笑曰:'诸君何为惧哉?人莫不有死,死陆死水,等耳。'卒年五十,遗命葬于海岛,曰'毋使我魂游中土也'。"①

又如,"叶大疑,无锡人。素以节义自许。崇祯甲申,即弃家野服,筑居水中,自署其门曰:'有天不戴逃方外,无地堪依住水中。'矢志不越户限,谢绝友朋,不与通,惟同邑薛堆山、马大临、强恂如三进士及严培之、高仰芳、乐莘汤、黄元藻、缪微阳、唐旭如乃得往来。闻万泰来游梁溪,乃驾小艇迎诸水浒,共载而归,歌咏十余日而去。"②这种择友与避世的方式也相当清高。

有的遗民隐士,不求仕进,隐居教授生徒,或杜门绩学。例如,"陈瑚,字言夏,号确庵,太仓人。崇祯壬午乡榜。乱后隐居教授。江乡沮洳,蓬藋荟蔚,确庵偕其弟子数十人,抠衣岸巾,讲道劝义,歌咏先王之风,若将终身焉。高世绝俗,与华天御齐名。"③

又如,"计大章,字需亭,吴江人。少勤学,励志行,有声诸生中。甲申后,遂不求仕进,隐居教授生徒。养父母惟谨,父八十余……母年九十三,需亭亦七十余,垂老著书,教宗教及里中少年使成令器。当世贵人慕而求见者,莫得识其面也。……若需亭者,可浩然称真隐君子无惭色矣。年八十余卒。"④

又如,"钮应斗,字宿夫,别字惠师,吴江人。入籍秀水,登崇祯癸未进士,仕闽漳泉县令。国亡归里,聚众教授,裹足不入城市。当事高其品,屡举乡饮,不赴。没于康熙辛未秋。"⑤这些隐逸遗民之行为,使避居山林讲读的风气随之兴盛。

有的遗民隐士,削发为僧,隐居寺庙。例如,"张有誉,字谁誉,江阴人。中万历己未会试,天启壬戌赐进士出身。除南京户部主事,累官户部尚书,加太子太保。国亡为僧,居苏州之灵岩。"⑥

① 谢正光、范金民:《明遗民录汇编》下册,南京:南京大学出版社1995年版,第790页。
② 谢正光、范金民:《明遗民录汇编》下册,南京:南京大学出版社1995年版,第940页。
③ 谢正光、范金民:《明遗民录汇编》下册,南京:南京大学出版社1995年版,第727页。
④ 谢正光、范金民:《明遗民录汇编》上册,南京:南京大学出版社1995年版,第498页。
⑤ 谢正光、范金民:《明遗民录汇编》下册,南京:南京大学出版社1995年版,第852页。
⑥ 谢正光、范金民:《明遗民录汇编》上册,南京:南京大学出版社1995年版,第644页。

又如，"明孙自修，号无修，江宁人。崇祯甲子举人，知阳江县有声，迁大同同知。乱后，遣二爱姬，削发为尉麟和尚弟子。游浙中，诛茅于人迹罕至之处，颜曰'悬溪'，浙人称为悬溪和尚。"①

又如，"倪嘉庆，字笃之，号朴庵，江宁人。天启壬戌进士。除户部主事，历户科给事中。国亡为僧，名涵潜，又名大然，又称笑峰和尚。有《灵潭集》。崇祯戊辰在枢部，上言：'国计入不敷出，岁额缺至二三十余万，何以支持？'不纳。兵科给事中刘徽疏请裁驿递，有旨裁十之三，省邮传银六十万，嘉庆独言驿递之设，贫民赖之；裁之太过，将铤而走险，此生盗之源也。李自成果以驿卒被裁走入高迎祥队中，国遂以亡。"②

又如，"吴鼎，字石峰，江南镇江人。明崇祯进士，官礼部员外郎。因流寇之变，避地入滇。永历时，会疏劾李定国独擅威柄，命系狱。及出狱后，遂薙发为僧。尝居新兴，嶍峨临安，自号大拙。善书工诗，邃文学，人多师事之。倜傥不羁，嗜饮，醉后辄仰天悲歌，啸傲风月。康熙十年始归。"③

又如，"吴正心，江南宜兴人，明末进士。历官云南富民知县、嵩明知州，有政声。丁亥，流寇乱滇，阻兵南中，悦新兴山水秀丽，隐迹萧寺，卒葬焉。"④

又如，"吴有涯，字茂申。幼颖异能文，天启七年举于乡，数上公车不第。与同郡张溥、杨廷枢辈介为复社，以古学相劘切，四方人士翕然宗之。遇邑中有大利弊，必慷慨白当事，多所补救。巡抚张国维尤异之。崇祯中，署金坛教谕，迁平阳知县。首立十禁，又请折海运，止预征，政声大著。南都破，避地乐清，遂入闽中。召对自晡至夜，侃侃数千言，有真御史之褒。擢广西道，巡按浙东。在闽三月，前后四十七疏，皆军国急务，以道梗，驻庐州。浙东兵溃，削发为僧，归隐邓尉山。久之，返故里。当事请一见，不可。幽忧发病，不言不出，若干年卒。"⑤

---

① 谢正光、范金民：《明遗民录汇编》上册，南京：南京大学出版社1995年版，第519—520页。
② 谢正光、范金民：《明遗民录汇编》上册，南京：南京大学出版社1995年版，第500—501页。
③ 谢正光、范金民：《明遗民录汇编》上册，南京：南京大学出版社1995年版，第201页。
④ 谢正光、范金民：《明遗民录汇编》上册，南京：南京大学出版社1995年版，第212页。
⑤ 谢正光、范金民：《明遗民录汇编》上册，南京：南京大学出版社1995年版，第213—214页。

又如，"明严炜，字伯玉，常熟人，大学士讷之孙也。初为祁阳王某客，继入何腾蛟、瞿式耜幕，授光禄寺卿。见时事日非，隐平乐之回仙洞。庚寅冬，清兵破桂林，陷平乐，迹前大学士方以智、庶吉士钱秉镫于其家，不可得，则缚炜掠之。清帅马蛟麟劝之降，不可，胁以刃，诱以冠服，并不答。乃改容礼之，听其以僧终。尝省母一还里门，晚仍入回仙洞以终。著有《沧浪集》。"①

有的遗民隐士，隐居于乡村田野，躬耕自食以终。例如，"陈洁，字素人，江阴人。性耿介，家贫训徒，……里有富翁杀佃而据其产，命其子持五千金，丐洁为寿文，洁挥之不顾。崇祯间岁凶，米石至三缗，累日不举火。……其叔怜之，令家僮负米与之，洁不受，三进三却。妻大悦曰：'今日始知足下高节。'……举诸生，国亡，弃巾衫，耕田以终，年九十八。"②

又如，"常延龄，字苍谷，江宁人，开平王遇春之裔，怀远侯元振曾孙也。少孤，事母至孝。崇祯十六年，全楚沦陷，延龄请统京兵赴九江协守，又言江都有地名常家沙，族丁数千，皆其始祖远裔，请鼓以忠义，练为亲兵，帝嘉之，不果行。南都诸勋戚多恣睢自肆，独延龄以守职称。国亡，即弃世爵，奉母遁居上元之熟湖山中，躬耕自食，未尝入市。当事者累招不出，以麻衣葛巾终老。"③这是一种归于山野田园式的避世方式。

又如，"明谢遴，字彚先，宜兴人。崇祯癸酉举人。有《亦是楼存藁》。鼎革后，隐居种菜。检讨陈维崧诗曰：'灶亩半宫绕菜田，锄畦汲水独悠然。芒鞋一雨千金直，不踏城中二十年。'"④这种避世方式是伯夷、叔齐式的。

有的遗民隐士，隐居于修竹环绕的溪滨竹楼中，种菊其下，赋诗饮酒，一派陶渊明式的气象。例如，"明钮荣，字易庵，吴江人。鼎革后，筑楼溪滨，绕以修竹，而种菊其下，赋诗饮酒，绝意人世。所著有

---

① 谢正光、范金民：《明遗民录汇编》下册，南京：南京大学出版社 1995 年版，第 1211 页。
② 谢正光、范金民：《明遗民录汇编》下册，南京：南京大学出版社 1995 年版，第 730 页。
③ 谢正光、范金民：《明遗民录汇编》上册，南京：南京大学出版社 1995 年版，第 606 页。
④ 谢正光、范金民：《明遗民录汇编》下册，南京：南京大学出版社 1995 年版，第 1139 页。

《贞白楼诗》，其《闰上巳序》云：'上巳不是闰，而诗纪异也。当右军作序，纪年冠永和，乃其临流感慨，犹致叹于世殊事异，究厥所悲，一何遐也。'"①

又如，"明吴野翁，名光，字与岩，武进人。十岁丧母，衰毁如成人，几灭性。比就传，日诵数千言，有文名。久之，厌帖括，究心经济，务为有用之学。所论者，自成一家之言。甲申之变，恸哭求死，不得，取所拟时务策并杂著，火之。自是绝意人事，结庐于漏东僻壤，日闭门读《易》，倦则徐步陇侧，与田夫畬叟，较粮晴雨，话桑麻，嗒焉自放于山水间。……少读书，得古人大意。晚年一切束高阁，编茅插篱，庐于中田桑柘间，将终身焉，不复问人间世，亦不复知有人间世。或讶其作苦，翁笑曰：'吾自乐此不疲也。'暇则把壶自倾，不觉歌呼乌乌。而翁更未尝以诗酒问世，所最适意者，荆扉画掩，抱膝静坐，曰：'吾今日犹能置身羲皇以上也，标枝野鹿，庶未远乎！'既自号野翁，人亦称之曰野翁云。"②

有的遗民隐士，因明亡悲痛欲绝，以至癫狂。例如，"张印顶，字大育，江阴人。博学工诗，善鼓琴、击剑。每酒酣，持双苇或柳枝狂舞中庭，令人目眩。甲申，闻李自成陷京师，一恸即成颠疾。常号泣狂走于市，或裸体悲歌于道，人多恶之。乃移家定山云停里，自署其门曰：'山定人随定，云停我亦停。'每鸡鸣而起，诣山谷，痛哭大呼崇祯皇帝，日出乃返。如是二十余年。卒，里人皆呼曰张颠。"③

有的遗民隐士，明亡后因家国破碎，醉酒成疾而亡。"张梯，字木弟，山阴人。与弟杉、楞有盛名，人称山阴三张。梯九岁能属文，为人孝悌慈爱，好立名节，从刘宗周学。当是时，东南文社大起，天下士咸相聚会，见三张俱幼小，在末坐，皆相顾叹其夙就。丙戌，清兵入浙江，山阴郑遵谦率郡民抗之江滨，楞死焉，梯乃薙发游泽中。性不嗜酒，至是好饮，饮必剧醉。尝与杉过扬州，人争邀饮，梯剧醉成疾，遂死。"④

① 谢正光、范金民：《明遗民录汇编》下册，南京：南京大学出版社 1995 年版，第 851 页。
② 谢正光、范金民：《明遗民录汇编》上册，南京：南京大学出版社 1995 年版，第 183—184 页。
③ 谢正光、范金民：《明遗民录汇编》上册，南京：南京大学出版社 1995 年版，第 625—626 页。
④ 谢正光、范金民：《明遗民录汇编》上册，南京：南京大学出版社 1995 年版，第 621—622 页。

有的遗民隐士，明亡后在逃亡途中屡遭不幸，慷慨伤心，投水自尽。例如，"黄周星，字九烟，金陵人。初生时，楚湘周氏抚为已子，因姓周。崇祯庚辰进士，授户部主事，始上疏反周为黄。甲申燕京陷，归金陵。明年金陵覆，遂弃家走闽。国亡，为道士，……性刚直，言行不苟，疾恶甚严，以是所至辄得谤。初，道洞庭，遇盗联艘围劫，忽见洞庭神挟长戟击群盗，得无死。既登科，上书论时宰夺情。时宰密使盗操刀伏床下，忽有野客叩门入，谓周星曰：'床下有暴。'客急呼盗出，盗蒲伏请命。客曰：'黄君忠义士也，毋加害。'盗撇然去，客亦不见。客秦淮，著作甚富，后失于盗，人有攘为己有者。奔走四方四十年，意若有所为而卒不成。及清人抚有海外，天下为一，所故交游尽死亡，周星忽念世事，慷慨伤心，仰天叹曰：'嘻，今日可从古人游矣。'遂与妻孥诀，取酒纵饮一斗，自撰墓志，书绝命词二十四首，负平生所著书，以五月五日跃入湖州南浔死，年七十二。"①

有的遗民隐士，隐居于山林僻静之处，或键户著书，或日夕读书，与世隔绝。"张薇，字瑶星，其先孝感人。宿学工诗，隐居金陵，构松风阁于栖霞之麓，不下山者垂五十年。甘于穷约，键户著书，自号白云山人。当事高其节，造庐访之，非闭户谢即逾垣走，终不得见也。卒之日，年八十八。"②

又如，"张怡（怡一作遗又作薇，又作张遗），上元张遗，字瑶星。终身孝巾素服，时寓雨花台之松风阁。徵君邓元锡尝著《南史》，遗日夕读之，或泣或歌，风动江左。"③

又如，"丘上仪，字惟正，武进人，武进士。受知于川湖总督朱燮元，由江西都司擢海盐参将，有惠政，士民为立天下第一好官之碑。升任不赴，隐于邵湾紫云山中，卖浆为生。亲知赠遗，丝粟不受。年七十余，康熙庚申卒。子孙家于海盐。"④

有的遗民隐士，为与世隔绝，藏于深山，或架松为巢，或结庐云峰，

---

① 谢正光、范金民：《明遗民录汇编》下册，南京：南京大学出版社 1995 年版，第 871 页。
② 谢正光、范金民：《明遗民录汇编》上册，南京：南京大学出版社 1995 年版，第 615 页。
③ 谢正光、范金民：《明遗民录汇编》上册，南京：南京大学出版社 1995 年版，第 615 页。
④ 谢正光、范金民：《明遗民录汇编》上册，南京：南京大学出版社 1995 年版，第 108 页。

吟啸其中,绝迹城市。例如,"杨志达,字尔成,号天玉,丹阳人。游邑庠食饩,与同邑孝廉眭明永友善。乙酉,明永殉难,志达闻之大恸曰:'苟当一命之寄,固当从死,今未践其位而沾其禄,敢依回世俗哉!'遂捐妻子入李山不出,架松为巢,因名为安楼,吟啸其中。或诮之曰:'世之履崇阶享厚糈者不知其几,而一诸生欲抗节高蹈,不亦矫乎?'志达不顾也。历久弥厉,绝迹城市,仅一童子理炊扃户而已。如是者数十年而卒,年七十三。"①

又如,"邹元橒,字文江,无锡人。天启中,高攀龙、顾宪成诸君子倡学东林,邹氏悉从之游,而元橒幼得家学。然性慷慨,每见不平则拔剑相助,父兄戒以中庸,终未能也。崇祯中,以恩贡入都,抗疏论宰辅杨嗣昌夺情起复,虽不见纳,时论韪之。甲申闻变,即弃室而逃。后三十年,人见其在东瓯冷溪,结庐第五云峰,从隐者若干人。元橒日与诸隐者狂吟酣饮。久之,有富儿构瓦屋于左,乃大怒曰:'吾辈可与俗人居者耶?'即絜妻子入深山,不知所终。"②

又如,"谢玑,字在之,江宁人。九世祖贵,建文中北平指挥,为逊国死难之首。玑少举应天茂才,善事父母。崇祯末,中原大乱,玑慨然读书灵谷山中,闭户不出者十五年。通经济术,时适大饥,出为区划,活数万人。流贼逼江浦,都城戒严,玑遂策立保甲法,贼不敢入。甲申弘光帝入南都,时四镇多跋扈,欲寄孥江南,家众以万计,玑忧之,言于阁部史可法,遣车驾郎万曰言驰往沮之,得免。后左良玉果举兵,人始服玑之明决。中丞张玮雅重玑,率台中交章荐玑,玑知时不可为,坚辞不出。国亡尽弃田宅,避入宁阳山中。居十余年,发落顶秃乃还,麻巾草履,丧服以终老。每岁三月十九日,必为位祭烈皇帝。梦中尝大哭失声,醒则涕泗满枕席。自题卧榻曰饥人墓,著《问心诗草》以见志。久之忧郁成疾卒。"③这种避世方式,属于不事王侯,高尚其志。

有的遗民隐士,为居亲丧,独隐居于旧庐。例如,"明顾纾,字子严,

① 谢正光、范金民:《明遗民录汇编》下册,南京:南京大学出版社 1995 年版,第 918 页。
② 谢正光、范金民:《明遗民录汇编》下册,南京:南京大学出版社 1995 年版,第 966 页。
③ 谢正光、范金民:《明遗民录汇编》下册,南京:南京大学出版社 1995 年版,第 1139—1140 页。

炎武同母弟也。居亲丧，哭过哀，目遂盲。明亡后，兄弟绝意仕进，炎武奔走四方，纾独隐居千墩旧庐。华阴王弘撰，称其暗修于不见不闻之地，不愧隐君子。"①

有的遗民隐士，为绝意当世，或被发佯狂，或漫游天下。例如，"宋吕，字世臣，盐城人。性至孝，能文章，以气节自许。崇祯甲申，流寇陷京师，吕柎膺大恸，不食累日，遂绝意当世。以甲子编年，籍冠野服。或讽之曰：'以先生之才，取功名如反手尔，曷为自苦乃尔？'吕大怒，被发佯狂，夜握两石噪其门。其人惧，伏床下不敢动。大吏某，豺虎也，而郡人祠之。吕怒，白衣冠登堂，指像大骂。守祠人垂刃而睨，吕张拱翔步，从容而出。常屏人独居，中夜彷徨，凄然泣下，时又跃然坐枕上呼先皇帝。临卒，语其子永贻曰：'国变以来，吾乡布衣如司孙厉李捐躯者不乏，吾独苟活，徒以祖父、父生吾一人，而吾未得汝故耳。今汝幸成立，差能读书，或干进求名，希尺寸之利，辱我多矣。'言讫而殁。门人私谥曰贞孝。吕衣冠磊落，神采异人，昂然行道上，贵人引避，否则拱揖道左，吕抗手而已。"②

又如，"明李士魁，扬州兴化人。崇祯壬午举人。鲁王监国，授翰林院官。明亡，托于浮屠以自隐。所过题壁称雪裘子，不自言姓名，人亦不知其为何人，遂呼之为雪裘。雪裘不诵经，不持戒，瓢笠萧然，独行踽踽于江、楚、闽、越间。意气豪迈，诙谐笑傲，旁若无人。有赠以钱币者，尽以沽酒，醉必大骂，骂已必抚胸恸哭。所寓多在村市，与近市儒生樽酒谈文，终日不倦。及拂其枕席，则皆泪痕也。好为七言诗，搜奇抉奥，好用险韵，见者惊为创获，而雪裘全不经意。醉后走笔，顷刻数十首，有如宿构。所游之地，诗必盈囊，临去则卷为大束，以付酒家，曰：'与尔覆瓮。'其诗不知所感何事，所指何人，但见其悲酸沉痛，如猩啼，如猿号，如怒涛崩石，如凄风惨雨，知为英雄失路，无可奈何之词也。至云阳，访刘安于旧臣某中丞家。值其聚饮，安于挽之共饮，巨觥屡进，竟不与主人交一言。酒罢，忽指堂上所悬寿轴，熟视主人曰：'谁构此文，妄以忠

① 谢正光、范金民：《明遗民录汇编》下册，南京：南京大学出版社1995年版，第1215页。
② 谢正光、范金民：《明遗民录汇编》上册，南京：南京大学出版社1995年版，第236—237页。

孝许君,君亦俨然妄受,颜何厚也!'主人以安于故,忍怒,佯笑曰:'长老醉矣。'遂辞去,入益阳,抵郭天门家。天门一见,即抱颈共哭,促膝细语,语罢又哭。留连三月,赠以金,令游衡岳,下武当。自是江楚间,无复雪裘杖履矣。郭氏子弟问雪裘何人? 天门默不应,再问,强答曰:'云间陈卧子故友也。'"①

有的遗民隐士,朋好往来,或为文酒之会,或合社讲学,以诗文自娱。例如,"李逊之,字膚公,江南江阴人,李忠毅公子。弃诸生自晦。为诗感慨悲愁,若大冬之风感发而不可遏。而当春秋佳日,朋好往来,为文酒之会,自适其意者,亦往往见之。魏冰叔称之如此。"②李逊之"性疏懒,不治事。独好学,以诗文自娱。入其斋,书帙纵横,凝尘满席,吟哦不辍。"③

又如,"芮城,字岩尹,溧阳人,明季诸生。博通群书,文行冠一时,陈名夏、马世俊皆师事之。杜门著述,不入城市。及名夏以大学士归乡,求一见不可得。台湾郑家军人犯江宁,以厚礼聘,诚却之。著《礼记通志》《沧浪吟》。"④芮城乃"农家子也。幼随父过村塾,闻群儿读书,才一遍,各为复诵如流。乃令就学,补诸生,旋食饩。是时流寇讧海内,惟江左半壁晏然,知名士方盛修坛坫,而城独与同邑陈名夏……等,合社讲学,以忠孝大节相切劘,称濑上十三子。甲申之变,闻朝臣或遁或降,而名夏官给事中,亦污伪命,则益悲咤。爰赋《沧浪吟》数十篇,且歌且泣,闻者拟之谢皋羽西台之作。南都建国,捕诸从逆者,名夏归里,诣城,城面壁卧曰:'君亡不死,安用子见为?'名夏跪且哭曰:'尝再缢,不幸为救者误。城厉声曰:'胡不三?'亟麾令去。后诸人多以文章勋业者,而城独谢诸生服,闭门读书,绝迹城市。名夏柄中枢,屡专使以大魁招城出,不应。隐居荒野,幅巾裹发,终身弗变。"⑤

有的遗民隐士,或隐于西湖,或屏于郊西,酣于诗赋。例如,"明

① 谢正光、范金民:《明遗民录汇编》上册,南京:南京大学出版社 1995 年版,第 291 页。
② 谢正光、范金民:《明遗民录汇编》上册,南京:南京大学出版社 1995 年版,第 312 页。
③ 谢正光、范金民:《明遗民录汇编》上册,南京:南京大学出版社 1995 年版,第 312 页。
④ 谢正光、范金民:《明遗民录汇编》上册,南京:南京大学出版社 1995 年版,第 421 页。
⑤ 谢正光、范金民:《明遗民录汇编》上册,南京:南京大学出版社 1995 年版,第 421—422 页。

徐宗麟,字慧庵,一字蕙庵,江都人。天启丁卯举人,崇祯庚辰进士,官杭州游击,擢十六关副将。国变后,隐于西湖,跨驴携酒徜徉六桥三竺间。既归隐北湖,与湖中高士订吟社,沉酣于诗赋,闲放以终。大吏有谋征之者,辞以诗曰:'天纵深林老栎樗,惊看云壑驻安车。餐松只合潜莺谷,扈苣何堪降鹤书。好爵岂移泉石性,幽情偏适薜萝居。余生得遂巢由志,小艇烟波独钓鱼。'又有《书愤诗》二首,有'独令文山成劲节,甘随靖节赋闲情'句。"①又如,"徐树丕,字武子,长洲县学生。国亡,布衣藿食,屏郊西以终。八分甚高古,有《埋庵集》。"②

有的遗民隐士,买山构室,以琴自随,不交当世。例如,"时琚,字子奇,号次其先生,故吴人。弱冠食饩县官,计岁积资,当以明经授选,会国破,遂止不就。家事悉委诸子,买一山,构一室居之。惟以一僮竖及琴自随,形影萧然,闭阁瞑坐,尝竟日无声。"③又如,"袁征,字公白,吴县人。崇祯末贡生。抗志隐居,不交当世。有《蓬庄遗稿》。"④

总之,以隐逸的方式进行抗争,这是在经历国破家亡之痛,体验异族政权的无情摧残后,绝大多数明末文化遗民所作出的一种较为明智而现实的人生选择。

三、孤忠殉节型

在中国历史上,诸多文化遗民或采薇而高隐,或杀身以成仁,亮节清风,照耀后代。屈原写下"路漫漫其修远兮,吾将上下而求索",继而悲愤交加之下,自投汨罗江而死,文天祥在《过零丁洋》中,表达"人生自古谁无死,留取丹心照汗青",无不体现着以死明志的精神。扬州梅花岭畔的史公祠,神龛中悬史公遗像,上方匾额是"亮节孤忠"四个大字,

---

① 谢正光、范金民:《明遗民录汇编》上册,南京:南京大学出版社 1995 年版,第 559 页。
② 谢正光、范金民:《明遗民录汇编》上册,南京:南京大学出版社 1995 年版,第 564 页。
③ 谢正光、范金民:《明遗民录汇编》上册,南京:南京大学出版社 1995 年版,第 567 页。
④ 谢正光、范金民:《明遗民录汇编》上册,南京:南京大学出版社 1995 年版,第 575 页。

概括了史可法的一生。《明季南略》中记载了明清易代后，江南一些文化遗民为保全气节，悲壮地选择以死明志的方式。他们宁愿死，也不愿放弃对故国的忠诚，不愿放弃人格的尊严。这是孤忠殉节型的文化遗民。

例如，据《明季南略·孙源文哭死》条目记载："孙源文，字南公，无锡人。万历甲戌状元孙继皋季子。性孝友，博学工诗文，凡河漕、军屯、钱赋、历律、山川、星纬之书，悉窥其奥。甲申三月，思宗死社稷，源文昼夜哭，鬻产得金，仿宋任元受故事，集缁流刺血为文，恭荐帝后，躄踊几绝，观者皆泣下。遂咯血声瘖，赋诗曰：'少小江南住，不闻鸣雁哀。今宵清枕泪，知尔旧京来。'悲吟不辍，疾益甚。友人询以后事，唯曰：'家受朝廷特恩，死吾分也。'余不及，遂卒。论者谓源文一草莽臣耳，至悲其君以死，岂特屈原之于怀王哉！"[1]甲申之变，崇祯殉难，孙源文悲痛至死。

又如，据《明季南略·严绍贤同妾缢死》条目记载："严绍贤，字与扬，无锡人，为吴诸生，从叔司寇严一鹏籍也。生而正气岳岳，周文简炳谟深器之，每以正谊相砥。崇祯末，流寇蠢动，绍贤侍司寇，辄云：'烽火照二泉，当坐卧临池一小楼，势亟，有蹈水死耳。'其蓄志殆如此。甲申，思宗殉社稷，绍贤每慷慨流涕，痛不若都城一菜佣，犹得望梓宫奠杯水也。自此憧憧惘惘，若失所依。乙酉，新令下，知国祚改，忽题壁曰：'此乾坤翻覆时，读圣贤书，当守义全归，与姜张氏同殉难，亦一畅事。'遂与妾相对就经，一女呱呱，亦死。韦布尽节，方之全躯保妻子者，不啻霄壤云。"[2]甲申之变，乾坤翻覆，严绍贤为守义全归，与妻女一同缢死。

总之，"君子之去就生死，其志在天下国家，而不在一身。故其死者非沽名，其生者非避祸也。仁之成存，义之所存，百世其知之矣。昔当有明之末，两京遭播，三楚阽危。其间士大夫浩然殉节者，直可与日月同光。"[3]孤忠殉节型的文化遗民，其志在天下国家，其浩然正气与日月同光。

---

① （清）计六奇：《明季南略》，北京：中华书局1984年版，第238页。
② （清）计六奇：《明季南略》，北京：中华书局1984年版，第237—238页。
③ （清）抱阳生：《甲申朝事小纪》上册，北京：书目文献出版社1987年版，《序》第5页。

四、幡然醒悟型

根据辞义,所谓"幡然醒悟",就是形容迅速而彻底地认识到过错而悔改。对于明末清初的文化遗民来说,幡然醒悟型的遗民以钱谦益和吴伟业为代表。他们名节固然有亏,但能幡然醒悟,最终保持住晚节。如果以不仕新朝作为界定遗民身份的标准,他们两个人或许是不合格的。钱谦益作为南明弘光朝的礼部尚书,在清军兵临南京城下时,他出城投降了,还北上在新朝做了半年的官,由此被戴上"贰臣"的帽子。吴伟业慑于清廷淫威,碍于老母敦促,于顺治十年(1653)被迫应诏北上,在新朝做了三年官,最后以丁忧南还,从此不复出仕。他们晚年对屈节仕清行为的自我反省和刻骨铭心的愧疚之情,说明他们仍然具有强烈的遗民意识和遗民心态。因此,他们大多"身降心不降",应当归入幡然醒悟型的文化遗民之列。

明末清初由于社会政治环境的急剧变化,以及诸种因素的综合影响,遗民群体中有的人在一生的不同阶段中会有不同的表现。这就是说,"'遗民'作为盖棺论定的标志,可以代表易代之际士人政治与道德的荣誉;但把它作为一段段生命历程的见证,更能够反映一个时代的现实生活给士人的心路历程烙下的曲折印痕。"因此,"遗民身份的界定除了大家认同的不仕新朝之外,还应该有一个核心因素,就是'遗民意识'。据不仕新朝、遗民意识两条件,考虑不同人在复杂情况下人生不同阶段的表现,给予个别的判断,或者更符合遗民群体的复杂性和丰富性。使遗民身份的界定,既不悖于其基本的准则,而又更富于弹性。我以为,李瑄对明清易代之际遗民群体的界定,是符合历史实际的,且亦更具历史实感。"[1]从历史的客观性上说,"贰臣群体的出现,揭示士林更真实的一面,证实了人性的多面性。"[2]面对悔恨的"贰臣"群体,我们既

---

① 李瑄:《明遗民群体心态与文学思想研究》,成都:巴蜀书社 2009 年版,罗宗强序,第 3—4 页。
② 敖运梅:《南明浙东遗民诗歌研究》,杭州:浙江大学出版社 2017 年版,第 37—38 页。

要考察"失身暮年"者的前后生涯,也要考虑在"谅其心迹"时的种种困难。

明清之际苏南文化遗民的群体并非整齐划一的人员构成,这是因为明遗民群体本身的边界就具有一定的模糊性,从而导致其内部形态具有复杂性与多样性。入清后,文化遗民大多具有"不仕"的行为准则,以"遗民意识"作为自己的精神取向。作为传统文化重要承载者的明遗民相信华夏民族充满儒雅色彩的礼乐文化,是天下文明的象征。明清易代不仅意味着失去故国家园,而且意味着整个华夏文明传统的断裂。

所谓"遗民意识",就是易代文人们自觉地承担起修补文明传统断裂的责任感。"传统文人值改朝换代或当朝变乱之际,辄面临'亡国或亡天下'与'仕或者隐'的困境,是慷慨赴义,还是变节附伪,他们徘徊挣扎,面临进退失据的局面,盖为易代文人需面对的典型问题。"[1]文化遗民意识的产生,大致由以下三种因素导致:一是传统气节观的激励,天地有正气,遗民是天地正气之表现;二是文化上的依恋感,其中包含一定的夷夏观念;三是政治上的归属感,即忠于故朝、不甘屈服新朝的意志。对于幡然醒悟型的文化遗民,我们需要着重考察其是否具有"遗民意识"。

在这里,先以吴伟业为例。"以吴伟业为代表的贰臣,临终前则吞吐幽曲,充满矛盾和愧疚之情,其诗文更别有深味。陈廷敬《吴梅村先生墓表》载,吴伟业临终前对其子吴暻说:'吾诗虽不足以传远,而是中之寄托良苦,后世读吾诗而知吾心,则吾不死矣。'"[2]吴伟业仕清三年,临终前对其子吴暻说的一番话,表明了对自己一度晚节不保的愧疚,希望"后世读吾诗而知吾心"。如果没有深切的遗民意识,吴伟业说不出这样的"遗嘱"。

幡然醒悟型的文化遗民,之所以在醒悟反思后痛心疾首,在于他们忠于故朝的良心未泯。"在生死抉择的关头,崇高与卑微被瞬间放大,一批批血祭故明、舍生取义的遗民有典型性特征更有群体性特

---

① 敖运梅:《南明浙东遗民诗歌研究》,杭州:浙江大学出版社 2017 年版,第 35 页。
② 敖运梅:《南明浙东遗民诗歌研究》,杭州:浙江大学出版社 2017 年版,第 34 页。

征,他们砥砺志节,相互唱和,在大厦将倾时,寻求同声相求的慰藉。贰臣们有各自的降清理由……其原因不同但各有说辞,而且降清的日子并不是那么顺风顺水,他们亦独自品咂着个人的悔恨与纠结。若论人性的复杂,莫过于仕任二姓天子的贰臣。传统社会中的士大夫,非常顾及时人与后人的品评訾议,投降毕竟不是件光彩的事情,贰臣在反思之余,纠结矛盾是必然的心理表征,这种矛盾的直接后果就是心理上的悔恨交加,行为上的反复无常:'正人君子'也会突然变成'无耻小人',抑或反之。"①

再以钱谦益为例。钱谦益因畏死投降又仕新朝,失节情况要比吴伟业严重一些。"乾隆在《贰臣传》中评说降清的钱谦益是'畏死幸生,靦颜降附',并将钱谦益列在贰臣的首位。新朝如此鄙薄他们,而旧朝遗民亦耻于与他们为伍,仕任二姓天子的士子所经受的折磨可见一斑,他们往往自我否认、自相抵牾,并没有人们所想像当中应有的左右逢源的得意,却有进退两难的尴尬。原本一念之间的决定,他们却要承担长期痛苦的后果。"②

其实,类似钱谦益的情况并非个案。"易代之际,像钱谦益一样没有经受住生死考验,后来又敛迹自晦的降臣不止一个,与遗民交往比较多的还有史可程。史可程是史可法的同祖弟,明崇祯十六年进士,选庶吉士。史可程在崇祯十七年曾经归降李自成,此事钱邦芑《甲申忠佞纪事》、文秉《烈皇小识》、计六奇《明季北略》……等书均记录在案。王蘧常《顾亭林诗集汇注》并引张穆《亭林年谱》云:'睿亲王致可法书所云'及入关破贼,识介弟于清班'者,谓可程也。'如果此言不虚,那么史可程就是一个降李又降清之人。此类人在清初最为人所不齿。但史可程不但与顾炎武交厚,而且与方文等遗民有交谊。顾炎武称为:'赤豹(史可程字赤豹),君子也,久居江东。'……以顾炎武持身的严谨、性格的倔强,能着眼于他后来的生活方式并给予肯定,也许可以代表自身道德立场非常坚定的遗民对这一类人的宽容与谅解。"③史可程是个既降李自

① 敖运梅:《南明浙东遗民诗歌研究》,杭州:浙江大学出版社 2017 年版,第 37 页。
② 敖运梅:《南明浙东遗民诗歌研究》,杭州:浙江大学出版社 2017 年版,第 37 页。
③ 李瑄:《明遗民群体心态与文学思想研究》,成都:巴蜀书社 2009 年版,第 369—371 页。

成又降清之人,晚年与顾炎武、方文等人交谊深厚,已得到文化遗民们的谅解。

然而,"钱谦益的情况更为复杂。作为东林党魁,他的失节为人瞩目,而他归里后一直坚持抗清的事实,也是遗民在评价他的生平大节时不能不考虑的另一个重要因素。钱澄之说他'半生出处滋多议,一代文章定许传'。'滋多议'点出了钱谦益生前身后人们对他评判的分歧。明遗民中,有责难者如刘永锡。但……持此论者并不多见,更多的人没有仅仅以其降清来概括他的'晚节'。朱鹤龄云:'虞山公生平梗概,千秋自有定评,愚何敢置喙?''千秋自有定评'即目前不可定评,目前不可定论当然不是隐晦钱谦益的失节,那么不可说的、目前还不方便说的,自然是他抗清之事了。朱鹤龄此言相当于把他失节之后的补过也纳入对他节操的评判。"①《四库全书总目提要·愚庵小集》条云:"(朱鹤龄)与钱谦益为同郡,初亦以其词场宿老,颇与倡酬。既而见其首鼠两端,居心反复,薄其为人,遂与之绝。"②然而,据谢正光在《清初诗文与士人交游考》中的考证,"提要所谓《愚庵小集》中无一语推重牧斋之说,非独不公,实至荒唐。苟细读一二被删改之诗文,更可见鹤龄与牧斋生前过从之密、情谊之深,以及鹤龄对牧斋之无比敬重。"③由此可见,《总目提要》中所言是经不住推敲的不实之词,即《四库》馆臣为攻击牧斋所加的"异文"。这是"自高宗列牧斋于'贰臣',世之论牧斋者,遂不得不以高宗之御论为依归"④之故。

钱谦益降清后,仕清仅有半年时间,但此事给他带来强烈的痛苦、悔恨以及一生无法洗净的屈辱。面对屈辱,钱谦益只能选择沉默。为避免招致更多的攻击,同时也困扰于自身的悔恨,他甚至不作文字。"甲申三月以后,誓断笔砚,士友过从,绝口不及文事。"⑤钱谦益绝意文字始于甲申之变,而在钱谦益留下的文字中,唯独不见他仕清期间的笔

---

① 李瑄:《明遗民群体心态与文学思想研究》,成都:巴蜀书社 2009 年版,第 367—368 页。
② (清)纪昀:《四库全书总目》下册,北京:中华书局 1983 年版,第 1523 页。
③ 谢正光:《清初诗文与士人交游考》,南京:南京大学出版社 2001 年版,第 91 页。
④ 谢正光:《清初诗文与士人交游考》,南京:南京大学出版社 2001 年版,第 100 页。
⑤ (清)钱谦益:《牧斋杂著》,上海:上海古籍出版社 2007 年版,第 676 页。

墨。对于乙酉降清之失节,他曾多次表达过深刻的悔意。例如,他在给瞿式耜的密信中说:"若谦益视息余生,奄奄垂毙,惟忍死盼望銮舆拜见孝陵之后,盘水加剑,席藁自裁。"①

　　钱谦益重新开始做诗文,是在顺治四年(1647)因反清事入狱之后。顺治五年(1648),他又因黄毓祺案牵连入狱。这一次,遗民故老如林古度、盛集陶等纷纷投诗慰问,给钱谦益以精神上极大的安慰,使他感到自己不再是故国遗民们的鄙弃对象。多年后回忆起这一段往事,他还清楚记得当时的心情:"颂系金陵忆判年,乳山道士(林古道)日周旋。国从漫指龙门在,束缚真愁虎穴连。桃叶春流亡国恨,槐花秋踏故宫烟。于今敢下新亭泪,且为交游一泫然。"②通过两次濒死的考验,他觉得自己完成了从失节降臣到抗清志士的转变。所谓"于今敢下新亭泪",标志着钱谦益自我定位的转换。他在临终前写下这样的诗句,说明他对故国至死未能忘怀。

钱谦益、柳如是故居红豆山庄 400 余岁红豆古树,位于江苏常熟白茆镇

---

① (明)瞿式耜:《报中兴机会疏》,《瞿式耜集》卷一,上海:上海古籍出版社 1981 年版,第 106 页。
② (清)钱谦益:《病榻消寒杂咏四十六首》之十七,《牧斋有学集》卷一三,上海:上海古籍出版社 1996
　　年版,第 650 页。

钱谦益幡然醒悟后,在柳如是的支持和协助下,与当时各种抗清力量如鲁王、永历政权、郑成功等都保持着紧密联系;通过筹助军费、消息联络、规画形势、出谋划策、策反清军汉人将领等种种方式,积极参与反清复明活动。这些均可谓弥补着此前的"迎降"举动,而被视为其一生之"晚节"。永历朝吏部左侍郎、东阁大学士瞿式耜认为:"谦益身在虏中,未尝须臾不念本朝,而规画形势,瞭如指掌,绰有成算。"①在政治立场上,钱谦益从摇摆的"贰臣",站到了清廷的对立面。正如陈寅恪所说:"夫牧斋著书,借此以见其不忘故国旧君之微旨。胜时自命明之遗逸,应恕其前此失节之怨,而嘉其后来赎罪之意,始可称为平心之论。"②这是《柳如是别传》对钱谦益失节所作的"同情之理解"。

---

① (明)瞿式耜:《报中兴机会疏》,《瞿式耜集》卷一,上海:上海古籍出版社 1981 年版,第 105 页。
② 陈寅恪:《柳如是别传》下册,北京:生活·读书·新知三联书店 2001 年重印本,第 1005 页。

第六章　民族气节:"天下兴亡,
　　　　　匹夫有责"

　　所谓民族气节,就是一个民族所坚守的信仰追求、文明准则、价值尺度。明清之际江南文化遗民所面对的现实,首先是一个民族气节的问题。中华古代文明结构,历来有"身—家—国—天下"一体化的悠久传统。其中,家庭是伦理的实体,国家是政治的实体,"天下"则是家国同一、伦理政治一体的精神文化实体。孟子有所谓"天下之本在国,国之本在家,家之本在身"①之说。儒家文化强调修身齐家治国平天下,"平"之精髓是达至天下太平的文明境界。中华文明不仅以"平天下"为终极境界,而且视"亡天下"为最深重的民族危机。"亡天下"是文化坠落、伦理道德沦丧,即对文明世界秩序的摧残。顾炎武所谓"天下兴亡,匹夫有责",意味着传统士大夫要承担起"为天地立心,为生民立命,为往圣继绝学,为万世开太平"的历史使命。中国士族阶层的群体心态,主要表现为治国平天下的使命意识和匡时救俗的社会责任感。他们崇尚气节,先天下之忧而忧,为实现政治理想直至牺牲生命也在所不惜。

---

① (战国)孟子:《孟子》卷十四,《离娄上》,焦循:《孟子正义》上,北京:中华书局1987年版,第493页。

一、"易姓改号，谓之亡国"

明末遗民思想家顾炎武，最先在《日知录》中指出，有"亡国"与"亡天下"之别。顾氏亲身经历明清易代的血泪史，在兴亡遗恨中悲痛地写道："有亡国，有亡天下。亡国与亡天下奚辨？曰：易姓改号，谓之亡国；仁义充塞，而至于率兽食人，人将相食，谓之亡天下。……是故知保天下，然后知保其国。保国者，其君其臣，肉食者谋之；保天下者，匹夫之贱，与有责焉耳矣。"①如果不是置身于明清易代之际的历史情境中，此话是难以理解的。作为明清之际文化遗民的典型代表，顾炎武此言发于国亡、天下将亡之际，实有激励民众奋起抗清复明之意，是文化救亡意识的觉醒。

在这里，顾炎武首先区分"国"与"天下"，将"国"与"天下"严格区分为两个内涵不同的概念。为方便理解，我们可以用现代汉语"某一王朝"和"华夏民族"对其进行置换。顾炎武认为，"亡国"是易姓改号，改朝换代，意味着一个朝代的败亡，即换个皇帝，改个国号。王朝的更迭本来只关系到政权的执掌者——"肉食者谋之"，即这类事情主要由皇帝、大臣及争权夺利的人去关心，是"其君其臣"的责任。可是，当"王朝"与"天下"重合的时候，也就是说，当本民族受到外来民族压迫，政权的易手会导致本民族的文化传统受到损害，甚至消亡的时候，就关系到这个民族是否还能保持自身的文化特性，就关系到每一个人的生活方式问题了。我们用现代话语体系来分析，"国"是一个政治层面的概念；"天下"是一个文化层面的概念。文化的发展、文明的程度，归根结蒂体现在人的生活方式层面上。

这就是说，"亡天下"如果从文化传承、文明延续的逻辑上来推演，则意味着华夏民族精神的消亡。"仁义充塞""率兽食人"，原本是孟子在《滕文公下》中批评墨翟、杨朱主张"无父无君"的"邪说"时说的话。

---

① （清）顾炎武：《正始》，《日知录》卷十三，《〈日知录〉集释》上，上海：上海古籍出版社 2014 年版，第297—298 页。

顾炎武借用孟子之语作为"亡天下"的标志,所谓仁义闭塞以至率兽食人,显然是指纲纪废弛、思想崩溃、道德沦丧。在顾炎武看来,"亡天下"之时,每一个普通百姓都应当起来"保天下",以尽到自己的道义责任。从顾炎武所处的历史背景看,"亡天下"是指清军入关后,强制推行剃发易服的政策,摧残着中国传统社会的文明秩序。对顾炎武而言,儒家文明是中国社会普遍的价值观。保天下重于保国,保天下是保国的前提。顾炎武所说的天下兴亡,不是指一家一姓一王朝的兴亡,而是关系到整个中华民族传统文化的延续。保国仅是君臣官吏之职,而天下兴亡,则匹夫有责。顾炎武这一思想超越了改朝换代的封建臣节范畴,更具有积极的意义。

对顾炎武这一段论述,章太炎在 1906 年撰写的《革命之道德》中曾加以阐释。他指出:"道德衰亡,诚亡国灭种之根极也",并从这一逻辑出发,强调"余深有味其言,匹夫有责之说,今人以为常谈,不悟其所重者,乃在保持道德,而非政治经济之云云"①。从顾说和章释来看,"亡国"是通常意义上的改朝换代,"亡天下"则是道德沦丧导致的天下大乱。所谓以"天下"为己任,无非是一个人的道德气节问题。尤其当历史处于易代之际,更应避免文明的野蛮化,防止文明进程的倒退。

到了晚清,梁启超在《无聊消遣》一文中,将这段话的大意精要概括为"天下兴亡,匹夫有责"八个振聋发聩的大字,成为时至今日众所通晓的名言警句。梁启超没有曲解先哲原意,亡国之痛与亡天下之忧溢于言表。他在《与潘次来》中就此阐发说:"君子之为学也,非利己而已也。有明道淑人之心,有拨乱反正之事,知天下之势之何以流极而至于此,则思起而有以救之。"②由此可见,明末的顾炎武和晚清的梁启超,同样有着"亡国"与"亡天下"的深刻隐忧。历史语境的相似,使得两位先贤心有戚戚产生共鸣,尽管中间相隔了近三百年的历史时空。

顾炎武时代的所谓"亡国",自然是指当时已全面崩溃、不可挽回的明王朝的历史命运。"亡天下"所指则更为复杂,既指汉民族文化精神

① 参阅章太炎《革命之道德》,姜义华、朱维铮编,《章太炎选集》,上海:上海人民出版社 1981 年版。
② 参阅蒋寅《顾炎武的诗学史意义》,载《南开学报》(哲学社会科学版)2003 年第 1 期。

第六章 民族气节:『天下兴亡,匹夫有责』

的毁灭,也指儒家道德伦理的沦丧,在此基础上更有对国破家亡艰危乱世世道人心的失望。顾炎武借古讽今:正始时期玄风大盛、清谈流行,遂使大道沦亡、教化不明,终至晋室南渡、五胡乱华;晚明王学大盛、禅风高涨,遂使世风日下、人心不古,终至内忧外患、明清易代。明清之交的政治、文化变迁,似乎与魏晋之际若合符节,其中的主题就是"清谈误国"。按此逻辑,似乎先有文化、道德上的"亡天下",最终导致"亡国"。顾炎武的深刻在于,对明王朝的灭亡有着极为惨痛的感情,同时在理性上对"亡天下"的隐忧更为沉重。

顾炎武的"亡国亡天下"之说,要义在于"易姓改号,谓之亡国。仁义充塞,而至于率兽食人,人将相食,谓之亡天下"。在这里"国,不过是王朝的权力秩序,但天下乃是放之四海而皆准的礼仪秩序,不仅适用于一朝一国,而且是永恒的、绝对的仁义价值与礼乐规范。天下之价值来自超越的天道,而从西周开始,天就被认为内在的具有德性,而天道与人道相通,天意通过民意而表达,天下也就因此拥有了既超越又世俗的伦理价值"①。

在顾炎武看来,血统、名号、正朔、服色等只是一国一家之象征,历史上从来没有一个朝代能千秋万世与日月同辉。所谓"天下"则是一个道义的世界,"天下"的灭亡即道义的沦亡。人变成野兽,真正意义上的"人"就消失了。顾炎武的忧患意识超越国家政治的层面,升华到人道的境界。明清易代的政权更替,是异族入主中原,不仅是亡国,而且是亡天下的问题。钱穆先生在《再论中国社会演变》一文中指出:"明遗民志节之高抗,学术之深邃,一时人物蔚起,声光炳焕,尤过于元初。历代政权更迭之际,殆无其匹。政府亡于上,顾亭林谓之是'亡国'。而社会士群,则仍能'存天下'于下,中国历史文化仍然保存其大传统。清廷异族政权虽控御中国逾两百四十年之久,然中国则依然凝固,精神犹昔,文物递盛。直接间接,莫非明遗民所赐。清末辛亥以前,国人倡导革命,即以明遗民为号召。"②这是因为,当时的

---

① 许纪霖:《家国天下——现代中国的个人、国家与世界认同》,上海:上海人民出版社 2017 年版,第 20 页。
② 钱穆:《国史新论》,北京:九州出版社 2018 年版,第 44 页。

明遗民不仅为反清复明进行英勇的抗争以至献出宝贵的生命,而且为"天下兴亡"事业尽心尽力。

在钱穆看来,"顾亭林有'亡国''亡天下'之辨。自宋以下,蒙古、满清两度以异族入主,而中国社会传统则迄未有变。朝代兴替,政府更迭,自秦以下屡有之,惟元、清两代为大变,然仍必以中国社会为基础。故依宋、明两代言为亡国,而中国历史传统文化精神之建本于社会基层者,则固前后一贯,大本未摇,故可谓仍是中国传统之天下。"①钱穆认为,国家亡于上,故谓"蒙古、满清两度以异族入主","天下"也即"传统社会"存于下,故谓"而中国社会传统则迄未有变"。因此,顾炎武所谓"亡国"与"亡天下"之别,从一定意义上说,的确有上(朝廷)、下(民间)之别。乱世危局中的任务,不仅是保国,而且要保天下。这项任务显然不是"肉食者谋之"所能完成,而是"匹夫之贱,与有责焉"。经历过千余年儒家思想浸润的文化遗民们都清楚,各种文化心理都离不开一个核心的价值观念与伦理情感,其中包括民族精神、民族心理、民族气质、民族风貌等在内并存在于民间的民族性。

在中国传统的话语体系中,"与天下对应的另一个重要概念是夷夏。何为华夏?何为夷狄?它们在古代中国并非一个族性概念,乃是一种文明性分野。夷夏之间,所区别之处乃是与天下价值相联系的文明之有无。中国历代有明确的夷夏之辨、胡华之别。华夏是'我者',夷狄、胡人是'他者'……夷夏之间,虽然有血缘和种族的区别,但最大的不同乃是是否有文明,是否接受了中原的礼教秩序。"因此,"天下是绝对的,夷夏却是相对的,所需要辨认的,只是中原文明而已。血缘和种族是先天的,不可改变,但文明却可以学习和模仿。"②

顾炎武生于明清易代之际,清人入主中原后,不仅是大明江山沦于塌陷、明朝亡国,而且有着"华夷之防"的问题。因此,"到了明末清初,'夷夏之别'大于'君臣之义'的观点被刻意突出了。在江南学人中比较早地提出'夷夏之辨'言说的顾亭林就在《日知录》中强调:'君臣之分,

---

① 钱穆:《国史新论》,北京:九州出版社 2018 年版,第 48 页。
② 许纪霖:《家国天下——现代中国的个人、国家与世界认同》,上海:上海人民出版社 2017 年版,第 21 页。

所关者在一身。华夷之防，所系者在天下。……夫以君臣之分犹不敌华夷之防，而《春秋》之志可知矣。'"①以顾炎武为代表的明遗民们都普遍认为，"华夷之防"是文明程度先进与野蛮之别，以至将其上升为人兽之别的程度。此时，君臣关系和文明程度相比，已居于次要地位。

在顾炎武看来，"'亡国亡天下'之别担心的不仅为政权改变，而是人类的秩序即将瓦解。顾氏说'知保天下，然后知保其国'，隐含文化认同和政治认同的双重逻辑。然而，'易姓改号'绝非意味只强调风俗伦常就此湮灭，其实政治秩序才是最感忧忡的。"②这是因为，明清之际两种文化的对立冲突，与时代鼎革及世道兴衰的变化轨迹多有关联。"清廷没有而且根本不可能完全接受汉族士人关于道的理想，他们对儒家文化的推崇归根究底不过是一种统治术。明遗民提倡的道德原则与其相去甚远。简单来说，他们把道德原则作为一种精神上的标高，鼓励人们去追求，在修养中提升人的人格境界；这与清廷以之压抑、束缚个人有本质区别。为了打破这种貌似的文化接纳形成的蒙蔽，顾炎武甚至提出'君臣之分不敌华夷之防'的新准则。从顾炎武的思想整体来看，他提出这个准则，不是否定君臣之义，而是强调华夷之防。"③

总之，明清易代之际，"君臣之义"在于保国，"华夷之防"在于保天下。正如列文森所说：在古代中国，"早期的'国'是一个权力体，与此相比较，天下则是一个价值体"④。亡国失去的是一家一姓的故国王朝，而亡天下则是使原有的历史和文化毁于民族政权的统治，以致出现一个不见礼仪的"率兽食人"的野蛮社会。这就是说，幻灭的是王朝，永恒的是文明。

---

① 杨念群：《何处是江南？——清朝正统观的确立与士林精神世界的变异》（增订版），北京：生活·读书·新知三联书店 2017 年版，第 273 页。
② 林志宏：《民国乃敌国也：政治文化转型下的清遗民》，北京：中华书局 2013 年版，第 165 页。
③ 李瑄：《明遗民群体心态与文学思想研究》，成都：巴蜀书社 2009 年版，第 190 页。
④ ［美］约瑟夫·列文森著，郑大华、任菁译：《儒教中国及其现代命运》，桂林：广西师范大学出版社 2009 年版，第 84 页。

二、"率兽食人，人将相食，谓之亡天下"

甲申之变后，清军铁骑在南下的征途中，相继发生"扬州十日""江阴三日""嘉定三屠"事件。清军的暴行，致使江南地区出现"率兽食人，人将相食"的惨状，华夏大地响起"亡天下"的警钟。在文化遗民看来，若中国传统文化不存，则是亡天下。

陈寅恪在《柳如是别传》中指出："寅恪尝论北朝胡汉之分，在文化不在种族。论江东少数民族，标举圣人'有教无类'之义。论唐代帝系虽源出北朝文化高门之赵郡李氏，但李虎李渊之先世，则为赵郡李氏中，偏于武通，文化不深之一支。论唐代河北藩镇，实是一胡化集团，所以长安政府始终不能收复。"①在陈寅恪看来，种族或民族的问题，实际上是文化的问题。如果按照以文化差异作为民族区分最重要依据的传统思路，文化沦丧的后果将是民族长久的沉沦。因此，顾炎武曰："君臣之分，所关者在一身；夷夏之防，所系者在天下。……夫以君臣之分犹不敌夷夏之防，而《春秋》之志可知矣。"②所谓"天下"者，实文化系统之义也。

中国汉文化传统，滥觞于先秦的周朝。"按照传统理解，夏商周三代是模范朝代，尤以周朝'郁郁乎文哉'为代表，所以孔子'从周'（《论语·八佾》）。"③自周代以来，汉文化传统是以"汉字、历史叙事和天下观念互相促成而形成以历史为知识之本、以天下为精神之维的意识世界。可以说，在中国的精神世界里，基本信念不是宗教，而是历史；基本视野不是民族，而是天下"④。

因此，儒家文本里的"天下"理想，是一个重要的思想资源。周朝无

---

① 陈寅恪：《柳如是别传》下册，北京：生活·读书·新知三联书店2001年重印本，第1002页。
② （清）顾炎武：《管仲不死子纠》，《日知录》卷七，《〈日知录〉集释》上，上海：上海古籍出版社2014年版，第161页。
③ 赵汀阳：《天下究竟是什么？——兼回应塞尔瓦托·巴博纳斯的"美式天下"》，载《西南民族大学学报》2018年第1期。
④ 赵汀阳：《天下究竟是什么？——兼回应塞尔瓦托·巴博纳斯的"美式天下"》，载《西南民族大学学报》2018年第1期。

疑是天下体系的一个实践。"尽管周朝天下未及世界规模,但其制度立意是以天下概念为准。自秦汉终结了天下制度,中国转型为大一统国家,……秦汉至清朝的大一统中国是一个'内含天下的国家',其根本特性是,大一统国家继承了天下观念的精神遗民,却又放弃了天下体系制度,于是把天下的世界性结构转化为国家的内部结构,把天下观念用于国家建构而发明了'一国多制'的大一统。因此,秦汉以来的中国不再是天下,而是以天下为内在结构的国家。除了周朝,任何朝代都不是天下体系的实例。"①这是因为,"天下体系具有自愿性、共享性和友善性"②,从而形成一个礼仪之邦。

赵汀阳在《天下究竟是什么》中进一步指出:"天下概念有其理论用法和文学用法。作为理论用法,天下指的是世界、万民和普遍制度构成的三位一体,即地理学、心理学和政治学三层合一的世界。当然,这只是我的理论化概括,来源于早期中国关于天下的几种各有偏重的理解,其中周公倾向于把天下理解为普遍制度,孔孟倾向于理解为万民之心,老子倾向于理解为世界万物的集合。在天下的理论意义里,天下的幅度包括整个世界。……作为文学用法,天下往往指的是所控制或统治的领域,常用于夸张表述,比如说'一统天下'通常是指一统中国,甚至只是中国之一隅。"③

赵汀阳将天下的本意概括为:"其一,'协和万邦'(《尚书·尧典》),类似于世界永久和平,……;其二,'生生'(《周易·系辞上》)而达到'大同'(《礼记·礼运》),使世界万民过上有意义的生活,……;其三,'以天下为天下'(《管子·牧民》)或'天下为公'(《礼记·礼运》),即世界成为万民共享的政治主体,成为世界公器。"④协和万邦、生生大同、天下为公,这是赵汀阳理解的"天下"概念的核心内涵。而许纪霖则认为,"在

---

① 赵汀阳:《天下究竟是什么? ——兼回应塞尔瓦托·巴博纳斯的"美式天下"》,载《西南民族大学学报》2018 年第 1 期。

② 赵汀阳:《天下究竟是什么? ——兼回应塞尔瓦托·巴博纳斯的"美式天下"》,载《西南民族大学学报》2018 年第 1 期。

③ 赵汀阳:《天下究竟是什么? ——兼回应塞尔瓦托·巴博纳斯的"美式天下"》,载《西南民族大学学报》2018 年第 1 期。

④ 赵汀阳:《天下究竟是什么? ——兼回应塞尔瓦托·巴博纳斯的"美式天下"》,载《西南民族大学学报》2018 年第 1 期。

中国传统之中，‘天下’具有双重内涵，既指理想的文明秩序，又是对以中原为中心的世界空间的想象。"①

在许纪霖看来，"作为价值体的天下，乃是一套文明的价值以及相应的典章制度。顾炎武有‘亡国亡天下’之说，国不过是王朝的权力秩序，但天下是放之四海而皆准的文明秩序，不仅适用于一朝一国，而且是永恒的、绝对的和普世的，国家可亡，但天下不能亡，否则将人人相食，成为霍布斯式的丛林世界。"②明清之际注重民族大义的文化遗民们认识到，他们失去的并不单纯是一个大明王朝，而是作为天下文明象征的整个华夏民族及其传统文化。于是，他们义不容辞地充当起捍卫中国传统文明的责任。

季羡林曾指出："就明末清初而言，正是满族文化与汉族文化冲突很剧烈的一个时期，在这个时期，钱牧斋与柳如是及其他一大批文化人首当其冲。他们的心态，是为中国的汉族文化所化之人的心态。当明朝这个代表文化以及使之具体化的国家不存在了，所依托之人，一批自杀了。钱牧斋虽说没有自杀，可是从他的心态看得出来。"③其实，季羡林先生的意思很清楚，钱谦益仍然是文化遗民的心态。钱谦益作为明末清初的一代文宗，他和同时代其他的文化遗民一样，都深爱传统文化。"在这里爱国主义也有两种解释，一种是爱我的国家，一般的；一种是高层次的，爱我们的文化"④。在季羡林看来，保国是爱我的国家，这是一般的爱国主义；保天下是爱我的文化，这是高层次的爱国主义。这是因为，"一个民族的真正覆灭不是国家政权的倒台，而是文化的消失。任何一个国家、民族的文化都是历史信息的记载，是判别民族的一个重要标准。因此文化不仅是维系民族情感的纽带，也是传承古今文明的

---

① 许纪霖：《家国天下——现代中国的个人、国家与世界认同》，上海：上海人民出版社 2017 年版，第438 页。

② 许纪霖：《家国天下——现代中国的个人、国家与世界认同》，上海：上海人民出版社 2017 年版，第438 页。

③ 季羡林：《陈寅恪先生的爱国主义》，《〈柳如是别传〉与国学研究——纪念陈寅恪教授学术讨论会论文集》，杭州：浙江人民出版社 1995 年版，第 5 页。

④ 季羡林：《陈寅恪先生的爱国主义》，《〈柳如是别传〉与国学研究——纪念陈寅恪教授学术讨论会论文集》，杭州：浙江人民出版社 1995 年版，第 6 页。

第六章　民族气节："天下兴亡，匹夫有责"

223

重要桥梁。"①

顾炎武曰："匹夫之心，天下人之心也。"②关于顾氏关于"天下兴亡，匹夫有责"著名论述的精义，章太炎在《革命道德说》一文中，更明确地予以强调："余深有味其匹夫有责之说，今人以为常谈，不悟其所重者在保持道德而非政治经济之云云。""有顾说在前，又有章释在后，可知礼义存则'天下'存。所谓以'天下'为己任的问题，无非是道德气节的问题。遗民的天职，就是在易代之际避免文明的野蛮化。即使为此付出生命，也应当在所不惜。"③当时的明遗民，皆以天下为一己大任所在，以彰显自强不息的民族精神。

明遗民之所以更加关注天下兴亡，是因为"在古代中国，一个新的王朝是否合法，是否为汉族士大夫所认同，有两条标准：一条标准是夷夏之辨，另一条标准是天下主义。夷夏之辨是次要的标准，最重要的还是天下主义。非华夏的外族，既是绝对的敌人又是相对的敌人。之所以是绝对的敌人，乃是他们没有被文明教化过，代表了野蛮，是对中原文明的颠覆；之所以是相对的敌人，意味着只要蛮夷被中原文明所同化，就可以成为华夏天下的一员。即使是异族统治，汉族士大夫也可以承认其统治的合法性。因此，明末清初的顾炎武最终在意的不是亡国（汉人王朝），而是亡天下。"④因此，"亭林以明遗民，处易代之际，抱亡国之痛，而幸使吾中华民族得免于亡天下之大劫者，斯惟当时诸遗民修身讲学不懈益励之功，而亭林之功尤大。此亭林所谓'保天下者，匹夫之贱，与有责焉'。抑当亡国之际，非匹夫之贱，亦将不足以尽保天下之责。"⑤

---

① 顾宝林：《刘辰翁〈须溪词〉遗民心态研究》，南昌：江西人民出版社 2015 年版，第 87 页。

② （清）顾炎武：《与人书七》，《顾亭林诗文集》，北京：中华书局 1983 年版，第 92 页。

③ 蔡鸿生：《"颂红妆"颂》，《〈柳如是别传〉与国学研究——纪念陈寅恪教授学术讨论会论文集》，杭州：浙江人民出版社 1995 年版，第 40 页。

④ 许纪霖：《家国天下——现代中国的个人、国家与世界认同》，上海：上海人民出版社 2017 年版，第 57—58 页。

⑤ 钱穆：《顾亭林学述》，《中国学术思想史论丛》（八），北京：九州出版社 2011 年版，第 98 页。

三、从保国到保天下:亡国之痛与亡天下之忧

从明末清初文化遗民的心路历程来看,大多经历了从亡国之痛到亡天下之忧的转变。亡国,只是一家一姓之兴亡,而亡天下则是整个汉民族所面临的文化危机。随着清初政治秩序的逐渐稳定,在复明无望之后,文化遗民们对"亡国"的焦虑转变为对"亡天下"的关注,遂有"一姓之兴亡"与"天下之兴亡"的界分。

在明清国变之初,"一姓之兴亡"——"国亡",毕竟是遗民易代之痛的直接来源。"孟子有言:'天下有道,以道殉身;天下无道,以身殉道。'这为后世儒者如何处理道德理想与实际生活的关系立下了标准。'天下无道'是明遗民们面临的具体情境。'以身殉道'的选择意味着为了道德理想要在实际生活中作出牺牲;此时,如何安顿个人生活对他们来说成了一个棘手的问题。他们首先要保证个人的行为能够承担起'存道救世'之任,避免因实际生活的需要而对道德理想造成侵害;同时还要在乱世中栖身,保全自己与家人的生命。"[1]亡国之痛直接关系到遗民们的生存问题。

文化遗民们之所以从亡国之痛转为亡天下之忧,原因在于"武装抗清失败,遗民们失望而不绝望,他们改变斗争方式,由公开的武装抗清,转而以文字做武器,由武器的批判转而为批判的武器,以笔作枪,转入另一战场。在文化思想领域反清复明,作'明亡追究',掀起一股深刻的社会批判思潮,与清廷在新的战场展开激烈而深层次的较量。遗民们在斗争方式上之所以作这种改变,在于他们不仅感受到了民族的危机,更主要是看到了民族危机与文化危机的一致性,相信文化危机是更本质、更深刻的民族危机"[2]。这是老子"以天下观天下"[3]的独特世界观所得出的结论。

---

① 李瑄:《明遗民群体心态与文学思想研究》,成都:巴蜀书社 2009 年版,第 320 页。
② 孔定芳:《清初遗民社会:满汉异质文化整合视野下的历史考察》,武汉:湖北人民出版社 2009 年版,第151 页。
③ 朱之谦:《老子校释》,北京:中华书局 1984 年版,第 216 页。

第六章 民族气节:『天下兴亡,匹夫有责』

225

　　明末清初的思想家们，最为着力的是将"天下"原本蕴含的地理概念与王朝相分离，即"力图将天下和国家分离来保持文化价值的优先性"①。"作为一个政治哲学概念，'天下'观念的最有名的表达是顾炎武关于'亡国'和'亡天下'的区分。用美国哲学家约翰·罗尔斯的术语来说，顾炎武的意思是我们对'天下'负有一种自然义务，对'国'或国家只负有一种'建制职责'。自然义务是人之为人都要履行的，建制职责则是因为加入某个建制（在这里就是国家）而产生的"②。从顾炎武本人的情况来看，他原来是那样殚精竭虑地为复明而奔走呼号，但当恢复无望时，其遗民关怀也因此发生转移，认为保国乃"肉食者谋之"，保天下才是遗民的责任，并认为"天下"是本，"国"为末，所谓"知保天下，然后知保其国"。顾炎武强调"今日者拯斯人于涂炭，为万世开太平，此吾辈之任也"③，可见其所谓"保天下"乃在于拯救黎民和存续汉族文化，而不再胶执于"一姓之兴亡"。在明遗民们看来，"儒家的纲常名教，之所以有价值，不在于与时代相联系的具体内容，而是其抽象的伦理精神，其所代表的人类的普世价值。时代变化了，伦理也可以变，但抽象的'天理民彝'不能没有。朝代可亡，但作为立国之道的国性不能亡。"④

　　清代著名史学家全祖望为保存明清文献，撰写南明忠义之士碑传，贡献极大。他在撰写吴钟峦事状时，引用吴氏语，将"存"与"亡"的逻辑表述得相当明白。"然则恢复可乎？曰：事去矣，是非其力所能及也，存吾志焉耳！志在恢复，环堵之中，不污异命，居一室是一室之恢复也。此身不死，其志不移，生一日是一日之恢复也。尺地莫非其有，吾方寸之地终非其有也。一民莫非其臣，吾先朝之臣终非其臣也。是故商之亡，不亡于牧野之倒戈，而亡于微子之抱器；宋之亡，不亡于皋亭之出玺，而亡于柴市之临刑。国以一人存，此之谓也。"因此，"是靖节千古存

① 干春松：《"天下体系"，全球化时代的"托古改制"》，赵汀阳：《天下体系——世界制度哲学导论》，北京：中国人民大学出版社 2011 年版，"附录"七，第 171 页。
② 童世骏：《中国的世界责任》，赵汀阳：《天下体系——世界制度哲学导论》，北京：中国人民大学出版社 2011 年版，"附录"六，第 156 页。
③ （清）顾炎武：《病起与蓟门当事书》，《顾亭林诗文集》，北京：中华书局 1983 年版，第 49 页。
④ 许纪霖：《家国天下——现代中国的个人、国家与世界认同》，上海：上海人民出版社 2017 年版，第236 页。

而晋未始亡也。子谓空言无补，将谓《春秋》之作曾不足以存周乎？"①因此，万里江山可以易主，文化经典不可再造，已成为当时文化遗民们的共识。

清初社会政治现实状况的急剧变化，是促成文化遗民们心态转变的客观因素。"随着清廷实行剃发易服等民族歧视政策，遗民们感到中国所面临的不仅是亡国，而是'仁义充塞''率兽食人'的亡天下。于是明遗民的'兴亡论'发生巨大转折，'亡天下'之说一时风靡。明遗民的政治民族主义遂为文化民族主义所取代，传统文化民族主义不仅受到高度张扬，而且在遗民学人的理论阐述里被推向了一个巨大的突破。如遗民顾炎武的'天下—国家'之辨，以'保天下'的文化关怀为匹夫匹妇的首要之责，忠于一姓王朝的'保国'反而退居次要地位。"②

尤其是当"时间进入到康熙时期，在全国性反清复明运动归于沉寂的背景下，清朝政权的渐趋稳定已成为遗民可以直接感知的现实存在，民族政权的转移已是不可更改的事实，于是遗民徘徊和分化。但遗民终究是遗民，他们并没有放弃遗民关怀，而是调整其关怀指向——由此前之'一姓之忠'以'保国'转而为'保天下'。在遗民那里，所谓'保天下'蕴涵着特殊的'遗民关怀'，即'生民利病'和'存道统'。为了在'异族'统治下'存道统'和拯救黎民百姓，遗民遂由此前之武装搞清和文化批判转而为毕力著述以进行文化探索——由明亡而引发的文化困境中的严肃反省，再到反省后的文化探索，这是遗民学者的学术致思趋向，从而掀起一股经世致用思潮"③。

关于明清之际文化遗民的状况，有侧重于亡国之痛与侧重于亡天下之忧的两种类型，而钱谦益属于后者。陈寅恪在《柳如是别传》中指出："牧斋隐琴水，乃故国之遗民。"④在他看来，"清代初年东南诸眷恋故国之遗民，亦大有党派及意见之分别，未可笼统视之。牧斋早为东林党

① （清）全祖望：《鲒埼亭集》外编，卷九，《四部丛刊》本。
② 孔定芳：《清初遗民社会：满汉异质文化整合视野下的历史考察》，武汉：湖北人民出版社2009年版，第354页。
③ 孔定芳：《清初遗民社会：满汉异质文化整合视野下的历史考察》，武汉：湖北人民出版社2009年版，第210页。
④ 陈寅恪：《柳如是别传》上册，北京：生活·读书·新知三联书店2001年重印本，第83页。

魁,晚乃附和马阮,降顺清朝。坐此为时人,尤为东南旧朝党社中人所诟毁。斯问题于此姑置不论,倘取顾氏《塔影园集·壹　东涧遗老传》读之,则知云美对于牧斋平生前后异趣之见解,与当日吴越胜流之持论,有所不同,而与瞿稼轩所怀者,正复相类也。"①顾苓(1609—1682)字云美,号塔影园客,苏州人,明代文化遗民,工诗文,书善篆隶、行楷,精篆刻,撰《河东君传》,其一女嫁瞿稼轩之子。"寅恪案,顾氏为明末遗老,不忘故国旧君者,其人品高逸,可以想见,不仅以文学艺术见称也。"②

钱谦益的弟子瞿稼轩,是一位坚定的反清复明志士,两人交往较为密切。"瞿氏与牧斋为患难之交,又为同情河东君之人。"③对南明史事颇有研究的全祖望,其《鲒埼亭外集》三一《浩气吟跋》指出:"稼轩先生少年连染于牧斋之习气。自丙戌以后,牧斋生平扫地矣。而先生《浩气吟》中,犹惓惓焉,至形之梦寐。其交情一至此乎? 牧斋颜甲千重,犹敢为《浩气吟》作序乎? 一笑也。"④陈寅恪指出,由此"可知钱瞿二人关系之密切如此。全氏之论固正,但于河东君阴助牧斋复兴明室之活动,似尚有未尽窥见者,……所可注意者,即与稼轩特厚之人,不独宽谅牧斋之晚节,而尤推重河东君。就其所以然之故,当与钱柳同心复明一端有关。"⑤《柳如是别传》以详尽的史料,揭示出"其实牧斋自顺治三年丙戌辞官自燕京南归后,即暗中继续不断进行复明之活动。是以频岁作吴越之游,往往藉游览湖山,或访问朋旧为名,故意流播其赏玩景物,移情声乐之篇什。盖所以放布此烟幕弹耳。"⑥

一个新王朝建立时,总有一些人不与它合作,这是一般遗民产生的社会基础。文化遗民高于一般遗民之处在于,他们"也许应该有一种超越王朝立场的文化眼光。其实从文化的角度看……依恋旧朝,更多的是一种对传统生活、稳定秩序的企盼,在社会变动中,他们的旧经验无

---

① 陈寅恪:《柳如是别传》上册,北京:生活·读书·新知三联书店2001年重印本,第40页。
② 陈寅恪:《柳如是别传》上册,北京:生活·读书·新知三联书店2001年重印本,第40页。
③ 陈寅恪:《柳如是别传》中册,北京:生活·读书·新知三联书店2001年重印本,第661页。
④ 陈寅恪:《柳如是别传》上册,北京:生活·读书·新知三联书店2001年重印本,第40页。
⑤ 陈寅恪:《柳如是别传》上册,北京:生活·读书·新知三联书店2001年重印本,第40页。
⑥ 陈寅恪:《柳如是别传》上册,北京:生活·读书·新知三联书店2001年重印本,第85页。

法适应新变化,于是他们觉得没有安全感,对于那些有高度文化修养、已经拥有了应付社会的知识,并且自认为代表了一个时代的文化和价值的人来说,心理上的冲击尤为强烈,他们未必特别重视一家一姓的天下更替,倒是更关心他们获得价值与尊严的文化传统的兴亡"①。

四、家国情怀:以天下为己任

　　明清之际的文化遗民,大多具有一种以天下为己任的家国情怀。"以天下为己任",是由北宋思想家、政治家范仲淹所提出。钱穆曾指出:"中国社会既是以士为中心的社会,而中国自秦以下的传统政府也可说是士人的政府,则所谓'士'者,到底是什么样的一类人呢? 我们也可说,中国社会中之所谓士,该是一群立志达道的人。如宋时范仲淹在得秀才之后,他便立志称将'以天下为己任',将'先天下之忧而忧,后天下之乐而乐'。这一例,已十分明显地表明了中国文化传统中所谓士的性格了。"②易代之际的文化遗民,正是"所谓士的性格"的典型代表。

　　"以天下为己任",是传统士人的一种家国情怀。这是因为"'天下'构成了中国哲学的真正基础,它直接规定了这样一种哲学视界:思想所能够思考的对象——世界——必须表达为一个饱满的或意义完备的概念"。正如"梁漱溟所指出的,天下是个关于'世界'而不是'国家'的概念"。"天下概念的重要性表现为这一概念创造了思考问题的一个'世界尺度'"。中国关于政治—社会各种单位的层次结构,即"家—国—天下"结构,而"比较早的表述是天下在先,如《孟子·离娄上》曰:'人有恒言,皆曰天下国家'"。因此,"'天下'概念在古代应该是个信仰或者是纯粹的哲学而不是经验知识,事实上当时也没有相应的经验知识可以支持它。"从这里可以发现,"天下理念不仅是空间性的而且是时间性的,当它要求一个世界性尺度时,就逻辑必然地进一步要求一个永恒性

① 葛兆光:《世间原未有斯人——沈曾植与学术史的遗忘》,载《读书》1995 年第 9 期。
② 钱穆:《国史新论》,北京:九州出版社 2018 年版,第 58 页。

尺度。"①在赵汀阳看来，"天下—国—家这个自上而下的政治方向和家—国—天下这个自下而上的伦理方向构成了一个标志着政治与伦理之间相互肯定的政治—伦理循环。"②

许纪霖《家国天下》一书，对家国天下的问题作了较为系统完备的论述。"家国天下，乃是一个认同的问题，而且是中国人独特的认同方式。所谓认同（identity），正如美国著名政治学家、哈佛大学教授亨廷顿所指出的，它是一个人或一个群体的自我认识，是自我意识的产物。认同由自我界定，是自我的想象建构，同时也是自我与他人交往的产物。认同同时也是同一性的要求，通过自我的认同和他人的承认，形成同一的自我、同一的文化、同一的制度、同一的民族或同一的国家。"③因此，家国情怀首先是对自己的民族、国家、文化认同的问题。

"以天下为己任"的家国情怀，其生成原因是"在传统中国，以儒家的'修身、齐家、治国、平天下'为核心，形成了古代中国人的自我认同和群体认同，其基本框架是'自我—家族—帝国—天下'。传统中国的认同是以自我为中心，由内而外，逐波外推；同时自我又并非现代意义上独立的、原子的个人，而是整个宇宙的天下，在'自我—家族—帝国—天下'四者的关系中，自我和天下构成了最重要的两端，形成了古代中国人特殊的自我价值观、世界观和社群意识"④。"所谓'修身、齐家、治国、平天下'，就是传统的士子在'家国同构''家国一体'大背景下的最具体的人生理想、价值追求。"⑤因此，家国情怀植根于家国一体的价值认同中。

"以天下为己任"的家国情怀，其生成机理在于"家国天下"是一个价值共同体。所谓"家国天下，作为传统中国意义框架的连续体，其主体和出发点是人。孟子曰：'天下之本在国，国之本在家，家之本在身。'

---

① 赵汀阳：《天下体系——世界制度哲学导论》，北京：中国人民大学出版社 2011 年版，第 29—33 页。
② 赵汀阳：《天下体系——世界制度哲学导论》，北京：中国人民大学出版社 2011 年版，第 99 页。
③ 许纪霖：《家国天下——现代中国的个人、国家与世界认同》，上海：上海人民出版社 2017 年版，第 472 页。
④ 许纪霖：《家国天下——现代中国的个人、国家与世界认同》，上海：上海人民出版社 2017 年版，第 473 页。
⑤ 田崇雪：《遗民的江南——中国文化史上的遗民群落》，上海：学林出版社 2008 年版，第 236 页。

所谓家国天下,乃是以自我为核心的社会连续体。但传统社会的自我,并没有现代意义上的本真性或自主性,其意义不是自明的,每一个自我都镶嵌在从家国到天下的等级性有机关系之中,从自我出发,逐一向外扩展,从而在自我、家族、国家和天下的连续体中获得同一性"①。从另一视角看,"中国文化最强调天、地、人三个元素,在家国天下的序列之中,自我是人,家国是地,而天下乃为天也。在现实世界,人(自我)立足于地(家国)与天(天下)沟通,所谓的个人,总是在一定的历史文化脉络中,总是在家国天下的共同体中得以生存,获得自我的认同。"②

在许纪霖看来,"为什么说家国天下是一个连续的共同体? 在古罗马的传统之中,国与家是截然二分的两大领域,这在罗马的公法与私法的明确界限之中看得很清楚。然而中国的古代社会政治关系,不是用以契约为核心的法来调节,而是以伦理性的礼乐制度构成基本的社会框架。家国一体的礼乐制度,来自西周的分封制。天子封诸侯为立国,诸侯分封土地和人民给卿大夫为立家,进而形成金字塔形的封建等级制度。所谓家国天下,就是由这种宗法分封制联为一体的卿大夫、诸侯与天子。天子代表天下(相当于现代意义上的国),诸侯代表列国(相当于现代意义上的地方),卿大夫代表采邑(相当于现代意义上的家乡);家国天下之间,通过层层分封与效忠而形成血缘—文化—政治共同体,既是亲戚,又是君臣,如同一个大家族。"③按照儒家大同的社会理想:"大道之行也,天下为公,选贤与能,讲信修睦。"④

家与国之所以形成一种命运共同体的关系,又在于传统文化中伦理与政治的一体化。"春秋战国之际,这一西周分封制礼崩乐坏,但家国一体却在大一统的秦汉体制中得以延续和发扬光大。到汉武帝之后,法家的郡县制与儒家的礼乐制合流,董仲舒提出的'三纲'思想成为

---

① 许纪霖:《家国天下——现代中国的个人、国家与世界认同》,上海:上海人民出版社 2017 年版,第 2 页。
② 许纪霖:《家国天下——现代中国的个人、国家与世界认同》,上海:上海人民出版社 2017 年版,第 6 页。
③ 许纪霖:《家国天下——现代中国的个人、国家与世界认同》,上海:上海人民出版社 2017 年版,第 2 页。
④ (汉)戴德、(汉)戴圣:《礼记》,《礼运篇》。

两千年中华帝国的意识形态核心,宗法家族的父子、夫妇伦理与国家的君臣之道高度同构,王朝的政治关系是家族伦理关系的放大,伦理与政治高度一体化。"①

许纪霖在其《家国天下》一书中认为:"在家国天下连续体中,国是相对的,也最为暧昧。在西周,国指的是天子赐给诸侯的封地;到春秋战国时代,国指群雄争霸的列国;秦始皇统一天下之后,国乃是以王权为核心的王朝。……古代中国人很难想象一个既非天下又在王朝之上的抽象的共同体。如果一定要在古代概念中寻找,'社稷'这一概念比较接近,但内涵远远不及近代国家那般丰富,而是带有原始的氏族共同体意味。因此梁漱溟说:古代中国人只有王朝的观念,没有国家的观念。'中国人心目中所有者,近则身家,远则天下,此外便多半轻忽了。'②而家国天下中的国,确切而言,乃是指具体的王朝。……在伦理主导的礼治秩序中,公与私常常是相对的、暧昧的,王朝对于家族来说意味着公,公的一个含义就是官府、官家人。然而公还有另一个含义,乃是绝对的、超越的伦理价值,这并非官府能够代表,而是属于天下。因而对于天下来说,王朝又是私,明末清初的顾炎武有言,亡国只是一家一姓之王朝灭亡,而亡天下则是天下公义沦丧,人率相食。"③

许纪霖继续论证说:"家国与天下,是肉身与灵魂的关系。天下代表了至真、至美、至善的最高价值,这一价值要在人间实现,必须通过宗法家族和王朝国家的制度肉身,这些制度是由将伦理与政治合为一体的名教、典章制度和风俗组成,由此,天下价值不远人,就在人间的礼法秩序与日常生活之中。离开了家国的肉身,天道将沦为无所依傍的孤魂。另一方面,宗法秩序的正当性、国家秩序的合法性,无法自证其身,只能从超越的天下意识,从更高的天命、天道、天理中获取。家国对于中国人来说之所以神圣,之所以具有不可撼动的现实权威性,乃是因为

---

① 许纪霖:《家国天下——现代中国的个人、国家与世界认同》,上海:上海人民出版社 2017 年版,第 3 页。

② 梁漱溟:《中国文化要义》,《梁漱溟全集》第 3 卷,济南:山东人民出版社 1990 年版,第 163 页。

③ 许纪霖:《家国天下——现代中国的个人、国家与世界认同》,上海:上海人民出版社 2017 年版,第 3—4 页。

它是天下价值的人间体现。对家国秩序的遵守，就是对天道的尊重。"①

明清之际文化遗民的价值，表现为存道以存天下。道之所存，主要体现在辨华夷与扶纲常这两个方面。"在明遗民的价值体系中，纲常（在易代之际，主要集中在君臣之义问题上）是世界秩序的构造方式，也是道的具体内容。华夷之不同，主要是文化上的不同，其核心是不同的价值追求，也可以说是不同民族各为其'道'。明遗民拒绝仕清，是基于对君臣之义和华夷之别的信念，是力图保持本民族对世界图景的独特理解，保持自身独立的价值信念，从而在外部威胁下维持独立性。因此，他们在自己的人生选择上体验到了独特的价值，那就是个人在现实世界的秩序崩溃之时对道的承担。他们相信，只要维持着对秩序的理解，和谐的理想世界终有重建的可能。"②

传统儒家强调士大夫的个人节操是："穷则独善其身，达则兼济天下。"③而"天下是一种普世化的文化秩序，没有族群、疆域和主权的明确界限。比天下次一级的共同体则是王朝共同体，正如列文森所说：天下代表了一种文化价值，而王朝代表着政治秩序。④但这并不意味着在传统中国，文化秩序与政治秩序像欧洲那样是二元或分离的，恰恰相反，王朝为私，天下为公，王朝的正当性来源于天下的道德理想。普世性的天下文化秩序高于一家一姓的王朝政治秩序。朝代可以更替，但国之根本——天下归仁的文化理想却不容颠覆。"⑤这正是明清之际文化遗民们普遍持有的坚定信念。

这就是说，"在古代中国人的'家国天下'之中，天下是最高的理想，不仅是适合华夏——汉民族的特殊价值，更是普遍适用于包括华夏、蛮夷在内的全人类的普世价值。中国作为一个连续性的政治—文明共同

① 许纪霖：《家国天下——现代中国的个人、国家与世界认同》，上海：上海人民出版社 2017 年版，第 4 页。
② 李瑄：《明遗民群体心态与文学思想研究》，成都：巴蜀书社 2009 年版，第 232 页。
③（战国）孟子：《孟子》卷二十六，《尽心上》，（清）焦循：《孟子正义》下，北京：中华书局 1987 年版，第 891 页。
④［美］约瑟夫·列文森：《儒教中国及其现代命运》，郑大华、任菁译，桂林：广西师范大学出版社 2009 年版，第 84 页。
⑤ 许纪霖：《家国天下——现代中国的个人、国家与世界认同》，上海：上海人民出版社 2017 年版，第 79 页。

体,天下即代表普世的文明,但文明只是灵魂,它需要一个结构性的肉身,那就是'国'。这个'国',是与文明共同体相重合的政治共同体'中国',但这个'中国',并非有着明确主权、疆域和人民的民族国家,而是指前后相继、时而分裂时而统一的一个个王朝国家。古代中国人对抽象的'中国'之认同,乃是表现为对某些具体代表'中国'的正统王朝的认同。"①

明清之际文化遗民以天下为己任的家国情怀,表现为"在古代中国,对于'中国'的国家认同,是通过对文明的认同和对王朝的认同实现的。……不过,王朝认同是表象,文明认同是内核,王朝认同是有条件的,文明认同是绝对的。在王朝认同背后,是对其所代表的天下价值观的肯定。王朝只有代表了天下,才是一个在士大夫心目当中拥有合法性的正统王朝"②。

总之,"古代中国士大夫的家国天下认同,家乃血缘宗法家族,国乃王朝所象征的政治共同体,而天下指的是中华文明共同体。王朝有生有灭,盛衰无常,华夷不定;但文明是连续的,一以贯之,无论王朝是汉人还是异族统治,是多民族的开放大帝国,还是汉人一己之封闭小国,只要礼仪教化还在,中国就存在。文明在哪里,中国就在哪里。文明是怎么样的,中国便是怎么样的。中国的认同,便是天下的认同。"③

---

① 许纪霖:《家国天下——现代中国的个人、国家与世界认同》,上海:上海人民出版社 2017 年版,第 24 页。

② 许纪霖:《家国天下——现代中国的个人、国家与世界认同》,上海:上海人民出版社 2017 年版,第 26—27 页。

③ 许纪霖:《家国天下——现代中国的个人、国家与世界认同》,上海:上海人民出版社 2017 年版,第 46—47 页。

第七章　以身立德:道德的自我完善

在中国古代社会,儒家思想历来是士人们立身处世的道德依据。所谓道德,即以道立德。《礼记·文王世子》称:"君子曰德,德成而教尊,教尊而官正,官正而国治。君之谓也。"孔子《论语·述而》要求君子:"志于道,据于德,依于仁,游于艺。"春秋时鲁国大夫叔孙豹称"立德""立功""立言"为"三不朽"。"立德",即树立高尚的道德;"立功",即为国为民建功立业;"立言",即提出具有真知灼见的言论。在有限的人生旅途中,人们总想留下某些永恒的东西,而"不朽"正是人之伟大的精神需要。在中国历史上影响深远的"三不朽",历来是志士仁人们孜孜以求的一种永恒价值。文章千古事,文人历来注重"立言"。而明清之际的文化遗民,在追求"三不朽"的人生境界上,尤其表现出"舍生而取义"[①]的君子风范,即具有以身立德、以道立言、以文立功的鲜明特征。孔子曰:"君子务本,本立而道生。"[②]君子之本义在于道德的自我完善,身正为本,德立则道生。

一、"三不朽":君子追求的永恒价值

自古以来,人类就信仰永恒的力量,致敬永恒的生命,追求永恒的

---

① (战国)孟子:《孟子》卷二十三,《告子》下,焦循:《孟子正义》下,北京:中华书局1987年版,第783页。
② (春秋)孔子:《论语》卷一,《学而》上,程树德撰:《论语集释》第一册,北京:中华书局1990年版,第13页。

生命价值,中西方哲学思想概莫能外。中国传统儒家常谓的"三不朽",出自《左传·襄公二十四年》:"穆叔如晋。范宣子逆之,问焉,曰:'古人有言曰:死而不朽,何谓也?'穆叔未对。宣子曰:'昔匄之祖,自虞以上为陶唐氏,在夏为御龙氏,在商为豕韦氏,在周为唐杜氏,晋主夏盟为范氏,其是之谓乎?'穆叔曰:'以豹所闻,此之谓世禄,非不朽也。鲁有先大夫曰臧文仲,既没,其言立,其是之谓乎!豹闻之,"大上有立德,其次有立功,其次有立言",虽久不废,此之谓不朽。若夫保姓受氏,以守宗祊,世不绝祀,无国无之,禄之大者,不可谓不朽。'"

春秋时期鲁国的叔孙豹与晋国的范宣子,曾就何为"死而不朽"的问题展开讨论。范宣子认为,他的祖先从虞、夏、商、周以来世代为贵族,家世显赫,香火不绝,这就是"不朽"。叔孙豹不以为然,认为这只能叫作"世禄",而非"不朽"。在他看来,真正的不朽是立德、立功、立言,此之谓不朽。言及"立言"的不朽,叔孙豹特以鲁卿臧文仲为例。《国语·晋语八》对此亦记载说:"鲁先大夫臧文仲,其身殁矣,其言立于后世,此之谓死而不朽。"历史上的臧文仲何许人也?他立何言而被视为不朽?原来臧文仲系春秋时鲁国大夫,屡建事功,且长于辞令,为政立国之事多有高论,在诸侯国间广为流传。他所谓的"立言"是与"立德""立功"紧密相连的,并非仅以立言为职志。然而,就是这样一位口碑不错的历史人物,孔子却批评他"不仁者三,不知者三"①。由此可见,自孔子开始的传统儒家对"三不朽"的要求很高。

孔子本人的人生价值取向和儒家对人生追求的最高境界,就是立德、立功、立言,追求人生的三不朽。孔子集"三不朽"于一身,树立以身立德、以业立功、以学立言的典范。他强调指出:"德之不修,学之不讲,闻义不能徙,不善不能改,是吾忧也。"②因此,他"学而不厌,诲人不倦"③,宣讲规范人伦道德,自己以身作则,此为"立德"。他培养教育"贤

---

① (春秋)左丘明:《左传·文公二年》。
② (春秋)孔子:《论语》卷十三,《述而》上,程树德撰:《论语集释》第二册,北京:中华书局1990年版,第439页。
③ (春秋)孔子:《论语》卷十三,《述而》上,程树德撰:《论语集释》第二册,北京:中华书局1990年版,第436页。

人七十,弟子三千",开创积极入世的儒家学派,儒学最终成为中国传统思想文化的主干,此为"立功"。他提出"克己复礼为仁"①,"己所不欲,勿施于人"②等仁学思想,成为万世不刊之论,此为"立言"。

唐人孔颖达在《春秋左传正义》中对德、功、言三者曾分别作出界定:"立德,谓创制垂法,博施济众";"立功,谓拯厄除难,功济于时";"立言,谓言得其要,理足可传"。在后人对"三不朽"的解读中,"立德"系指道德操守,"立功"乃指事功业绩,而"立言"是将真知灼见形诸语言文字,著书立说,传于后世。当然,无论"立德""立功"或者"立言",其实都旨在追求某种"不朽之名"。而对身后不朽之名的追求,正是古圣先贤超越个体生命的一种独特形式。孔子《论语·卫灵公》曰:"君子疾没世而名不称焉。"屈原的《离骚》曰:"老冉冉其将至兮,恐修名之不立。"司马迁在《报任安书》曰:"立名者,行之极也。"对死后不朽之名的追求,可以激励个体生命释放能量,拼搏奋进,建功立业。

在"三不朽"这一君子追求的永恒价值激励下,从范仲淹的"先天下之忧而忧,后天下之乐而乐",到张载的"为天地立心,为生民立命,为往圣继绝学,为万世开太平",无不闪耀着立德、立功、立言"三不朽"的光辉。胡适将"不朽"视为"我的宗教"。③ 而在易代之际的文化遗民们身上,尤其具有一种以天下为己任的使命担当意识。

值得注意的是,"在明清易代的特殊情势下,传统士人所追求的人生'三不朽',留给明遗民的只有立德、立言二途。因为在'异族'统治下,遗民们不愿以'立功'而见用于当世,遂转而以'立德''立言'以实现用世理想。在'立德'方面,重气节、讲信义、敦友情,旨在追求一种完美人格;在'立言'方面,一是改变明末以降之蹈虚学风,以'存吾道'为终极关怀,一是作'明亡之思',总结历史教训,昭示'后王'以'为治大

① (春秋)孔子:《论语》卷二十四,《颜渊》上,程树德撰:《论语集释》第三册,北京:中华书局1990年版,第817页。
② (春秋)孔子:《论语》卷二十四,《颜渊》上,程树德撰:《论语集释》第三册,北京:中华书局1990年版,第824页。
③ 欧阳哲生:《胡适学术文化随笔》,北京:中国青年出版社1996年版,第53页。

法'。"①在这里，无论是"立德"还是"立言"，其实都事关"保天下"的问题。

　　明清之际文化遗民追求"三不朽"的特殊性，在于"在民族文化精神和文化价值体系的重建中，明遗民文化作为中华传统文化的重要组成部分，尽管其中瑕瑜互见，但其所蕴含的道德气节、民族意识、爱国情怀、生民忧戚和文化关怀，无疑有着深广的历史价值，有待发覆。就此处所论的明遗民的文化关怀而论，遗民们在恢复无望的情况下，孜孜以'存吾道'是求，以'立德''立言'的方式来弘扬民族传统文化及守护人类基本的价值，体现出深切的人文关怀，其意义不可低估。人文关怀作为遗民士人一种独特的入世态度，是他们对世界和社会独特的理解方式和介入方式，也是明遗民潜在的根本的生命态度，一种日常生活规范，对生命的一种承诺。赋予生活和生命以永恒的意义，这正是遗民之为遗民的价值所在；以深切的人文关怀去关注人类的精神世界，去解脱人类的精神困境，去守护人类的基本价值，也正是遗民士人的基本职志"②。

二、道统与道德之关系

　　君子追求"三不朽"的人生境界，置于首位的是"立德"。在汉语中，道德是道与德的合成词。道是方向、方法；德是素养、品性。道和德的概念，最早可追溯到老子《道德经》。老子说："道生之，德畜之，物形之，势成之。是以万物莫不尊道而贵德。道之尊，德之贵，夫莫之命而常自然。"③在这里，"道"指自然运行的规律；"德"指人世的品行、王道。"道德"二字连用，始于荀子："故学至乎礼而止矣。夫是之谓道德之极。"④

---

① 孔定芳：《清初遗民社会：满汉异质文化整合视野下的历史考察》，武汉：湖北人民出版社 2009 年版，第 365 页。

② 孔定芳：《清初遗民社会：满汉异质文化整合视野下的历史考察》，武汉：湖北人民出版社 2009 年版，第 367 页。

③ （春秋）老子：《道德经》，第五十一章，朱之谦：《老子校释》，北京：中华书局 1984 年版，第 203 页。

④ （战国）荀子：《荀子》卷一，《劝学篇》，王先谦：《荀子集解》，北京：中华书局 1988 年版，第 12 页。

君权神授毕竟不能提供政治合法性的永恒理据,因为在它的观念结构中内在而逻辑地隐含着"受命改制"这一含义。所以西周时期又引入了"德"的概念,亦即"人心向背"的因素,从而形成"敬天保民"的思想。《易传·革卦》曰:"天地革而四时成,汤、武革命,顺乎天而应乎人,革之时义大矣。"《左传》襄公三十一年引《泰誓》曰:"民之所欲,天必从之。"《孟子·万章》引《泰誓》曰:"天视自我民视;天听自我民听。"就是说如果君主有德,敬天爱民,其统治就具有合法性,反之,天命就不再护佑,改朝换代遂势所难免。这就将君权神授引向了君权民授,这无疑是中国古代政治理论的显著进步。以道为本,以德为先,天人合一就是道与德的结合。

儒家历来强调修身立德,道统是以儒家道德精神为内核的一个传统。"道统"之义首先由韩愈提出,但道统本身是由孔子提炼和铸就的。孔子从历史的繁杂和荒芜中提炼出了尧、舜、禹、汤至文武周公的德治一脉,以德修己,以德治世,并从中发掘出适合个人修身的"仁"的思想。另一方面,孔子个人的修身实践和社会实践,从主体性上践行他所推崇的道。如果缺乏后者,那么孔子仅仅是一个史学家或者古代文献整理者。因而,孔子一再强调:"士志于道"[①];"君子谋道不谋食。……君子忧道不忧贫。"[②]孟子曰:"古之人得志泽加于民,不得志修身见于世,穷则独善其身,达则兼善天下。"[③]"居天下之广居,立天下之正位,行天下之大道。得志与民由之,不得志独行其道。富贵不能淫,贫贱不能移,威武不能屈。此之谓大丈夫。"[④]在儒家思想影响下,士以道自任,以天下为己任,遂成为道的承担者。胡适认为:"'德'便是个人人格的价值"[⑤]。

唐代佛教、道教盛行,韩愈提出儒家有一个始终一贯的有异于佛老

① (春秋)孔子:《论语》卷七,《里仁》上,程树德:《论语集释》第三册,北京:中华书局1990年版,第817页。
② (春秋)孔子:《论语》卷三十二,《卫灵公》下,程树德:《论语集释》第三册,北京:中华书局1990年版,第817页。
③ (战国)孟子:《孟子》卷二十六,《尽心》上,焦循:《孟子正义》下,北京:中华书局1987年版,第783页。
④ (战国)孟子:《孟子》卷十二,《滕文公》下,焦循:《孟子正义》下,北京:中华书局1987年版,第419页。
⑤ 欧阳哲生:《胡适学术文化随笔》,北京:中国青年出版社1996年版,第55页。

的"道"。他在《原道》中指出:"斯道也,何道也? 曰:斯吾所谓道也,非向所谓老与佛之道也。尧以是传之舜,舜以是传之禹,禹以是传之汤,汤以是传之文、武、周公,文、武、周公传之孔子,孔子传之孟轲,轲之死,不得其传焉。"①韩愈所说的儒家之道,是"博爱之谓仁,行而宜之之谓义;由是而之焉之谓道,足乎己无待于外之谓德。仁与义为定名,道与德为虚位"②。因此,"道莫大乎仁义,教莫正乎礼乐刑政。施之于天下,万物得其宜;措之于其躬,体安而气平。"③作为儒家思想的核心,"道"的内涵是"仁义道德",行仁义即为道德,而儒家之"道"的传承谱系就是"道统"。

　　关于道统,费孝通在《论师儒》中曾指出:"道统这个观念有它所根据的社会事实,这社会事实就是发生了一个没有政治权力的士大夫阶层。把这观念说出来,而且组织成有系统的理论的是儒家。……这个系统:三皇,五帝,尧,舜,禹,汤,文,武,都是在其位,谋其事的;在儒家对于这些标准政治人物的推崇上看去,可以说,他们是知道政治规范而同时又是实际在这轨范里治理天下的。那是道政合一的时代。但是接下去,儒家却推出了周公。他们推崇周公,在我这里所要提出来的理论上看去,是有很重大意义的。周公在封建宗法上是并没有得到最高权力资格的王叔,但是他却执了政,他的摄政固然并没有改变当时的政治结构,但是却些微发生了一点变化,就是在实位的人如果没有能力,可以由有能力,知道怎样去治理天下的人去代替,这些微的变化推论下去,政统和道统成了可以分离的两件事了。也许就是这一点意义,使孔子的潜意识里念念不忘这位周公了。在关于周公的传说里,政统和道统在事实上固然没有多大的距离,王叔在宗法上本是有地位的,而且摄政也是很普通的办法,但是后来在儒家所承认的标准统治系列中,却在文、武之后连接着周公,由周公引出孔子,构成了和政统分离的道统。"④

　　儒家的学术旨趣,北宋思想家胡瑗概括为有体,有用,有文;清代思

---

① (唐)韩愈:《原道》,孙昌武选注:《韩愈选集》,上海:上海古籍出版社 2013 年版,第 261—262 页。
② (唐)韩愈:《原道》,孙昌武选注:《韩愈选集》,上海:上海古籍出版社 2013 年版,第 253 页。
③ (唐)韩愈:《韩昌黎全集》,《送浮屠文畅师序》。
④ 费孝通:《论师儒》,费孝通、吴晗等:《皇权与绅权》,长沙:岳麓书社 2012 年版,第 22—24 页。

想家魏源认为儒者应明道、政事、治经三者合一；当代新儒家牟宗三也从道、学、政三个维度考察儒学。从个体角度考察，这三个维度表现为立德、立功、立言；从整体儒学角度考察，则是道、政、学三个维度。道即中国文化的道统，儒学的核心价值；政即政事，在中国古代儒生通过仕途来实现；学即学统，儒家的一套知识系统。儒家之独特性是在一个文明的基础上实现了三者的合一，至少在价值观念上如此。其中，道统是核心精神，基于道统而形成的学术知识系统称之为学统，延伸到社会政治领域形成政统。

余英时在《道统与政统之间——中国知识分子的原始型态》中指出："春秋战国之际，以'道'自任的知识分子出现以后，首先便面临着如何对待政治权威的问题。这个问题牵涉两个方面：从各国君主一方面说，他们在'礼坏乐崩'的局面之下需要有一套渊源于礼乐传统的意识形态来加强权力的合法基础。从知识分子一方面说，道统与政统已分，而他们正是道的承担者，因此握有比政治领袖更高的权威——道的权威。"①以道自任的士子，之所以成为儒家之道的承担者与道统的传承者，在于他们以崇高的道德示人，以道统的权威改造社会风尚，从而使社会文明不断进步。

在中国古代传统社会中，"知识分子不但代表'道'，而且相信'道'比'势'更尊。所以根据'道'的标准来批评政治、社会从此便成为中国知识分子的分内之事。……但是由于'道'缺乏具体的形式，知识分子只有通过个人的自爱、自重才能尊显他们所代表的'道'。此外便别无可靠的保证。中国知识分子自始即注重个人的内心修养，这是主要的原因之一。"②因此，以道德立身成为士人们传承道统的可靠保证。

历史上的易代之际，士人所处的社会环境发生剧变。"到了南明时期，士人面临的情势更加严峻，不但江山沦于塌陷之际，士大夫据以依托行道的汉人皇权体制也濒临崩溃，在这样的情况下，士人的言辞似乎

---

① 余英时：《道统与政统之间——中国知识分子的原始型态》，《士与中国文化》，上海：上海人民出版社2003年版，第89页。

② 余英时：《道统与政统之间——中国知识分子的原始型态》，《士与中国文化》，上海：上海人民出版社2003年版，第96页。

更加容易彰显对'道'的孤忠持守的艰难与困窘。如王夫之就有言:'儒者之统,与帝王之统并行于天下,而互为兴替。其合也,天下以道而治,道以天子而明;及其衰,而帝王之统绝,儒者犹保其道以孤行而无所待,以人存道,而道不可亡。'"①王夫之所言,"应是其时有关遗民生存意义的最积极也最有力的论证。你在这里强烈地感觉到了儒学、理学之于士人的精神支撑。"②士作为以道自任的一个特殊群体,宋代以降道统观逐渐发展成形。士人以道自任而行教化,渐成一种制度化的结构。这就是说,以士为代表而象征文化权威的道统,能够独立于现实政权,对政统起着批判和制衡作用。

三、道统担当意识:坚守儒家文化

"士志于道",是孔子时代新出现的历史情况。儒家尊周公、封素王、创师儒,都是为了将道统与政统分开,建立事归政统、理归道统的格局。

明清之际江南文化遗民都坚守儒家文化,具有强烈的道统承担意识。最初,"在孔子以前,'道'的观念大体上是指'天道',即以'天道'的变化来说明人事的吉凶祸福。"③而"古代的礼乐虽具有宗教性('天道')的成分,但这个传统到了孔子手中却并没有走上'天道'的方向而转入了'人道'的领域。这种发展的方向当然不是孔子个人所单独决定的,春秋以来,中国文化已日益明显地有从天道转到人道的倾向。公元前五二三年郑国的子产即已明白地提出了'天道远,人道迩'的见解。孔子以后,百家竞起,虽所持之'道'不同,但大体言之不但都与诗书礼乐

---

① 杨念群:《何处是江南?——清朝正统观的确立与士林精神世界的变异》(增订版),北京:生活·读书·新知三联书店2017年版,第272页。
② 赵园:《明清之际士大夫研究——作为一种现象的遗民》,北京:北京师范大学出版社2014年版,第17页。
③ 余英时:《中国知识人之史的考察》,《士与中国文化》,上海:上海人民出版社2003年版,第599页。

的传统有渊源，而且也都以政治社会秩序的重建为最后的归宿之地"①。

因此，"中国的'道'源于古代的礼乐传统；这基本上是一个安排人间秩序的文化传统。其中虽然也含有宗教的意义，但它与其他古代民族的宗教性的'道统'截然不同。因此中国古代知识分子一开始就管的是恺撒的事；后世所谓'以天下为己任''天下兴亡，匹夫有责'等等观念都是从这里滥觞出来的。"②从这一意义上说，士是一个以道自任的文人群体。

从历史上说，儒家道统的传承有一个较为完整的脉络和系统。孟子认为孔子的学说是上接尧、舜、汤、周文王，并自命是继承孔子的正统。韩愈作《原道》，正式提出所谓"尧、舜、禹、汤、文、武、周公、孔、孟"关于道的传授系统说，称自己继承了真正的孔孟之道，是儒家的正宗，从而开启宋代道学的先声。在饶宗颐先生看来，"自韩愈《原道》称尧以是传之舜，舜以是传之禹，再传之汤、文、武、周公、孔、孟，儒家道统承传之说于焉确立。"③

儒家正统地位之确立，并不是偶然的。张荫麟曾曰："儒家之成为正统也是事有必至的。要巩固大帝国的统治权非统一思想不可。董仲舒已说得非常透彻。但拿什么做统一的标准呢？先秦的显学不外儒、墨、道、法。墨家太质朴，太刻苦了，和当时以养尊处优为天赋权利的统治阶级根本不协。法家原是秦自孝公以来国策的基础，秦始皇更把他的方术推行到'毫发无遗憾'。正惟如此，秦朝昙花般的寿命和秦民刻骨的怨苦，使法家此后永负恶名。贾谊在《过秦论》里，'繁刑严诛，吏治刻深'为秦的一大罪状。这充分地代表了汉初的舆论。墨、法既然都没有被抬举的可能，剩下的只有儒、道了。道家虽曾煊赫一时，但那只是大骚乱后的反动。它在大众(尤其是从下层社会起来的统治阶级)的意识形态里是没有基础的，儒家却有之。大部分传统信仰，像尊天敬鬼的

① 余英时：《中国知识分子的古代传统——兼论"俳优"与"修身"》，《士与中国文化》，上海：上海人民出版社 2003 年版，第 107 页。
② 余英时：《道统与政统之间——中国知识分子的原始型态》，《士与中国文化》，上海：上海人民出版社 2003 年版，第 96 页。
③ 饶宗颐：《中国史学上之正统论》，北京：中华书局 2015 年版，第 84 页。

宗教和孝弟忠节的道德,虽经春秋战国的变局,并没有根本动摇,仍为大众的良心所倚托。道家对于这些信仰,非要推翻,便存轻视;但儒家对之,非积极拥护,便消极包容。和大众的意识相冰炭的思想系统是断难据要津的。况且道家放任无为的政策,对于大帝国组织的巩固是无益而有损的。这种政策经文帝一朝的实验,流弊已经不可掩。无论如何,在外族窥边,豪强乱法,而国力既充,百废待举的局面之下,‘清净无为’的教训自然失却号召力。代道家而兴的自非儒家莫属。”①

儒家道统地位首先由韩愈来确立,也不是偶然的。“儒教在中国史的不同阶段中曾以各种不同的面貌出现。汉代的儒教究竟具有什么特点?……从唐代的韩愈以来,很多人都相信以孔、孟为代表的儒家‘道统’在汉代中断了,因为以心性论为中心的儒家思想已被阴阳五行的系统取而代之。这个看法当然有相当的历史根据。不可否认,《孟子》《中庸》以及《大学》中都有所谓心性论的成分。但同样不可否认的是,韩愈以来儒家心性论的再发现是受佛教的刺激而起。”②经韩愈的努力,儒家的心性论被重新发现和恢复,承续起自孟子以来的儒家道统。

那么,“韩愈为什么把他建立的道统溯源到尧、舜和周公、孔、孟呢?主要用来说明他建立的道统源远流长,是中华民族传统思想中唯一正确的,没有哪一种思想可与伦比。的确,在中华民族的传统文化思想里,还没有其他学派能够比得上以儒学道统为代表的思想影响大,易于为大多数人接受。”③当然,“儒学得传,首推孟子之功。汉兴儒学,仲舒以继,八代道丧,起则韩愈。”④

自从韩愈提出道统说以来,历来解说道统者都未能超出韩愈道统说的框架,即从“道”与“统”两个方面来理解道统。前者是逻辑的,后者是历史的。在韩愈《原道》之后,“儒家‘道统’的建立与传承是宋代以后士人努力营造出的一个谱系。这个谱系的一个核心观点是,‘道’的渊源虽可追溯至周公,但孔子形象绝非单纯的述而不作地复述圣言的形

---

① 王国维等:《民国大师最重要的四十堂国史课》,北京:石油工业出版社 2017 年版,第 46 页。
② 余英时:《汉代循吏与文化传播》,《士与中国文化》,上海:上海人民出版社 2003 年版,第 126 页。
③ 卞孝萱、张清华、阎琦:《韩愈评传》,南京:南京大学出版社 1998 年版,第 287 页。
④ 卞孝萱、张清华、阎琦:《韩愈评传》,南京:南京大学出版社 1998 年版,第 287 页。

象,而应有所作为。至北宋已初步形成了一个有关'道'的流传谱系。在这个谱系中,'道'也并非依附于'器'或某种制度后才能显现其功能,而是具有塑造心灵和控制政治运转方向的超越力量。掌握这种力量的士人不但不会受到官守部门的规训和限制,也不会满足于准确地传承周公的意旨,相反却要担负起教化帝王甚至与帝王共治天下的职责。"①朱熹认为,儒家的道统是以周敦颐、二程(颢、颐)上承孟子的,而自己又继周、程为儒家正统。

儒家传道的脉络,孟子认为孔子的学说是上接尧、舜、汤、周文王,并自命是继承孔子的正统。韩愈接着孟子,提出"尧、舜、禹、汤、文、武、周公、孔、孟"的儒家传道系统说。然而,"道统"一词是由朱熹首先提出来的。他指出:"子贡虽未得道统,然其所知,似亦不在今人之后。"②"若只谓'言忠信,行笃敬'便可,则自汉唐以来,岂是无此等人,因其道统之传却不曾得? 亦可见矣。"③"《中庸》何为而作也? 子思子忧道学失其传而作也。盖自上古圣神继天立极,而道统之传有自来矣。"④朱子虽然最早将"道"与"统"合为"道统"一个概念,但道统说的创始人却是千百年来众所公认的唐代儒家学者韩愈。

中国古代士人对道统的承担,就是对天下责任的担当。"元代以蒙古异族入主,政统易于上,而道统则仍存于下。中国社会依然是一中国社会,得以无大变。"⑤而"'道统'观念的产生,源于儒家学者的自我认同与区分他者的需求。从韩愈开始,在道统谱系中,三代以后,传承儒家之道的就不再是帝王。而明遗民仍然一再分辨,道统的承担者是处于下位的儒者。"⑥明清之际江南文化遗民,正是以道统承担者角色活跃于历史舞台上的。"明亡清兴,治统发生转换,随着清廷政治统治的确立和稳定,治统的改变已经不可能,于是汉族士流,尤其是明遗民只好以

① 杨念群:《何处是江南? ——清朝正统观的确立与士林精神世界的变异》(增订版),北京:生活·读书·新知三联书店 2017 年版,第 354—355 页。
② (宋)朱熹:《与陆子静·六》,《朱文公文集》卷三十六。
③ (宋)朱熹:《朱子语类》卷十九。
④ (宋)朱熹:《四书集注》,《中庸章句序》。
⑤ 钱穆:《国史新论》,北京:九州出版社 2018 年版,第 183 页。
⑥ 李瑄:《明遗民群体心态与文学思想研究》,成都:巴蜀书社 2009 年版,第 194 页。

续道统为主要致力方向。当然,对于道统的关怀本是士人的基本文化诉求。"①

元末明初思想家陶宗仪《正统辨》曰:"道统者,治统之所在也。"②因为"政统与道统显然成为两个相涉而又分立的系统。以政统言,王侯是主体;以道统言,则师儒是主体"③。而"以'道统'来训伏'治统',是后世儒家知识人所最为重视的一件大事。这是中国超世间的理想在世间求取实现的唯一途径"④。因此,"从儒家学者对'道统'的一贯认识来看,明遗民的分辨似乎并不必要,他们重复着一个常识;联系他们的历史处境,则可以清楚地看到,他们实际上是藉助着'道',用以与清廷的'势'抗衡。这是一场文化正统、文化解释权的争夺。在清廷对儒家文化的推崇中,包含着一种将'政统'与'道统'合一的努力。清廷取得道统,可以取得政权的合法性,从精神上控制汉族士人。明遗民强调'政统'与'道统'的分离,是为了表明,真正理解并维护'道'的是儒者、遗民,而不是现有政权。"⑤这就是说,政统或治统作为天子之位即帝王之统,是控制社会的实际政治权力的传承;道统作为圣人之教即儒者之统,是管理社会、指导社会中各种伦理道德关系的思想传承。明遗民正是在这种道统承担意识的支配下,坚守和传播着儒家文化。

四、正统维护意识:拒用清朝纪年

中国古代有双重权威,一是皇权代表的政统,二是读书人代表的道统。在传统儒家看来,符合道统的政统与治统才是正统。"道统观和正统观,是传统儒学的重要内容,不仅深刻影响汉族士人的文化观念,成

---

① 孔定芳:《清初遗民社会:满汉异质文化整合视野下的历史考察》,武汉:湖北人民出版社 2009 年版,第 193 页。
② 饶宗颐:《中国史学上之正统论》,北京:中华书局 2015 年版,第 169 页。
③ 余英时:《道统与政统之间——中国知识分子的原始型态》,《士与中国文化》,上海:上海人民出版社 2003 年版,第 92 页。
④ 余英时:《中国知识人之史的考察》,《士与中国文化》,上海:上海人民出版社 2003 年版,第 619 页。
⑤ 李瑄:《明遗民群体心态与文学思想研究》,成都:巴蜀书社 2009 年版,第 194—195 页。

为理学家操纵人心的理论托词,而且也是统治者宣传自己统治合法性、美化朝廷政策的重要工具。"①

关于"正统"概念之起源与内涵,明初思想家王祎《正统论》论证曰:"正统之论,本乎《春秋》。当周之东迁,王室衰微,夷于列国,而楚及吴、徐,并僭王号。天下之人,几不知正统之所在。孔子之作《春秋》,于正必书王,于王必称天。而僭窃之邦,皆降而书子,凡以著尊王之义也。故传者曰:'君子大居正。'又曰:'王者大一统。'正统之义,于斯肇焉。欧阳修氏曰:'正者,所以正天下之不正也;统者,所以合天下之不一也。'由不正与不一,是非有难明,故正统之论所为作也。"②而明代理学家章潢《论历代正统》则指出:"统也者,合天下而归诸一者也。合天下而归诸一,即谓之为正统欤? 盖正统、变统、霸统、闰统、僭统诸说,皆自异姓代兴,而得天下多不以道"。③ 这就是说,正统源于《春秋》之义,"君子大居正"与"王者大一统"是其核心内涵。

从历史上考察,"'正统论'虽然起源很早,但'正'与'统'合观却是后来的事情,最早的'正统'记载往往包含'居正'与'一统'两义,'居正'大致是指拥有'道德'的正当性,'一统'则说是拥有广大的地理和疆域。《春秋公羊传》中就说过:'君子大居正'与'大一统'合观,如果两者时时吻合,当然是完美的状态,但从历史实际状况中看,这样的完美景象几乎没有同时出现过。"④

杨念群在《何处是江南》中指出:"早期'正统论'的源起,还有一个要素值得注意,那就是'尊王攘夷'的观点。孔子叹周道衰微,作《春秋》以警示,除'大一统'之义外,还包涵一种复杂的'内外观',因三代行封建之制,诸侯之间征伐不已,那么对王室的尊崇往往依据远近亲疏的状态构成一个圈层的统治秩序,这种秩序内也隐约存在着族群分类的差异等级。按照孔子的要求,对王室的尊崇与亲疏也会反映在不同种族

① 孔定芳:《清初遗民社会:满汉异质文化整合视野下的历史考察》,武汉:湖北人民出版社 2009 年版,第128 页。
② 饶宗颐:《中国史学上之正统论》,北京:中华书局 2015 年版,第 183—184 页。
③ 饶宗颐:《中国史学上之正统论》,北京:中华书局 2015 年版,第 214—215 页。
④ 杨念群:《何处是江南?——清朝正统观的确立与士林精神世界的变异》(增订版),北京:生活·读书·新知三联书店 2017 年版,第 245—246 页。

的分布上,这些族群的行为表现往往是区别'文明'与'野蛮'的标志,也是是否真正拥有'正统'的标志,因此,'血缘'与'种族'的因素已被考虑在内,尽管这类以种族划分文化高低的模式在先秦的叙述中表现得并不明显。"①

早在先秦时期,"战国君主的'尊师重道'主要只说明一个问题,即政统需要道统的支持,以证明它不是单纯地建立在暴力的基础之上。……由于当时的政统与道统都没有'定于一',所以不但各国君主争礼不同学派的领袖,而诸子百家也莫不竞售其'道'以期获得'正统'的地位。"在诸子百家争鸣中,儒家最终获得正统地位。因此,"知识分子代表道统的观念至少自公元前 4 世纪以来已渐渐取得了政统方面的承认。在互相争霸的形势中,各国君主都尽量争取具有声望的知识界领袖,以增强自身的政治号召力。"②也就是说,他们不但需要种种知识与技能,而且更需要"道"的支持。

从道统与政统的关系来说,"道统与政统有相互依存的一面,也有紧张和冲突的一面"③。这是因为,"道统是没有组织的,'道'的尊严完全要靠它的承担者——士——本身来彰显。因此,士是否能以道自任最后必然要归结到他和政统的代表者——君主——之间是否能保持一种适当的个人关系。首先,我们都知道,在理论上,知识分子与君主之间的结合只能建立在'道'的共同基础上面。所以孔子说:'天下有道则见,无道则隐'(《论语·泰伯》)。孟子也说'天下有道,以道殉身;天下无道,以身殉道'(《孟子·尽心》上)。"④道统与政统的相互依存,建立在"道"的基础之上。相对于政统与治统,道统更为根本。帝王之政,以治相继,以道相承。治统由于一治一乱,而有断有续,赖道统之绵延不坠。

道统与政统紧张和冲突的一面,表现为"及至秦汉统一,政治形势

---

① 杨念群:《何处是江南?——清朝正统观的确立与士林精神世界的变异》(增订版),北京:生活·读书·新知三联书店 2017 年版,第 247 页。

② 余英时:《道统与政统之间——中国知识分子的原始型态》,《士与中国文化》,上海:上海人民出版社 2003 年版,第 91—95 页。

③ 余英时:《道统与政统之间——中国知识分子的原始型态》,《士与中国文化》,上海:上海人民出版社 2003 年版,第 90 页。

④ 余英时:《道统与政统之间——中国知识分子的原始型态》,《士与中国文化》,上海:上海人民出版社 2003 年版,第 91 页。

为之大变,四方游走的知识分子显然成为一股离心的社会力量,而不利于统一。大一统的政权也同样不能容忍众'道'纷然杂陈的局面。因为众论纷纭不免破坏人民对统一的政治权威在精神上的向心力。所以秦国在霸局既定之后即下'逐客'之令,要把来自各地的游士都驱逐出境,而统一天下之后则更进一步要以'势'来统一'道'"。而"汉儒所最重视的是文化统一,故宣帝时王吉上疏有云:'春秋所以大一统者,六合同风,九州共贯也'(《汉书》卷七二本传)。自董仲舒以来,所谓'春秋大一统'都是指文化统一而言,与政治统一虽有关而实不相同。"①

从上述可知,"'道统'和'治统'的关系不但成为以后讨论正统之正当性的核心论域,而且'道统'亦成为制约正统论述的一个关键词。"尤其重要的是,"南宋以后几乎在朝野中逐步达成了一个共识,对'道统'的拥有远比占领广大疆域要显得更加重要。以'道统'制约'治统'的思路确实也成为后来士大夫阶层的一种文化自觉亦应该是个事实。"②

明清易代之际天翻地覆,"非我族类"的清贵族入主中原。这在深浸"夷夏大防"观念的汉族士人特别是明遗民看来,不仅意味着汉族"治统"的丧失,更象征着中华文化"道统"面临中断之虞。他们无论是在政治上还是在文化上,都不承认清廷的合法性。这表现为大批文人隐于江湖,以遗民自命,即便是进入新朝庙堂的文人,骨子里仍有遗民气。社会知识精英阶层的自我放逐,是清初危及皇朝统治合法性的主要问题。于是,围绕清廷"治统"和"道统"的合法性,在朝廷和明遗民之间展开针锋相对的角力。

我们或许可以这样说,"'正统观'的选择与确认变成了新王朝区别于旧朝,以显示自身具有统治优势的一个最重要的任务。不妥善地解决这个问题,新王朝建立的合法性就会受到质疑。"③面对这种信任危机,清初统治者一方面在政治上自造"治统",宣示其"得统之正";另一

---

① 余英时:《汉代循吏与文化传播》,《士与中国文化》,上海:上海人民出版社 2003 年版,第 97—98、121 页。

② 杨念群:《何处是江南?——清朝正统观的确立与士林精神世界的变异》(增订版),北京:生活·读书·新知三联书店 2017 年版,第 264—265 页。

③ 杨念群:《何处是江南?——清朝正统观的确立与士林精神世界的变异》(增订版),北京:生活·读书·新知三联书店 2017 年版,第 248 页。

方面在文化上建构"道统",塑造其儒家"道统传人"形象。这种发生在朝廷与民间的论争,深刻影响到清初社会秩序的重建。顺治时期,南方半壁江山为南明所控,事实上存在着南都和北都两大治统。顺治的主要目标是进行军事征服,以便统一全国,建立一个统一的正统政权。在以治统为中心的情势下,文化上的道统则无暇顾及。直至康熙初叶,南明的治统以永历政权的覆灭而宣告终结。综观清廷对于"正当性"的建构,顺治朝更多关注的是"治统",康熙朝更多地关注的则是"道统"。治统关乎政治统治的正当性,道统则关乎文化的正当性。

总的来说,"清人在统治术的选择中,很早就开始学习和利用儒家文化了。入关之初,便利用政权的多次转手这一特殊条件,过渡纲常原则。顺治元年(1644)五月二日进驻北京,四日,即命令官民人等为崇祯帝服丧三日。六月十五日传檄南北,称'予闻不共戴天者,君父之仇;救灾恤患者,邻国之谊';二十七日,移明太祖神牌入历代帝王庙,并祭祀。七月,礼部议定,褒扬大顺军占领北京期间明朝的誓节死难之臣,恤其子孙,旌其门闾。这一系列措施的策略性非常明显,清廷在努力表明对汉人人伦传统的认同姿态;同时暗示,新政权仍将保持原有的价值体系作为政治思想基础。"①

而且,"在政权的建设中,这个承诺也被部分地体现了。顺治元年六月十六日,清廷遣官祭先师孔子。从此每年二月、八月春秋丁祭,按例举行。顺治二年元年,改孔子神牌为'大成至圣文宣先师孔子';六月,摄政王多尔衮又亲谒孔子庙行礼,以示尊崇。儒家思想俨然被清王朝正式认定为主流意识形态。"②

我们知道,"儒家'道统'的建立与传承是宋代以后士人努力营造出的一个谱系。……在这个谱系中,'道'也并非依附于'器'或某种制度后才能显现其功能,而是具有塑造心灵和控制政治运转方向的超越力量。……这套近乎理想与现实之间的对'道'的传承意识至少延续到了明末,变成了士人放言干政的精神支柱。清初士人反思明亡教训,自然

---

① 李瑄:《明遗民群体心态与文学思想研究》,成都:巴蜀书社 2009 年版,第 183—184 页。
② 李瑄:《明遗民群体心态与文学思想研究》,成都:巴蜀书社 2009 年版,第 184 页。

要拿心学开刀,宋学一度被皇权崇为正统,这种局面至乾隆时有所变化,乾隆帝崇经学而淡化宋学的功用,其目的是建立起以礼仪为核心的政治体制。"①

其实,"清人入关以后,清初的几个帝王显然对以往士林频繁阐释'道''治'分立的历史深有了解,故一直致力于把'道统'与'治统'合于一身。其方法是,以政治力量强行介入文化领域,从干预直到控制文化思想的发展导向,以限制士林所拥有的针对皇权而言的思想超越性。但要达此目的显然并非易事,不仅帝王在处理繁重的政事方面必须显示威临天下的能力,而且在儒家学问的修养上也要展示卓异的才华。特别是在江南士子众目睽睽的逼视之下,能不坠帝王的文德风采绝非易事,意味着必须付出超乎寻常的心血和代价。"②

清初,异族之主对于文字言论特别敏感与忌惮,文网之禁极为严厉。遗民士人之讥评当下,只能采取隐语曲言的方式。不承认清朝纪年,成为明遗民不认同清朝治统的表现之一。皇帝即位,改元称号,以示新朝正统,是中国传统古制。中国历史上有两种纪年方式:一为干支纪年,一为皇帝纪年。前者中性,无政治意涵;后者义涉正闰,有鲜明政治倾向,皇帝纪年或年号乃王朝正朔的符号象征。清初朝廷与明遗民关于正统问题的较量,在这一点上多有反映。例如,明遗民张履祥所著《杨圆先生全集》,凡明亡前著作均用"万历""崇祯"等纪年,清时所著则皆用干支。王夫之晚年撰《自题墓石》,其后款署"戊申纪之后三百二十四年"③。戊申为朱元璋开国洪武元年(1368),至其逝世正是三百二十四年。不用清纪元,而代以干支,或径书明朝年号,以示对清政权的否认,这是明遗民共同的致思方式。而且,以"年号"或"纪年"为政治诉求,在明遗民那里更为常见,如陈确为不食清粟,求削儒籍、弃诸生而撰《告先府君文》,其中云:"革命以来,即思告退.以不忍写弘光年号。"屈

---

① 杨念群:《何处是江南?——清朝正统观的确立与士林精神世界的变异》(增订版),北京:生活·读书·新知三联书店2017年版,第355页。

② 杨念群:《何处是江南?——清朝正统观的确立与士林精神世界的变异》(增订版),北京:生活·读书·新知三联书店2017年版,第356—357页。

③ (明)王夫之:《王船山诗文集·姜斋文集补遗》,北京:中华书局1962年版。

大均《秣陵春望有作》其四曰："山僧不记谁家腊,依旧楼台甲子年。"正因年号和纪年意如此重大,故清初明遗民与清廷在此问题上的较量殊为激烈,一些文字狱即因此而起。

然而,清廷并不因为其治统的合法性不为南明君臣所认同而停止武力统一的步伐。清贵族深知其"入关"固可借重"为尔等复君父仇"的名义,但其"入主"却无任何正当性可言。正统性的树立固可赢得民心和士心,但政治统治及其权威的确立毕竟最终取决于军事实力。经过近 40 年的军事征服,及至康熙元年,随着南明最后一个政权——永历政权——的覆亡,清廷终于确立起在全国的统治,从而开始了清贵族"治统"的时代。

饶宗颐先生在《中国史学上之正统论》"后记"中曰:"正统问题重点在论继统之正与否。"[1]因此,治统的确立并不意味着正统地位的奠定。治统源于道统,道统立,治统才有凭借和依归。在汉族传统文化中,新朝治统是否正统,有一判别标准,即能否忝列汉族王朝的"治统谱系"。以此衡量,清朝的治统难言为正,但这个"治统谱系"是通过历史书写得以建构的。清廷定鼎燕京的翌年,尽管战事正紧,仍仓促设立《明史》馆,直至康熙十八年(1679)又重开《明史》馆。清修《明史》意不在学术。

对于汉族普通民众而言,治统的移易或许是平常之事,但对于士阶层来说,却非等闲之事。与普通民众比较容易跨越"夷夏大防"的道德障碍相比,汉族士人特别是明遗民在"夷夏之辨"中的情感转变异常艰难曲折。在清初相当长的一段时期内,明遗民为守护和恢复故国的治统而投笔从戎,毅然举起反清复明的旗帜,以武装斗争方式对抗和否定清廷的治统。当清廷统治业已稳定,复明无望,明遗民以激扬文字方式与清廷的治统再造相较量。

从历史上看,"中国历代任何种族在夺得大统之际,首要考虑的都是如何确立自身的'正统性'。'正统性'包括三个核心涵义:一是'大一统',即王朝需要占据足够广阔的疆域,同时具备上天赐予的德性。二是需要制作礼乐,董仲舒就说过:'王者必改正朔,易服色,制礼乐,一统

---

① 饶宗颐:《中国史学上之正统论》,北京:中华书局 2015 年版,第 499 页。

于天下。'三是以中国之地为本位,'内诸夏而外夷狄',处理好种族之间离合聚散的关系。"①清军于甲申年进驻北京,改号称制。次年南下,原想偏安江南的弘光朝廷很快覆亡。接武弘光的两个南明朝廷——隆武和永历,均僻处一隅,没有强大的控制能力。至康熙初年,统一全国的任务业已完成。

清廷完成统一全国的目标,标志着治统的确立。然而,"欧阳修在《正统论》中有一个对'正统'的经典定义,他说:'正者,所以正天下之不正也;统者,所以合天下之不一也。'用这个标准衡量,清初的统治者虽开疆拓土,征服各类族群,占据前朝无所匹敌的广袤空间,却也只具备'合天下之不一'的功绩,要博得正统之位,还须尽量剔除异族的膻腥,遮掩强霸的面孔。否则就与伪、贼和蛮夷的称号脱不开干系,在正统的谱系里找不到位置。"②明遗民们之所以坚持不懈地从事反清复明运动,其针对的正是这一点。

清廷对于正统性的建构,旨在确立起民族共同的核心价值理念。在汉文化中,儒学不仅作为官方政治意识形态,而且作为伦理规范而为民间所遵从。因此,清廷要建构"道统"的正当性,就必须迎合汉族传统文化心理,实行崇儒重道,兴道致治的文化政策。基于此,圣祖康熙亲政以后,实施一系列崇儒重道的举措。康熙八年(1669),圣祖甫亲政即不顾鳌拜的淫威和阻力,首次率礼部诸臣前往国子监视学,举行临雍大典,以示尊孔崇儒、兴道致治的决心,并明确宣称以"圣人之道"为治国指导思想。历史上的传统"儒家最重夷夏之辨,华夏(汉)族至上的思想根深蒂固,鄙视、蔑视一切外族。但是对种族的标准却并不是血统,而是文化——外族只要接受汉族文化,就可以被当作汉族对待"③。

确立治统的合法性和正当性,是新朝统治者所必须建构的政治认同基础。其实,"何谓正统,何谓合法性,在秦汉之后的历代王朝之中,

---

① 杨念群:《何处是江南?——清朝正统观的确立与士林精神世界的变异》(增订版),北京:生活·读书·新知三联书店 2017 年版,第 434 页。

② 杨念群:《何处是江南?——清朝正统观的确立与士林精神世界的变异》(增订版),北京:生活·读书·新知三联书店 2017 年版,第 435 页。

③ 葛剑雄:《统一与分裂——中国历史的启示》,北京:商务印书馆 2013 年版,第 152 页。

有微妙区别。所谓正统，一直存在两种不同的解释：一种是以天下为中心的历时性解释，注重的是对中原文明的历史脉络传承；另一种是空间性的大一统，强调的是天下归一和疆土的开拓。天下与大一统，在儒家思想里，二者互相包容、镶嵌，天下是一套礼治的价值观和制度；所谓的春秋大一统，乃是统一于天下归一的周礼之中，而法家的大一统却抽去了儒家礼治的价值内涵，只剩下一统天下、富国强兵、提升国力、开拓疆土的政治内涵。"①

然而，中华文明发展史却一再证明，"与世界上其他古老帝国总是互相远征、互毁文明的情形不同，历代中国人内战再激烈，也只是为了争夺对华夏文明的正统继承权，因此无论胜败都不会自毁文明。即便是周边地区的游牧群落入主中原，也迟早会成为华夏文明中的一员。"②清廷在取得全国性的治统后，对正统合法性的一再论证，正说明了这一点。

陈寅恪在《柳如是别传》卷首《附记》中写道："史家纪事自以用公元西历为便。但本稿所引资料，本皆阴历。若事实发生在年末，即不能任意改换阳历。且因近人所编明末阴阳历对照表，多与当时人诗文集不合，不能完全依据也。又记述明末遗民之行事，而用清代纪元，于理于心，俱有未安。然若用永历隆武等南明年号，则非习见，难于换算。如改用甲子，复不易推记。职是之故，本稿记事行文，往往多用清代纪元，实不获已也。尚希读者谅之。"③在这里，陈寅恪流露出一种因出于无奈，不得已采用清代纪元记述明末遗民事迹，而"于理于心"皆不安的心境。在故国与新朝之间，明遗民的自我认同，是有赖于时空假定的。钱谦益记徐氏："岁时家祭，称崇祯年如故。嗟乎！称弘光犹不忍，况忍改王氏腊耶？"④"河东君之意，以永历为正统，南都倾覆之后，惟西南一隅，

① 许纪霖：《家国天下——现代中国的个人、国家与世界认同》，上海：上海人民出版社 2017 年版，第 27 页。
② 余秋雨：《中国文脉》，北京：长江文艺出版社 2013 年版，第 80 页。
③ 陈寅恪：《柳如是别传》上册，《目次》，北京：生活·读书·新知三联书店 2001 年重印本，第 2 页。
④ （清）钱谦益：《书南城徐府君行实后》，《牧斋有学集》（全三册）卷四九，上海：上海古籍出版社 1996 年版，第 1604 页。

尚可继续明祚也。"①从这些论述中,我们也可以看出陈寅恪对明遗民们拒用清朝纪年所表示出的一种"理解之同情"的心态。

五、传统弘道意识:奉行道济天下

在中国思想史上,道是一个涵盖面很广、使用意义较为模糊的概念。不仅道家创始人老子曰:"道,可道,非常道"②,儒学体系也是如此。"道"字在《论语》中出现近百次,从未被明确界定过。"明遗民们把自我定位于'存道',即在现实政治已无可为之时,以个体的道德生存为载体,承担保存本民族文化命脉的重任。明遗民们深信'道'独立于现象世界之外,不会随一时的社会秩序崩溃而消亡;并且,作为天地的本原,它还具有创生化育的能力,是社会合理秩序重新建立的基础。而遗民的人生选择,就是在天崩地坼的特殊时刻,以道德信念的坚守保存'道'于一线,也保存着世界恢复到正常秩序的唯一可能。"③

孔子曰:"人能弘道,非道弘人"④;"为仁由己"⑤。这就是说,孔子开创出以人的主体性弘道卫道的文化传统。儒家理解的"道",并非深不可测的天命天意,而是构成天地运行的客观规律,又是规范人类社会纲常秩序的基本尺度。如此之道,有天道与人道之别。天道是人们敬畏的对象,人道是每一个人体认的对象。人道有显晦,道能否运行于现实世界,有赖于人们的担当。明遗民们相信,由于身处一个特殊的动荡时代,自己就是"天下溺,援之以道"⑥的实施者。也就是说,他们必须奉行"儒家传统的'存道'以'救世'。它体现的具体途径有二:一是以自身生存为载体,传承儒家的文化传统;二是通过著书立说等方式,反思亡

① 陈寅恪:《柳如是别传》下册,北京:生活·读书·新知三联书店 2001 年重印本,第 949 页。
② (春秋)老子:《道德经》第一章,朱之谦著:《老子校释》,北京:中华书局 1984 年版,第 3 页。
③ 李瑄:《明遗民群体心态与文学思想研究》,成都:巴蜀书社 2009 年版,第 438 页。
④ (春秋)孔子:《论语》卷三十二,《卫灵公》下,程树德:《论语集释》第四册,北京:中华书局 1990 年版,第1116 页。
⑤ (春秋)孔子:《论语》卷二十四,《颜渊》上,程树德:《论语集释》第三册,北京:中华书局 1990 年版,第817 页。
⑥ (战国)孟子:《孟子》卷十五,《离娄》上,焦循:《孟子正义》上,北京:中华书局 1984 年版,第522 页。

国根源,寻找民族重新振兴之道"①。

中国传统社会理想的治理模式,是君主与士大夫共治天下。君主代表政统,士大夫代表道统。如果说政统与道统的统一是正统,那么,所谓"正统"的精髓即体现在"传统"中。而"'传统'是围绕人类的不同活动领域而形成的代代相传的行为方式,是一种对社会行为具有规范作用和道德感召力的文化力量,同时也是人类在历史长河中的创造性想象的沉淀。因而一个社会不能完全破除其传统,一切从头开始或完全代之以新的传统,而只能在旧传统的基础上对于其进行创造性的改造"②。人不可能生活在传统之外,传统是不可超越的。

对儒家传统具有弘道意识,首先要有道统认同意识。一个儒者谈及传统时,表明的是他对于儒家思想的认同。子贡说:"文武之道,未坠于地,在人。贤者识其大者,不贤者识其小者,莫不有文、武之道焉。"③这表明孔子以及整个孔门认同的是"文、武之道"。孟子说:"仲尼之徒,无道桓、文之事者。"④"能言距杨、墨者,圣人之徒也。"⑤孟子在这里表明自己是"仲尼之徒""圣人之徒",认同的是圣人之道。当韩愈说"斯吾所谓道也,非向所谓老与佛之道也",这表明韩愈认同的是儒者之道,他的学术立场站在儒家的立场上,而不是佛老的立场上。认同意识对于道统来说是最基本的。没有对于古圣先贤的思想认同,也就无从谈及道统。儒者对儒家道统的认同,往往是自觉与自愿的。自觉是从理智上对儒家学说以及价值理想的认同,自愿是从情感上对于古圣先贤的尊敬与崇奉。

儒家道统认同意识,建立在正统基础上。韩愈曰:"孔子之道,大而能博,门弟子不能遍观而尽识也,故学焉而皆得其性之所近。其后离

① 李瑄:《明遗民群体心态与文学思想研究》,成都:巴蜀书社 2009 年版,第 160 页。
② 罗惠缙:《民初"文化遗民"研究》,武汉:武汉大学出版社 2011 年版,第 317 页。
③ (春秋)孔子:《论语》卷三十八,《子张》,程树德:《论语集释》第四册,北京:中华书局 1990 年版,第 1335 页。
④ (战国)孟子:《孟子》卷三,《梁惠王》下,焦循:《孟子正义》上,北京:中华书局 1984 年版,第 77 页。
⑤ (战国)孟子:《孟子》卷十三,《滕文公》下,焦循:《孟子正义》上,北京:中华书局 1984 年版,第 461 页。

散,分处诸侯之国,又各以其所能授弟子,源远而末益分。"①孔氏之后,儒分为八,究竟哪一派得孔子正传呢?韩愈以为:"孟轲师子思,子思之学,盖出曾子。自孔子没,群弟子莫不有书,独孟轲氏之传得其宗。"②这表明韩愈对儒家本质的理解,即"求观圣人之道,必自孟子始"③。晚唐皮日休评价韩愈曰:"千世之后,独有一昌黎先生,露臂瞋视,诟之于千百人内。其言虽行,其道不胜。苟轩裳之士,世世有昌黎先生,则吾以为孟子矣。"④这是肯定韩愈的儒学正统地位。朱熹曰:"此道更前后圣贤,其说始备。自尧舜以下,若不生个孔子,后人却何处讨分晓?孔子后若无个孟子,也未有分晓。孟子后数千载,乃始得程先生兄弟发明此理。今看来汉唐以下诸儒说道理见在史策者,便直是说梦!只有个韩文公依稀说得略似耳。"⑤由于韩愈道统说的影响,儒学发展至宋代理学,道统意识更为凸显。

以继道统而自命的儒家学者,具有强烈的担当意识。传续道统和弘扬道统,是自己义不容辞的学术使命。孔子曰:"文王即没,文不在兹乎?天之将丧斯文也,后死者不得与于斯文也。天之未丧斯文也,匡人其如予何?"⑥孔子此处所说之"文",朱熹注曰:"道之显者谓之文,盖礼乐制度之谓。不曰道而曰文,亦谦辞也。'兹',此也,孔子自谓。"⑦孔子以继文王之道而自命,文王之道即礼乐制度。至孟子则曰:"五百年必有王者兴,其间必有名世者。……夫天未欲平治天下也。如欲平治天下,当今之世,舍我其谁也?"⑧具有道统意识的儒家学者,既然把自己视为道统的担当者,就有义务将儒者之道传承下去。这就是张载所说的"为往圣继绝学"。

---

① (唐)韩愈:《送王秀才序》,《韩昌黎全集》卷二十。
② (唐)韩愈:《送王秀才序》,《韩昌黎全集》卷二十。
③ (唐)韩愈:《送王秀才序》,《韩昌黎全集》卷二十。
④ (唐)皮日休:《原化》,《皮子文薮》卷三《文》,上海:上海古籍出版社1981年版,第22页。
⑤ (宋)朱熹:《朱子语类》卷九十三。
⑥ (春秋)孔子:《论语》卷十七,《子罕》上,程树德:《论语集释》第二册,北京:中华书局1990年版,第578—579页。
⑦ (宋)朱熹:《宋本论语集注·子罕》,北京:国家图书馆出版社2016年版,第二册,第95页。
⑧ (战国)孟子:《孟子》卷九,《公孙丑》下,焦循:《孟子正义》上,北京:中华书局1984年版,第309—311页。

明遗民们的人生价值,在于存道以存天下。"儒家士人的价值建立在与现实世界的关系之上,从先秦时代起,积极参与政治就是他们的基本立场;欲为其政而不得其位也一直是他们要面临的困境。孔子曾被人问及:'子奚不为政?'他大半生奔波各国,寻求推行政治主张的机会,但除了在鲁国的短短几年,他都未能直接参与实际的行政。被问到这样一个问题,孔子心中恐怕也难免滋味复杂,但他回答得很明确:《书》云:'孝乎?惟孝、友于兄弟,施于有政。'是亦为政,奚其为为政?'这就扩大了'为政'的含义,把在野者的推行人道也理解为干预当下政治的一种途径,为后世没有机会实际参与政治的士人提供了另一种确认其社会价值的思路。"①

传统弘道意识"这一思路的依据在于,直接参与政治活动——字面意义上的'为政'——虽在儒者实现人生价值的诸途径中最受重视,但其活动本身并不具有价值意义,只有在它能够承载儒者'道'的时候,才被认为是有价值的。也就是说,儒者的人生追求并不拘泥于'出'或'处'等具体形态上,其价值的根本立足点是'道'的体认。孔子说:'士志于道。''朝闻道,夕死可矣。'只有超越了具体富贵利达的'道'才应当是人生的终极追求"②。

在中国传统哲学思维中,"'道'是'形而上者'的借名,是终极价值所在。其他的一切都不是凭借自身而有价值,它们要么作为实现道的工具、途径而有价值,要么作为道的体现、显示而有价值——政治是否有价值在于它是否能够体现道。换言之,道只青睐那些理解和尊重它的人,而不一定青睐政治上的权威。当执政者只关注眼前利害得失的时候,便已与道分离。这时候道的承担者就只有'谋道不谋食'的士。失去了道的统摄,世界秩序崩溃,此时士人的责任,正是保持人类社会对道的理解与追求,并且等待恰当的机会,以之为凭借重新恢复世界的秩序。因而孟子说:'天下溺,援之能道。'"③

---

① 李瑄:《明遗民群体心态与文学思想研究》,成都:巴蜀书社 2009 年版,第 160—161 页。
② 李瑄:《明遗民群体心态与文学思想研究》,成都:巴蜀书社 2009 年版,第 161 页。
③ 李瑄:《明遗民群体心态与文学思想研究》,成都:巴蜀书社 2009 年版,第 161 页。

明遗民们之所以坚持道济天下的求道弘道意识,是因为"在明遗民看来,明亡以后,异族对于执政权的掌握意味着道与现实政治的分离,天下从此陷入了混乱颠倒之中。救亡成为时代的主题,不少人投身复明运动,期望以旧王朝重建的方式再续汉族文化正统。但事实上,明王朝气数已尽,残余的力量已不能有效地重新建构起一个国家,继起的几个南明小朝廷带给人的是一次又一次失望。如果将个人与民族的命运全部寄望于此,希望的断绝必然是最后的结局"①。

儒家人文精神既上达天道,即内涵形上的哲学或宗教领域;又下达人道,具有对人性美的极致追求。因此,若仅是强调儒家治世的一面,必然损及儒家精神的内在超越性。两千多年来,儒家文化在政治夹缝中生存发展,而最终得以保存儒家之道的并不在政统中,而是在道统和学统中。儒家存在于政统的可为与不为之间,而在道统中却大有可为。儒家道统通过下达人道的路径,即通过个人的道德践行,始终把握文明发展的制高点,避免从政治上沦为工具理性而丧失价值理性。这或许就是儒家文化的最高理想。

春秋时期,礼崩乐坏,儒道墨法等诸子百家兴起。只有儒家的孔子自觉继承并整理六经,并阐发六经的价值,建构起自中华文明开始至春秋时代的一套历史的、文化的、价值的知识系统。这一套知识系统不仅仅是关于人生道德修炼的,也是关于社会的、历史的、文化的一整套系统,并发展成为整个古代中国的精神主流。如果儒家只是传承这套文化系统,而没有孔子的求道弘道精神,没有人文精神的追求,儒家道统不可能深刻影响到中国此后两千多年的政治社会。正是孔子的求道精神与弘道实践,实现了道统、学统与政统的三者合一,也由此铸造出儒家精神的道、学、政的三者合一。

总之,儒家道统远不仅仅只是一种学派,而是中国文化的精神价值本身。这正是《易经·系辞上》所谓"知周乎万物而道济天下,旁行而不流……曲成万物而不遗"的一套系统。因此,"清廷所标榜的儒家意识形态实际上与明遗民精神所关注的'道'并不相同。二者的根本区别在

---

① 李瑄:《明遗民群体心态与文学思想研究》,成都:巴蜀书社 2009 年版,第 162 页。

于:清廷的着眼点在于如何利用儒家价值体系来稳定统治,对'道'的认识偏重于工具性,主要目的是对执政者利益的保证;而明遗民们的着眼点在于根据儒家价值体系来建立和谐的世界秩序,从本原上去认识'道',主要目的是合理分配社会资源,追求社会的共同利益。"①这也正是"道济天下"哲学理念的追求目标。

---

① 李瑄:《明遗民群体心态与文学思想研究》,成都:巴蜀书社 2009 年版,第 186 页。

第八章 以道立言:学统的自觉承续

在"三不朽"的人生价值序列中,"立德"列为首位,其次为"立功","立言"处末位。然而,在明清易代的特殊时代,明遗民们大多坚持"不仕二朝"的操守,"立功"机会受限,"立言"的重要性提到"立功"前面。况且,"立德"尚有赖于见仁见智的外界评价,"立功"需要进入社会仕途,这往往非一介书生力所能及。于是,中国古代文人又常以"立言"为第一要务,以追求人生价值之不朽。这诚如曹丕《典论·论文》所言:"盖文章经国之大业,不朽之盛事。年寿有时而尽,荣乐止乎其身,二者必至之常期,未若文章之无穷。是以古之作者,寄身于翰墨,见意于篇籍,不假良史之辞,不托飞驰之势,而声自传于后。"司马迁在《报任安书》中也有三句名言:"究天人之际,通古今之变,成一家之言。"杜甫《偶题》诗云:"文章千古事,得失寸心知"。邹式金在《牧斋有学集序》中,不无感慨地指出:"传称三不朽,太上立德,其次立功,其次立言。古之人三合为一,今仁义道丧,事勋希微,独有立言耳,而言亦难矣。……吾所谓不朽者立言耳。"①其言语之间,既流露出明遗民追求三不朽时的无奈心态,也揭示出文化遗民不朽重在立言的时代特色。

---

① (清)邹式金:《牧斋有学集序》,《牧斋杂著》(下册),上海:上海古籍出版社 2007 年版,第 952—953 页。

一、道统与学统之关系

在中国文化传统中,道统和学统有着天然的联系。传统儒家中"治世"的一面,在其他宗教哲学传统中较为少见,后者多表现为教化的一面。例如,古希腊柏拉图的"哲学王",也仅是提出的一个理想而已。中国古代自文明伊始即有圣王治世的传统,即使在孔子之后,具备儒家精神的文人不再享有孔子那样"文宣王"的地位,但儒家这一套"修齐治平"的价值系统,一直以来通过科举由读书人承担。因此,从这一意义上说,中国古代可谓道统、学统、政统三统合一。或者说,道统、学统、政统是一个整体的三个方面。

昔时评骘士人,常言"道德文章"。所谓文章,亦可泛指学术,或其他艺文类。在这里,既指出道德第一位;也强调道德与文章作为一个整体,两者不能完全分开。因此,"儒家传统有所谓'立德、立功、立言'三项……在三项之中司马迁特别注重立言。韩愈把立言和立德这两者连起来,说要立言必须有一个基础,就是立德;把言换成文的话,那就是说作文必须有基础,就是道德。韩愈有一个特别有名的比喻,树根是道德,结的果实是文章,韩愈讲'根之茂者其实遂'。"①这就讲清楚了立德与立言的关系。

所谓"统"者,乃贯穿承续义,故曰垂统,或曰统绪。立德与立言之关系,若上升到"统"的高度则为道统与学统。"学统"这一概念的提出,是针对道统而言的。如果说儒家道统的意义以及基本精神限于"道"一面,亦即"德性之学";那么学统则是儒家的一套知识系统,学统是对道统的学术表达与历史传承。

作为儒家的学统,静态地说是现存的一整套儒家文献典籍,动态地说是儒家知识分子对儒家精神的建构,而这种建构与"道"紧密联系在一起。对"道统"的追问、思考、体证和把握,最终形成的知识系统,即为学统。"学统"的形成来源于对"道统"的认识和发展。《中庸》提出"君

---

① 李欧梵:《中国文化传统的六个面向》,北京:中华书局 2017 年版,第 84 页。

子尊德性而道问学",这是中国传统儒家为人之道与为学之道的经典表述。从这一意义上说,道统与学统的关系,也可以归纳为"尊德性"与"道问学"的关系,德性自觉对于求道问学具有先在意义。道统与学统、尊德性与道问学,二者具有统一性。

从时代学术背景来说,"明清易代之后,面对天崩地裂的变局,士大夫痛定思痛,经世致用的学风更得到高扬,而在清廷尚未全面掌控意识形态的情况下,民间书院讲会仍然被作为学术传播的主要形式。清初黄宗羲、孙奇逢、李二曲,被时人称作讲学三大儒,究其学术背景,都是渊源于王学,但学术取向都已偏重于经世。"①在文化遗民看来,传世之作在文脉传承中留下痕迹,以道立言是不朽之盛业。立言为文,不仅在说理,还要达礼,才能至不朽之境界。"每思报国,惟以文章。此宗伯先生志也。"②以文章报国,这不仅是钱谦益一个人的志愿,也是所有明文化遗民的共同心愿。

二、钱谦益"援经入史"的经史之学

钱谦益最初的学术启蒙始自《春秋》。万历十五年(1587),钱谦益年方 6 岁,"受《春秋》于先夫子"③。15 岁时,读《吴越春秋》,作《伍子胥论》《留侯论》,令"长老吐舌击赏"。"钱氏家学以《春秋》为第一要著,祖父顺时于明嘉靖乙未会试中举,《春秋》得第一。……父世扬,'横经籍书,寸纸不遗',长于经学,精于史学,'通《春秋》,授多名弟子'。"④

钱谦益被乾隆皇帝列为"贰臣",名声似乎不好。然而,作为明清之际一位性格较为复杂的历史人物,钱谦益既心仪做官为宦的显赫荣耀,又不愿放弃江左文坛盟主的学术地位;既率先在南京降清,又寄望于南

① 刘玉才:《清代书院与学术变迁研究》,北京:北京大学出版社 2008 年版,第 28—29 页。
② 凌凤翔:《牧斋有学集笺注序》,《牧斋杂著》(下册),上海:上海古籍出版社 2007 年版,第 954 页。
③ (清)钱谦益:《初学集》卷二九《春秋匡解序》,《钱牧斋全集》第二册,上海:上海古籍出版社 2003 年版,第 876 页。
④ 王红蕾:《钱谦益藏书研究》,天津:南开大学出版社 2013 年版,第 303 页。

明小朝廷,秘密从事反清复明活动;既崇尚儒家思想及经史百家,又倾心诗文乃至奉佛信道。凡此种种,在钱氏身上都交织在一起。我们如果以道统担当、学统承续与文脉整理等为标准来衡量"文化遗民",钱谦益无疑是可归属于"文化遗民"之列的。易代之后,他在诗文中称颂遗民纲常节义、广交遗民文友,保存历史文献和从事明史撰述等种种行为,既透过学术探索的缝隙来凸显遗民的情感、气节,也是在挖掘、传承和开拓学术文化的研究领域。

在钱谦益之前,经史一体的思想已由一些思想家提出。例如,元江西学正冯良佐在《续后汉书后序》中指出:"人有恒言曰:'经史。'史所以载兴亡,而经亦史也。《书》纪帝王之政治,《春秋》笔十二公之行事,谓之非史,可乎?盖定于圣人之手,则后世以经尊之。而止及乎兴亡,则谓之史也。"明代书法家、藏书家丰坊《世统本纪序》曰:"人有言:经以载道,史以载事。事与道果二乎哉?吾闻诸夫子:'上学而下达。'子思亦云:'率性之谓道。'性也者,天理也;道也者,人事也。人事循乎天理,乃所谓道,故古之言道者,未始不征诸事也。言道而遗于事,老之虚、佛之空而已矣。……故善学者,必通经然后可以观史,明道而后可以处事,此本末先后之序,而不可以二之也。"明思想家张自勋《纲目续麟》也曰:"士必诵经而后可以学史。史者,经之翼也。经不明,则权衡轻重莫适主焉。"①钱谦益"援经入史"的经史之学,是其学术成就的特色之一。

钱谦益锐意经史,与父祖两代的熏习密不可分。出身于经史之家的钱谦益,秉承家学,其一生治学的重点在史学,是明末清初著名的史学家。在史学研究领域,他对明代"国初"历史的探讨,今存有《开国群雄事略》《太祖实录辨正》《明史断略》等史学著作,皆考核严密,论断精审,是不可多得的明史研究专著。明亡前,钱谦益即在《太祖实录辨证》中,对"龙凤年号"有关史实作过考辨。其《开国群雄事略序》《太祖实录辨证》均涉及有明前史及国初史的最为敏感的事件,如"龙凤年号""永忠沉韩林儿""胡党之狱"等等。

在明遗民经学中,《礼》学与《易》学尤称"显学"。此时的经学也确

---

① 饶宗颐:《中国史学上之正统论》,北京:中华书局 2015 年版,第 223、226—227、425 页。

以《礼》学与《易》学的复兴,直接系于历史情境。正是明亡,揭示了宗法关系破坏这一由来已久的严重事实,而不欲与新朝合作的士人,则以"礼教"为责任,冀存华夏文明,由此凸显出遗民《礼》学的实践性。另一方面,有明一代的党争,亡国之际的政治经历,与易代后的处境,构成遗民读《易》的基本人生经验。士人据《易》读其所处的那个动荡时代,正是"动荡"接通了士人的生存体验与《易》的世界。遗民热衷于读《易》,实际是读世之治乱盛衰,是读自己人生命运之坎坷不平。

因此,"在遗民学者那里,'经'与'史'本为'存道统'不可须臾离的两种学问,故每每以经、史对举并称。黄宗羲即主张'经即史也',……'学必本原于经术''证必明于史籍'的说话,说明经与史相辅相成。……陆世仪云:'凡经皆体,凡史皆用。不知经,内圣之学不明;不读史,外王之道不具。二者不可偏废也。'可见,在遗民学者那里,全然将史视为与经一样的传道之学了。"①

明清之际是一个尊经复古、重建儒家传统价值系统的时代。当时的文坛领袖钱谦益,是这股思潮的发起者之一。他以复兴"古学"为号召,且以此作为尊经复古的必要条件。在明亡之前,钱谦益以"尊祖敬宗收族"说文事,以《六经》为"文之祖",左氏、司马氏为"继别之宗"。②钱谦益说:"君子反经而已矣。诚欲正人心,必自反经始;诚欲反经,必自正经学始。"③"反经"一语,出自《孟子·尽心下》:"君子反经而已矣,经正则庶民兴,庶民兴斯无邪慝矣。"钱谦益的以上论述,将返回常道(即"反经")与返回"经典"("正经学")联系起来,回到经典本文即回到常道。钱谦益认为,"治本道,道本心。传翼经,而经翼世。……学也者,人心之日月也。"④学术文化决定人心,人心决定治乱,学术文化状况与社会政治的盛衰兴亡有着密切的关系。

遗民经学的"遗民性",还不仅体现在《礼》《易》之学上。钱谦益记

① 孔定芳:《清初遗民社会:满汉异质文化整合视野下的历史考察》,武汉:湖北人民出版社 2009 年版,第 227 页。
② (清)钱谦益:《袁祈年字田祖说》,《牧斋有学集》卷十二六,上海:上海书店 1989 年版。
③ (清)钱谦益:《新刻十三经注疏序》,《牧斋初学集》卷二十八,上海:上海书店 1989 年版。
④ (清)钱谦益:《大学衍义补删序》,《有学集补》,上海:上海书店 1989 年版。

薛正平笺注《孝经》，曰其"作《孝经通笺》，发挥先皇帝表章至意，取陶靖节《五孝传》附焉。谓靖节在晋、宋间，不忘留侯五世相韩之意，古今之通孝，不外于此，激而存之，有以立也。其用意深痛如此"①。在钱谦益看来，易代之际经、史之学的兴盛，有着一定的关联。钱谦益认为："六经，史之祖也。"②"六经，史之宗统也。六经之中皆有史，不独《春秋》三传也。"③经世精神与尊经复古，是明末清初遗民史学与经学兴起的政治文化背景。总之，"纵观中国学术发展史，钱谦益反理学、倡经学、重史学的思想发明与治学方法，无疑成为明清嬗代之际，学术转型的风向标，拨冗归正，开启新风。"④

作为学者，钱谦益学之渊博，气之雄厚，包罗万有，诚足以囊括诸家。作为诗人，钱谦益开创了有清一代诗风。凌凤翔《初学集序》曰："前后七子而后，诗派即衰微矣。牧斋宗伯起而振之，而诗家翕然宗之，天下靡然从风，一归于正。……其诗清而绮，和而壮，感叹而不促狭，论事广肆而不诽排，洵大雅元音，诗人之冠冕也！"作为文章家，钱谦益名扬四海，号称"当代文章宗主"，黄宗羲《忠旧录》称他为王世贞后文坛最负盛名之人。现存的《牧斋初学集》（上中下）、《牧斋有学集》（上中下）、《牧斋杂著》（上下）等，从中可见钱谦益在经学、史学、子学、文学、佛学、版本目录学等各个方面的见解和成就。

在文学理论方面，钱谦益反对"复古派"的模拟、"竟陵派"的狭窄，也不满"公安派"的肤浅。他一面倡导"情真""情至"，反对模拟；一面倡导学问，反对空疏。他在《李君实恬致堂集序》中曰："文章者，天地英淑之气，与人之灵心结习而成者也。"《周孝逸文稿序》曰："根于志，溢于言，经之以经史，纬之以规矩，而文章之能事备矣。"《冯定远诗序》曰，写作必兼具"独至之性，旁出之情，偏诣之学"，使"深情蓄积于内，奇遇薄射于外"（《虞山诗约序》），既要能"陶冶性灵"（《范玺卿诗集序》），又不能抹杀"古人之高文大篇，所谓铺陈始终，排比声韵者"（《曾房仲诗

---

① （清）钱谦益：《薛更生墓志铭》，《牧斋有学集》卷三十一，上海：上海书店1989年版。
② （清）钱谦益：《第三问》，《牧斋初学集》卷九十，上海：上海书店1989年版。
③ （清）钱谦益：《胡致果诗序》，《牧斋有学集》卷三十八，上海：上海书店1989年版。
④ 王红蕾：《钱谦益藏书研究》，天津：南开大学出版社2013年版，第301页。

序》)。钱谦益作文,常把铺陈学问与抒发思想糅合起来,纵横曲折,奔放恣肆,合"学人之文"与"文人之文"为一体。清初文坛有所谓"学人之文"和"文人之文"两派。"学人之文"一派从文章内容上抨击晚明散文的空疏,强调文章的社会功能;"文人之文"一派从文章风格上力戒晚明文章的纤佻,试图恢复唐宋散文的传统。

在诗歌创作方面,钱谦益初学盛唐,再继以宋代名家,转益多师,不拘一格。他学杜甫、元好问以树骨力,学苏轼、陆游以行气机,学李商隐、韩偓以运用辞藻与比兴,加之自身藻思洋溢,才学兼资,他的作品明显高人一等。特别是明亡后的诗篇,寄寓沧桑身世,悲哀与苍凉合而为一,尤有感染力。以《西湖杂感》和《后秋兴》七律为例,可见其明亡后的苦闷心绪。

《西湖杂感》组诗作于顺治七年(1650)夏季。当时,钱谦益受黄宗羲所托,从常熟出发到浙江金华游说清军总兵马进宝反清复明,途中经过杭州,写下这组诗。其一云:"板荡凄凉忍再闻?烟峦如赭水如焚。白沙堤下唐时草,鄂国坟边宋代云。树上黄鹂今作友,枝头杜宇昔为君。昆明劫后钟声在,依恋湖山报夕曛。"其二云:"潋艳西湖水一方,吴根越角两茫茫。孤山鹤去花如雪,葛岭鹃啼月似霜。油壁轻车来北里,梨园小部奏西厢。而今纵会空王法,知是前尘也断肠。"其十八云:"冬青树老六陵秋,恸哭遗民总白头。南渡衣冠非故国,西湖烟水是清流。早时朔漠翎弹怨,它日居庸宇唤休。苦恨嬉春杨铁史,故宫诗句咏红兜。"《后秋兴之十三》其二云:"海角崖山一线斜,从今也不属中华。更无鱼腹捐躯地,况有龙涎泛海槎?望断关河非汉帜,吹残日月是胡笳。嫦娥老大无归处,独倚银轮哭桂花。"[1]钱氏诗句"海角崖山一线斜,从今也不属中华"反映的是 1279 年宋元崖山海战,宋军全军覆灭后,南宋宰相陆秀夫背负幼帝赵昺投海自尽,许多忠臣追随其后,十万军民跨海殉国的壮举。明清之际与宋元之际的情况类似,都处于国已亡、天下将亡的危急时刻。钱谦益出于对南宋遗民视死如归精神的敬佩,从文化意义上定义"中华"的价值观念,表现出一种亡天下之忧的心态。

---

① (清)钱谦益著:《牧斋杂著》(上册),上海:上海古籍出版社 2007 年版,第 73 页。

因此,考察以上四首诗的意境,钱谦益的遗民情怀显露无遗。平心而论,乾隆皇帝指责钱谦益为"贰臣"并不准确。从钱谦益诗中表述的心态来看,他根本不愿做此"贰臣"。在清廷短暂的供职期间,钱谦益目睹清初统治者的嗜杀本性和无数志士的宁死不屈,加之自身所遭受的误解、羞辱和耻笑,良心开始觉悟。不久,钱谦益告病辞职回家,在夫人柳如是感召下,秘密投身反清复明洪流。顺治初年,其好友黄毓祺从事反清活动急需钱粮,钱谦益慷慨解囊,不料事情败露,被捕入狱。出狱后,钱谦益"贼心不死",多次冒险赶赴金华,策反总兵马进宝起义。除了这些行动,钱谦益还用自己的如椽之笔鞭挞统治者,咒骂其为"奴""虏""杂种"等等,同时大力颂扬抗争志士的英勇事迹,与之前的贪生怕死举动完全是判若两人。

当然,钱谦益的思想转变,与柳如是的帮助分不开。作为钱谦益晚年的知音,爱妻柳如是不仅娇媚绝色,长袖善舞,而且在音律、绘画、书法、诗词方面更负盛名。一代才女的她喜着儒服男装,与男士谈论时势,曾尽出私房钱资助和慰劳抗清义军。与钱谦益结褵后,柳如是鼓励丈夫与郑成功、张煌言、瞿式耜联络,驱除鞑虏,再兴明室。钱谦益病殁常熟老宅53天后,47岁的柳如是以三尺白绫结束了自己风风雨雨的一生,香消玉殒。

三、顾炎武"经学即理学"的学术思想

自汉代起,经学就成为中国传统儒学的一部分。明末时期,复社成员在经学研究方面卓有成就。张溥、张采等人曾"分主五经文章之选",提倡熔经铸史,整理古籍文献。入清以后,顾炎武、黄宗羲等继续倡导"经世致用之学",关心和研究社会问题,开创清代学术研究之新风。

顾炎武提出"经学即理学"学术思想的历史背景,是"清初经学之复兴,深层原因就在于'明经'以'明道'即'求道于经'。在经学鼎盛的两汉,以阐发'微言大义'为宗旨的今文经学派,之所以研究'六经',就在于'索道于当世者,莫良乎典。典者,经也,先圣之所制……是故圣人以

其心来造典,后人以经典往合圣心也。'至明代,'明经'以'明道'屡为学者言及。归有光《震川先生集》卷九《送何氏二子序》云:'汉儒谓之讲经,今世之谓讲道。夫能明于圣人之经,斯道明矣。道亦何容讲哉!'但到明末,却离'经'而讲'道',离'经'而言'心性'。有鉴于此,炎武强调'明经'以'明道':'君子之为学也,以明道也,以救世也。'甚至将'博学于文'与'行已有耻'相对举,而以之为'圣人之道'大力提倡。"①

明遗民们"在摒弃空谈性与天道的研求之后,不约而同地趋向于讨论经与道的关系问题。他们论述经道关系的视角虽然不尽相同或有所偏重,但都强调了经道的统一性,使经道合一思想更加明确系统化。经学偏重于经,道学偏重于道,经道合一的思想有助于梳理经学与理学的关系,而这也是明代遗民关注的思想问题"②。因此,批评心学不是顾炎武的目的,批评心学的目的是重建经学。

顾炎武以匡时济世为己任,提出"经学即理学"的学术构想,试图以此思路复兴经学,从而将经学引导到经世致用的道路上来。他的学说上矫宋明理学之流弊,下开清人朴学之先声,对清代经学的发展产生了重大影响。乾嘉时考证之学蔚为大观,学者沿流溯源,多以顾炎武为清代经学之祖。故《四库提要》称:"国初称学有根柢者,以炎武为最。"③通经在于致用,也就是说倡导经学是为了经世致用,这是顾炎武重建经学的初衷。"顾炎武之所以如此重视经学,其实就是要让后世中国人推寻国性,明华夷之辨。"④

顾炎武对宋明理学的批判,以总结明亡的历史教训为出发点,其锋芒所指,首先是阳明心学。他认为,明朝的覆亡如同"五胡乱华,本于清谈之流祸","今日之清谈,有甚于前代者",乃王学空谈误国之结果。他写道:"以明心见性之空言,代修己治人之实学。股肱惰而万事荒,爪牙

① 孔定芳:《清初遗民社会:满汉异质文化整合视野下的历史考察》,武汉:湖北人民出版社 2009 年版,第 226—227 页。
② 汪学群:《明代遗民思想研究》,北京:中国社会科学出版社 2012 年版,第 8 页。
③ (清)顾炎武:《左传杜解补正》,见《四库全书·经部五》。
④ 马勇:《民国遗民——章太炎传》,上海:东方出版社 2015 年版,第 73 页。

第八章 以道立言:学统的自觉承续

亡而四国乱,神州荡覆,宗社丘墟。"①他对晚明王学末流的泛滥深恶痛绝,认为其罪"深于桀纣"。他进而揭露心学"内释外儒"之本质,指斥其违背儒学本旨。他认为"古之圣人所以教人之说,其行在孝、悌、忠、信,其职在洒扫、应对、进退,其文在《诗》《书》《礼》《易》《春秋》,其用之身在出处、去就、交际,其施之天下在政令、教化、刑罚"②。既然陆王心学属佛教禅学之类,背离儒家修齐治平的宗旨,自当属摒弃之列。

在顾炎武看来,不惟陆王心学是内向的禅学,而且以"性与天道"为研究对象的程朱理学亦不免流于禅释。他批评说:"今之君子……是以终日言性与天道,而不自知其堕于禅学也。"③在他看来,"孔门未有专用心于内之说也,用心于内,近世禅学之说耳。……今传于世者,皆外人之学,非孔子之真。……后有朱子,当于《集注》中去此一条。"④这不仅是对陆王心学的否定,也是对程朱理学的批评。在面临以什么学术形态去取代陆王心学和程朱理学的选择时,顾炎武无法找到更新颖的理论思维形式,只得在传统儒学的遗产中寻找出路,从而选择了复兴经学的途径。

顾炎武选择复兴经学的学术途径,不是偶然的,而是学术自身发展的必然结果。从明中期以来学术发展的趋势来看,虽然"尊德性"的王学风靡全国,但罗钦顺、王廷相、刘宗周、黄道周,重"学问思辨"的"道问学"也在逐渐抬头。他们把"闻见之知"提到了重要地位,提倡"学而知之",强调"读书为格物致知之要",重视对儒家经典的研究。而在嘉靖、隆庆年间,就有学者归有光明确提出"通经学古"的主张,认为"圣人之道,其迹载于六经"⑤,不应该离经而讲道。明末学者钱谦益更是与之同调,认为"离经而讲道"会造成"贤者高自标目务胜前人,而不肖才汪洋

---

① (清)顾炎武:《夫子之言性与天道》,《日知录》卷七,《〈日知录〉集释》上,上海:上海古籍出版社 2014 年版,第 158 页。

② (清)顾炎武:《内典》,《日知录》卷十八《〈日知录〉集释》上,上海:上海古籍出版社 2014 年版,第 411 页。

③ (清)顾炎武:《夫子之言性与天道》,《日知录》卷七《〈日知录〉集释》上,上海:上海古籍出版社 2014 年版,第157 页。

④ (清)顾炎武:《内典》,《日知录》卷十八《〈日知录〉集释》上,上海:上海古籍出版社 2014 年版,第 412 页。

⑤ (明)归有光:《归震川先生全集》卷七。

自恣莫不穷洁”①的不良后果,他提倡治经“必以汉人为宗主”②。以张溥、张采、陈子龙为代表的复社名士,从“务为有用”出发,积极提倡以通经治史为内容的“兴复古学”③。这就表明复兴经学的学术途径,已在儒学内部长期孕育,成为顾炎武“经学即理学”思想的先导。顾炎武也正是沿着明季先行者的足迹,开始复兴经学的学术途径的。

在汉代以后的学术思想史上,有所谓今古文经之争与汉学、宋学之争,其中汉学、宋学之争尤为激烈。汉学的主要形态是经学,宋学的主要形态是理学,因而便产生出一个经学与理学的关系问题。经学与理学的关系原本是一个重大的理论问题,可惜历来学者很少深入讨论它,而汉学、理学之争在历史上往往表现为截然对立的形式。当年,宋学兴起,将流传千年的汉唐经学整体否定。入清以后,学者们又要将宋明理学整体否定。

在这一学术背景下,顾炎武提出分判“理学”与“经学”的标准问题。他在致友人施闰章的书札中说:“理学之传,自是君家弓冶。然愚独以为‘理学’之名,自宋人始有之。古之所谓理学,经学也,非数十年不能通也。故曰:‘君子之于《春秋》,没身而已矣。’今之所谓理学,禅学也,不取之五经而但资之语录,校诸帖括之文而尤易也。又曰:‘《论语》,圣人之语录也。’舍圣人之语录,而从事于后儒,此之谓不知本矣。”④在这里,顾炎武明确提出“理学,经学也”的主张,并指斥“今之所谓理学,禅学也”。他认为,经学才是儒学正统,批评那种沉溺于理学家的语录而不去钻研儒家经典的现象是“不知本”。他主张“治经复汉”,要求依经而讲求义理,反对“离经而讲道”。只有这样,才能称为“务本原之学”⑤。

施闰章字尚白,号愚山,安徽宣城人,顺治己丑进士,官至江西布政司参议,康熙己未召试博学鸿词,授翰林院侍读。施闰章博综书籍,善诗词,有《学余堂文集》二十八卷。施闰章父祖生前皆笃志理学,他本人

① (清)钱谦益:《初学集》卷二八。
② (清)钱谦益:《初学集》卷二九。
③ (明)陆世仪:《复社纪略》卷一。
④ (清)顾炎武:《与施愚山书》,《顾亭林诗文集》,北京:中华书局1983年版,第58页。
⑤ (清)顾炎武:《与周籀书书》,《顾亭林诗文集》,北京:中华书局1983年版,第90页。

也尊尚理学。因此,顾炎武对他说"理学之传,自是君家弓冶"。"弓冶"二字典出于《礼记·学记》:"良冶之子必学为裘,良弓之子必学为箕。"其意是指施闰章家族世传理学,子承父业,不坠家声。

顾炎武接下去对宋明理学提出疑问和批判。清初学术界批判理学之声不绝于耳,但都不如顾炎武这段话深刻。他指出,古代无所谓"理学"之名,"'理学'之名,自宋人始有之"。古代虽无"理学"之名,但有义理之学之实,那就是"经学"。司马迁《史记·太史公自序》曰:"《春秋》文成数万,其指数千。"所谓"其指数千",便是义理之学。然而经学非积学数十年不能通,这正如晋代范宁《春秋谷梁传序》所说:"君子之于《春秋》,没身而已矣。"《春秋》一经须终身而学,其他各经亦须终身而学。

唐代科举考试,以明经、进士二科为主干,明经科重帖括与墨义,考生能记诵经书便可中试;进士科重诗赋,考生须有较强的文学才华与创作能力,才能中选。相比之下,明经科较进士科容易许多,因而为时人所轻视,连设科取士的皇帝也轻视明经科。据宋钱易《南部新书》卷二载:"太和中,上(唐文宗)谓宰臣曰:明经会义否? 宰臣曰:明经只念经疏,不会经义。帝曰:只念经疏,何异鹦鹉能言?"明以后的八股制艺,较之唐代明经考试还要容易,考生不须记诵大部头的儒家经典,只须读二程、朱熹等人的语录就可以应试了。在顾炎武看来,如果要学语录,那应该学《论语》,《论语》是圣人语录,而宋明理学家的"语录",多半类似禅僧语录。舍圣人语录不学,而去学宋明理学家语录,不是舍本逐末吗? 顾炎武认为,"今之所谓理学"称不上什么学问,而只有"古之所谓理学"即经学才称得上真正的学问。在这里,顾炎武有明显的"黜(宋明)理学,尊(汉唐)经学"的意思。

顾炎武这段话表面上有语意矛盾和模糊之处。他一方面说"'理学'之名,自宋人始有之",一方面又说"古之所谓理学,经学即理学",这种语义模糊之处增大了其诠释空间。全祖望对此语解释说:"谓古今安得别有所谓'理学'者,经学即理学也。自有舍经学以言理学者,而邪说以起,不知舍经学则其所谓理学者,禅学也。"①全祖望的解释,大体不离

---

① (清)全祖望:《鲒埼亭集》卷十二,《亭林先生神道表》。

顾炎武的本意。不过，需要指出的是，这里所谓的"理学"，不是作为学术专有名词的"理学"，而是"义理之学"的缩语。否则，"经学即理学"一语易产生极大的学术混淆。

南宋以后的大多数士人，自从学之始，所学即所谓"濂洛关闽"之学，以为治学必由此一途径。这正如明初薛瑄所说："濂洛关闽诸儒之书，皆根据至理而切于人生日用之实。""濂洛关闽之书一日不可不读，周程张朱之道一日不可不尊。舍此而他学则非矣。"[1]当时并没有学术史、经学史一类书籍，学者若不能潜心于经史之学，亦无从知道汉唐经学究竟是怎样的。所以，顾炎武此论一出，在当时无异于平地一声春雷，振聋发聩。

对于顾炎武这一论断，梁启超给予高度的评价："'经学即理学'一语，则炎武所创学派之新旗帜也。其正当与否，且勿深论。——以吾侪今日眼光观之。此语有两病。其一，以经学代理学，是推翻一偶像而别供一偶像。其二，理学即哲学也，实应离经学而为一独立学科。——虽然，有清一代学术，确在此旗帜下而获一新生命。……而所谓理学家者，盖俨然成一最尊贵之学阀而奴视群学。自炎武此说出，而此学阀之神圣，忽为革命军所粉碎，此实四五百年来思想界一大解放也。"[2]

顾炎武在《与人书》中，明确提出自己治学为文的宗旨。"凡文不关于六经之指、当世之务者，一切不为。而既以明道救人，则于当今之所通患，而未尝专指其人者，亦遂不敢以辟也。"[3]文中所说的"通患""未尝专指其人"，是指社会中存在的带有普遍性的弊端，而非特指某些个别现象。面对经学流衍衰变、原始儒学精神的不断丧失，顾炎武大张经学旗帜，就是要恢复经学规切时弊、教化人伦、救民水火而见诸行事的功能，鲜明表达出其救世之决心与意愿。

顾炎武以强烈的社会责任感和历史使命感进行经学研究，开辟出一条以音明经、通经明道、明道救世的学术路线。他说："君子之为学，

---

① （明）薛瑄：《读书录》，文渊阁《四库全书》，上海：上海古籍出版社影印本。
② 梁启超：《顾炎武与清学的"黎明运动"》，《清代学术概论》，成都：四川人民出版社2018年版，第17页。
③ （清）顾炎武：《与人书二十五首》之三，《顾亭林诗文集》，北京：中华书局1983年版，第91页。

以明道也,以救世也。……某自五十以后,笃志经史,其于音学,深有所得,今为《五书》,以续《三百篇》以来久绝之传。而别著《日知录》,上篇经术,中篇治道,下篇博闻,共三十余卷。有王者起,将以见诸行事,以跻斯世于治古之隆,而未敢为今人道也。"①顾炎武遵守先妣"无仕异朝"的遗训,始终以明遗民自居。他申明自己的治学宗旨是经世致用,却又有所期待,即期待"王者起",始"见诸行事",而不敢"为今人道"。因此,他所说的经世致用,并非要为朝廷做什么事,而是一个以明道救世为己任的儒家学者的自我定位。顾炎武注重经史,强调学有本原,是企图用经学来保护民族意识。

顾炎武把"明学术,正人心,拨乱世,以兴太平之事"的经学主张,落实到"三礼"研究之中。他说:"值此人心陷溺之秋,苟不以礼,其何以拨乱而反之正乎?"②对此,钱穆先生指出:"凡亭林论学,举其尤要者,曰人才,曰教化,曰风俗,而尤致谨于礼,此皆其论经之要端深旨所在也。"③

顾炎武认为,礼联系着人伦日用、社会教化、风俗礼仪:"有人伦,然后有风俗;有风俗,然后有政事;有政事,然后有国家。先王之于民,其生也,为之九族之纪,大宗小宗之属以联之;其死也,为之疏衰之服,哭泣殡葬虞附之节以送之;其远也,为之庙室之制,禘尝之礼,鼎俎笾豆之物以荐之;其施之朝廷,用之乡党,讲之庠序,无非此之为务也。故民德厚而礼俗成,上下安而暴慝不作。"④在他看来,"礼者,本于人心之节文,以为自治、治人之具。是以孔子之圣,犹问礼于老聃。而其与弟子答问之言,虽节目之微,无不备悉。语其子伯鱼曰:'不学礼,无以立。'《乡党》一篇,皆动容周旋中礼之效。然则周公之所以为治、孔子之所以为教,舍礼其何以焉。"⑤归根结底,礼是治国平天下的基本工具。

正因为如此,顾炎武从 50 岁后开始重视对礼的研究。他一方面对清以前的人伦风俗作普遍性的考察,以把握风俗变迁与历史治乱的关

---

① (清)顾炎武:《日知录集释·自序》,《〈日知录〉集释》上,上海:上海古籍出版社 2014 年版,《日知录集释》总目第 7 页。

② (清)顾炎武:《答汪苕文》,《顾亭林诗文集》,北京:中华书局 1983 年版,第 195 页。

③ 钱穆:《顾亭林学述》,《中国学术思想史论丛》(八),北京:九州出版社 2011 年版,第 102 页。

④ (清)顾炎武:《华阴王氏宗祠记》,《顾亭林诗文集》,北京:中华书局 1983 年版,第 108—109 页。

⑤ (清)顾炎武:《仪礼郑注句读序》,《顾亭林诗文集》,北京:中华书局 1983 年版,第 32 页。

系。《日知录》卷十三有周末风俗、两汉风俗、正始风俗、宋世风俗诸条目。他考察周末风俗时,认为战国初年一百三十余年间,"邦无定交,士无定主,……不待始皇之并天下,而文、武之道尽矣。"①也注意到"至正始之际,而一二浮诞之徒,骋其智识,蔑周、孔之书,习老、庄之教,风俗又为之一变"②。他针对时人崇尚"正始遗风",引《晋书·儒林传序》曰:"'摈阙里之典经,习正始之余论,指礼法为流俗,目纵诞以清高。'……以至国亡于上,教沦于下,羌胡互僭,君臣屡易,非林下诸贤之咎而谁咎哉!"③

另一方面,顾炎武考察历代风俗变化与社会教化之关系,从中发现加强社会教化的重要性,强调"教化纪纲为不可阙矣",提出士大夫要做世人的表率,树立廉耻之心。他引用罗仲素之语说:"教化者,朝廷之先务;廉耻者,士人之美节;风俗者,天下之大事。朝廷有教化,则士人有廉耻;士人有廉耻,则天下有风俗。"④他还主张在制民之产的基础上,实行社会教化。"今将静百姓之心而改其行,必在制民之产,使之甘其食,美其服,而后教化可行、风俗可善乎!"⑤顾炎武在社会风俗败坏、道德沦丧的时代,强调礼对于维系世道人心的作用,试图推行礼教,移风易俗,拨乱反正,这正是他通经致用思想的体现。在顾炎武看来,只有让百姓获得基本的生活保障后,才能推行社会教化。

有鉴于明清之际道德沦丧的现状,顾炎武提倡士大夫要将"博学于文"与"行己有耻"结合起来。"博学于文"与"行己有耻"二语,分别出自《论语》的《颜渊》篇和《子路》篇,是孔子在不同场合答复门人问难时所提出的两个主张。顾炎武在其上增加了时代的新内容,使之成为他的

第八章 以道立言:学统的自觉承续

---

① (清)顾炎武:《周末风俗》,《日知录》卷十三《〈日知录〉集释》上,上海:上海古籍出版社 2014 年版,第295 页。
② (清)顾炎武:《两汉风俗》,《日知录》卷十三《〈日知录〉集释》上,上海:上海古籍出版社 2014 年版,第296 页。
③ (清)顾炎武:《正始》,《日知录》卷十三《〈日知录〉集释》上,上海:上海古籍出版社 2014 年版,第297 页。
④ (清)顾炎武:《廉耻》,《日知录》卷十三《〈日知录〉集释》上,上海:上海古籍出版社 2014 年版,第304 页。
⑤ (清)顾炎武:《人聚》,《日知录》卷十二《〈日知录〉集释》上,上海:上海古籍出版社 2014 年版,第283—284 页。

治学宗旨与处世之道。他指出:"愚所谓圣人之道者如之何?曰:'博学于文',曰'行己有耻'。自一身以至于天下国家,皆学之事也;自子臣弟友以至出入、往来、辞受、取与之间,皆有耻之事也。耻之于人大矣!不耻恶衣恶食,而耻匹夫匹妇之不被其泽,故曰:'万物皆备于我矣,反身而诚。'呜呼!士而不先言耻,则为无本之人;非好古而多闻,则为空虚之学。以无本之人,而讲空虚之学,吾见其日从事于圣人而去之弥远也。"①因此,他认为只有懂得羞恶廉耻而注重实学的人,才真正符合"圣人之道"。否则,就远离"圣人之道"。

顾炎武认为,"博学于文"与"家国天下"大事相联系,因此也就不能仅仅局限于文献知识,还包括广闻博见和考察审问得来的社会实际知识。这就是说,"博学于文"即自一身而至家国天下,凡修齐治平之学问,皆儒者所当学,而不只是谈天说性,"专用心于内",以致"士无实学",惟务清谈,这显然是对明亡原因进行深刻反省得出的结果。所注重的自然是"经世致用之实学",这也就是顾炎武"博学于文"的为学宗旨。"行己有耻"的"耻",系指人的羞愧之心。所谓"行己有耻",即要用羞恶廉耻之心来约束自己的言行。为保护人格尊严,对不道德的行为不屑为之,对加之于身的侮辱不能容忍,皆可谓有耻。士大夫以天下为己任,不耻于自身之恶衣恶食,"而耻匹夫匹妇之不被其泽",即以天下苍生百姓不得享有太平而为己之耻,将"耻"与士大夫济世安民的责任感联系起来。

在顾炎武看来,"君子之为学也,非利己而已也,有明道淑人之心,有拨乱反正之事;知天下之势之何以流极而至于此,则思起而有以救之。"②君子做学问,不是利己,要有明道淑人之心,做拨乱反正之事,知天下之势何以发展至此,故奋起思考以救国,这是士大夫的社会责任。由此,士大夫是否做到"行己有耻"至关重要。"礼义,治人之大法,廉耻,立人之大节。盖不廉则无所不取,不耻则无所不为。人而如此,则祸败乱亡亦无所不至,况为大臣,而无所不取,无所不为,则按天下其有

---

① (清)顾炎武:《与友人论学书》,《顾亭林诗文集》,北京:中华书局 1983 年版,第 41 页。
② (清)顾炎武:《与潘次耕札五首》其一,《顾亭林诗文集》,北京:中华书局 1983 年版,第 166 页。

不乱,国家其有不亡者乎? ……故士大夫之无耻,是谓国耻。"①"博学于文"与"行己有耻",既是顾炎武的为学宗旨和立身处世的为人之道,也是他崇实致用学风的出发点。

应当注意的是,孔子讲博学,是指君子应具备的一种素质;讲有耻,是说作为一个士,应知道有所为有所不为。顾炎武把"博学于文"和"行己有耻"结合起来,一方面是针对明末清初鼎革之际明臣变节投靠清廷的现实而发出的批判,一方面是出于实现治国平天下须改造士大夫自身的深刻构想。他批评明末士大夫束书不观,游谈无根,寡廉鲜耻,强调"博学""有耻"两条,作为求学做人的根本,并以它来联系国家大事,可见他提倡"博学于文"和"行己有耻",是要在学问人格上行"拨乱反正之事",破"明心见性之空言",以立"修己治人之实学"。这些都与他通经致用的治经本旨分不开。

四、陆世仪《思辨录》对朱子学的复兴

从中晚明士人的心态变迁来看,明代士大夫精英之间存在着思想分化。"在哲学思想上,长期存在着正统的程朱新儒家与王阳明心学直觉论者之间的分歧。前者,即理学,强调对'事物'(他们主要是指经典)的研究、严格的道德自我教化,以及高层次的精神追求和低层次的物质欲望,即一般所谓'存天理灭人欲'的二元划分。后者,即心学,则是一些信念的复杂整合,主要集中在自觉的重要性,自发的道德良心,以及思想与行为的统一。"②王阳明的心学理论,是明代影响最大的儒家学派。然而,阳明心学将道德目标树立为人生修养的唯一内容,反对人们在各种具体知识上的探索,也逐步显露出弊端。从明代后期开始,思想界反思王学的流弊危害,出现一股尊朱辟王的学术思潮,旨在救正人心

① (清)顾炎武:《廉耻》,《日知录集释》卷十三,《〈日知录〉集释》,上海:上海古籍出版社 2014 年版,第303—304 页。
② [美]魏斐德:《明清更替——十七世纪的危机或轴心突破》,刘东主编:《〈中国学术〉十年精选——融合与突破》,北京:商务印书馆 2014 年版,第 282—283 页。

第八章 以道立言: 学统的自觉承续

风俗,黜除王学异端,这在当时具有重要的社会学术启蒙作用。

　　这就是说,明代遗民大多把明亡的思想原因,归结为王学末流的空谈误国,因而积极倡导学以致用,崇尚现实批判的务实学风。"接续晚明诸儒,明代遗民著书讲学也都以关注世道人心、评说时政、倡导经世之学为本,所谓内圣必须见之于外王是他们共同追求的价值取向。"①他们反对空谈心性,关注经学与理学的关系以及经学与诸子的关系,促使理学从王学转向朱子学,导致经学、诸子学的复兴,进而成为从明代理学向清代经学过渡的桥梁。

　　明末尊朱辟王的学术思潮之所以兴起,是因为"与阳明学相比,朱子学在两个方面更能满足明遗民的需求。一是重视外在事物之理的探求。朱熹讲格物致知,以格通天下事事物物之理为致知的具体途径。对于迫切希望经世致用,但又难于立即付诸实际政治、经济诸领域,只能从学理上探求的明遗民来说,这个思想是很容易获得认可的"。二是"阳明学者自信其心,主要依靠自我良知来判断是非善恶,提高了人的主体地位,朱子学则追求形而上的'理',把修身看作个体主动接受普遍的道德规范塑造的过程,在这个过程中,个人要注意保持端庄恭肃的状态。对于道德践履来说,后者有外在的也是客观的标准,是非对错的衡量更为明确。"②随着清代意识形态的巩固,康熙崇尚的程朱理学也逐步上升为官方哲学。

　　而"在明遗民中,陆世仪是积极求用世的一位。他说:'士生斯世,不能致君,亦当泽民。盖水火之中,望救正切。'如果诗人因为过于执著于个人的名节而完全放弃对社会的责任,就会出现'圣道自此日晦,世界自此日坏'的结果。在此,他暗中把'时代变革'与'圣道''世界'区分开了,与顾炎武的'亡国'与'亡天下'之论大旨相似。遗民不仅要尽忠于旧的王朝,而且需维护文化的延续,'圣道'不绝,则世界终不致完全崩溃。以此为前提,他认为'聘遗黎故老为学校之师',无论对新朝的文化建设,还是对遗民的道德操守来说,都是可以接受的"③。

① 汪学群:《明代遗民思想研究》,北京:中国社会科学出版社2012年版,第11页。
② 李瑄:《明遗民群体心态与文学思想研究》,成都:巴蜀书社2009年版,第247—248页。
③ 李瑄:《明遗民群体心态与文学思想研究》,成都:巴蜀书社2009年版,第90页。

陆世仪的主要著作《思辨录》一书，始写于 27 岁时，读书有心得而随录，以《大学》八条目为则，天文、地理、河渠、兵法、封建、井田、学校无不论列。晚年同学编为辑要，分十四类。前集曰小学、大学、立志、居敬、格致、诚正、修养、治平，后集曰天道、人道、诸儒、异学、经子、史籍。

在陆世仪一生的学术活动中，他的理论旨趣在于性与天道。在天道方面，他主要探讨理气问题，提出理本论。他认为，理气皆为宇宙本原，理与气始终相合，理在气中，理先于气。理与气是二物，但又合一。在人性方面，他主张性兼理气，气质之性本善。义理之性与气质之性是二物，又相统一。义理之性是所以然之理，共相；气质之性是所当然之理，殊相。

陆世仪赞同朱熹的格物穷理之说，反对王阳明的"致良知"。他说："致良知虽是直截，终不赅括，不如穷理稳当。……天下事有可以不虑而知者，心性道德是也。有必待学而知者，名物度数是也。假如只天文一事，亦儒者所当知，然其星辰次舍，七政运行，必观书考图，然后明白，纯靠良知，致得去否？"他的学说以"居敬穷理"为本，着重内心修养，主张读书讲究求实，认为除"六艺"外，天文、地理、河渠、兵法之类，都是安国兴邦不可缺少的有用知识。他认为朝廷用人要大破成格，不拘资地，他鼓励青年要有"体用具备，文武兼资"的才干，以救亡图强，振兴国家。

陆世仪认为，从唐代开始儒家才系统探讨性与天道的问题。他肯定韩愈和李翱的历史功绩，认为韩愈《原道》超拔于诸儒之上，其所说道德仁义四字在以前儒家那里都未能很好发挥。李翱《复性书》把《大学》《中庸》《论语》《孟子》四书，与《系辞》联系起来阐发大义。在这里，韩愈讲道，李翱讲性，无意中将天道与心性联系起来，这是后来宋明理学的主题。

针对阳明心学流露出的弊端，陆世仪指出："近世讲学多似晋人清谈，清谈甚害事，孔门无一语不教人就实处做。《论语》曰：'君子欲讷于言，而敏于行。'……都是恐人言过其实。"①陆世仪激于晚明儒生的高谈义理，行不顾言，强调只有生活中的实际行为才能体现一个人的道德境

---

① （明）陆世仪：《思辨录辑要》卷一。

界。言过其实,违反"诚"的原则,对道德修养来说是有害的。诚意容不得虚伪。王学末流"不学不虑"、蹈空虚学的做法,陆世仪是十分厌恶和摈弃的。

陆世仪《思辨录》对朱子学的复兴,是因为"救亡的需求使得明遗民们热切寄望于道的创生化育。陆世仪云:'道生天地,天地生人,无是道则天地且不成天地,人于何有?念及此,则弘道君子岂可不竭力从事乎?'此所谓'天地',当非实存世界,而是'理想国',是完满和谐的理性世界;只要还有人坚守住'道'这个根本,它就有重建的可能"①。

陆世仪认为,朱熹的天道说源于《易传》"形而上者谓之道,形而下者谓之器"的发挥。他说:"要知形下不但是有形之物,即空虚无形其中皆有气,气亦是形下,其中之所以然则道也。故《中庸》曰洋洋乎发育万物,峻极于天。"②在陆世仪看来,形下是具体的有形事物,形上是充斥于空虚无形之中的气,气的所以然是道。他不同意张载所谓有形者为器,无形者为道的说法,以有形与无形为标准来区别器与道是错误的。天地间只有阴阳五行。《周易》明阴阳之理,《尚书·洪范》发五行之蕴,周敦颐《太极图说》兼顾两者,以明五行即阴阳、阴阳即太极之理。陆世仪认为,自然就是天地,"凡虚处皆天,凡实处皆地,凡气皆天,凡质皆地。假如人物鸟兽其肢体血肉是地质,其知觉虚灵皆天气也;假如草木枝干花叶皆地质,其生机皆天气也"③。天与地有所不同,天为气,地为质;前者为虚,后者为实,它们所起的作用不同。"道乃天下后世公共之物,不以兴废存亡而有异也。"④道不随政治现实的变化而变化,即使在乱亡时代,它也可以继续作为人们的凭借。

从哲学理论上说,"陆世仪的性命论以理气说为基础,认为性命心志意气、才、情名称虽然不同,但认识它们并不困难。根据诸儒的诠释,反求于我心,合者存之,疑者阙之,然后从源头加以理解,逐渐推展,循序渐进自然可以了解。"陆世仪说:"夫天地之间,盖莫非气,而其所以然

---

① 李瑄:《明遗民群体心态与文学思想研究》,成都:巴蜀书社 2009 年版,第 163—164 页。
② (明)陆世仪:《思辨录辑要》卷二十三,《四库全书》第 724 册,第 206 页。
③ (明)陆世仪:《思辨录辑要》卷二十三,《四库全书》第 724 册,第 211 页。
④ (明)陆世仪:《思辨录辑要》卷二〇,《四库全书》第 724 册,第 170 页。

之故,则莫非理。理与气,在天则为天之命,在人则为人之性,性与命兼理与气而言之者也。夫性与命兼理与气言,而宋儒专言理,何也?曰兼言理气道其全也,专言理明其主也。欲知性知天,则不可不观其全,欲率性事天,则不可不知其主。故宋儒言理而未尝不言气,在观者自得之耳。"①天地之间充满着气,气之所以然为理,理气表现为天即命,表现为人即性,性命兼理气,理气体现天人合一。

在陆世仪看来,不能离开气质言性,要立足于气质考察人、物之本性。"程朱有两处讨论性最为完备。程子认为,论性不论气不备,论气不论性不明,性与气不可分割,因为性存在于气之中。朱熹认为,论万物之一原,理同而气异;论万物之异体,气犹相近而理不同。理不同指人为万物之灵,只有人才能具众理。"②

儒家历来注重道德修养工夫。"陆世仪讲的工夫有两个特点,其一是反向内心,其二是着实,朱熹所讲的居敬穷理最贴近这一点。陆氏尊朱熹,因此予以充分的发挥,所论涉及格物、致知等。"陆世仪认为,敬涉及人们身心,"主敬须从畏处做到乐处"。"畏指礼之实,礼的本质使人敬畏,乐指乐之情,主于礼成于乐,不过始终教人一个敬字,也即敬贯穿于礼乐之中。"③朱熹之学大体穷理以致其知,反躬以践其实。在陆氏看来,这是千圣千贤入门正法。

朱子学认为,居敬与穷理密不可分,穷理在于格物致知。有人问:理本在我心,却又求之于天下之物,这是为什么?陆世仪回答说:"此儒者之道,所谓体用合一,而孟子之所称万物皆备于我也。一物不备不足以践我之形,一理未穷不足以尽性之量,故君子之学能立命者,必其能尽性也。"④儒家讲格物,格物是《大学》入门的工夫,格物是认识事物内在的理,格物与穷理是一体的。理学家大多从道德层面上理解物,陆世仪讲的格物包括道德层面和知识层面两个方面。从道德层面说,格物即存理去物欲,实际上就是修身。格物离不开心,格物穷理需要像圣人

① 汪学群:《明代遗民思想研究》,北京:中国社会科学出版社2012年版,第241页。
② 汪学群:《明代遗民思想研究》,北京:中国社会科学出版社2012年版,第241页。
③ 汪学群:《明代遗民思想研究》,北京:中国社会科学出版社2012年版,第245—246页。
④ 汪学群:《明代遗民思想研究》,北京:中国社会科学出版社2012年版,第246页。

那样心体洁净。从知识层面说,格物不局限于心性层面,格物离不开文字,读书要广博无遗漏。

朱熹礼学思想与理学体系相结合,礼是理的"气化",礼同一于天理,礼内在于人性。从礼学角度回溯儒学,礼上源于天,内在于心,儒学始终承载着对文化、秩序、和谐的追求,体现着儒家士大夫的担当意识。陆世仪从礼与理的关系出发,指出:"礼者理也,礼本乎理。理为体,礼为用,故礼虽未有,可以义起。"①以理释礼,在礼与理关系中,理为根本,礼根源于理,理是体,礼是用。尤其是制度层面的礼因义而起,礼仪即礼的仪式就是制度化礼的具体形式。人之所以为人,是因为人的内心有天理,人懂得礼义廉耻,能够遵守社会道德规范。如果人心中没有天理,人和禽兽就没有什么区别了。

总之,作为明末江南的一位文化遗民,"陆世仪的学术视野宽广,要以四书为本,依《大学》为序循序渐进展开,进而由儒学扩大到诸子百家之学,涉及传统学术思想的方方面面。他的学以经世与顾炎武相近,其气度恢宏远远超越了所谓的理学名臣。全祖望认为,清初最有名的学者应为孙奇逢、黄宗羲、李颙,而知道陆世仪的并不多,但学者'读其书,而叹其学之邃也'。"②

五、冯梦龙以小说立言的启蒙意识

晚明时期,随着城市工商业兴起,商品经济得到迅速发展,新兴市民阶层崛起。作为理学异己因素的启蒙思潮,不但对理学思想造成颠覆,而且在张扬人性自主精神的同时,唤起人的自我意识觉醒。这股启蒙思潮从人的自然性情出发,在哲学上表现为着力阐发人的主体意识和社会价值,提倡个性解放和人文精神。在时代思潮影响下的晚明文人,大多是一群张扬个性、重自我、重真情之人。

---

① (明)陆世仪:《思辨录辑要》卷二十一,《治平类》第217页。
② 汪学群:《明代遗民思想研究》,北京:中国社会科学出版社2012年版,第263—264页。

就明末文坛的状况而言，"袁宗道、袁宏道、袁中道等所谓'公安派'的文人，反对模仿古人，认为诗文不应该有什么约束，提出了'独抒性灵'的口号，主张写作要抒发自己的个性和情感，要求作品有创造性和真实感，他们又相当重视通俗文学的写作和民间文学作品的收集，这是文学上的一次改良运动。"而"冯梦龙也是具有这种改良主张的文人，特别是在提倡通俗文学和民间文学方面，有许多独到的见识"[①]。

冯梦龙在《〈古今小说〉序》中说："史统散而小说兴。始乎周季，盛于唐，而浸淫于宋。"[②]在《〈醒世恒言〉序》中说："六经国史而外，凡著述皆小说也。而尚理或病于艰深，修词或伤于藻绘，则不足以触里耳而振恒心。此《醒世恒言》四十种所以继《明言》《通言》而刻也。明者，取其可以导愚也；通者，取其可以适俗也；恒则习之而不厌，传之而可久。三刻殊名，其义一耳。……人之恒心，亦可思已。从恒者吉，背恒者凶。心恒心，言恒言，行恒行，入夫妇而不惊，质天地而无怍。下之巫医可作，而上之善人君子圣人亦可见。恒之时义大矣哉！自昔浊乱之世，谓之天醉。天不自醉人醉之，则天不自醒人醒之。以醒天之权与人，而以醒人之权与言。言恒而人恒，人恒而天亦得其恒。万世太平之福，其可量乎！则兹刻者，虽与《康衢》《击壤》之歌并传不朽可矣。崇儒之代，不废二教，亦谓导愚适俗。或有籍焉，以二教为儒之辅可也；以《明言》《通言》《恒言》为六经国史之辅，不亦可乎？"[③]在这里，冯梦龙以小说立言的启蒙意识跃然纸上。

冯梦龙深受泰州学派的影响，提倡冲破名教的束缚，主张"情真不可废"，他的作品就是要"借男女之真情，发名教之伪药"[④]，甚至公然主张"六经皆情教"，"情为理之纬"，体现了鲜明的叛逆精神。对礼教的批判，对人性全面复归的呼唤，使得人们大胆冲决理学的藩篱，通过对传统伦理道德的质疑和反思，给人的价值和人生的意义以全新的诠释和界定。人们心目中理学道德的神秘光环开始黯然失色，自然之性开始

---

① 容肇祖等：《冯梦龙与〈三言〉》，台北：台湾木铎出版社1983年版，第9页。
② 高洪钧：《冯梦龙集笺注》，天津：天津古籍出版社2006年版，第80页。
③ 高洪钧：《冯梦龙集笺注》，天津：天津古籍出版社2006年版，第85—86页。
④ 容肇祖等：《冯梦龙与〈三言〉》，台北：台湾木铎出版社1983年版，第223页。

在沉睡中觉醒。小说创作是冯梦龙政治生命的一部分,他将小说当作立言的主要形式,以关注社会,警醒世人。"冯梦龙认为,好的小说应该能够使'怯者勇,淫者贞,薄者敦,顽钝者汗下。虽日诵《孝经》《论语》,其感人未必如是之捷且深'。他以为小说可以成为'六经国史之辅',影响人们的思想和行为。"①

从明代中叶起,通俗小说逐渐成为文人表现自我意识的一个重要媒介。大批文人以通俗小说来表达对社会人生的理解,通过小说世界的虚拟来抒写自己的人生抱负,表达自己的牢骚与感伤。这就是说,传统诗文的抒情言志因素被引入通俗小说,使得通俗小说具有了文人品格。文人们将通俗小说视为"立言"之一种,当作可以藏之名山的著述。这些文人独立创作的通俗小说被称为"文人小说"。清代通俗小说的文人化进程,也是通俗小说走向真正的独立成熟的过程。冯梦龙在《醒世恒言·序》中曰:"六经国史而外,凡著述皆小说也。"这一论断对小说的文化价值评价较高。在冯梦龙那里,小说是除经史之外无所不包的文化概念,从而提高了小说的文体地位。

冯梦龙以《三言》为后世所称道。《三言》即《喻世明言》《警世通言》《醒世恒言》的合称。《三言》作为明代中后期通俗小说创作的杰出代表,主要是对宋元话本、明代拟话本进行编辑与修订,也有作者自己的创作。这就是说,《三言》是中国白话短篇小说在说唱艺术的基础上,经过文人整理加工,发展为文人独立创作的开始。这标志着原本供广大听众消闲取乐的世俗小说,从宋元时的涓涓细流发展为江湖河海,从口头的说唱文学发展为正式的书面文字,小说成为一个时代人文精神的重要表达渠道。冯梦龙明确强调小说的社会教育作用。"他所以把自己所编的三部小说,题名为《喻世明言》《警世通言》《醒世恒言》,意思是'明者,取其可以道耳'。主要目的还是想通过这些小说,来劝喻世人,警诫世人,唤醒世人。"②

冯梦龙毕生从事的通俗文学整理与编辑工作,与当时的文艺环境

---

① 容肇祖等:《冯梦龙与〈三言〉》,台北:台湾木铎出版社1983年版,第10页。
② 容肇祖等:《冯梦龙与〈三言〉》,台北:台湾木铎出版社1983年版,第10页。

分不开。此时文坛弥漫着一股主情思潮,这对冯梦龙文学创作的影响极其深刻。但从他的作品中也不难发现其文艺思想及审美倾向的特色。他在以对通俗文艺进行整理与编辑为基础的创作中,坚持儒学基本精神,同时又包容其他文化思想。值得注意的是,冯梦龙所提倡宣扬的儒学精神是先秦儒学精神,也包含一些释、道思想,而不是宋明之际"存天理,灭人欲"的理学。

宋明理学认为理不仅是自然界的最高原则,也是人类社会的最高原则。当理学成为禁锢人的感性存在的枷锁时,高扬个体感性存在的重要性被凸显出来。冯梦龙所提倡宣扬的先秦儒学,就是他高扬个体感性的一种方式。先秦以孔子为代表的儒学,其道德伦理的核心是"仁"学。从一定意义上说,仁学是人学。《论语·颜渊》记载:"樊迟问仁,子曰:'爱人'。"《论语·学而》记载:"泛爱众,而亲仁。"《孟子·离娄下》记载:"仁者爱人。"《礼记·中庸》记载:"仁者,人也。"由此可见,孔子重视"仁"。这是因为在他看来,只有仁人才能推行礼制。不然,"人而不仁,如礼何?"①在冯梦龙看来,儒家的"爱人""爱众"首先是尊重人的感性存在,是对人的人文关怀。冯梦龙希望借助《三言》等通俗文学的创作,让晚明儒学生动起来。

晚明民俗文艺思潮兴起后,以冯梦龙为代表的一些文人学士抨击假道学,试图重构以"情教"为中心的道德批评格局,借此方式实现"情"与"理"的和谐统一。冯梦龙的《三言》,在思想上主要体现为儒家的"中庸之道"。孔子曰:"中庸之为德也,其至矣乎!民鲜久矣。"②《礼记·中庸》曰:"致中和,天地位焉,万物育焉。""中庸之道"在艺术上具体表现为"中和之美"。

冯梦龙编辑、整理《三言》的主要目的,是为了"喻世""警世""醒世",以唤醒世人改变世风。在冯梦龙看来,"六经国史之外,凡著述皆小说也,而尚理或病于艰深,修词或伤于藻绘,则不足以触里耳而振恒

---

① (春秋)孔子:《论语》卷五,《八佾》上,程树德:《论语集释》第一册,北京:中华书局 1990 年版,第 142 页。
② (春秋)孔子:《论语》卷十二,《雍也》下,程树德:《论语集释》第一册,北京:中华书局 1990 年版,第 425 页。

心,此《醒世恒言》所以继《明言》《通言》而作也。"①总的来说,冯梦龙在儒雅与情俗之间进行中和的调适。正如他在《警世通言序》中所说:小说内容要"不害于风化,不谬于圣贤,不戾于诗书经史",以求"令人为忠臣,为孝子,为贤牧,为良友,为义夫,为节妇,为树德之士,为积善之家,如是而已矣"。

冯梦龙特别重视小说中描写的"男女之情"。《三言》120 篇作品中,最多的是关于男女爱情方面的故事,差不多占到三分之一左右。他在《情史叙》中提出"情始于男女","万物如散钱,一情为线牵"。只要加以正确导引,可使它"流注于君臣父子兄弟朋友之间",以达到"情教"之目的,产生像《六经》一样的作用。他还在理论上反对在小说中描写色情内容。《醒世恒言序》云:"若夫淫谭亵语,取快一时,贻秽百世。"冯梦龙在当时淫风特盛的晚明文坛发表这样的见解是难能可贵的,是他在儒雅与情俗之间进行调适的结果。

从总体上说,《三言》在情感表达上呈现出"乐而不淫,哀而不伤"的中和形式,看不到纯粹意义上的悲剧或喜剧。这就是说,《三言》小说中的情感表达通过悲喜交织,让悲喜趋向中和。通过这种情感形式使人得到审美享受的同时,又不至于受到过分强烈的情感刺激。这主要是由中国的文化传统决定的。正如宗白华在《艺术与中国社会》中所说:"西洋文艺自希腊以来所富有的'悲剧精神',在中国艺术里,却得不到充分的发挥,且往往被拒绝和闪躲。人性由剧烈的内心矛盾才能发掘出的深度,往往被浓挚的和谐愿望所淹没。"

从中国古代小说史上看,"明清拟话本是文人摹拟'话本'创作出来的白话短篇小说","在拟话本中,成就最高的当数'三言'中的作品。宋元话本和'三言'中的拟话本,形式大同小异,但内涵又有许多不同。"将二者进行对比,其不同主要体现在三个方面。一是"市民形象:从市井小民到'平民圣人'";二是"思想倾向:从张扬社会理性到肯定血肉之躯";三是"艺术旨趣:从追逐奇异故事到重视'情'的表现"。② 这三种变

---

① 鲁迅:《中国小说史略》,上海:上海古籍出版社 1998 年版,第 139 页。
② 张稔穰:《从宋元话本到"三言"中的拟话本》,载《古典文学知识》2000 年第 3 期,第 46—48 页。

化,体现着冯梦龙编订《三言》的主旨思想和以小说立言的启蒙意识。

众所周知,被抛掷到商品地位的娼妓,是妇女中命运极悲惨的一部分人。"《三言》中的娼妓,往往有美丽的外貌,反抗的性格,纯洁的内心,坚贞的爱情。作者用充满赞美和同情的笔调,写下了她们的苦难遭遇。"①冯梦龙《警世通言》中的《杜十娘怒沉百宝箱》《王娇鸾百年长恨》,都是爱情悲剧。前者写李甲与杜十娘的相爱过程,前半段颇具喜剧色彩。直到高潮,李甲流露嫌弃之心,且将她卖给孙富。杜十娘怒斥孙、李,抱匣沉江而死,悲剧始得完成。整篇小说悲愤而不低沉。女主人公杜十娘虽沉江身亡,却在道义上获得胜利。李甲郁成狂疾,孙富奄奄而终,反面人物得到应有下场。悲剧性得到缓解中和。后者写王娇鸾与周廷章相爱,诗词酬答,全无一点悲剧痕迹。近结尾处,周廷章变心,王娇鸾自缢,悲剧仿佛在刹那间形成,由原初的郎情妾意突变为负心他求。但最终一顿乱棒打死周廷章,正义战胜了邪恶,悲剧性又得以缓解。"幸福的婚姻要求自由和平等,但是古代社会里的婚姻恰恰相反,父母之命,媒妁之言,代替了青年的自由选择,门当户对,男尊女卑,代替了平等关系。"冯梦龙关于爱情题材的作品,发出了"妇女争取人权的呼声"②。

喜剧中的"中和之美"的情感形式,表现为"乐而不淫"。讽刺喜剧较之幽默喜剧,其讽刺、嘲弄的程度更为强烈,其主人公多为作者批判的对象,作品揭示其虚伪可笑的本质,撕破其毫无价值却伪装有价值的假面,用笑声去否定和鞭挞丑恶的人和事。幽默喜剧对喜剧人物虽作某种讽刺,但程度较轻微。喜剧人物未必是坏人,只不过性格、行为具有某种弱点、缺陷。儒家的"中和之美"制约《三言》的喜剧艺术,形成讽刺喜剧少、幽默喜剧多的情况。其中,《陈御史巧勘金钗钿》《钱秀才错占凤凰俦》《乔太守乱点鸳鸯谱》《苏小妹三难新郎》《唐解元一笑姻缘》属于幽默喜剧。讽刺喜剧仅《桂员外途穷忏悔》《滕大尹鬼断家私》等几篇。"在《三言》的众多爱情故事中,作者热情赞扬了那些尊重妇女人

① 容肇祖等:《冯梦龙与〈三言〉》,台北:台湾木铎出版社1983年版,第34页。
② 容肇祖等:《冯梦龙与〈三言〉》,台北:台湾木铎出版社1983年版,第31—32页。

格,不向传统道德屈服的男子。……对那些始乱终弃,富贵忘情的男子,更给予了唾弃。"①

　　冯梦龙坚持以现实主义为基础的创作方法,认真、细致地观察社会,抓住具有典型意义的事例,使《三言》中的喜剧作品大多把幽默戏剧与讽刺喜剧融为一体,而以幽默喜剧为主导,将正剧因素注入喜剧,使喜剧性不至于过分浓烈,甚至悲喜交糅,以悲淡化喜,形成"谑而不戏""婉而多讽"的格调。此种情感形式,与当时的市民文艺的发展有着密不可分的关系。市民有着自己独特的审美方式。冯梦龙为更好地达到"情教"的目的,必须尊重市民阶层的审美习惯与接受心理。在冯梦龙的小说中,儒雅与情俗、艺术真实与生活真实得以高度融合,使小说成为立言的新文体。

六、江南文化遗民的诗人气质

　　《毛诗序》曰:"诗者,志之所之也,在心为志,发言为诗",诗"发乎情,止乎礼义"。清初遗民诗人如林,群星璀璨。明人卓尔堪"辑《遗民诗》十二卷,凡收遗民三百余人,诗二千余首,每卷卷首有作者小传。……朱彝尊有赠诗云:'忠贞公后族蝉联,一代遗民藉尔传。'极赞其网罗散佚之功。尔堪虽生于新朝,而自附于遗民之列,以自作《近青堂诗》一卷于全书之末"②。当然,卓尔堪的这本集子选诗录人的标准不够精谨,因为会写诗或写过诗不一定就是诗人。其中,堪称诗人且能够名垂诗史的有陈子龙、夏完淳、顾炎武、王夫之、黄宗羲、吴嘉纪、屈大均、杜濬、钱澄之、归庄、万寿祺、纪映钟、邢昉、顾梦游、余怀、阎尔梅、吴伟业等数十人。考虑到明清之际遗民的历史只有数十年,这个数量也不算少了。值得注意的是,"遗民诗人"中很多人并非以诗歌名世,而是首先是学者或思想家,这在很大程度上决定着遗民诗的整体风貌和精

---

① 容肇祖等:《冯梦龙与〈三言〉》,台北:台湾木铎出版社1983年版,第36—37页。
② (明)卓尔堪:《遗民诗》(全二册),上海:华东师范大学出版社2013年版,"出版弁言"第1页。

神气质。

从文学创作角度说,诗歌乃抒发情性最强烈的文体,需要感情的高度投入,作者不可能是一个冷静的旁观者。也就是说,只要诗人正视现实,就意味着参与和体验。"诗歌是诗人生命的脉动,是诗人理想、意志的感性显现,在民族意志受到异族压迫的时代,诗歌更是诗人言志,寄托理想的工具。"①正因为如此,明末江南文化遗民大多具有诗人气质。在他们的诸多诗篇中,我们能体味到对历史兴亡的感时伤怀,对人世沧桑的苍凉的表达。江南文化遗民们的诗人气质,源于人类悲剧所引发的深切情感。

当然,在乾坤翻覆的惨烈现实面前,敢于正视鲜血淋漓的场景,敢于直书惨绝人寰的事件,需要直面现实的勇气。在这方面,遗民诗人担负起了不可或缺的历史使命。例如,归庄的《悲昆山》、阎尔梅的《惜扬州》、钱秉镫的《虔州行》、王夫之的《桂山哀雨》、纪映钟的《地震》、傅山的《倒坐崖》、李柏的《贞烈妇》等等,这些饱蘸血泪的诗作记录下的那一段段真实的天崩地裂的历史,负载着诗人们一颗颗沉痛、悲愤的心。明末清初文化遗民那种撕心裂肺的痛苦,在他们留存下来的诗文中多有抒发。

明遗民诗人是一个阵容庞大、气势恢宏的创作群体,从清初至现代汇集辑佚其史料的著作层现迭出、各具特色。其中体制完备、资料翔实,且睿思如涌的代表性作品有:卓尔堪的《明遗民诗》十六卷、陈田的《明诗纪事》、邓之诚的《清诗纪事初编》、钱仲联主编的《清诗纪事·明遗民卷》。上述几种著作征引史料力求准确详尽,对研究明遗民诗歌创作提供了极大便利。卓尔堪的《明遗民诗》不但条分缕析,精要地评述了每位诗人的人品、生平,而且还和后来的《晚晴诗汇》遥相呼应,辑录保存了大量的明遗民诗作。

然而,遗民诗人孤独的生命体验、鲜明的个性意识、家国沦亡的生命痛感以及广袤深邃的人生阅历都意味着这个特殊时代的残酷诗意,明遗民似乎遭逢了明清两代对诗情勃发而言的"最佳"历史际遇,他们

---

① 刘鹤:《遗民情结"场"下的台湾现代文学叙事研究》,长春:吉林大学出版社 2017 年版,第 47 页。

有足够的理由去挥洒"赋到沧桑"生命豪情,去创造一个哪怕短暂的诗歌盛世,去为诗意凋零、诗情低迷、诗坛冷落的明清诗史涂抹一道难得的亮色。况且,写诗是古代士大夫阶层必备的人文修养,遗民当然也不例外。实际上,明清易代之际的文学史上也确实存在着"遗民诗人"这样一个群落。古人云"诗言志",通过诗歌去阅读遗民心态无疑是再恰当不过的了。

例如,钱谦益为表达对明朝故国的怀旧之情,精心编辑《列朝诗集》一书。"这部诗集,选录了有明一代二百余年间约两千个诗人的代表作,并为他们写了扼要的小传。其中有些人,照钱氏所说,即使在当时也已'身名俱沉',很少人知道了,所以他选录了这些作品,'间有借诗以存其人者,姑不深论其工拙',要'使后之观者,有百年世事之悲,不独论诗而已也'。从这里,我们可以看出钱氏世界观上的深刻矛盾,他投降了清朝,但尚不免故国之思。在所写小传的字里行间,这种思想情绪不时有所流露。"①这种体例是模仿元好问《中州集》的体例。《中州集》十卷是古代唯一一部辑录金朝一代诗人作品的总集。载入钱谦益《有学集》卷十四的《列朝诗集序》曰:"录诗何始乎?自孟阳之读《中州集》始也。孟阳之言曰:元氏之集诗也,以诗系人,以人系传,《中州》之诗,亦金、元之史也。吾将仿而为之,吾以采诗,子以庀史,不亦可乎?"同元好问抱着一样的目的,钱谦益欲借《列朝诗集》以存明史之心显而易见。陈寅恪《柳如是别传》对此分析说:这是"实属期望明室中兴之意"②。

钱谦益一生坎坷,晚年虽积极投身反清复明运动,却难以得到世人理解。"钱谦益作为一个正统文人,尽管他由于性格怯懦而降清,成为其一生污点,但是他也有杜甫那样的忧患意识和爱国心,尤其是晚年痛悔自己的过去,较常人具有更为复杂的心态和思想、感情,所以,他选定杜诗作为研究对象,以表达他对明朝的故国之思。"③因此,《钱注杜诗》不仅在中国文学史研究方面取得很大的成就,而且关键在于他笺注杜

---

① (清)钱谦益:《列朝诗集小传》(上册),上海:上海古籍出版社1983年版,出版说明,第1页。
② 陈寅恪:《柳如是别传》下册,第五章《复明运动》,北京:生活·读书·新知三联书店2001年重印本,第987页。
③ 郝润华:《〈钱注杜诗〉与诗史互证方法》,合肥:黄山书社2000年版,第44—45页。

诗时,所埋下的以隐语吐露心声的隐衷。

总的来说,"清初从明朝过来的诗人,根据其不同的政治态度和身世遭遇,大致可以分为三类。一类是为明朝尽忠捐躯的殉节诗人,如陈子龙和夏完淳。另一类是一度弃明仕清的失节诗人,如钱谦益和吴伟业。还有一类则是既未殉明,又未仕清,介于上述两者之间的遗民诗人。遗民诗人在清代诗歌史上的地位和影响没有一个抵得上陈子龙和钱谦益,但是不少人在诗歌创作本身也取得了很高的成就。其中最为重要的作家,当推顾炎武和吴嘉纪。"①

从遗民诗所表现的内容来说,"清初遗民诗的主题,主要是抒写家国之感,表现民族气节,反映民生疾苦。这三个方面在具体的诗人身上往往各有侧重,程度深浅也不尽相同。相对来说,表现民族气节最突出的是顾炎武,反映民生疾苦最突出的是吴嘉纪,同时,二人又都抒写了沉痛的家国之感。"②

亡国之痛、黍离之悲是遗民诗理所当然的主流情感表达,但明遗民诗人在这个老题目下依然有着自身的特色。在他们笔下,我们几乎看不到"春花秋月""一江春水""垂泪对宫娥"这样感伤的笔调,也很少铁马冰河、戎马倥偬的英雄气概,而是总体上呈现出苍劲、浑厚、悲慨又不失克制的生命情怀。这跟他们尚气节、重理性、尊雅正的文士身份很合拍。身为文士的他们既不可能纵马沙场快意恩仇,也不可能有长于深宫的李后主那样浓厚的女性气质和幽怨情调,因此尽管有着身世飘零、家国沦亡、斯文扫地的痛苦、忧思和焦虑,但情感的抒发总体上不失雅正,归于沉着。

以陈子龙为例。"明清易代之后,陈子龙只生活了四年时间,就壮烈牺牲了……陈子龙的诗歌创作又有了一个新的飞跃。在这短短的四年中,他只留下将近一百首诗,主要见之于《焚余草》,另有一些作品则显然散失了。这个时期的诗歌虽然数量不多,但在陈子龙的全部诗歌中,却最为优秀。"③

从陈子龙入清后的诗作来看,"淋漓尽致地抒发了强烈的亡国之痛

---

① 朱则杰:《清诗史》,南京:江苏古籍出版社 1992 年版,第 85 页。
② 朱则杰:《清诗史》,南京:江苏古籍出版社 1992 年版,第 85—86 页。
③ 朱则杰:《清诗史》,南京:江苏古籍出版社 1992 年版,第 15 页。

第八章　以道立言:　学统的自觉承续

和故国之思。这在他的代表作《秋日杂感（客吴中作十首）》中表现得最突出。'吴中'指苏州。大约在顺治三年(1646)，陈子龙客游此地，写下了这一组诗。其一云：满目山川极望哀，周原禾黍重徘徊。丹枫锦树三秋丽，白雁黄云万里来。夜雨荆榛连茂苑，夕阳麋鹿下胥台。振衣独上要离墓，痛哭新亭一举杯。当时的苏州早已沦陷在清朝统治之下，昔日的繁华胜地变得满目萧条，一片凄凉。诗人触景生情，由此及彼，在这开头第一篇中即深深地凭吊家国的沦亡，悲哀之极，以至于痛哭流涕。"①

另一方面，"作为一个殉节诗人，陈子龙还非常突出地表现了坚决不与清朝妥协、更不向清朝屈服，而要坚持反抗到底的坚强意志。在《秋日杂感》十首之八中，他将那些屈膝降清的'贰臣'与坚持抗清的志士放在一起进行对比，给予前者以有力的鞭挞：'纷纷入洛群公在，剩有孤臣泪未阑。'诗人'不信有天常似醉'（《秋日杂感》十首之二），认为有朝一日定能收复河山，因此对南明小朝廷寄予极大的希望：'双飞日月驱神骏，半缺河山待女娲。'同时，他本人也希图积极用世，扭转乾坤：'学就屠龙空束手，剑锋腾踏绕霜花'（《九日登一览楼》）。并不惜一死，矢志抗清，为恢复明朝政权而努力，如《秋日杂感》十首最末一首有云：岂惜余生终蹈海，独怜无力可移山。八厨旧侣谁奔走？三户遗民自往还。诗人一方面慨叹自己补天力微，另一方面坚信《史记·项羽本纪》所说的'楚虽三户，亡秦必楚'。"②

再以万寿祺为例。他的古体诗本于汉魏，近体诗出入于盛唐、中唐，其诗文具有雅淡清逸的艺术风格。但他的时代、经历、心志，使他的作品呈现出风霜之气、激越之音，在诗中尤其显著。现存《隰西草堂集》中除了"高唱园居乐，平临万渚田。夕风淮市月，春雨蠡湖烟"（《真意》），"光从今夜满，酒对故人浮。帘卷阶生影，风过树欲秋"（《八月十五夜》）这些清逸的诗作外，也有不少慷慨激烈，甚至剑拔弩张的篇章，如"扬州城陷后，千里燧烽开。夜夜南徐烛，城门照醉回"（《南徐杂感》）；"国仇未雪身仍在，家散无成志有余"（《丙戌正月一日》）；"君父仇

---

① 朱则杰：《清诗史》，南京：江苏古籍出版社 1992 年版，第 15—16 页。
② 朱则杰：《清诗史》，南京：江苏古籍出版社 1992 年版，第 17 页。

仍在，华夷恨已盈。枕戈空待旦，忍泪暂偷生"(《五月十三日得西来信有感而作》)；"痛哭初闻信，南天又已倾"；"何方存夏祀，胡骑正纵横"(《初闻闽隐痛哭》)等，强烈表达出反清复明的遗民心态。"作为守志的遗民诗人，万寿祺的山水诗典型地概括了那个时代忍辱负重、隐逸自然的遗民诗人不屈反抗的精神，是他人格和心灵的直接外化；作为诗书画兼具的才人，万寿祺的山水诗亦可看作是他美学精神的实践"①。

从顾炎武的一生经历来看，他既具有豪杰的气概，也富有学者的修养。深厚的学养和思想家的理性对诗情的陶冶，凝练出深厚、广博的诗风。复明的期盼和忠贞气节的操持，始终是他诗歌中最突出的色调。他苍凉浑厚的诗风很像杜甫，悲慨雄奇，又有陆游的影子。朱则杰评价说："顾炎武的诗歌主要是颂扬遗民烈士，鞭挞降臣叛子，表达坚强的抗清意志，体现崇高的民族气节，同时抒发强烈的故国之思和亡国之痛，这就形成了沉雄悲壮的基调。"②沈嘉荣评价顾炎武的诗，"无吟风弄月，或应酬之作，大都有为而发，是针对现实政治生活中的大事，抒发其眷念君国之情，对新政权奴役压迫的反抗之情，对人民群众疾苦的关切之情，对亡友功绩、道德文章的缅怀之情，对祖国名山大川、文物古迹之热爱之情。顾炎武的诗，与他所处的明清更迭时期的发展脉络是紧密相连的，所以称之为'爱国史诗'。"③

试举例如下。当南明王朝在南京建立后，史可法督师扬州，顾炎武在诗中便流露出兴奋之情："缟素称先帝，《春秋》大复仇。告天传玉册，哭庙见诸侯。诏令屯雷动，恩波解泽流。须知六军出，一扫定神州。"顾炎武还将史可法督师扬州，比作东晋祖逖北伐，可见他当时对南明朝廷收复北方失地是寄予厚望的。他在诗中写道："白羽出扬州，黄旗下石头。六双归雁落，千里射蛟浮。河上三军合，神京一战收。祖生多意气，击楫正中流。""大将临江日，中原望捷时。两河通诏旨，三辅急王师。转战收铜马，还兵饮月支。从军无限乐，早赋仲宣诗。"④

① 时志明：《山魂水魄——明末清初节烈诗人山水诗论》，南京：凤凰出版社 2006 年版，第 278 页。
② 朱则杰：《清诗史》，南京：江苏古籍出版社 1992 年版，第 98 页。
③ 沈嘉荣：《顾炎武论考》，南京：江苏人民出版社 1994 年版，第 316 页。
④ （清）顾炎武：《京口即事二首》，《顾亭林诗文集》，北京：中华书局 1983 年版，第 260—262 页。

江苏扬州史公祠，史可法 1645 年以身殉国，衣冠葬于此

当清兵渡江，攻占南京后，江南地区的抗清斗争全面展开。顾炎武在诗中描述过这一斗争的壮阔场面："秋山复秋山，秋雨连山殷。昨日战江口，今日战山边。已闻右甄溃，复见左拒残。旌旗埋地中，梯冲舞城端。一朝长平败，伏尸遍冈峦。北去三百舸，舸舸好红颜。吴口拥橐驼，鸣笳入燕关。昔时鄢郢人，犹在城南间。"①诗中反映了清兵的屠杀和掳掠，以及人民的不屈斗争和壮烈牺牲，渗透着诗人的悲愤和顽强的斗志。

对在江南抗清斗争中英勇献身的志士，顾炎武缅怀他们大义凛然的气节。《哭杨主事廷枢》云："陨首芦墟村，喷血胥门浪，唯有大节存，亦足酬帝贶。"《哭顾推官》云："槛车赴白门，忠孝辞色厉。竟作戎首论，

① （清）顾炎武：《秋山》，《顾亭林诗文集》，北京：中华书局 1983 年版，第 265—266 页。

卒践捐生誓。仓皇石头骨，未从九原瘗。父子兄弟间，五人死相继。呜呼三吴中，巍然一门第。"《哭陈太仆》云："有翼不高飞，终为罻罗得。耻为南冠囚，竟从彭咸则。尚愧虞卿心，负此一凄恻。"①

黄宗羲和顾炎武一样，也是个典型的学者型诗人。他推崇宋诗，曾与吴之振等选辑《宋诗钞》。他主张诗歌表达真挚的感情，在《黄孚先诗序》中称"情者，可以贯金石，动鬼神"。特殊的家世背景和人生阅历，使他对时代和民生有着更加痛切的认识和感受，诗歌中不乏穷愁悲凉的调子，但又不沉溺。例如，"于今屈指几回死，未死犹然被病眠"（《卧病旬日未已，间书所忆》）；"莫恨西风多凛冽，黄花偏耐苦中看"（《书事》）；"砚中斑驳遗民泪，井底千年尚未消"（《周公瑾砚》）。这些句子源于作者入清后独特的生命感受，充满浩然正气。

钱谦益身为东林魁首，诗名盖世，有"当代李杜"之称。陈寅恪的《柳如是别传》考证钱谦益入清后的诗作，发现有不少是抒发兴亡之感的。例如，《感叹勺园再作》云："曲池高馆望中赊。灯火迎门笑语哗。今旧人情都论雨，暮朝天意总如霞。（寅恪案，此联下句遵王注引范石朝'占雨'诗'朝霞不出门，暮霞行千里'为释，甚是。但牧斋意则以'朝霞'比建州，以'暮霞'比永历，亦即左太冲魏都赋'彼桑榆之末光，逾长庚之初晖'之旨，谓天意将复明也。至上句遵王已引杜工部集壹玖'秋述'一文'旧雨来，今雨不来。'为释，固昔人所习知。……）园荒金谷花无主，巷改乌衣燕少家。惆怅夷门老宾客，停舟应不是天涯。""寅恪案，牧斋此行过嘉兴，感叹勺园，一再赋诗，兼寓朝政得失，民族兴亡之感，不待赘论。"②

诗歌可以反映历史。作为一位善于以诗证史的学者，"钱谦益也认为：'千古之兴亡升降，感叹悲愤，皆于诗发之'。他在《胡致果诗·序》中又说：宋之亡也，其诗称盛，皋羽之恸西台，玉泉之悲竹国，水云之《茗歌》《谷音》之越吟，如穷冬冱寒，风高气溧，悲噎怒号，万籁杂作，古今之诗，莫变于此时，亦莫盛于此时。他认为诗歌是反映时世风云变化的最

① （清）顾炎武：《哭陈太仆》，《顾亭林诗文集》，北京：中华书局1983年版，第274—276页。
② 陈寅恪：《柳如是别传》下册，北京：生活·读书·新知三联书店2001年重印本，第1050—1051页。

好材料,任何一次改朝换代都会有禾黍麦秀之叹,但在诗歌这种语言文字的深处却潜藏了每位诗人对江山易代的独特感受。"①

因此,遗民诗在一定程度上可以看作遗民诗人的心态史,尽管中国诗歌的史诗传统相对绵弱,但中国古诗中对"诗史"的功能是高度认同的。遗民诗人屈大均《东莞诗集序》曰:"士君子生当乱世,有志纂修,当先纪亡而后纪存。不能以《春秋》纪之,当以诗纪之……"遗民诗人杜濬在《程子穆倩放歌序》中也指出:"诗可以正史之伪。"易代之际无论是正史还是野史的记载都会有太多敏感的禁忌,以诗存史自然成为遗民诗有意无意的责任。遗民诗中最具"诗史"品格的是吴嘉纪的歌行,我们从《李家娘》中得到的"扬州十日"的印象要比种种野史的记载鲜活生动许多,乱离时世的兵燹之祸和民生疾苦很多赖吴嘉纪的歌行得以传世。钱谦益、吴伟业的诗比起遗民诗更加出色地履行了乱世"存史"的功能。

例如,吴伟业在《听女道士下玉京弹琴歌》叙事诗中,"借卞玉京之口,叙述南都陷落,弘光帝原先诏选的美女未及入宫就被清兵掳掠北上,教坊中的歌妓也因清兵肆掠而流离飘零,全诗笼罩着一片悲凉的气氛,末云:坐客闻言起叹嗟,江山萧瑟隐悲笳。莫将蔡女边头曲,落尽吴王苑里花。诗人听说弘光王朝覆灭的经过和黎民百姓苦难的遭遇,悲从中来,不禁为之嗟叹不已。"②

就遗民诗人对诗歌的理解而言,他们跟逝去的"胜朝"诗坛有着密切的关系。顾炎武、黄宗羲乃至钱谦益的诗论中都有对晚明诗坛的批判和反思,也有对有明一代诗史的总结和评论。我们今天读遗民诗,很大程度上不是读诗,而是读史;既是读那个时代的社会史、政治史,也是读那个时代士大夫的心灵史。

以夏完淳为例。夏完淳诗作直面人生,正视现实,直抒胸臆,不事雕琢,凝练深沉,慷慨悲壮。他投笔从戎之后,写下诸如《军中有作》《军宴》《江城》《避地》《即事》《翠华篇》《自叙》等诗,小令《狱中草》,以及赓

---

① 郝润华:《从传统到现代——论陈寅恪对传统诗歌解释方法的继承与开拓》,《陈寅恪与二十世纪中国学术》,杭州:浙江人民出版社 2000 年版,第 190—191 页。
② 朱则杰:《清诗史》,南京:江苏古籍出版社 1992 年版,第 64 页。

续其父所写的《续幸存录》等，记述江南亡国之变和自己抗清斗争的史实。叙事抒情，皆有生活实感。以血泪写下《大哀赋》，剖析明朝亡国原因，表达"乾坤重照，日月双悬"的复国志向，具有崇高的思想境界。他被捕后辞别故乡而作《别云间》："三年羁旅客，今日又南冠。无限河山泪，谁言天地宽！已知泉路近，欲别故乡难。毅魄归来日，灵旗空际看。"①《寄内》："间寝谭忠孝，同袍学唱随。九原应待汝，珍重腹中儿"②等句，充满随时准备为国捐躯、视死如归的壮志豪情，展现坚定的民族气节。正如陈均在《夏节愍全集序》中所说："故其忠肝义胆，发为文章，无非点点碧血所化。"

几社名士徐孚远，是追随郑成功三次赴台的江南遗民。"在南明赴台遗民的诗歌创作中，诗人借由特定的意境和物象，抒发一己之情怀，向世人展现出他们的'群体意识'。徐孚远曾作有长诗《舟中杂感》，感慨其颠沛流离、壮志未酬的生活，现撷取几首示之：其一，'屈指乘桴今几时，推篷匡坐强支颐。十年荒岛心常苦，一拜夷王节又亏。玉帐久悬都护檄，蛮乡空寄少卿诗。遥闻吴楚将龙斗，不禁临风泣路歧。'其二，'孤舟尽日雨潇潇，宾从无声不自聊。臣节当坚中路阻，天威未振小夷骄。狂来欲借琴高鲤，骑去应吹伍员箫。使客虽然失意气，前军还有霍嫖姚。'其三，'千行涕泪王威弱，三月拘留臣节艰。来日无能假宋道，归时犹恐滞秦阙。贾人欢喜金钱会，使客苍黄容鬓斑。安得禁中求颇牧，早施长策安南蛮。'徐孚远'中兴'明朝，驱除清朝之心，溢于言表，所行所指，皆有坚守南明遗民志节的决绝。"③

据《明遗民录汇编》记载："明张元拱，字瑶房，扬州人。论文以六经为旨归，以先秦两汉为绳墨。所著《瑶房诗》一卷，其咏怀诗以鲁连四皓自拟。国变后，初隐北湖，后偕弟赤城移居桥墅。释雪苍以诗赠之曰：'我欲成茅君复移，图书鸡犬一舟持。何人于世得无屡，此日不食翻可疑。讲席尊严无道在，山田硗瘠有秋迟。独怜煮茗澄湖畔，少却二难来

① (明)夏完淳：《别云间》,《夏完淳集笺校》,上海：上海古籍出版社1991年版,第260页。
② (明)夏完淳：《寄内》,《夏完淳集笺校》,上海：上海古籍出版社1991年版,第263页。
③ 敖运梅：《南明浙东遗民诗歌研究》,杭州：浙江大学出版社2017年版,第67—68页。

诵诗。'"①又如"明徐晟,字祯记,一字损之,长洲诸生。以陶潜自比,题其诗为《陶庵诗删》。魏禧尝称为吴门隐君子,谓其诗顿挫沈郁,即辞有未工,必不稍有矫饰,以自害其性情"②。明清之际江南文化遗民大多具有诗人气质,这确是一个普遍现象。

---

① 谢正光、范金民:《明遗民录汇编》上册,南京:南京大学出版社 1995 年版,第 616 页。
② 谢正光、范金民:《明遗民录汇编》上册,南京:南京大学出版社 1995 年版,第 543 页。

第九章 立功:文脉的自然流淌

    古人对"三不朽"的解读,"立德"指道德操守,"立功"指事功业绩,"立言"指著书立说,传于后世。古代文人"学而优则仕"①,追求"内圣外王"的政治理想,但外王理想很难实现,历史上得君行道者也为数不多。因此,他们参与社会的主要方式是文以载道。南明遗民除一部分投身反清复明运动外,绝大部分选择隐居生活。他们坚守"不仕二朝"的民族气节,抛弃难以消解的仕途情结,入清后拒绝朝廷征召,失去在仕途上建功立业的机会。作为文化遗民,他们的事功业绩主要体现为对中华文脉的传承。如果说文脉是指文化的传承和积淀,这是一个在特定时空范围内发展起来的历史文化范畴,其上延下伸包含着极其广泛的内容,那么,文脉从狭义上理解即一种文化发展的脉络。文明发展不致断裂,关键在于文脉需要世代传承。文以载道或者以文明道的学术性研究,历来是学者的专长,不是大众化的事业。明遗民在文脉传承上建功立业体现为三方面:一是对清代学术的开拓;二是对明代历史的修订;三是对古代文献的保存,从而支撑起中华文明发展的连续性。

---

① (春秋)孔子:《论语》卷三十八,《子张》篇,程树德:《论语集释》第四册,北京:中华书局 1990 年版,第1324 页。

一、学统与文脉之关系

中华泱泱,源远流长。贤哲辈出,异彩纷呈。周公制礼作乐,政治清明、人文辉煌。数百年后群雄争霸,礼坏乐崩。孔子欲复兴礼乐,为政使天下有道,然可惜有德而无位。其时古籍繁杂无序,孔子"删诗书、定礼乐、赞周易、修春秋",定六经为教材,并"礼乐射御书数"传六艺之能。自此,儒家学派形成,奠定中华文明之根基。

所谓学统,即一个学派的精神内涵与学术传统。儒家学统形成后,其发展波澜壮阔。亚圣孟子私淑仲尼,以"仁义""性善""浩然之气",发扬光大儒学。两汉以"经学"复兴为大任,刘向、马融、郑玄、戴德诸经学大师,作传、记、注、疏,辅以五行之说。董仲舒,以儒辅政,摒弃他说,而重合政教。魏晋战乱不止,老庄学派流行。"玄学"倡"自然"斥"名教",儒道相互碰撞、融通,而知"名教"亦自"天理自然",遂成互补。东汉时佛教自东土而来,隋唐佛教最盛。尤出"禅宗",融合庄老,亦涉儒学。韩愈作《原道》,续道统于先王、先圣,倡儒学回归,"古文"复兴。其弟子李翱作"复性"说,排佛亦引佛入儒。

北宋一统,文风昌盛。经史互参、经世致用。"理学"以儒开宗,与佛教争辩、碰撞、亦多融通。至南宋朱熹,以《四书》传教,立《大学》之规模,《论语》之根基,《孟子》之气象,达《中庸》之至德。尊德性而道问学,修己安天下,集"理学"之大成。至陆九渊、王阳明虽以"心"立论,学术仍不脱"理"宗。儒释道三教,自此你中有我,我中有你,中华学统乃成多元而一统。明清之际,顾炎武忧华夏文化无存,特嘱考据、小学,以备经学留世之用,遂开清代"朴学"之风,乃有"乾嘉"之盛。

总之,唐虞三代,乃由政统而归道统。汤武征伐,不得已而"革命",孔孟以教续道,学统亦成。后世贤者,修学而进,立身行道,三教融合,百家会同。如果说中华学统是一条历经千年开凿的河道,那么,文脉就是沿学统这条河道自然流淌的河流;如果说中华学统是一座高峰,那么,文脉就是沿学统这座高峰自然形成的山脉。人生而必有群,有群而必有文化,有文化而必有传承,有贤哲传承而有学统。血统本之自然,而政统、道统、学统者,皆合于天理人文,乃为天下有道,人伦明德。正因有学统存亡继绝之精神,文脉薪火相继之传统,中华文明不绝,道亦不远人群矣。

二、顾炎武:"清学开山之祖"

王国维在《沈乙庵先生七十寿序》中指出:"亭林之学,经世之学也,以经世为体,以经史为用。"梁启超在《中国近三百年学术史》中说:"论清学开山之祖,舍亭林没有第二个人。"顾炎武作为一位杰出的学者,"综贯百家,上下千载,详考其得失之故,而断之于心,笔之于书,朝章国典,民风土俗,元元本本,无不洞悉,其术足以匡时,其言足以救世,是谓通儒之学。"他"精力绝人,无他嗜好,自少至老,未尝一日废书"①;著述勤奋,主要著作有《日知录》32 卷,《音学五书》38 卷,《左传杜解补正》3卷,《五经同异》3 卷,《明季实录》,《二十一史年表》10 卷,《天下郡国利病书》120 卷,《历代帝王宅京记》20 卷,《肇域志》100 卷,《金石文字记》6 卷等 50 余种。从"清学开山之祖"意义上说,顾炎武的学术贡献主要体现在考据学、金石学、音韵学、方志学四个方面。

顾炎武是明末清初著名经学家、史地学家、音韵学家,在经学、史学、音韵、小学、金石考古、方志舆地以及诗文诸学上造诣极深,创承前启后之功。在论及顾炎武治学方法时,梁启超指出"博证"一条,称《四库全书》"日知录提要"云:"炎武学有本原,博赡而能贯通。每一事必详其始末,参以证佐,而后笔之于书,故引据浩繁,而牴牾者少。"②此语最能传顾炎武考据学的治学法门。明末清初,是宋明理学向清代考据学演变的中间环节,顾炎武则是这一环节中承前启后的重要人物。"作为十七世纪一位真正的博学之士,顾炎武的学识几乎是难以匹敌的。他

① (清)潘耒:《日知录序》,《〈日知录〉集释》,上海:上海古籍出版社 2014 年版,《日知录集释》总目,第6 页。
② 梁启超:《顾炎武与清学的"黎明运动"》,《清代学术概论》,成都:四川人民出版社 2018 年版,第18 页。

的《日知录》留下了一些深刻的见解,其价值远远超过简单的阅读笔记和原文摘抄。这些学术反思,加上他在明清之际撰写的其他一系列文章,使顾炎武成为十九世纪人士中要求变革治国之策的先驱。"①

全祖望《亭林先生神道表》云:"凡先生之游,以二马三骡载书自随。所至阨塞,即呼老兵退卒询其曲折;或与平日所闻不合,则即坊肆中发书而对勘之;或径行平原大野,无足留意,则于鞍上默诵诸经注;偶有遗忘,则即坊肆中发书而熟复之。"②顾炎武研学之要诀在于,"论一事必举证,尤不以孤证自足,必取之甚博,证备然后自表其所信。其自述治音韵之学也,曰:'……列本证、旁证二条。本证者,诗自相证也。旁证者,采之他书也。二者俱无,则宛转以审其音,参伍以谐其韵'(《音论》)。此所用者,皆近世科学的研究法。乾嘉以还,学者固所共习,在当时则固炎武所自创也。"③梁启超这段话论及顾炎武治史的根本方法,即用充分的事实材料去伪存真,去粗取精,这使他成为清代考据学的鼻祖。

顾炎武的考据学,其学术渊源则可上溯到明中叶杨慎、梅鷟、陈第诸人。明人考证学有刻意"求博"的特点,实事求是不足,哗众取宠有余。所谓"求博",即以博奥夸耀于世。纪昀说:"明人著书,好夸博奥,一核其实,多属子虚,万历以后风气类然。"④入清以后,学者鄙弃明人治学的浮嚣之气,考证之学亦由"求博"转向"求真"。在这方面,清初的顾炎武可称是考据精审的一位开创者。

清代学术以乾嘉时期的经典考据学为主要代表,顾炎武的考据学思想与乾嘉考据学思潮密切相关。乾嘉学派是清朝中期的一个学术流派,其学术研究采用汉代儒生训诂、考订的治学方法,与注重理气心性抽象议论的宋明理学有所不同,有"汉学"之称。此学派的文风朴实简洁,重证据罗列而少理论发挥,又有"朴学""考据学"之称。乾嘉学派的主要创始人是顾炎武,其后的主要代表人物有阎若璩、钱大昕、段玉裁、

---

① 〔美〕魏斐德:《明清更替——十七世纪的危机或轴心突破》,刘东主编:《〈中国学术〉十年精选——融合与突破》,北京:商务印书馆 2014 年版,第 286 页。
② (清)全祖望:《鲒埼亭集·亭林先生神道表》。
③ 梁启超:《顾炎武与清学的"黎明运动"》,《清代学术概论》,成都:四川人民出版社 2018 年版,第 18—19 页。
④ (清)永瑢、(清)纪昀:《四库全书总目提要》。

王念孙、王引之等。从顾炎武来说,出于引领学术方向的目的,他会通群经,博采历代经说,对汉唐旧注、宋明新说都详加采撷,细为考订,择善而从,不墨守一家之说。顾炎武的经学思想,有其经世致用之内容。他反对理学,是因为理学的空疏无物;他推崇东汉,是因为东汉经学的节义;他考辨古音古事,是为了明道救世。从其治学方法说,他主张文字音韵的研究进至经学,其目的是为明经致用。"国家之所以取生员而考之以经义、论、策、表、判者,欲其明六经之旨,通当世之务也。"①

　　沈嘉荣先生在《顾炎武论考》中认为:"顾炎武的治学方法,就是考据的方法,是清代考据学的鼻祖,是乾嘉史学的先驱。所谓考据,以弄清史实为根本宗旨,史实则包含着时间、地点、人物、情节,等等。乾嘉学派,就其反对宋明理学,推崇汉代的经学石窟,作为一种思潮或学派来说,称之为汉学;就其学风和研究方法来说,又称之为朴学或考据学。梁启超对汉学的历史地位作了概括性的论述,他认为,乾隆、嘉庆两朝,汉学思想达于最高潮,在学术界居于统治地位,有吴派、皖派两大支派,具体可分为四派:吴派以惠东宇(栋)为中心,以信古为标帜,可叫'纯汉学';皖派以戴东原(震)为中心,以求是为标识,可叫'考证学';扬州一派,领袖人物焦里堂(循)、汪容甫(中),他们研究的范围比较广博;浙东一派,领袖人物是全谢山(祖望)、章实斋(学诚),他们最大的贡献在史学。"②

　　顾炎武毕生倡导务实求真、去芜存菁的学风,身体力行,潜心研究,考辨精深,撰写出《日知录》《音学五书》等极具学术价值的名著。《四库全书总目提要》在谈及《日知录》时说:"炎武学有本原,博瞻而能贯通,每一事必详其始末、参以证佐而后笔之于书,故引据洸繁而牴牾少。"③顾炎武的学术主张使当时学者折服而心向往之,在学术界产生很大影响,在一定程度上起到转移治学途径的作用,使清初学术逐渐向着考证经史的途径发展。汪中在《国朝六儒颂》中说:"古学之兴也,顾氏实开启端。"从这一意义上说,顾炎武是开启一代汉学的先导。

① (清)顾炎武:《生员论中》,《顾亭林诗文集》,北京:中华书局1983年版,第23页。
② 沈嘉荣:《顾炎武论考》,南京:江苏人民出版社1994年版,第373—374页。
③ (清)永瑢、(清)纪昀:《四库全书总目提要》卷一一九。

顾炎武继承明季学者的反理学思潮,不仅对陆王心学进行清算,而且在性与天道、理气、道器、知行、天理人欲等诸多范畴上,都显示出与程朱理学迥异的治学旨趣。顾炎武治学注重经世致用,其朴实归纳的考据方法,创辟路径的探索精神,以及他在众多学术领域的成就,宣告晚明空疏学风的终结,开启一代朴实学风的先路,给予清代学者以极为有益的影响。

顾炎武出于对明代文化的反思,认为要救治汉文化的积弱,首先从改造学风开始。他选择崇尚实学的道路,即"工于考据,开创出有清一代的朴学风气。沈德潜《明诗别裁集》卷十一说:宁人肆力于学,自天文地理、古今治乱之迹,以及金石铭碣、音韵字画,无不穷极根柢。韵语其余事也,然词必己出,事必精当"①。《日知录》这部"负经世之志,著资治之书",以学术札记形式出现,内容涉及经义、史学、官方、吏治、财赋、典礼、舆地、艺文。他博稽详考,援古证今,引据上自先秦,下讫当代,出经入史,包罗万象。潘耒在《日知录》序中说:"举凡经义史学、官方吏治、财赋典礼、舆地艺文之属,皆一一疏通其源流,考正其谬误。至于叹礼教之衰迟,伤风俗之颓败,则古称先,规切时弊,尤为深切著明。"②黄汝成在《日知录集释》叙中说:"凡关家国之制,皆洞悉其所由盛衰利弊,而慨然著其化裁通变之道,词尤切至明白。"③《日知录》问世以来,成为有清一代文史大家如阎若璩、钱大昕、唐甄、朱彝尊、方苞、全祖望、戴震、赵翼、姚鼐、洪亮吉、刘逢禄、魏源等一再疏正论辩的"显学"。

《日知录》是顾炎武从青年时代起就开始积累资料,随时札记,积数十年之功类次而成,是其学术思想的精华。他一生的学行,可用"博学于文"和"行己有耻"来概括,把治学和做人看作不可分割的整体。在治学上,他坚决反对当时那种"束书不观"而空谈心性的恶劣风气,主张多学而识,明道救世,探求有益于民生国命的实学,《日知录》正是在这种

---

① 朱则杰:《清诗史》,南京:江苏古籍出版社1992年版,第104页。
② (清)潘耒:《日知录序》,《〈日知录〉集释》上,上海:上海古籍出版社2014年版,《日知录集释》总目,第6页。
③ (清)黄汝成:《日知录集释》叙,《〈日知录〉集释》上,上海:上海古籍出版社2014年版,《日知录集释》总目,第1页。

思想指导下撰写的巨著。潘耒为《日知录》撰序，盛赞他的老师是通儒之学，"综贯百家，上下千载，详考其得失之故，而断之于心，笔之于书。朝章国典、民风土俗，元元本本，无不洞悉。其术足以匡时，其言足以救世。"

关于"博学于文"之内涵，顾炎武说："君子博学于文，自身而至于家国天下，制之为度数，发之为音容，莫非文也。"①又说："自一身以至于天下国家，皆学之事也。"②根据这一解释，"博学"者，具有内容，乃是文人必备的条件，诸如政治、经济、军事、风俗民情、天文历法、地理历史、典章制度、音韵、训古、修辞等等，都是应该学习和掌握的。

关于"行己有耻"，顾炎武认为，在意廉耻是每一个人的立身之本。顾炎武说："礼义，治人之大法；廉耻，立人之大节。盖不廉则无所不取，不耻则无所不为。人而如此，则祸败乱亡亦无所不至，况为大臣，而无所不取，无所不为，则天下其有不乱，国家其有不亡者乎？然而四者之中，耻尤为要。……所以然者，人之不廉而至于悖礼犯义，其原皆生于无耻也。故士大夫之无耻，是谓国耻。"③顾炎武非常重视"行己有耻"这一立身之本，不仅在理论上作了阐述，而且在自己的行动上认真贯彻。例如，康熙年间，顾炎武数次被约纂修《明史》，以及征举"博学鸿词"，他不为名利所诱，断然拒绝。博学于文与行己有耻，二者是相联系的，前者是学，后者为行。

正如蒋广学先生所言："用见闻之知来养育人的德行，最为突出的代表是顾炎武。他认为，在古代，理学就是经学，非经学之外有理学；而六经皆史，故经学又是史学；顾氏之史学实是史料学，要理解史料的意义，当然要考辨古代文物制度，同时更要通知古音学，以音晓义。他的这条路线，实际上是在理学之外别开了'朴学'，故被人称为清学的一代宗师。"④

————————————

① （清）顾炎武：《博学于文》，《日知录》卷七，《〈日知录〉集释》上，上海：上海古籍出版社 2014 年版，第297—298 页。

② （清）顾炎武：《与友人论学书》，《顾亭林诗文集》，北京：中华书局 1983 年版，第 41 页。

③ （清）顾炎武：《廉耻》，《日知录》卷十三，《〈日知录〉集释》上，上海：上海古籍出版社 2014 年版，第303—304 页。

④ 蒋广学：《古代百科学术与中国思想的发展》，南京：南京大学出版社 2010 年版，第 282 页。

再以顾炎武金石学的贡献为例。"金石学,作为一门专门学科,虽发端较早,但对这门学科的功能的认识,正确发挥金石学的作用,则始自顾炎武。""金石学,具体说就是研究……刻在石碑或铜器上的文字的一门学问。这些文字,是反映各时代政治、经济、社会生活各方面的史料,有些为文献史料所未载,有些与文献史料相牴牾。"①顾炎武说:"余自少时,即好访求古人金石之文,而犹不甚解。及读欧阳公《集古录》乃知其事多与史书相证明,可以阐幽表微,补阙正误"②,从而明确认识到金石学的功能。

顾炎武在金石学领域取得的成就,与他一生的游历有关。"顾炎武在几十年的北游生涯中,所至名山、巨镇、祠庙、伽蓝无不寻求,只要有字可读,必亲手钞录,并复取经史古籍相对证,渐次撰成《金石文字记》六卷,录秦汉以下之金石文字三百五十七种,以时代先后为序,每条下面各加跋语,或记明刻石年月和撰写人姓名。全书记古铜器二种。末附补遗一卷,系潘耒所辑录碑刻二十四种。又有《求古录》一卷,录自汉至明碑文五十六种,录碑刻全文,记立碑地点、建立原因、注释古字篆字。还有《石经考》一卷,叙述石经源流,分总序,汉石经、魏石经、晋石经、蜀石经、北宋石经、南宋石经,并及历代存毁之迹。除上述金石学专著外,还有《京东考古录》《山东考古录》及《日知录》的某些篇章。"③

金石学,自顾炎武倡导以来,其学大昌。梁启超说:"金石学之在清代又彪然成一科学也。自顾炎武著《金石文字记》,实为斯学滥觞。继此有钱大昕之《潜研堂金石文字跋尾》、武忆之《金石三跋》、洪颐煊之《平津馆读碑记》、严可均之《铁桥金石跋》、陈介祺之《金石文字释》,皆考证精彻,而王昶之《金石萃编》,荟录众说,颇似类书。其专著目录者,则孙星衍、邢澍之《寰宇访碑录》。其后碑版出土日多,故《萃编》《访碑录》等再三续补而不能尽。"④

顾炎武以《音学五书》为代表的音韵学也有开创之功。他以明音韵

---

① 沈嘉荣:《顾炎武论考》,南京:江苏人民出版社1994年版,第280—282页。
② (清)顾炎武:《金石文字记序》,《顾亭林诗文集》,北京:中华书局1983年版,第29页。
③ 沈嘉荣:《顾炎武论考》,南京:江苏人民出版社1994年版,第282页。
④ 梁启超:《金石学、校勘学和辑佚学》,《清代学术概论》,成都:四川人民出版社2018年版,第76页。

为治学的根本,认为"读九经自考文始,考文自知音始"①。他在《音学五书后序》中说:"余纂辑此书三十余年,所过山川亭鄣,无日不以自随,凡五易稿而手书者三矣。"②在顾炎武看来,治音韵为通经的关键,而通经才能明道,明道才能救世。因此,他在《音学五书》上花费了大量精力,以《诗经》为基本材料,吸取前辈学者如郑庠、陈第等人的成果,又不墨守成规,分古代韵为十部,还在分析古代音韵变迁脉络的基础上,提出"古人四声一贯"的论断,在音韵学领域取得承前启后的巨大成就。之后,江永、段玉裁、孔广森、王念孙,直至近人章太炎、黄侃等学者在这方面的进一步研究,都与顾炎武的率先倡导及其成果的影响分不开。

顾炎武作为清代音韵学的鼻祖,《音学五书》是其平生用力极深也颇为得意之作。他自述:"某自五十以后,笃志经史,其于音学深有所得。今为《五书》以续三百篇以来久绝之传"③;又说:"然久客荒壤,于古人之书多所未见,日西方莫,遂以付之梓人,故已登版而刊改者犹至数四。又得张君弨为之考《说文》,采《玉篇》,仿《字样》,酌时宜而手书之;二子叶增、叶箕分书小字;鸠工淮上,不远数千里累书往复,必归于是,而其工费则又取诸鬻产之直,而秋毫不借于人,其著书之难而成之之不易如此。"④

那么,"顾炎武耗费几十年精力,把变卖家产的钱作为刊刻《音学五书》之费,究竟是为了什么呢? 顾氏把《音学五书》视作身后之书,即传世之作,所以一丝不苟,修订再修订。"这是因为"顾炎武认为,时代变迁,古今音韵也发生了变迁,如果不把古今音韵变迁的脉络弄清楚,就不能准确理解古人的著作,从而也就不能准确了解古人的思想和既往历史的本来面貌。"⑤

顾炎武指出:"三代六经之音,失其传也久矣,其文之存于世者,多后人所不能通,以其不能通,而辄以今世之音改之,于是乎有改经之病。

---

① (清)顾炎武:《答李子德书》,《顾亭林诗文集》,北京:中华书局1983年版,第73页。
② (清)顾炎武:《音学五书后序》,《顾亭林诗文集》,北京:中华书局1983年版,第26页。
③ (清)顾炎武:《与人书二十五首》之二十五,《顾亭林诗文集》,北京:中华书局1983年版,第98页。
④ (清)顾炎武:《音学五书后序》,《顾亭林诗文集》,北京:中华书局1983年版,第26页。
⑤ 沈嘉荣:《顾炎武论考》,南京:江苏人民出版社1994年版,第290—291页。

始自唐明皇改《尚书》,而后人往往效之,然犹曰:旧为某,今改为某,则其本文犹在也。至于近日锓本盛行,而凡先秦以下之书率臆径改,不复言其旧为某,则古人之音亡而文亦亡,此尤可叹者也。……学者读圣人之经与古人之作,而不能通其音;不知今人之音不同乎古也,而改古人之文以就之,可不谓之大惑乎?……故愚以为读九经自考文始,考文自知音始。以至诸子百家之书,亦莫不然。"①在顾炎武看来,六经皆史,以音通经和以音明史是一致的。

《音学五书》,由《音论》《诗本音》《易音》《唐韵正》和《古音表》五种书组成。《音论》列之于先,属理论部分。顾炎武说:"《唐韵正》之考音详矣,而不先之以《音论》,何也? 曰:审音学之原流也。"②在这方面,顾炎武的《音学五书》为后代考证学者提供了重要的方法。首先,要搜集、占有足够的材料,分析时代先后,辨明其演变发展;其次,每下一个结论,都必须博求佐证以资共信。这种从明其流变入手,博求多方之佐证而立说的治学规则,成为清中叶乾嘉学派的重要法门。"清学开山"之誉,即与此大有关系。

再从方志学的贡献来说。"顾炎武对地方志极为重视,不仅亲自参与纂修过《邹平县志》《德州志》及《山东通志》,而且充分利用已编成的地方志资料,先后纂成《天下郡国利病书》《肇域志》等巨型资料书,在《日知录》中,亦多处引用地方志资料,考释与阐发有关问题,对《大明一统志》作过较为全面的评述。可以说,顾氏在方志学方面,既有实践经验,又有书本知识,是对前人经验作了总结和发展。"③

顾炎武在《天下郡国利病书》序中说:"崇祯己卯(1639),秋闱被摈,退而读书。感四国之多虞,耻经生之寡术,于是历览二十一史以及天下郡县志书,一代名公文集及章奏文册之类,有得即录,共成四十余帙。"这篇序文说明:"一是,在科举道路受挫之后,深感多事之秋,自己却拿不出实际本领报效自己的祖国和民族,于是发奋纂辑'利病'之书;二是取材广泛,有正史、地方志、文集、奏疏等等;三是,纯系抄录编纂性质,

---

① (清)顾炎武:《答李子德书》,《顾亭林诗文集》,北京:中华书局1983年版,第69—73页。
② (清)顾炎武:《音学五书后序》,《顾亭林诗文集》,北京:中华书局1983年版,第26页。
③ 沈嘉荣:《顾炎武论考》,南京:江苏人民出版社1994年版,第296页。

不是撰作。"①

梁启超在《中国近三百年学术史》中评价说:"顾亭林著《天下郡县利病书》及《肇域志》,实为大规模的研究地理之嚆矢,其《利病书》自序云:'感四国之多虞,耻经生之寡术,于是历览二十一史以及天下郡县志书,一代名公文集及章奏文册之类,有得即录……'是其著述动机,全在致用,其方法则广搜资料,研求各地状况,实一种政治地理学也。"

从方志学的意义上说,"《天下郡县利病书》是顾炎武以毕生精力广泛搜集资料,并结合实地考察,对明末清初的中国社会所作的一次全面、系统而周密的调查,因而是一部十七世纪的中国国情书。"②而"《肇域志》是一部明代地理总志。原稿本所记述的范围是全国性的,即二京十三布政使司,其内容有沿革、形势、城郭、山川、道路、驿递、街市、第宅、兵防、风俗、寺观、宫殿、台榭、古城、坊里、陵墓、郊庙等项"③。

总之,作为明清之际的文化遗民,顾炎武不仅是旧学术破坏者,更是新学术风气的开创者。他朴实严谨的学风、经世致用的学术宗旨,锲而不舍的学术实践,调查研究、归纳取证的治学方法,诸多学术门径的开拓,皆对整个清代学术文化的发展产生了极为深远的影响。顾炎武不愧为清初学术界一位继往开来的大师。

三、寻求兴亡之道:"国可灭,史不可灭"

自古以来,治史就是学问中事,文人以治史为名山事业。《毛诗序》曰:"国史明乎得失之迹。"龚自珍曰:"欲知大道,必先为史。灭人之国,必先去其史。"④明亡之后,遗民学人大多以存国史为"后死之责"。黄宗羲说:"国可灭,史不可灭。"这也是清初遗民学者们的普遍观念,私家史述遂成为对抗官方政治话语的一种重要形式。士大夫以"存国史"为

---

① 沈嘉荣:《顾炎武论考》,南京:江苏人民出版社 1994 年版,第 411—412 页。
② 沈嘉荣:《顾炎武论考》,南京:江苏人民出版社 1994 年版,第 435 页。
③ 沈嘉荣:《顾炎武论考》,南京:江苏人民出版社 1994 年版,第 436 页。
④ (清)龚自珍:《古史钩沉二》,《定庵续集》卷二。

"存明",这种特殊的史学情结,使治史成为文化遗民的"共同事业"。

清人章学诚曰:"史学所以经世"——以史学"存吾道",而寻求治乱之道正是"存吾道"之一环。"明清易代实为史学繁荣发展之际会,史学之为清初遗民史家所重,实在于其无可替代的经世致用功能。以史经世本为中国古代史学的优秀传统,司马迁之作《史记》以探究历代兴亡之理,杜佑之编撰《史通》以'将施有政,用乂邦家',乃史学经世的典范。清初遗民史家继承了这一传统且发扬光大,顾炎武直云:'史书之作,鉴往所以训今','引古筹今,亦吾儒经世之用'。"①在以史明志学术传统的影响下,"从晚明流落到清的遗民往往有续史明志之事,以寄托对故国沦亡的哀思。"②在这一时代背景下,明末清初私家修史之风大盛。

对于中国文人来说,历史记叙之所以如此重要,其根源要从"历史为本的精神世界"中去寻找。赵汀阳关于"历史"的解读,颇具哲理性。他认为,"历史乃中国精神世界之根基,这一点似乎是众多学人的共识(不排除有不同看法),也是古人一种代表性的理解,所谓'六经皆史'。以历史为本的精神世界之所以成为一个需要分析的问题,是因为这个精神世界以独特的方式处理了形而上学问题。以历史为本的精神世界必须以历史性为限度的有限思想格局,去回应思维可能提出的在历史性之外的形而上问题,必须以有限性去回应无限性。更确切地说,历史是一个具有时间限度的世界,即一个具有特定'历史性'(historicity)的世界,其视野尺度明显小于理论上或逻辑上的无限视野尺度。这就意味着,以历史为本也因此以历史视野为限的精神世界,必须能够以有限性去理解无限性,以有穷去理解无穷,否则就无法回应思维必然会提出的涉及无限或无穷性的问题。而如果不能回应无限或无穷的问题,思想就无法建立一种形而上学,就会因此陷入自身受困的境地,而且就会因为思想能力有限而不得不屈服于宗教。显然,一种思想必须内含无限空间,否则无以维持自身的无限活力。换句话说,思想必须能够回应

---

① 孔定芳:《清初遗民社会:满汉异质文化整合视野下的历史考察》,武汉:湖北人民出版社 2009 年版,第 227 页。
② 杨念群:《何处是江南?——清朝正统观的确立与士林精神世界的变异》(增订版),北京:生活·读书·新知三联书店 2017 年版,第 300 页。

无限性和无穷性的问题,不然就会受困于情景性的一时一地一事物,而把涉及根本性的问题都留给宗教。事实上,以历史为本的精神世界成功地维持了自身的思想完整性,并不需要另一个以神为本的精神世界去回答关于无限和无穷的问题,那么,其中必有秘密。"①这就是说,中国人的精神世界不是以神为本,而是以历史为本,这是问题的关键。

这个秘密如何解释? 在赵汀阳看来,中国精神世界之根基在历史,以历史为本的精神世界维持着自身的思想完整性,这与以神为本的西方精神世界截然不同。"以历史为本并不是精神世界之常见基础,而是一种独特的思想格局。以宗教为本才是更多文明的基础。在无限与无穷的世界中,不得解惑的人首先想象并且求助于不朽之神(the immortal),而不是求助于会死的人(the mortal),显然,不朽的神因其不朽而理当知道一切问题的答案。以历史为本而建立精神世界是人的最大勇气,它意味着人要以人的世界来回应一切存在论的问题。当人的世界成为存在论的核心问题,神的世界就可有可无,即使有,也是晦暗不明的异域,终究是可以存而不论的另类世界。于是,历史世界才是真实的长存世界,而鬼神世界只是虚设之境。可以说,以历史为本的精神世界才是严格意义上唯一的人文主义。"②因此,以历史为本的精神世界,体现着真正的人文精神。"在这个意义上,存在本身并不是存在论中的一个问题,而只是存在论的给定前提,而历史反而是存在的意义来源,正是历史使得存在成为有意义的问题。"于是"历史不仅仅是历史,同时也是哲学和信仰,兼有思想世界和精神世界的双重维度,即天道与人道双重合一的性质"③。

正因为历史具有哲学与信仰的双重维度,明清之际的文化遗民们有志于修史成为一种普遍现象。"明亡以后,不少遗民将故国之思寄托于史书的修撰。全祖望称:'明野史凡千余家',谢国桢《增订晚明史籍考》著录者亦近此数,其中出自遗民之手者约二百种。他们的工作主要集中在两个方面,一是明代史,以清理故国遗迹为主要目的;一是南明

---

① 赵汀阳:《历史、山水及渔樵》,载《哲学研究》2018 年第 1 期,第 50 页。
② 赵汀阳:《历史、山水及渔樵》,载《哲学研究》2018 年第 1 期,第 50—51 页。
③ 赵汀阳:《历史、山水及渔樵》,载《哲学研究》2018 年第 1 期,第 52 页。

史和各种易代之际的人物传记,如殉难烈士传、遗民传等,为明遗民所亲身经历的当代史。"而"谢国桢称'有明一代,史学最盛',而在不少遗民眼中,明代二百余年,'国史失诬,家史失谀,野史史臆',明史的编撰,实为其义不容辞之责任。有些遗民亦把明史的修撰作为隐居生活的主要寄托"①。

明清之际的文化遗民,大多具有反思易代鼎革之原因的强烈的历史意识。"每种文化、社会或国家都有自己的历史性,即其兴衰之道和是非义理。"中国"历史如《春秋》者,以微言而显大义,或如《史记》者,通古今之变而知天人之际,无论微言大义还是古今通变都与伦理学无关,而是关于何为历史之道的问题。历史之道不是道德伦理,道德伦理乃一世之共识,尤其在道德伦理尚未产生根本分歧的古代社会里,通行的道德伦理是明显之义,几乎被认为是天经地义,无人反对,故无需以微言隐之。"由于"人道尽在人的历史之中,……人的复杂性就是历史的复杂性,"②因此,历史之道者,即兴亡之道也。正是在寻求兴亡之道的意义上,明遗民们花费巨大精力关注和从事明清易代史的著述。

顾炎武晚年与友人书,虽承认自己行当进入暮年,却仍不忘检视明亡之痛。他《答李紫澜》中自称:"弟老矣,自舞象之年,即已观史书,阅邸报,世间之事,何所不知。五十年来存亡得失之故,往来于胸中,每不能忘也。"③又称:"夫史书之作,鉴往所以训今"④。他自己作《日知录》也是"意在拨乱涤污,法古用夏,启多闻于来学,待一治于后王"⑤。

值得注意的是,"在修史的过程中,伴随着明遗民们对亡国原因的反思,甚至有人有意识地以此为修史目的,如夏允彝。其《幸存录自序》云:'国家之兴衰、贤奸之进退、虏寇之始末、兵食之源流,惧后世传者之失实也,就余所忆,质言之,平言之,或幸而存,后世得以考焉。'这些沉浸在历史事件中的反思,常常会尖锐地指出明朝衰亡过程中关键性的

---

① 李瑄:《明遗民群体心态与文学思想研究》,成都:巴蜀书社 2009 年版,第 257—258 页。
② 赵汀阳:《历史、山水及渔樵》,载《哲学研究》2018 年第 1 期,第 52—57 页。
③ (清)顾炎武:《答李紫澜》,《顾亭林诗文集》,北京:中华书局 1983 年版,第 65 页。
④ (清)顾炎武:《答徐甥公肃书》,《顾亭林诗文集》,北京:中华书局 1983 年版,第 138 页。
⑤ (清)顾炎武:《与杨雪臣》,《顾亭林诗文集》,北京:中华书局 1983 年版,第 139 页。

人和事。"①因此,"历史之道,存亡变迁之道,才是历史研究试图破解的秘密,才是历史的隐义。换言之,一种历史的历史性才是历史变迁的隐义,……总之,历史不是伦理学的代言人,而是文明秘密的发现者。"②

钱谦益一生学力最深者为史学,他平生最大的愿望是写成一部明史。作为史学家,钱谦益早年撰《太祖实录辨证》五卷,立志私人完成国史。弘光元年(1645)二月,"礼部尚书钱谦益疏修国史",疏言"臣壮岁登朝,留心史事三十余年,扬扢讨论,差有端绪"③。不久,"钱谦益请即家开局修史,不许。"④钱谦益请求官方修撰国史的建议未得批准,他只好独自完成修史的志向。"谦益博览群书,尤精史学,搜罗考核,备极苦心,人亦以此服之。"⑤遗憾的是,清顺治七年(1650)钱氏在常熟的藏书处绛云楼失火,其所藏书籍与《明史》手稿付之一炬。钱谦益修《明史》心愿未能实现。然黄道周评价钱谦益说:"虞山尚在,国史犹未死也",可见对其史学才能的极度推崇。钱谦益关于明朝开国史的著作尚存。例如,他明末撰写的《皇明开国功臣事略》,记述明太祖等文武功臣事迹;《国初群雄事略》,记述元明之际,与太祖朱元璋并世诸雄的创业之迹。

钱谦益一直没有停止对杜诗的笺注。他注杜诗也是为实现以诗存史的愿望,遂在杜诗的注释上投入了巨大的精力。钱谦益曾描述自己当时的心境说:"私心结檔,回环忖度,海内如此其大也,本朝养士三百年如此其久也。鸿朗庄严,含章挺生,当有左、马、班、范之俦,征石室之遗文,访端门之逸典,勒成一书,用以上答九庙而下诏来兹者,倘不即死,于吾身亲见之,朝睹杀青,夕归黄壤,不致魂魄私恨无穷也",似乎已到不见故国信史死难瞑目的境地了。当有人撰成私史时,钱谦益不禁感叹道:"遗民老史,扶杖辍耕,抚绛云之余灰,治蕉园之焚草,庶几可以

---

① 李瑄:《明遗民群体心态与文学思想研究》,成都:巴蜀书社 2009 年版,第 264 页。
② 赵汀阳:《历史、山水及渔樵》,载《哲学研究》2018 年第 1 期,第 58 页。
③ (明)李清:《南渡录》卷五,《南明史料(八种)》,南京:江苏古籍出版社 1999 年版,第 353 页。
④ (明)文秉:《甲乙事案》卷下,《南明史料(八种)》,南京:江苏古籍出版社 1999 年版,第 538 页。
⑤ (明)李清:《南渡录》卷五,《南明史料(八种)》,南京:江苏古籍出版社 1999 年版,第 354 页。

少慰矣乎",以至"每与同人,盱衡叹息,望尘遥集,感愧交并"①。

陈寅恪《柳如是别传》指出:"牧斋平生自负修史之才,又曾分撰神宗实录,并著有太祖实录辨证五卷"②;"关于牧斋者,请先论述其修史复明两端"③。牧斋编《列朝诗集小传》,"其主旨在修史"。钱谦益"列朝诗集诸集虽陆续刻成,但至顺治十一年甲午(参有学集一七《季沧苇诗序》)其书始全部流行于世。牧斋自序云'托始于丙戌'者,实因其平生志在修撰有明一代之国史,……牧斋于丙戌由北京南还后,已知此志必不能遂,因继续前此与孟阳商讨有明一代之诗,仿元遗山中州集之例,借诗以存史"④。钱谦益之所以标举以诗存史说,实大有深意。钱氏人生态度、学术取向常有变化之处,但于史学则有一贯之热情。与钱谦益同时代的遗民学者李清在《三垣笔记》中评价说:"钱宗伯谦益博览群书,尤苦心史学",并称其"留心国史三十余载"⑤。然而,"夫牧斋著书,借此以见其不忘故国旧君之微旨。胜时自命明之遗逸,应恕其前此失节之愆,而嘉其后来赎罪之意,始可称为平心之论"⑥。

钱谦益从以诗存史的角度,称赞宋遗民诗为史诗,为古今诗家之盛。元遗民诗鲜为人注意,钱谦益把其放在乱世之音这个系列中,说:"宋之亡也,其诗称盛。……考诸当日之诗,则其人犹存,其事犹在,残篇啮翰,与金匮石室之书,并悬日月。谓诗之不足以续史也,不亦诬乎?"⑦这些具有历史意识的诗篇,与史实相为表里,能表现"千古之兴亡升降,感叹悲愤",从而对遗民诗的历史价值作了充分的肯定。

陈寅恪《柳如是别传》中评价说:"牧斋编列朝诗集,其主旨在修史,并暗寓复明之意,而论诗乃属次要者。"⑧这就是说,"钱谦益在顺治年间编修《列朝诗集》,至顺治十一年(1654)始完成。他编修是书本意在显

---

① (清)钱谦益:《答吴江吴赤溟书》,《钱牧斋全集》第二册,上海:上海古籍出版社 2003 年版,第 1367 页。
② 陈寅恪:《柳如是别传》中册,北京:生活·读书·新知三联书店 2001 年重印本,第 769 页。
③ 陈寅恪:《柳如是别传》下册,北京:生活·读书·新知三联书店 2001 年重印本,第 1005 页。
④ 陈寅恪:《柳如是别传》下册,北京:生活·读书·新知三联书店 2001 年重印本,第 1007 页。
⑤ (明)李清:《三垣笔记》,北京:中华书局 1982 年版,第 25 页。
⑥ 陈寅恪:《柳如是别传》下册,北京:生活·读书·新知三联书店 2001 年重印本,第 1004 页。
⑦ (清)钱谦益:《胡致果诗序》,《牧斋有学集》卷 18,上海:上海古籍出版社 1996 年版。
⑧ 陈寅恪:《柳如是别传》下册,北京:生活·读书·新知三联书店 2001 年重印本,第 1008 页。

示他不忘故国旧君,其自序中有'国朝''昭代''开宝之难'(指崇祯十七年清兵入关取北京)及'皇明'等词,皆与其故国之思、复明之志有关。"①钱谦益认为,明遗民诗人以诗记录山河易主的风云变幻,发正史隐讳之覆,补正史遗漏之失,征正史记载之简。当然,弥漫于这些诗文间的苍凉之感,与无可奈何的沉痛,使人深感遗民心灵的创伤之深。

钱谦益编录广罗明代诗歌的《列朝诗集》,并在其中《小传》部分对各家进行褒贬、评论,以阐发自己的诗歌主张。他强调诗歌抒情言志的特征,期待儒家诗教传统的复兴。为诗人立传,需史家笔法。《列朝诗集》问世后,文人学士争相传阅,尤其喜爱其《小传》。《列朝诗集》虽未选清初遗民的诗,而《吾炙集》作为钱谦益晚年编选时人诗作的诗集,专选清初的作品,算是对《列朝诗集》的一个补充。《吾炙集》"所选二十家除龚鼎孳外,都是位卑名微的遗民作者"②。《吾炙集》徐兆玮的跋语对此解释说:"其所采撷,率皆板荡之余音,黍离之变调。盖遗民故老怆怀旧国,其零篇剩墨,可歌可泣,令人流连咏叹,凭吊欷歔而不能自已。"集中所收的清初诗人,大多是受过钱谦益"亲近而熏炙"之人。以"吾炙"命名,还有针砭时弊、疗治病症之用意。

明亡追究构成明遗民史述的一大主题,也是遗民治史的基本动力。在种种"国运"追究中,士大夫追究着自身命运。遗民史述的特殊魅力,一定程度上来自遗民的个人生活经验。迫于时势的特殊表达,暗示、隐语以至"留白",都提示着某种语境,从而构成遗民话语的丰富性。遗民史著也提供着这种证明,诸如《国榷》《罪惟录》等长篇巨著,都寄寓着作者的遗民情怀。士大夫的兴亡之感,文化遗民的叙述态度与评价方式,是一部晚明史的最大"真实"。

除南明史之外,遗民史学的特殊贡献,还在"国史"的另一端,即"国初史"的清理。明国初史号称难治,钱谦益说:"今且无论其他,即我圣祖开国,因依龙凤滁阳之遗迹,子长《楚汉月表》之义,谁知之者?韩公之诛夷,德庆之赐死,金匮石室之书,解、黄诸公,执如椽之笔者,皆晦昧

---

① 刘健明:《〈柳如是别传〉的人物评价》,《〈柳如是别传〉与国学研究——纪念陈寅恪教授学术讨论会论文集》,杭州:浙江人民出版社 1995 年版,第 53 页。

② 孙之梅:《钱谦益与明末清初文学》(增订版),济南:山东大学出版社 2010 年版,第 371 页。

不能明其事。而后世宁有知之者乎?"①明国初史事隐晦暧昧,使得易代之际的国初史事考辨,有了较之治晚明史更为复杂的意味。对明代人主的追根究底,掩盖着士大夫的隐痛,他们深切的命运之感,多用曲笔,隐约其词。"钱谦益身为史官,屡次入朝得以翻阅内阁秘笈,且绛云楼藏书富甲江南,也有独立承修有明一代史书之志。"②

顾炎武处明清易代之际,怀悲天悯人之志,而一心寄于撰述。以《日知录》为例。从少年时代起,顾炎武就养成读书要作札记的习惯。"自舞象之年,即已观史书,阅邸报,世间之事,何所不知。五十年来存亡得失之故,往来于胸中,每不能忘也。"③他在《初刻日知录自序》中说:此书欲以"明学术,正人心,拨乱世,以兴太平","绝笔之后,藏之名山,以待抚世宰物者之求。"他期待"有王者起,将以见诸行事,以跻斯世于治古之隆,而未敢为今人道也"④。"《日知录》之刻,谬承许可,比来学业稍进,亦多刊改。意在拨乱涤污,法古用夏,启多闻于来学,待一治于后王,自信其书之必传。"⑤他晚年郑重地嘱托弟子潘耒:"《日知录》再待十年,如不及年,则以临终绝笔为定。"⑥

顾炎武潜心研究明史,"主要成果有:一类是专记明史的,如《三朝纪事阙文》《熹庙谅暗记》《明季实录》《圣安本纪》《十九陵图志》《昌平山水纪》以及《文集》中的《郡县论》九篇、《钱粮论》二篇、《生员论》三篇、《军制论》《形势论》《田功论》《钱法论》等等。又一类是在综合性学术著作或专门史中以明史为主要内容的,如《日知录》《天下郡国利病书》《肇域志》《历代帝王宅京记》《北平古今记》《建康古今记》《官田始末考》。还有一类,如《诗集》,以反映明代,尤其是明末为主要内容的。"⑦

沈嘉荣先生认为,"顾炎武上述明史著述,对于有明一代之通史,具有增补的作用,《天下郡国利病书》中所提供的丰富而翔实的资料,可补

---

① (清)钱谦益:《再答苍略书》,《牧斋有学集》卷38,上海:上海古籍出版社1996年版。
② 孙之梅:《钱谦益与明末清初文学》(增订版),济南:山东大学出版社2010年版,第305页。
③ (清)顾炎武:《答李紫澜》,《顾亭林诗文集》,北京:中华书局1983年版,第64页。
④ (清)顾炎武:《与人书二十五首》之二十五,《顾亭林诗文集》,北京:中华书局1983年版,第98页。
⑤ (清)顾炎武:《与杨雪臣》,《顾亭林诗文集》,北京:中华书局1983年版,第139页。
⑥ (清)顾炎武:《与潘次耕书》,《顾亭林诗文集》,北京:中华书局1983年版,第77页。
⑦ 沈嘉荣:《顾炎武论考》,南京:江苏人民出版社1994年版,第265页。

《明史》食货志、地理志;其四川、广西、云贵交阯、西南夷、九边四夷诸册可补《明史》土司、外国诸传;《日知录》卷二十八所云衣冠变易、男女衣衫更改,可补舆服志;《日知录》卷二十九所云少林僧兵、毛葫芦兵,可补《明史》兵志;《日知录》卷十所云宦官始末,可补《明史》阉党传;《肇域志》可补《明史》地理志。顾炎武对明代政治、经济、军事、文化、典章制度、人物进行了广泛而且深入的研究,积累了丰富的资料,留下几部资料长编,却没有撰成一部完整的《明史》,这是为什么?"①

这是因为,顾炎武"对已有的明史著作不满意,对自己独撰一部系统完整的明史又持严谨态度,不轻易动笔。明代史籍,有官修的《实录》《会典》,万历时陈于陛主编的国史,后遭火不传,明中叶以后,私家著史风气极盛,有朱国桢《明史概》、邓元锡《明史》、陈建皇《明通纪》、王世贞《弇州史料》;还有人物传记方面的如徐纮《国朝名臣琬琰录》、焦竑《国史献征录》、雷礼《国朝列卿记》、过庭训《国朝直省分郡人物考》。这些著作,大都辗转抄袭,顾炎武曾尖锐批评'有明一代之人,其所著书,无非窃盗而已'。明末也有一些私家明史作品问世,如谈迁《国榷》,系编年体,取材于摘抄实录等书,述而不作,王夫之的《永历实录》,屈大均的《皇明四朝成仁录》仅为晚明部分人物传记,查继佐《罪惟录》,张岱《石匮书》,虽包容纪、志、表、传,有比较完整的叙述,但于典章制度挂一漏万,有很大局限,黄宗羲所编《行朝录》《明史案》,仅是明代文献著作的保存工作。上述作品,或囿于门户偏见,褒贬失当;或辗转抄袭,稗贩成书。当然顾炎武是不会满意的"②。

在顾炎武看来,明代"国初人朴厚,不敢言朝廷事,而史学因以废失。正德以后,始有纂为一书附于野史者,大抵草泽之所闻,与事实绝远,而反行于世,世之不见实录者,从而信之。万历中,天子荡然无讳,于是实录稍稍传写流布,至于光宗而十六朝之事具全。然其卷帙重大,非士大夫累数千金之家不能购,以是野史日盛,而谬悠之谈遍于海内"③。

① 沈嘉荣:《顾炎武论考》,南京:江苏人民出版社1994年版,第265—266页。
② 沈嘉荣:《顾炎武论考》,南京:江苏人民出版社1994年版,第266页。
③ (清)顾炎武:《书吴潘二子事》,《顾亭林诗文集》,北京:中华书局1983年版,第114—115页。

明遗民修明史,注重历史研究,并非个别现象。例如,夏允彝《幸存录》中提到,他撰写此书之目的是记录关于明末"国家之兴衰,贤奸之进退,虏寇之始末,兵食之源流,惧后世传者之失实也,就予所忆,质之言乎。言之或幸而存,后世得以考焉"①。吴梅村以七年时间"博搜见闻,讲求实录",完成《鹿樵纪闻》一书,"所以成一代鼎革之言也。"②谈迁(1594—1658),浙江海宁人,明诸生。终生不仕,以佣书、做幕僚为生,明末清初史学家。自称"江左遗民",晚年还到北京,跑到十三陵去哭崇祯的坟。"谈迁一生从事学问,手不释卷,国亡后更一意修史。"③谈迁的《国榷》作为一部记载明朝历史的私家编修的编年体史书,"到国亡以后,不忍国灭史亦随灭,又访求邸报(政府公报),补述崇祯、弘光两朝史事,寄亡国的悲愤于先朝史书之编修,自署江左遗民,则是以爱国遗民的心情重写国史,和原来的以留心国史、典故的历史家心情编撰国史的时候有所不同了。"④顾苓"在清朝终身不仕,隐居苏州虎丘山塘",所著《金陵野钞》"记南明弘光朝史实,自朱由崧即位起,至清兵入南京,朱由崧被俘止。书作纲目体,按日记事。观其内容,盖搜集官府邸报编纂排比而成,不多作加工,不加论断,故称《野钞》"⑤。

计六奇(1622—1656),江苏无锡人,著有《明季北略》《明季南略》《粤滇纪闻》《金坛狱案》《南京纪略》等。其《明季北略》"自序"曰:"自古有一代之治,则必有一代之乱;有一代之兴,则必有一代之亡。治乱兴亡之故,虽曰人事,岂非天命哉!独怪世之载笔者,每详于言治,而略于言乱;喜乎言兴,而讳乎言亡。如应运弘猷,新王令典,则铺张扬厉,累楮盈篇;至胜朝轶事,亡国遗闻,则削焉不录。"⑥《北略总说》条曰:"北略,纪乱之书也。"⑦有鉴于此,他把明清之际的社会巨变记录下来,以寄托故国之思。

---

① (明)夏允彝:《幸存录》卷上,《扬州十日记》,上海:神州国光社民国三十五年版,第3页。
② (清)吴梅村:《鹿樵纪闻》原叙,《扬州十日记》,上海:神州国光社民国三十五年版,第75页。
③ 吴晗:《谈迁和〈国榷〉》,《吴晗选集》,天津:天津人民出版社1988年版,第319页。
④ 吴晗:《谈迁和〈国榷〉》,《吴晗选集》,天津:天津人民出版社1988年版,第318页。
⑤ (清)顾苓:《金陵野钞》"点校说明",《南明史料(八种)》,南京:江苏古籍出版社1999年版,第701页。
⑥ (清)计六奇:《明季北略》上册,北京:中华书局1984年版,第1页。
⑦ (清)计六奇:《明季北略》下册,北京:中华书局1984年版,第727页。

文秉(1609—1669),字荪符,江苏长洲(今江苏苏州)人。崇祯时大学士文震孟长子,东林党后裔,以门荫为诸生。文氏父子为晚明东林党人,对马士英,阮大铖之流祸国殃民的行为极为痛恨。崇祯十一年(1638),文秉曾与黄宗羲等140人联名上书《留都防乱公揭》,历数阮大铖等的种种罪行,向他们发出声讨。明朝灭亡后,文秉自号"竹坞遗民",以明遗民自居,终身不仕清朝,隐居山林,潜心著述。著有《定陵注略》《先朝遗事》《先拨志始》《烈皇小识》《前星野语》《甲乙事案》等书。其中,"《甲乙事案》记南明弘光一朝史事。记事自崇祯十七年(1644)四月南京兵部尚书史可法誓师北上始,至次年十二月,监国鲁王上福王等镒止。因记述甲申至乙酉年事,故称《甲乙事案》。"文秉生活于明清交替之际,"家居江南,身经动乱。其叔父文震亨仕南明弘光朝,遭阉党攻击,辞官归里。著有《福王登极实录》一卷。故文秉对弘光朝事多耳闻目睹。又其时邸报及其他各种文书多有流传,文秉据以撰成是书,故是为记南明弘光朝史书最详尽之一种。"①

李清(1602—1683),字心水,号映碧,江苏兴化人。天启元年(1621)举人,崇祯四年(1631)进士,授宁波司理。崇祯十年(1637)擢刑科给事中,因疏论事被谪为浙江幕僚。不久,起为吏科给事中,又转工科给事中。崇祯十七年(1644)甲申之变后,福王朱由崧在南京即位,迁李清大理寺左丞。南都失守时,李清正奉使祭南镇于外,隐松江,后居故里枣园38年,撰述终老。著有《南渡录》《三垣奏疏》《三垣笔记》《南北史合注》《南唐书合证》《诸史异同》《古今不知姓名录》等书数十种千余卷。其中《南渡录》被称为"南明史料中之至宝"②。

李清身事崇祯、弘光两朝。及清,以明遗民自居,杜门篡述,"手不离峡"。清廷累次召用,"以病固辞"。兴化李氏自先祖李秀以后历经李旭、李镗、李春芳、李茂材、李思诚、李长祺、李清等连续九代在明廷任高官,门第显赫,对明朝感恩戴德。李清"为人清正,耿直重气节。"授宁波司理时,讼狱"多所平反"。《重修兴化县志·李清列传》说他"南渡初,

① (明)文秉:《甲乙事案》"点校说明",《南明史料(八种)》,南京:江苏古籍出版社1999年版,第423页。
② (明)李清:《南渡录》"点校说明",《南明史料(八种)》,南京:江苏古籍出版社1999年版,第120页。

屡疏规主德,协同僚,言多愤切"①,并疏请昭雪李善长等 14 人、方孝孺等 78 人、陆震等 14 人、左光斗等 9 人冤案。《皇明遗民传·李清传》载:"(李清)每遇烈皇帝讳日,必设位以哭。晚岁预作遗令曰:'吾家世受国恩,吾以外吏,荷先帝简擢,涓埃未报。国亡后守其硁硁,有死无二,盖以此也。先帝罹祸,仅得柳木作梓宫,不获御衮冕。吾用纱帽锦衣以殓,取沙木为椁,于心安乎? 今与汝曹约贸一杉木棺,副以幅巾深衣,他物悉当称。'是时,先朝贤公卿皆凋落,而清独老且寿,海内以钜人夕德相推重。"可见,李清至死仍忠于明朝,不肯屈身于清。在其著作中,严格避明讳。凡写明帝,必提行,呼"清"为"虏",奉南明为正统,斥清为异类。"李清虽在清朝生活了近四十年,但不忘故主,处处以明遗民自居。"

李清隐居之"枣园",乃其祖父李思诚所筑。在兴化海子池西南,与拱极台隔水相望。园内有杏花楼、水明楼、补亭、淡宁斋等建筑。李清在此隐居,"无人识其面者",但与邑人陆廷伦关系密切。陆氏为兴化四大土著家族之一,有明一代,多人在朝为官。明亡后,无人再出仕。廷伦以"草莽臣"署名校阅《南渡录》,隐居酩酊堂小楼三十年,足不下楼,以寓"不踏大清国土"之意。可以想见,在那风雨如晦的年代里,两位身怀亡国之恨的白须老者,置身于烛火晕黄的小楼上相对无言、无奈叹息的情景。《南渡录》以纲目日记体逐日记载弘光一朝大事,起自崇祯十七年(1644)四月福王朱由崧至南京监国,迄于弘光元年(1645)五月朱由崧被俘,每两月事编为一卷,计十六卷。李清服事南明,政事多所参决,其记述多为亲睹亲闻,且李清为人"中立无依傍",不参与党争,无门户之见,又治学严谨,持论平允,故其书远比其他南明史料更为翔实可靠。

据《明遗民录汇编》记载:"吴炎,字赤溟;潘柽章,字力田,吴江诸生,有高才。国变后,年皆二十以上,并弃诸生。欲成一代史书,取实录为纲领,凡志乘、文集、墓铭、家传有关史事者,以类相从,稽核同异,为

---

① (明)李清:《南渡录》"附录",《南明史料(八种)》,南京:江苏古籍出版社 1999 年版,第 124、421—422 页。

《国史考异》一书。未几，而湖州庄氏私史之难作。庄名廷鑨，目双盲，家邻故阁辅朱国桢第。国桢尝集《国事钞录》数十帙，未成书而卒。廷鑨得之，谓左丘失明，乃著《国语》，招致宾客，日夜编辑，慕吴（炎）、潘（柽章）盛名，引以为重，列诸参阅姓名中。廷鑨殁，其父梓行之。"①

　　寻求兴亡之道，是明遗民们治史的共同目的。另据《明遗民录汇编》记载："李长科，字小有，江南兴化人，文靖公春芳之孙。乱后，自以为明室世家，辑《广遗民录》，以寄意，取清江谷音桐江月泉吟社，以益程敏政所撰《宋遗民录》。长科没，属其婿王猷定，猷定转属毛晋，多散佚。止有目录一帙，秦人李楷为之序。大略谓宋之存亡，为中国之存亡云。"又如"明卓尔堪，字子任，江都人，建文时侍郎敬之孙。国变后，尝选辑《逸民诗》，朱彝尊诗所云'忠贞公后族蝉联，一代遗民借尔传'也"。又如"徐晟，字祯记，一字损之，亦长洲学生。悃愊无华，有《陶庵诗删》。尝与钱谦益义著野史，谦益诗有曰：'请看典午阳秋例，载记分明琬琰垂'者是也。魏禧叔子序晟藁曰：'祯纪吴门隐君子，执节守道三十年。日困于饥寒，不变其守。与人忠信笃厚，而别识甚精。其诗顿挫沈郁，几与古人方驾。'读此可得其人"②。

四、"大江以南，藏书之富，无过于钱"

　　图书典籍是文化传承与文脉流传的主要载体。"'文化遗民'是以从事学术研究、赓续学术思想或从事文化典籍的考镜、整理、出版等为职志的……史学、文化事业等是'文化遗民'生命的一部分，是他们鉴古通今、经世济人、文献证古的有力手段。"③钱谦益一生枕席经史，沉湎青箱，为治学而藏书。时人称："大江以南，藏书之富，无过于钱。"④保存故国文献以存故国文脉，是文化遗民们面临亡国之痛时的一种理性选择。

---

① 谢正光、范金民：《明遗民录汇编》上册，南京：南京大学出版社1995年版，第194页。
② 谢正光、范金民：《明遗民录汇编》上册，南京：南京大学出版社1995年版，第299、365、543页。
③ 罗惠缙：《民初"文化遗民"研究》，武汉：武汉大学出版社2011年版，第211页。
④ 佚名：《牧斋遗事》，《丛书集成续编》第37册，上海：上海书店1994年版，第736页。

藏书事业对于中华文明的连续发展,具有不可替代的重要作用。

作为"四海宗盟五十年"的文坛领袖,钱谦益还是著名的藏书家和目录学家。"自古欲成藏书之业,凡三要素,其一是对书籍的兴趣与爱好;其二要有足够的经济实力;其三得故家藏书散落之机。此三项钱谦益悉数皆备。"钱谦益家学渊源,可追溯至六世祖钱洪。曾祖体仁,勤学博闻,兼通经史,著有《虚窗手镜》。祖父顺时,嘉靖三十八年(1559)进士,精于天文、律历、河渠、兵农、医卜、方技诸家之学,编辑《资世文钥》百余卷。父世扬,著有《春秋说》十卷,《古史谈苑》三十六卷。钱家累世为官,虽非巨富,亦为望族,家业兴隆,财资雄厚。"钱谦益主要经济支撑是祖业田产、仕宦俸禄,还有一笔是'文章伯'的润笔费。"①黄宗羲记载说:"公言顾盐台求文三篇,润笔千金。"②

明代江南地区,"自嘉靖以降,海宇平定,私家藏书极称一时风尚。……万历以后私家藏书,当以海虞为最盛。赵琦美之脉望馆、钱谦益之绛云楼以及毛晋之汲古阁,均以藏书雄视于东南。"③藏家聚书,不外收购、借抄、受赠三种路径。"钱谦益藏书增益主要集中在明万历四十八年(1620年)至明天启四年(1624年)前后,此一时期,钱谦益正值中年,四度进京为官,文坛声望渐盛,又适逢故家藏书散落之机。"④钱谦益平生几乎尽得刘凤、钱允治,杨仪、赵用贤四位藏家之书。他藏书偏好宋元旧本,不惜以高价广肆求购古本,特别是收集宋元孤本,"所积充牣,几埒内府",家中所藏甚至不亚皇室图书。对于家藏书籍,钱谦益都能精读,泛览子、史、文籍与佛经,常有独到见解。同时代藏书家曹溶《绛云楼书目题词》曰:"宗伯每一部书,能言旧刻若何,新版若何,中间差别几何,验之纤悉不爽,盖于书无所不读,去他人徒好书束高阁者远甚。"因此,钱谦益藏书志在读书、著书,族孙钱曾论牧斋"读书者之藏书也"⑤。何焯云:"钱牧翁蓄书,非得宋刻名钞则云无有,真细心读书者之

---

① 王红蕾:《钱谦益藏书研究》,天津:南开大学出版社2013年版,第28、32页。
② (清)黄宗羲:《思旧录·钱谦益》,《黄宗羲全集》第一册,杭州:浙江古籍出版社2005年版,第378页。
③ 袁同礼:《明代私家藏书概略》,《袁同礼文集》,北京:国家图书馆出版社2010年版,第81页。
④ 王红蕾:《钱谦益藏书研究》,天津:南开大学出版社2013年版,第32页。
⑤ (清)钱曾:《读书敏求记校证》卷二,《杨衒之洛阳伽蓝记》,上海:上海古籍出版社2007年版,第176页。

言。如浙东之某某辈,徒取盈卷帙,全不契勘,虽可以汗牛马,其实谓无一纸可也。"①

钱谦益推崇古书之学术价值,特别注重足本与校勘。他"藏书目的在治学,而非纯粹的鉴赏与猎奇。为读书著述之便,钱氏《绛云楼书目》独辟专藏,于经史子集之后,明代文献别出一部,为撰修明史之用"②。钱谦益藏书题跋,也重在阐发其学术思想。他的史学思想强调史料的真实性与客观性,即"先证据后发明"。钱谦益的足本概念要求内容完整,这是发明学术主张的依据。

据《钱谦益藏书研究》所述,钱谦益藏书馆舍,先后有荣木楼、拂水山庄、半野堂、绛云楼和红豆山庄等处。钱谦益早年读书、藏书均在荣木楼。据陈寅恪考证:"牧斋虽藏书甚富,但此时尚未建绛云楼,故此楼自不能指绛云楼。依江南气候潮湿多雨之通例推之,书籍之藏储,宜在楼阁。颇疑牧斋此时家中之荣木楼,不仅为陶菴授读孙爱之处,亦是牧斋藏书之所。"③崇祯四年(1631),毛晋刻《乐府诗集》,所用宋刻底本即借自荣木楼。崇祯二年(1629),钱谦益移居拂水山庄后,仍常驻足荣木楼。拂水山庄是钱谦益青少年时期读书论学之所。后世著述中,对上述各处所在,指称多有错迕,有的将拂水山庄误称为红豆山庄。④"拂水山庄,在虞山拂水岩下,牧斋得之瞿氏而筑耦耕堂。"⑤

崇祯十三年(1640)三月,钱谦益自拂水山庄移居半野堂。半野堂位于常熟城内北门大街邵巷。钱谦益移居半野堂,曾作《移居八首》,描绘此处宜人的景致和整理藏书的乐趣。其二:"未剪茅茨一亩宫,斩新书架插西东。……典库收藏三篋在,巾箱装载五车同。"⑥崇祯十三年(1640)十一月,柳如是幅巾飘帔来访,即在半野堂。此次见面后,钱谦益即令家人在半野堂后另筑新室,迎柳如是入住。新居落成后,钱谦益

① 傅增湘:《藏园群书经眼录》卷一三,《后山先生集》,北京:中华书局1983年版,第1183页。
② 王红蕾:《钱谦益藏书研究》,天津:南开大学出版社2013年版,第108页。
③ 陈寅恪:《柳如是别传》(中),北京:生活·读书·新知三联书店2001年版,第559页。
④ 金鹤冲:《钱牧斋先生年谱附记》云:"尤侗《游虞山记》,游钱氏红豆庄云云,迹其所游,实为拂水山庄,世人往往误称之。"《牧斋杂著》(下册),上海:上海古籍出版社2007年版,第972页。
⑤ 金鹤冲:《钱牧斋先生年谱附记》,《牧斋杂著》(下册),上海:上海古籍出版社2007年版,第973页。
⑥ (清)钱谦益:《初学集》卷一七,《移居八首》,《钱牧斋全集》第一册,上海:上海古籍出版社2003年版,第586页。

以柳如是号题曰"我闻室",并作诗云:"红烛恍如花月夜,绿窗还似木兰舟。"①

崇祯十四年(1641)夏,钱谦益与柳如是结缡于茸城舟中。婚礼后,柳如是提出不入新筑的"我闻室",要另建新居。于是,钱谦益欣然筹建绛云楼。绛云楼位于半野堂后西北处,崇祯十五年(1642)春落成,五楹三层,枕山带水,曲槛台榭,浑然一体。钱谦益题曰"绛云楼",作《绛云楼上梁以诗代文八首》,之三"曾楼新树绛云题"句下自注云:"古紫微夫人诗云:'乘飚侍衾寝,齐牢携绛云。'故以绛云名楼。"②

绛云楼建成后,钱谦益把平生所藏图书重加缮治,分类编目,装满73大柜。绛云楼既是藏书楼,也是钱谦益、柳如是夫妻的居所。绛云楼内陈列着他辛苦收集而来的书籍、古玩,包括金石文字、宋刻书数万卷,以及秦汉的鼎彝、晋唐宋元以来的书画作品,各种名贵的瓷器、砚台等。如同宋朝的赵明诚和李清照夫妇一样,钱谦益和柳如是也躲在自家的藏书楼里,每天看书、写字,作文史考证,生活过得非常闲适。

绛云楼也是钱谦益文宴之所,另有厢房可供留宿宾客之用。黄宗羲等曾是绛云楼的座上宾。钱谦益《绛云楼书目》曹溶题词曰:"凡四方从游之士,不远千里,行滕脩贽,乞其文刻系牲之石、为先世光荣者,络绎门外。自王弇州、李大泌(维桢)以还,此事殆希见也。宗伯(指钱谦益)文价既高,多与清流往来,好延引后进。"③

以黄宗羲为例。入清后,黄宗羲与钱谦益多有来往。黄宗羲《思旧录》云:"余数至常熟,初在拂水山房,继在半野堂绛云楼下。后公与其子孙贻(名孙爱,字孺贻)同居,余即住于其家拂水。时公言韩、欧乃文章之六经也。见其架上八家之文,以作法分类,如直叙,如议论,如单叙一事,如提纲,列目亦过十余门。绛云楼藏书,余所欲见者无不有。公约余为老年读书伴侣,任我太夫人菽水,无使分心。一夜余将睡,公提

---

① (清)钱谦益:《初学集》卷一八,《寒夕文宴再叠前韵,是日我闻室落成》,《钱牧斋全集》第一册,上海:上海古籍出版社2003年版,第618页。

② (清)钱谦益:《初学集》卷二十,《绛云楼上梁以诗代文八首》,《钱牧斋全集》第一册,上海:上海古籍出版社2003年版,第740页。

③ 朱则杰:《清诗史》,南京:江苏古籍出版社1992年版,第50—51页。

灯至榻前,袖七金赠余曰:'此内夫人(即柳夫人)意也。'盖恐余之不来耳。是年十月,绛云楼毁,是余之无读书缘也。"我们从黄宗羲所述可知,"他年轻时曾多次来虞山钱谦益家读书做客。先是住在拂水山庄,后又住在半野堂绛云楼下。黄宗羲在绛云楼读书时,对应有尽有的书籍读得如痴如醉"①。黄宗羲成为钱谦益晚年的读书伴侣。

顺治七年(1650)初冬之夜,钱氏幼女同乳母嬉闹楼上,不慎打翻烛火,引烧废纸,酿成大火。钱谦益在楼下惊起,见焰已涨天,不及救,仓皇走出。顷刻之间,楼与书俱尽,绛云楼藏书焚毁。这里还有一段插曲:钱谦益与藏书家曹溶相交甚厚。曹溶在京师家中藏书六七千册。钱谦益常去曹家看书,每见自家所乏,恒借抄,曹溶希冀异日以此借观钱家之书。一次,曹溶问钱谦益:"先生必有路振《九国志》、刘恕《十国纪年》,南归幸告借。"钱谦益当面许诺,事后后悔,说:"我家无此二书。"及至绛云楼起火,曹溶来吊其灾。钱谦益面带赧色,说:"我有惜书癖,畏因出借辗转失之。子曾欲借《九国志》《十国纪年》,我实有之,不以借子。今此书永绝矣。"

顺治八年(1651),钱谦益作《沈石天浣花闲语》,尾署"辛卯余月,蒙叟谦益书于绛云余烬处"②。柳如是则居无定所。顺治十三年(1656),钱柳移居白茆之芙蓉庄,即碧梧红豆山庄。钱柳自常熟城内移居红豆山庄,主要原因是此地通江达海,交通便捷。"钱柳居红豆庄后,遗民志士,多有来访。这一时期,也是钱谦益投身抗清复明运动的最繁忙时期,联络东南,足迹遍布武林、松江、嘉兴、金华、吴门、震泽、金陵、淮阴等地,先后与黄毓祺、姚志卓、郑成功等策应交通。"③红豆山庄的藏书,钱谦益有诗云:"今年中秋日,十轴粗告戢。暇日理素书,秋阳晒残卷。"④钱谦益晚年有多篇诗文尾署作于红豆庄,说明他此时写作诗文参阅了红豆山庄的藏书。

① 卞敏:《柳如是新传》,杭州:浙江人民出版社1997年版,第193页。

② (清)钱谦益:《牧斋外集》卷二五,《沈石天浣花闲语》,《钱牧斋全集》第八册,上海:上海古籍出版社2003年版,第852页。

③ 王红蕾:《钱谦益藏书研究》,天津:南开大学出版社2013年版,第155页。

④ (清)钱谦益:《秋日曝书得鹤江生诗卷题赠四十四韵》,《有学集》卷八,《钱牧斋全集》第四册,上海:上海古籍出版社2003年版,第368页。

五、遗民学术：立德与立言之统一

王国维在《沈乙庵先生七十寿序》中指出："国家与学术为存亡。天而未厌中国也,必不亡其学术;天不欲亡中国之学术,则于学术所寄之人必因而笃之。世变愈亟,则所以笃之者愈至。"明清易代之际,乃世变愈亟之时,遗民笃于学术者愈至。学术者,天下之公器。中国文化精神的一个优良传统正是经世致用。明遗民借学术以经世,通经明道,以赓续学术为职志,力求立德与立言之统一。

明清易代引发社会各阶层的反思,遗民学人本着鲜明的文化自觉意识,因应社会政治巨变,感应时代之脉动,扬起"明道"的学术大旗。被奉为"清学开山之祖"的顾炎武,大声疾呼："君子之为学,以明道也,以救世也。"①他所致力的"救世",并非着眼于"一姓之兴亡"的"救国",而是汲汲于文化上的"保天下"。黄宗羲指出,明亡后,"天地之所以不毁,名教之所以仅存者,多在亡国之人物。"②凡此,无不体现出他们对"道"的诉求,及"任道"之笃。

明遗民致力"道"的追寻,无疑源于传统文化的立德需求。孔子一生以弘道为己任,"志于道,据于德,依于仁,游于艺"③,将道视为安身立命之所。在儒家看来,"君子谋道不谋食……忧道不忧贫"④,以至"朝闻道,夕死可矣"⑤,把闻道视为超越生死的大事。在明遗民的思想观念中,视儒家之道为其身心安顿之所,相信道统不随治统的转移而转移。陆世仪认为："道乃天下后世公共之物,不以兴废存亡而有异也。"王夫

---

① (清)顾炎武:《日知录集释·自序》,《〈日知录〉集释》上,上海:上海古籍出版社 2014 年版,总目第7 页。

② (清)黄宗羲:《万履安先生诗序》,《南雷文定》前集卷一。

③ (春秋)孔子:《论语》卷十三,《述而》上,程树德:《论语集释》第二册,北京:中华书局 1990 年版,第443 页。

④ (春秋)孔子:《论语》卷三十二,《卫灵公》下,程树德:《论语集释》第四册,北京:中华书局 1990 年版,第 1119 页。

⑤ (春秋)孔子:《论语》卷七,《里仁》上,程树德:《论语集释》第一册,北京:中华书局 1990 年版,第244 页。

之强调："天下无道,吾有其道;道其所道,而与天下无与。然而道之不可废也,不息于冥,亦不待冥而始决也。"①在明遗民那里,政治操守与学术成就得到高度统一。

自先秦以来,"明道"的观念即成为儒家学术发展中一脉相承的纽带。明文化遗民以"求道""弘道""行道"为价值追求,且内化为他们的人生信念与文化守望。在这方面,《明遗民录汇编》中的有关记载很多,试举例说明:

据《明遗民录汇编》记载:"朱鹤龄,字长孺,吴江人。弱冠试第一,补弟子员。乱后,闭户著书,长于笺疏之学。先注《李义山集》,钱宗伯谦益见而称善,贻以僧道源所注本,令足成之。谦益自注杜集,未就,并以与鹤龄,令荟萃成书,而鹤龄颇立异同,谦益不乐。遂各自为书,两行于世。鹤龄晚年,尤究心经学,著《毛诗通义》《尚书埤传》《读左日钞》诸书,甚有功于经传。生平殚精经史,遗落世事,晨夕一编,行不识路途,坐不知寒暑,人或谓之愚,因自号愚庵。命所著诗文《愚庵小集》。年七十余。"②

郝润华在其所著《〈钱注杜诗〉与诗史互证方法》中指出:"朱鹤龄,字长孺(1606—1683),吴江松陵人。明末遗民,生平著述甚富,事迹载《清史稿·儒林传》,如钱谦益所说朱鹤龄本人也确有颇深的学术造诣。他的著作《李义山诗集笺注》《诗经通义》等均曾在学术界发生过一定影响。明亡后朱鹤龄作为明朝遗老隐居家乡以著述为务,时正点校宋蔡梦弼的《草堂诗笺》,钱谦益决定将其全部资料及原稿提供于朱鹤龄,助其完成注杜大业。"钱谦益后于吴江见朱鹤龄,认为朱氏"师道之端庄,经学之渊博,一时文士罕有其偶"③。朱鹤龄亦与顾炎武友。

又如,"明张怡,字瑶星,上元人。父可大,登莱总兵。会毛文龙将卒反,可大死之。事闻,怡以诸生授锦衣卫千户。流贼陷京师,遇贼将,将肆掠,其党或义而逸之,久之始归故里。明亡,寄摄山僧舍,不入城市,人称之曰白云先生。当是时,三楚吴越耆旧,多立名义,以文术相

① 林存阳、孔定芳:《文化自觉与清代学人的"明道"追求》,载《光明日报》2018年10月8日第14版。
② 谢正光、范金民:《明遗民录汇编》上册,南京:南京大学出版社1995年版,第150—151页。
③ 郝润华:《〈钱注杜诗〉与诗史互证方法》,合肥:黄山书社2000年版,第57页。

高。惟吴中徐昭法、宣城沈眉生，躬耕穷乡，然尚有楮墨流传人间。而怡则躬樵汲，口不言诗书，四方冠盖，日往来兹山，不知山中有是人也。架上书数十百卷，皆所著经说，及论述史事。或请梓之，弗许，曰：'吾以尽吾年耳，已市二瓮，下棺则并藏焉。'卒年八十有八。"①张怡明亡不入城市，著述经史。

再如，"曹宗璠，字汝珍，号惕咸，江南金坛人。祖大章，会元。宗璠中辛未进士，与同年张溥友善，其才名亦略相伯仲。……为学自六经诸史，旁及稗官野乘、天文、地理、尔雅、本草、释老之书，无所不究。申酉之变，流离奔走，其感激愤懑，悉见诸诗文，如怨如怒，如隐如排，如庄语，如寓言。盖其伤宗社之倾覆，而慨身世之仳离，无所发摅，而始寄诸此也。"②曹宗璠才名与张溥相伯仲，为学六经诸史，无所不精。

又如，"乔可聘，字君徵，……天启二年进士，累迁大理寺正。弘光帝南渡，仍起御史，上防河事宜曰：'当此危急之秋，晏然自谓无事，独不念祖宗缔造之艰乎！'疏上不报。清人陷江南，可聘弃官归，以老终于家。尝曰：'始读王文成全书，受教于刘念台先生，知有知行合一之学。又与陈几亭游，知有居敬穷理之学。晚节读宋诸儒语录，知有四通八达理一分殊之学。其后益潜心朱子，始知有存养性情主一无适之学。'所著有《自警篇》及《训子》诸书文，藏于家。"③乔可聘乃心学大儒刘宗周弟子，与明末理学家陈龙正交游，晚年潜心朱子学，对宋明理学皆有研究。

再如，"明盛敬，字宗传，号寒溪，太仓州人。长桴亭先一岁，年十五，遇桴亭，一见即甚相得，与同学者三年，厌薄声华，不事举子业。后罗家厄，流离播徙，去稍远。至崇祯丙子，始与桴亭及陈确庵、江药园有讲学之举。时绝学初兴，虑惊世骇俗，深用韬秘。四人者风雨联林，或横经论难，或即事穷理，反复以求一是。甚有商榷未定，彻夜忘寝，质明而后断，或未断而复辨者。既而同志渐多，旬月皆有常会，会必讲贯终日。凡身心性命之奥，天文、地理、河渠、兵法之学，太极阴阳鬼神之秘，儒释之辨，经史百家之赜，罔弗根究本末，要于中正讲论之乐。尝恨古

① 谢正光、范金民：《明遗民录汇编》上册，南京：南京大学出版社1995年版，第616页。
② 谢正光、范金民：《明遗民录汇编》下册，南京：南京大学出版社1995年版，第681页。
③ 谢正光、范金民：《明遗民录汇编》下册，南京：南京大学出版社1995年版，第806页。

人不及见之，退则仿先儒读书记之法，各有所录，旬日不著录，则互相纠正讲论之间进退之别。桴亭所著《思辨录》，皆十二年间俯读仰思，有所见则疾书以自识其所得者也。顾其所纪皆随笔无伦次，寒溪与药园乃纂辑精要，类分而书之。"①盛敬与太仓同乡陆世仪友善，经史百家无所不涉。

又如，"华时亨，字仲通，无锡人，父守吾。时亨学于高忠宪，忠宪被急征，先期刺知之。忠宪整衣冠，依彭咸遗则，仲通相之也。奄党诘责漏泄，诏旨甚厉，人咸指目。监司素重之，竟不问。忠宪既没，仲通褒衣大带，自命东林弟子。文文肃、倪文正诸公交口荐扬，门弟子日益进。井邑迁改，介居野哭。著《春秋法鉴录》，笺注《易书》《三礼》。其书满家。甲乙以后，蜚语连染，命在漏刻，仲通口讲指画，著书不辍。曰：'吾向者分握三寸管，从忠宪于地下，今迟之二十年矣。'仲通介特自爱，豁达好施予，患难相死，德不望报。尝之绍兴，过故人关司理，道闻王生冤，扼腕白之司理，属具牒平反。仲通翻阅案牍，甫削稿竟，顾茫茫然，目因是失明。乱后两遭大狱，卒以瞽免。"②华时亨学于高攀龙，以东林弟子自居，豁达好施，德不望报，著书不辍。

再如，"华远臣，字孔舆，无锡人。世为巨族。少孤而贫，事母孝。长习举子业，且潜心先儒义理之学。明亡，遂叹息曰：'先儒有云，学道而应举，譬诸避人而入市也。'于是绝意进取，大肆力于诗古文，至吴门，遍从前朝士大夫游邀灵岩、邓尉间，所赋诗益多，名《春草轩小稿》。"③华远臣少孤贫，事母孝，潜心儒学。

又如，"明杨瑀，字雪臣，武进人。少好奇节，既厚自刻励，率诸子键户读书，自经史外，分授天官、地理、历律、兵农之书。出则与恽逊初讲学南田及东林书院，如是者三十余年。年七十余卒。顾炎武云：'读书为己，探赜索微，吾不如杨雪臣。'"④杨瑀经史学问，探赜索微，顾炎武自叹不如。

① 谢正光、范金民：《明遗民录汇编》下册，南京：南京大学出版社 1995 年版，第 835 页。
② 谢正光、范金民：《明遗民录汇编》下册，南京：南京大学出版社 1995 年版，第 843 页。
③ 谢正光、范金民：《明遗民录汇编》下册，南京：南京大学出版社 1995 年版，第 844 页。
④ 谢正光、范金民：《明遗民录汇编》下册，南京：南京大学出版社 1995 年版，第 900 页。

再如,"张纪,字齐方,昆山人,父振德。纪承荫锦衣卫千户。国亡归故里。有《概庵集》。""张夏,字秋绍,无锡人。学以程朱为宗,接武东林。以明道为己任,著《关雒源流录》行世。"①二张以明道为己任,有著作传世。

又如,"明杨彝,常熟人。以岁贡官松江训导,擢知都昌县,道阻弗克赴。万历之季,士子喜倡新说,畔传注。彝与太仓顾梦麟,力明先儒之说,天下翕然从风,称杨顾学。鼎革后,归隐。""有贵人往投刺,咨趄门外不得见,乃叹息而去。""晚岁目盲,犹令人读书其侧,讲说无少倦。年七十九卒。"②杨彝倡先儒之学,明亡后归隐。

再如,"顾苓,字云美,吴县人。当弘光时,以明经廷对,登上第。而南部陷,帝之芜湖,同举者或言当观变以图去就,苓不从行,且哭曰:'吾不忍以祖父清白之身事二姓也。'及抵里,足尽茧,遂隐虎丘山麓,奉烈皇帝御书'松风'二字以颜其寝室,息偃其中。有《塔影图稿》。"③顾苓弘光朝以明经廷对,南都陷后隐虎丘山麓。

又如,"葛芝,字瑞玉,本名云芝,昆山人。祖锡璠,历官清显,有子八人,多有才望,尤倡明古学,刊行经籍,以故葛氏书满天下。芝九岁闻周顺昌被逮,吴氓击杀缇骑,立屏侧涕曰:'更益我数年,庸渠不能从公于难。'十五为邑诸生,时娄东二张负天下重望,芝于南张为婿,西张为高弟子,砥名行,以文章称。国亡,尽弃所为,潜心求道,一以王守仁为宗。屏家累入山,独栖一室,竟日瞑坐,久逾十旬。"④葛芝国亡后,尽弃所为,屏家入山,独栖一室,潜心求道。

再如,"雷士俊,字伯吁,江都人。弱冠补扬州郡庠生。江右孝廉袁晦若以古文名,过江都,士俊喜从之游,其父起鲤曰:'《学》《庸》《语》《孟》,乃圣贤传心之旨也,辞约理深,不知力索,而从事文藻,何益于心身性命哉!'于是士俊尽弃其学,取《大全》《性理》诸书,穷年探讨,尽得程、朱之蕴。士俊性严毅,慎交游,如袁继咸、施闰章始得相通问。国亡

---

① 谢正光、范金民:《明遗民录汇编》上册,南京:南京大学出版社 1995 年版,第 620 页。

② 谢正光、范金民:《明遗民录汇编》下册,南京:南京大学出版社 1995 年版,第 906 页。

③ 谢正光、范金民:《明遗民录汇编》下册,南京:南京大学出版社 1995 年版,第 1215 页。

④ 谢正光、范金民:《明遗民录汇编》下册,南京:南京大学出版社 1995 年版,第 954 页。

弃廪禄,筑室艾陵湖上,闭户著书。卒年五十八。"①雷士俊国亡弃廪禄,筑室艾陵湖上,闭户读书,尽得程朱理学精髓。

又如,"明芮城,字岩尹,溧阳人,农家子也。幼随父过村塾,闻群儿读书,才一遍,各为复诵如流。乃令就学,补诸生,旋食饩。是时流寇讧海内,惟江左半壁晏然,知名士方盛修坛坫,而城独与同邑陈名夏……等,合社讲学,以忠孝大节相切劘,称濑上十三子。甲申之变,闻朝臣或遁或降,而名夏官给事中,亦污伪命,则益悲咤。爰赋《沧浪吟》数十篇,且歌且泣,闻者拟之谢皋羽西台之作。南都建国,捕诸从逆者,名夏归里,诣城,城面壁卧曰:'君亡不死,安用子见为?'名夏跪且哭曰:'尝再缢,不幸为救者误。城厉声曰:'胡不三?'亟麾令去。后诸人多以文章勋业者,而城独谢诸生服,闭门读书,绝迹城市。名夏柄中枢,屡专使以大魁招城出,不应。隐居荒野,幅巾裹发,终身弗变。"②明末,芮城与同邑陈名夏等合社讲学,以忠孝大节相切劘。甲申之变,陈名夏亦污伪命,芮城闭门读书,绝迹城市。陈名夏柄中枢,屡招隐居荒野的芮城出,终不应。

再如,"宗元豫,字子发,兴化人。幼随父宦粤东,经长江,历彭蠡,度梅岭,水陆数千里,元豫年虽少,神精独异,纵观名胜,胸次浩浩。父卒于官,舁榇归,值海内鼎沸,避地海滨。弃诸生,独携数书簏,兀坐十数年。淹博贯通,不问生产,至不能谋朝夕。徒居广陵、京口间,卖文自食。性又狷介,遇富贵人辄逃匿不见,于后学劝奖不衰,非沽文而馈金者辄大怒。于是世俗刺其隘且矫,乃至唾骂,亦不顾也。所纂辑有《两汉文删》《卧游录》《读史识小录》《唐十二家诗删》《明二十家诗删》《唐宋明三朝十大家文删》行于世。"③宗元豫于父卒后,弃诸生,独携数书簏,兀坐十数年,淹博贯通,卖文自食,著作等身。

又如,"钱肃润,字础日,号十峰,无锡人。潜修深造,超然学道,抱膝有当世之志。遭时板荡,脱屣诸生,与志节之士讲存诚主敬之方,锡山东林、云间扶风两书院,当路钜公延主坛席,东南学者皆喁喁焉愿得

① 谢正光、范金民:《明遗民录汇编》下册,南京:南京大学出版社 1995 年版,第 969 页。
② 谢正光、范金民:《明遗民录汇编》上册,南京:南京大学出版社 1995 年版,第 421—422 页。
③ 谢正光、范金民:《明遗民录汇编》上册,南京:南京大学出版社 1995 年版,第 385—386 页。

及于其门。切劘悉劘,与人为善之忱,老而弥笃。卒时年已八十余。"①
钱肃润潜修深造,有当世之志,于东林、扶风书院讲存诚主敬之学,东南
学者愿得其门。

再如,"明顾有孝,字茂伦,吴人。生而长身玉立,秀出人表。自少
游于陈大樽之门,为诸生有声。明亡,乃焚弃儒衣冠,与山陬海澨之客
相往来,思欲有所为。而意气甚豪,揣蒱博簺,穷日夜不休。用是业益
困,而茂伦固夷然不屑也。尝窃慨于唐人之诗选者承讹踵缪,千百年来
未能洗剔,为之扬榷论次,择其真赏者,命之曰《唐诗英华》。捃摭新旧
《唐书》,以及纪事、艺文志,人自为传,胪而陈之。钱牧斋称其不立阡
陌,不树离棘,分曹迭奏,焕然复见唐人面目。书成,凡扶余日出之国,
无不争购,于是茂伦诗名及于海内。"②顾有孝少游陈子龙之门,明亡弃
儒衣冠,与诸遗民相往来,著《唐诗英华》,诗名及于海内。

---

① 谢正光、范金民:《明遗民录汇编》下册,南京:南京大学出版社 1995 年版,第 1115 页。
② 谢正光、范金民:《明遗民录汇编》下册,南京:南京大学出版社 1995 年版,第 1219—1220 页。

第十章　遗民情操:人格境界的塑造

　　情操,通常是指由思想感情所决定,不会轻易改变的心理状态。从心理学意义上说,情操可以分为求知、审美、道德、宗教四个层次。从哲学意义上说,情操作为情感与操守的结合,可以理解为人格境界的塑造问题。赵园在《作为一种现象的遗民》中指出:"'遗民情境''遗民情怀',由钱谦益一类'伪遗民'(钱氏确实以'遗民''遗老'自我指称)写来,有时更充分,更淋漓尽致;钱谦益、吴伟业较之某些正牌遗民,其文字也像是更足以令人认识'士之处易代之际'。你不能否认此种'殊相'也包含着'共相',也无需否认这一种'表达'的价值。是否可以认为,'遗民态度'在士,又是被其自身的创造物(比如其抒发兴亡之感寄寓故国之思的诗文)所助成的?"①此段论述对于我们考察吴伟业、钱谦益这一类特殊文化遗民的人格理想,以及探讨瞿式耜等忠臣义士的人格境界,具有启发意义。

一、"不以贵贱易心,不以盛衰改节"

　　有论者指出:"遗民的本义,暗示一个与时间脱节的政治主体。遗

---

① 赵园:《明清之际士大夫研究——作为一种现象的遗民》,北京:北京师范大学出版社 2014 年版,第209 页。

民意识因此指向事过景迁、悼亡伤逝的政治、文化立场。"①明清易代之际,遗民文人在表达故国之思时的生活方式与叙事方式,往往具有强烈的悲剧色彩。他们人生旨趣之变化,与社会环境的剧烈变动关系极大。生活节奏的撕裂,文化秩序的破坏,无法抗拒的暴力动荡,使得文化遗民这一群以道德理想为生命之士人,以其坚守道德理想之高尚情操,呈现出这些鲜活的生命主体在历史进程中所无法承受的心灵创伤。无论是文化遗民们激昂慷慨、临危赴难的悲壮,还是他们"不以贵贱易心,不以盛衰改节"②的坚持,都令人感怀动情不已。《明遗民录汇编》中所记载的诸多遗民事迹,其遗民情操之高洁,无不令人动容。

据《明遗民录汇编》记载:"陆坦,字履常,苏之吴县人。崇祯庚午荐于乡,浮沉十载余。遭丧乱,弃儒冠,隐于卜肆。非垂帘所得,一芥不苟取。性高旷,善诗,融融泄泄,甘贫乐道,以奉其亲,虽日不举火,怡然也。一日病作,见老僧招手谓曰:'相别六十年,尚记忆否?'有顷,语家人曰:'吾将从故人归,第悲老亲独子无养耳。'呼儿掖至中堂,拜老亲,泣诀而逝。"③陆坦性高旷,丧乱后弃儒冠,隐于卜肆,甘贫乐道,以奉其亲。

又如,"叶绍袁,字仲韶,吴江人。少有藻思,工诗赋。天启五年举进士,七年选为南京武学教授,迁国子监助教。明年,擢衡司主事,以不耐吏职,又好触忤中贵,悒悒不自得。久之,遂请告归。家素饶财,及宦不达,复不能治生产,家顾益落。杜门读书,罕谒长吏。间以公事往谒,持论侃侃,小不合意,即拂衣去。长吏知其贤,亦加敬焉。……乙酉后,遂弃家入山,混迹缁流,感愤时事,发为诗歌,有三闾五柳之遗风。自号粟庵,盖言未免食粟,以志愧也。尝辑一时死节诸臣为书,未就而卒。长子世佺,字云期,能守遗训,绝意进取,然卒与诸弟并穷困而死,闻者伤之。"④入清后,叶绍袁弃家入山,感愤时事,发为诗歌,有屈原、陶渊明

---

① 王德威:《开往南洋的慢船》,见高嘉谦《遗民、疆界与现代性:汉诗的南方离散与抒情(1895—1945)》一书的序言,台北:联经出版事业股份有限公司 2016 年版。
② 谢正光、范金民:《明遗民录汇编》上册,南京:南京大学出版社 1995 年版,第 81 页。
③ 谢正光、范金民:《明遗民录汇编》下册,南京:南京大学出版社 1995 年版,第 788 页。
④ 谢正光、范金民:《明遗民录汇编》下册,南京:南京大学出版社 1995 年版,第 946 页。

之遗风。

再如,"明卢象晋,字晋候,宜兴人。启、祯间,与兄象昇、弟象观,皆以气节显名于世。甲申之变,象昇殉国难。明亡,象观起兵,事败,死震泽。时母李氏,年已七十余矣。有何姓者,与其族某讼,辞连象晋,趣象晋急薙发,毋相累。不听。守验视其顶发偏寡,谓已薙复生,象晋厉声曰:'未也。'守怪之,趣薙发。象晋曰:'我先朝遗老也,兄弟俱死国难,吾头可与发俱断,吾发不可薙。'守怒,榜掠之,具狱,当大辟。巡抚疑之,诘责郡守,郡守惧,缓象晋死,乃遗书胁其母:'象晋不薙发,罪且及。'母自诣狱,持象晋而泣。守猝入,缚而薙之,既而释之。既出狱,则辞其母投佛寺为僧。母卒,象晋视含敛,会葬毕,即弃游名山大川,所至一宿而去,人无识之者。长子励,遍求之,仅一再见之上郡鄱阳间。一日忽返宜兴,其弟之子以尚,止象晋。象晋曰:'我将死矣。我归,我告尔葬处。'乃自题其碣曰'委骸矶',且戒之曰:'慎无棺,盛以缶。'遂终。"① 卢象晋兄弟俱死国难,以气节显名于世。卢象晋以先朝遗老自居,誓言:"吾头可与发俱断,吾发不可薙。"

又如,"吴宗潜,字东篱,吴江人。昆仑山人王叔承,其外祖也。兄弟七人,及从子炎,并有隽才,而宗潜尤雄肆。为诸生试,辄冠其曹,意不屑也。雅负经世之学。申酉间,奋身许国,与弟宗汉、宗泌往来兵间,数蹈危难,兄振远死之。既乃归隐严墓村,与吴兴沈祖孝、范风仁、嘉禾金瓯、朱临、同邑叶继武、吴珂等结惊隐诗社,士之高蹈而能文者胥集焉。岁以五日奠屈原,九日祀元亮,而宗潜常为之祭酒。已而文字之祸数起,宗潜遂隐于医,著名苕、雪间。治疾不问贵贱,惟当事招之则不往。人谓其通而介。年七十八卒。"② 吴宗潜雅负经世之学,申酉间奋身许国,数蹈危难。归隐后,与士之高蹈而能文者结惊隐诗社。文字祸起,遂隐于医,治疾不问贵贱。

再如,"宋之绳,字其武,号柴雪,溧阳人。国亡,屡征不起。好饮酒,多近妇女以终。""李渤,父瞻蘪,扬州人,督学八闽,炎峤被陷,殉节。

① 谢正光、范金民:《明遗民录汇编》下册,南京:南京大学出版社 1995 年版,第 1093—1094 页。
② 谢正光、范金民:《明遗民录汇编》上册,南京:南京大学出版社 1995 年版,第 215—216 页。

子渤,字若海,避地长兴沙棠村。""明唐珤,字仙佩,一字孺含,常熟人。诸生。工诗歌。甲申、乙酉后,遂弃去,教授于沙溪、直塘之间,以终其身。""周灿,字光甫,……吴江人。崇祯辛未进士。知宣化、会稽二县,选授浙江道御史。闻京师失守,脱身怀印归里,以诗画自娱。有《泽畔吟》《西巡政略》。""孙永祚,字子长,江南常熟人,崇祯中拔贡生。国亡,屡荐不起。'"①上述诸遗民,国变后大多屡征不起,隐居自保,以诗画自娱。

又如,"周永年,字安期,吴江人,吏部尚书恭肃公用曾孙。家世奉佛,晚年撰《吴都法乘》。弘光中,贻钱谦益书数万言,条列东南战守中兴建置事宜,凿凿可试用。乱后移家西山。每酒酣,歘欹脱帽,垂顶童然,顾影长叹。丁亥发病,不汗而卒。"②弘光中,周永年给钱谦益万言书,言东南防守事,后隐居西山而终。

再如,"邵潜,字潜夫,自号五狱外臣,江南通州布衣。以诗鸣。万历中,性更敖辟,人多恶之。年五十无子,娶妻后,久之,嫌其贫老去之,遂客如皋城西门。年八十,苦徭役,渔洋王士禛以按部至县,诘朝首谒潜。潜所居委巷,乃屏舆从,徒步而入。潜曰:'适有酒一斗,能饮乎?'士禛欣然为引满,流连移刻始别去。县令闻之,立除其役。所著有《友谊录》《循吏传》。钱谦益序其诗集曰:'潜夫自以七叶为儒行,歌采薇而绝,无嘲啁噍杀之音。'"③邵潜以诗鸣,钱谦益为其诗集作序。

又如,"明范荃,字德一,号石湖,扬州人。诸生。国变后,不应有司试。同人劝其仕,荃答以收云:'闭门静坐,啜茗听鹃,与二三童子周旋外,或沈酣史籍,上下古今,或商榷风雅,考订讹伪。兴之所至,笔墨淋漓,五字刻成,千言立就,真不知天高地厚,乐境无穷,安往而不得其为我?'又自撰《盟鸥野老传》,谓人因不知野老,野老亦不求人知,虽日处嚣尘中,而淡泊自甘,征事措词,达旦不倦。一遇机深忮求之人,及名位熏灼者,疾走避去,故不谐于俗。吟弄之兴,老而弥笃,率意自娱,不计

---

① 谢正光、范金民:《明遗民录汇编》上册,南京:南京大学出版社 1995 年版,第 241、255、370—371、506、518 页。

② 谢正光、范金民:《明遗民录汇编》上册,南京:南京大学出版社 1995 年版,第 377 页。

③ 谢正光、范金民:《明遗民录汇编》上册,南京:南京大学出版社 1995 年版,第 422—423 页。

工拙,亦不欲流传,自适而已。又作赞曰:'一亩之宫,能不容我?十笏之室,能不我即?惟不容斯无营,惟不即斯自得。戴高履厚,不局不踳,履道坦坦,无反无侧。虽不敢为盛世之佚民,然庶几徐孺子之自食其力。'荃工诗,所著有《读史识》二卷、《竹隐居随笔》一卷、《文集》四卷、《诗集》五卷、《梅花诗》一卷、《论语诗》一卷、《诗余》五卷、《刘随州诗评》一卷、《家乘》若干卷。邑人陈素村藏之,以授焦理堂,故焦氏得见其全书。又闻荃有遗像一幅,白须方面,布巾简袍,坐竹床上,与瓶花、书卷、茗碗相对。范荃之志,于遗像见之矣。"①范荃国变后闭门静坐,淡泊自甘,沈酣史籍,考订讹伪,著作等身,传承文脉。

二、从《圆圆曲》看吴伟业的遗民心境

作为一个特殊的文化遗民,吴伟业晚年无奈仕清,是其生命中一个永远难平的悔恨,这给他带来了巨大的心灵痛苦。他"入清后长期家居,顺治十年(1653)迫于清廷高压而应征入京,仕清三年后归里。吴伟业的诗文多及沧桑间事,在仕清前家居的十年里,以遗民自处之状每见于文字"②。例如,其《言怀》曰:"苦留踪迹住尘寰,学道无人且闭关。只为鲁连宁蹈海,谁云介子不焚山。枯桐半死心还直,断石经移藓自斑。欲就君平问消息,风波几得钓船还。"③这首《言怀》,吐露出遗民情怀。这是一种"身降心不降"的心态。

之所以说吴伟业是一个特殊的文化遗民,是因为"历史沉淀的遗民观念体现于各种遗民资料的入选标准中,首先要求以'易代不仕'作为遗民的基本行为准则。这是由于对于士人来说,'不仕'新朝意味着对故国的忠诚,也意味着对儒家道德规范的坚持。但清初的实际情况使人们意识到,'不仕'行为本身并不能确保这种精神,还应当有另一个核

① 谢正光、范金民:《明遗民录汇编》上册,南京:南京大学出版社 1995 年版,第 493—494 页。
② 李瑄:《明遗民群体心态与文学思想研究》,成都:巴蜀书社 2009 年版,第 87 页。
③ (清)吴梅村:《吴梅村全集》卷五,上海:上海古籍出版社 1990 年版,第 143 页。

心因素——'遗民意识','遗民'的实质才能得到体现。"①吴伟业作为文化遗民的特殊性,一方面他未能坚持"易代不仕",另一方面他尚有"遗民意识"。

李瑄在其所著《明遗民群体心态与文学思想研究》中指出:"在这两个条件下,仍然有一些模糊的状态难以分辨。有些是历时的动态的变化。人生的选择会随着时间的推移或者外部环境的变化而发生转移,明遗民群体也处于和其他士人群体的相互影响、相互转化中。有些人在是否应试上有过犹疑反复,但最后还选择了遗民身份,有些人坚守了半生贫贱却终于没能抵御清廷的网罗。'遗民'作为盖棺论定的标志,可以代表易代之际士人政治与道德的荣誉;但把它作为一段段生命历程的见证,更能够反映一个时代的现实生活给士人的心路历程烙下的曲折印痕。这些个体的经历,加上几代不同年龄阶段的士人对遗民精神的认识与体验、继承与背离,共同形成了明遗民群体的衍变。"②就吴伟业而言,明亡后绝意仕途,甚至一度想自杀报国,后碍于老母敦促和亲家举荐,于顺治十年(1653)才被迫应诏北上。从吴伟业仕清前后的心态来看,他的出仕并非本愿。

从历史背景看,"甲申(1644)、乙酉(1645)两年之间,明王朝近三百年的基业迅速坍塌于一片混乱之国。江山易手于外族,在混乱中惊魂甫定的士人面临着如何自我安顿的问题。对于那些选择放逐自我于新政权之外的遗民群体来说,这个问题显得尤为迫切。"③出于对自己节操的珍惜,"顺治十年三月十九日(崇祯帝忌日),吴伟业参加了娄东遗民为崇祯帝举行的祭祀活动,并留下两首《新蒲录》,故国悲思漫溢笔端。"④

《新蒲录》其一云:"白发禅僧到讲堂,衲衣锡杖拜先皇。半杯松叶长陵饭,一炷沉烟寝庙香。有恨山川空岁改,无情莺燕又春忙。欲知遗老伤心事,月下钟楼照万方。"其二云:"甲申龙去可悲哉,几度东风长绿

---

① 李瑄:《明遗民群体心态与文学思想研究》,成都:巴蜀书社 2009 年版,第 117 页。
② 李瑄:《明遗民群体心态与文学思想研究》,成都:巴蜀书社 2009 年版,第 117—118 页。
③ 李瑄:《明遗民群体心态与文学思想研究》,成都:巴蜀书社 2009 年版,第 119 页。
④ 李瑄:《明遗民群体心态与文学思想研究》,成都:巴蜀书社 2009 年版,第 87 页。

苔。扰扰十年陵谷变,寂寂七日道场开。剖肝义士沉沧海,尝胆王孙葬劫灰。谁助老僧清夜哭,只应猿鹤与同哀。"①虽然在这几个月后,吴伟业就被迫入仕清廷,但从这两首诗中我们还是读出了作者浓浓的遗民情怀。

这就是说,"生活于明清易代时期的吴伟业,曾徘徊在降清和忠明之间。降清后,他的行为因违背了儒家纲常的道德准则,因之就不可避免地陷入了思想与行为的矛盾中,在九曲愁肠的痛苦纠结中,他所作的《与子𣊓疏》和《临终诗四首》恰好成为其悲剧人生的自白书。长诗《与子𣊓疏》中,吴伟业以自传的形式提到自己的明清鼎革时的遭遇,'吾绝意仕进,而天下乱矣。南中立君,吾入朝两月,固请假而归。改革后吾闭门不通人物,然虚名在人,每东南有一狱,长虑收者在门及诗祸史祸,惴惴莫保'。他所抒发的是无穷的悔恨,毕竟身仕二姓,名节有亏,这一强烈的耻辱感很自然地击中了病中的他,其人将死,万事成空。其《临终诗四首(其一)》道:'忍死偷生廿载余,而今罪孽怎消除? 受恩欠债应填补,总比鸿毛也不如。'吴伟业发自内心的自愧自谦,使得后人逐步理解并原谅了他投降清朝的行为。此诗其三道:'胸中恶气久漫漫,触事难平任结蟠。块垒怎消医怎识,惟将痛苦付汩澜。'其人其言,所阐述的是发自肺腑的忏悔及对自身备受精神折磨的贰臣行为无法消弭的痛苦,唯有用余生的自我谴责去偿还这曾经的无奈之举。"②这是时代悲剧在吴伟业身上的体现。我们试以《圆圆曲》为例,分析其遗民情怀。

陈圆圆,本姓邢,名沅,字畹芳,圆圆乃其小名。幼从养母陈氏,故改陈姓。江苏武进人,明末苏州名妓。因常去看望秦淮名妓董小宛、卞玉京等,亦被人们列入"秦淮八艳"之中。

陈圆圆殊色秀容,花明雪艳,能歌善舞,色艺冠时。16 岁时被苏州戏院请去唱戏唱曲,名噪江南。后来,国丈田畹选美,软硬兼施地夺走了陈圆圆,这就是"横塘双桨去如飞,何处豪家强载归? 此际岂知非薄命,此时只有泪沾衣"。之后,她在田府侍宴时,被手握重兵、镇守山海

① (清)吴梅村:《吴梅村全集》卷 60,上海:上海古籍出版社 1990 年版,第 1195 页。
② 敖运梅:《南明浙东遗民诗歌研究》,杭州:浙江大学出版社 2017 年版,第 38 页。

关的吴三桂看中了,后者强索她为妾,这就是"座客飞觞红日莫,一曲哀弦向谁诉?白晳通侯最少年,拣取花枝屡回顾,早携娇鸟出樊笼,待得银河几时渡?"陈圆圆归了吴三桂,似乎是有了归宿。可是"恨杀军书抵死催,苦留后约将人误",闯王军队攻占北京,大将刘宗敏抢掠吴三桂的家,强占陈圆圆,这就是诗中所说"遍索绿珠围内第,强呼绛树出雕栏"。

　　明末时期,"当时士大夫纳妾蓄妓现象相当严重,成为一种腐败的社会风气,这种风气自然也会反映到农民军的队伍中来,这就是为什么陈圆圆作为一个妓女,田弘遇在苏州花了几千两银子,贿赂地方官,以势掠去。到北京后又辗转到了吴三桂手里,刘宗敏进北京后闻沅之名,又向吴襄索取。从这方面来看,陈圆圆之被劫,并不是偶然的,乃是当时司空见惯的一种社会现象。吴伟业为此写了《圆圆曲》,吴伟业写此固然有他的政治倾向,讥刺吴三桂之降清,其中也包括对农民军的仇恨。……《圆圆曲》之可称许处,就在于他能寓史实于诗歌讽喻之中,有夸张而无伪造,在重大历史事实上是符合实际情况的。当时人对此已经有所评论。例如刘健《庭闻录》说:'至谓三桂入卫之时,方欲取沅,与谓沅在宁远者皆非也。惟吴梅村《圆圆曲》得其实。当时梅村诗出,三桂大惭,厚贿求毁版,梅村不许,三桂虽横,卒无如何也。'"至顺治十六年(1659),吴三桂"镇云南,陈圆圆也随吴三桂从汉中到了云南,此时陈圆圆与吴三桂的故事已在朝野广泛流传,吴梅村的《圆圆曲》即写于此时,脍炙人口,吴三桂恶其刺己,曾厚贿梅村求毁版,遭到了拒绝"①。

　　《圆圆曲》是清诗中享有很高声誉的七言歌行,写于顺治八年(1651)初。诗的历史背景是甲申之变,以吴三桂和陈圆圆的悲欢离合构成全诗的叙事情节。崇祯十七年(1644),李自成所部农民起义军向北京发动猛烈攻击,明廷在军情万分紧急的情况下,决定将驻防于关外的宁远总兵吴三桂撤回、保卫京师。吴三桂军行抵河北丰润时,北京已经沦陷,并且传来崇祯帝自缢于煤山的消息。吴三桂弛返榆关,准备向起义军投诚。因爱妾陈圆圆被起义军所掠,吴三桂拍案而起,愤而投

---

① 陈生玺:《刘宗敏·吴三桂·陈圆圆》,《明清易代史独见》,郑州:中州古籍出版社1991年版,第106—107页、116页。

清,并引清兵入关。在一片石战役中,起义军失利,李自成被迫退出北京城。清军进入北京城,建立清王朝。

《圆圆曲》将吴陈情事从初识、定情、分离、被掠到团圆,在诗中作了生动的描绘与渲染,但其中贯穿着一个严肃的主题,即对吴三桂叛明投清的愤激与讽刺。全诗以精巧的结构,把这个主题与吴陈情事融为一体。在诗的开端,作者用内涵丰富的诗句来申叙主题:"鼎湖当日弃人间,破敌收京下玉关。恸哭六军俱缟素,冲冠一怒为红颜。红颜流落非吾恋,逆贼天亡自荒燕。电扫黄巾定黑山,哭罢君亲再相见。"这是全诗的要领。从一意义上说,《圆圆曲》是以独特的诗歌形式表现"甲申之变"。

《圆圆曲》像作者其他以时事为题材的诗歌一样,是以曲折隐晦的方式来写对故国的情思。《圆圆曲》的主题在全诗达到结束时,再一次以强烈的诗句显示出来:"妻子岂应关大计,英雄无奈是多情。全家白骨成灰土,一代红妆照汗青",这一段把诗开首的主题作了进一步的推演。"全家白骨成灰土",吴三桂投降后全家三十余口被起义军处死,是对吴三桂最峻刻的讽刺。当吴三桂向清人乞援时,他还是大明臣子的身份,并非他所说的为君父"报仇"。从诗中传诵一时的名句"冲冠一怒为红颜"来看,作者显然不认同吴三桂具有报国诚意,在所有故明士大夫的思想中,吴三桂的过错在于投清,而不在于讨"贼",引狼入室正是吴三桂百世莫赎的罪行。清人替明朝皇帝报仇的谎言,不久即被其凶残的面目所揭穿。他们强行剃头易服、圈地掠奴,相继造成了"扬州十日""江阴三日""嘉定三屠"等惨案,本性暴露无遗。

吴伟业因为北上应仕的人生污点,不仅感受到传统"名节"观念的沉重负担,而且对自己的屈节行为极为痛悔。他辞官归里后,写下不少悯时伤世和描述劳动人民悲惨生活的诗篇,如《避乱》《读取史杂感》《圆圆曲》《芦州行》《捉船行》《马草行》等。吴伟业临死前曾说:"吾诗虽不足以传远,而是中之寄托良苦,后世读吾诗而知吾心,则吾不死矣。"①所谓"寄托良苦",一是指他的诗歌多影射时事,只是慑于清廷淫威不敢直言;二是指以诗歌抒发自己失节之恨,希望后人能通过读他的诗歌而了

① 参见冯其庸《吴梅村年谱》,北京:文化艺术出版社 2007 年版。

解他的内心痛苦,并体察他复杂矛盾的遗民情怀,进而唤起人们的爱国热情。

吴宓在 1957 年 8 月 13 日的日记中,关于《顾亭林与吴梅村诗》的话题写道:"晚读吴梅村《长平公主诔》,泪下不止。宓夙爱顾亭林与吴梅村之诗,近年益甚。盖以时势有似,故感情深同耳。比而论之,亭林阳刚,梅村阴柔,各具其美,一也。亭林诗如一篇史诗,叙明之亡;梅村诗如一部大小说,皆合其诗集全部而言之,二也。亭林诗如《书经》,梅村诗如《汉书·外戚传》及唐人小说,三也。亭林诗如《三国演义》,梅村诗如《石头记》,四也。亭林写英雄,而自己即全诗集之主角;梅村写儿女,而深感并细写许多、各色人物之离合悲欢,五也。亭林诗,读之使人奋发;梅村诗,读之使人悲痛。亭林之诗正,梅村之诗美,此其大较也。然二人者,其志同,其情同,其迹亦似不同而实同,不得以'亭林遗民、梅村贰臣'为说也。"①吴宓先生对明遗民心迹的捕捉与理解极为敏感,此段论述从比较顾炎武与吴梅村诗之异同角度出发,不仅深刻论证梅村诗之特点,而且揭示出梅村"文化遗民"之心境。

三、从《投笔集》看钱谦益的遗民心态

《投笔集》是钱谦益晚年最后一部诗集,也是最能表达他晚年遗民心态的一部诗集。明清易代之际,遗民不仅是一种身份象征,而且是一种人生状态与生存心态。"心态作为一种移动变化的思想心理活动,它的发生发展都有一个衍变过程"②。而"遗民的心境往往是最文化的,或者说遗民心态常常是一代文化的心理遗存"③。钱谦益存在晚年降清失节的污点,"你可以蔑视钱谦益的自居遗民,却不必否认其与'故明'的一种情感联系。这是人与其'过去'的一种联结,亦士与过去了的历史时代的联结。在这儿,你再次觉察到了'遗民'作为士的存在方式的普

---

① 吴宓著、吴学昭整理:《吴宓诗话》,北京:商务印书馆 2005 年版,第 320 页。
② 顾宝林:《刘辰翁〈须溪词〉遗民心态研究》,南昌:江西人民出版社 2015 年版,第 9 页。
③ 顾宝林:《文化困境与内心挣扎——〈须溪词〉遗民心态再认识》,载《江西社会科学》2009 年第 11 期。

遍性。"①

入清以后，"是否出仕新朝，在江南士大夫中确实是个至为敏感的话题，而且不易讨论，因为触碰此题极易步入两个极端，出仕新朝难免会背上失节的骂名；不仕新朝亦难免有故意在盛世以逸行标高的嫌疑。"②从"不仕二姓"的严格意义上说，钱谦益没有资格称"遗民"。不管是否心甘情愿，他毕竟在金陵城下以南明高官身份迎降清军，还做了五个月的清朝官员，是一个"贰臣"。正是这个抹不掉的人生污点使钱谦益终身苦恼，屡屡自称遗民，聊以自慰。

遗民情怀与遗民心态以故明之思、明亡之恨为表征，而这种情怀与心态是此时士人们普遍依赖的精神寄托与价值取向，这甚至不难在晚年失节者，如钱谦益、吴伟业、龚鼎孳等号称"江左三大家"的文字中读出。例如，钱谦益以其文人的敏感，在其诗文中一再提到清初社会弥漫着的"戾气"。他描述对世态人心的体察："劫末之后，怨对相寻。拈草树为刀兵，指骨肉为仇敌。虫以二口自啮，鸟以两首相残。"③对于那种普遍的"杀气"，他说"刀途血路"是毁灭人性的怨毒和仇恨。他从当时的诗文，读出了那个残酷时代的时代病。"兵兴以来，海内之诗弥盛，……嗼杀恚怒之音多，……君子有余忧焉。"④"嗼杀"是他常用的一个词。以降清者作此诗论，且所论多为遗民诗，是需要点勇气的。这正说明钱谦益体察到当时的遗民心态。

作为文化遗民，钱谦益深切地体验着他所生存的时代，在各种文字中表达着他对生存处境的感知。他一再描绘此时士人所处的言论环境与生存状态，讽喻的笔墨间透露出冷峻的历史感与强烈的现实感。钱谦益还洞见到"嗜杀"对于人心的戕害。他说："杀者非他也，杀吾之心而已矣，杀天地之心而已矣。杀一生，即自杀一心。杀两生，即自杀两

① 赵园：《明清之际士大夫研究——作为一种现象的遗民》，北京：北京师范大学出版社 2014 年版，第209 页。
② 杨念群：《何处是江南？——清朝正统观的确立与士林精神世界的变异》（增订版），北京：生活·读书·新知三联书店 2017 年版，第59 页。
③ （清）钱谦益：《募刻大藏方册圆满疏》，《牧斋有学集》卷 41，上海：上海书店 1989 年版。
④ （清）钱谦益：《施愚山诗集序》，《牧斋有学集》卷 17，上海：上海书店 1989 年版。

心。杀百千万亿人,即杀百千万亿心……"①"但谓此人杀彼人,不知自心杀自心。"②为此,钱谦益还开出许多"救世"良方,他所欲挽救的正是顾炎武等人认为"病势深重"的人性、人心。对生命与人心的戕害,启发着当时有识之士批判意识的觉醒。

遗民对旧朝的怀念之情,往往表现为向旧物寻求精神寄托。明清易代之际,士人对明代衣冠的钟爱,固然有其政治意味,也有文化感情的积淀为背景。钱谦益《有学集》中状写书生风度,往往成为文化记忆的一种表达方式。例如,记鲁氏诸生"摄衣冠之学宫,缓步闾巷"③;卢公"褒衣大带,出于邑屋,有风肃然,如出衣袂中"④,其所欣赏并怀念不已的,实际上是一种由衣冠所表达的宽裕悠然的意境与气象。钱谦益追忆 40 年前与程嘉燧的交往,那情景是"山园萧寂,松栝藏门,二老幅巾凭几,摩挲古帖"⑤。在这里,"幅巾"是构造意境不可或缺的,"遗民"情调与风致于此可见。又说嘉定潘氏等"方巾大带,整冠修容","丧乱以来,老成凋谢,是数君子者,已邈然如古人矣。"⑥钱谦益记徐氏:"岁时家祭,称崇祯年如故。嗟乎! 称弘光犹不忍,况忍改王氏腊耶?"⑦诸如此类的情景,所描述的不愿放弃恢复期待的明遗民们,实在令人同情。

诗歌历来是文人墨客抒情言志的最好载体。明亡之后,诗歌创作不啻士人的一种生活方式。在清初诗坛上,钱谦益是在明末就有诗名,入清后继续保持着相当大影响的诗人。钱谦益、吴伟业和龚鼎孳被称为"江左三大家"。他们的人生经历颇为相似,但诗歌风格和对诗歌的看法却有显著区别。在明末清初诗坛的分流中,他们各自代表了不同的趋向。

就钱谦益的诗作特色而言,钱诗主要是将唐诗的华丽修辞、严整格律与宋诗的重理智结合起来。他的生活观念和情感态度都很复杂,但

---

① (清)钱谦益:《冯亮工六十序》,《牧斋有学集》卷 22,上海:上海书店 1989 年版。
② (清)钱谦益:《募刻大藏方册圆满疏》,《牧斋有学集》卷 41,上海:上海书店 1989 年版。
③ (清)钱谦益:《和州鲁氏先茔神道碑铭》,《牧斋有学集》卷 35,上海:上海书店 1989 年版。
④ (清)钱谦益:《卢府君家传》,《牧斋有学集》卷 37,上海:上海书店 1989 年版。
⑤ (清)钱谦益:《卢府君家传》,《牧斋有学集》卷 37,上海:上海书店 1989 年版。
⑥ (清)钱谦益:《潘文学墓志铭》,《牧斋有学集》卷 32,上海:上海书店 1989 年版。
⑦ (清)钱谦益:《书南城徐府君行实后》,《牧斋有学集》卷 49,上海:上海书店 1989 年版。

作为一个身份地位很高的士林领袖，在向世人表述自己心态时，对于呈现诗中的自我形象，是经过理智思考的。例如，《十一月初六日召对文华殿，旋奉严旨革职待罪，感恩述事凡二十首》之十云："破帽青衫又一回，当筵歌舞任他猜。平生自分为人役，流俗相尊作党魁。明日孔融应便去，当年王式悔轻来。宵来吉梦还知否？万树西山早放梅。"崇祯初年魏忠贤一党失势，钱谦益被召入京，满怀入阁主政的希望，却被政敌抓住某些把柄而贬斥。诗中自诩、怨恨与旷放之态，通过一系列典雅语言得以充分发挥。

在一些感慨兴亡的诗作中，钱谦益的感情表达得更为真切。如《丙申春就医秦淮，寓丁家水阁浃两月，临行作绝句三十首》之四曰："苑外杨花待暮潮，隔溪桃叶限红桥。夕阳凝望春如水，丁字帘前是六朝。"秦淮风物依旧，而前朝风流散去如梦，写来思深笔婉。末句曾被略加改造后用于《桃花扇》，可见此诗给人们留下深刻的印象。总之，以钱谦益为首的"虞山诗派"，广泛地反映易代之际腥风血雨的社会现实，或写明末民不堪命、朝廷腐烂；或写清兵掠夺之后白骨蔽野、村落无烟的山河残破；或写清初的繁苛重敛、卖儿卖女的悲惨景象；或抒发遗民铭心刻骨、凄恻悲怆的故国之思、亡国之痛，从而成为明末清初诗坛中歌哭淋漓、抒发心声的一支重要流派。

具有讽刺意味的是，失节者如钱谦益、吴伟业的诗作，更有"存史"之可能。钱谦益以笺注杜诗闻名诗坛，陈寅恪对钱注杜诗是赞赏的。《柳如是别传》对钱谦益《投笔集》评价极高："《投笔集》诸诗摹拟少陵，入其堂奥，自不待言。且此集牧斋诸诗中颇多军国之关键，为其所身预者，与少陵之诗仅为得诸远道传闻及追忆故国平居者有异。故就此点而论，《投笔》一集实为明清之诗史，较杜陵尤胜一筹，乃三百年来之绝大著作也。"①陈寅恪之所以对钱谦益《投笔集》极为重视，因为这是一部最能反映其遗民心迹的史诗。

陈寅恪指出："牧斋投笔集之命名，自是取班定远投笔从戎之义"②，

① 陈寅恪：《柳如是别传》下册，北京：生活·读书·新知三联书店 2001 年重印本，第 1193 页。
② 陈寅恪：《柳如是别传》下册，北京：生活·读书·新知三联书店 2001 年重印本，第 1193 页。

喻自己欲以耄耋之年跻身行伍,"收取关山"之壮志。班定远即东汉时期著名军事家、外交家班超(32—102)。班超为人素有大志,不甘于为官府抄写文书,投笔从戎,随窦固出击北匈奴,又奉命出使西域,在31年的时间里,平定西域50多个国家,为西域回归、促进民族融合,作出巨大贡献。

《投笔集》写于钱谦益晚年78岁至82岁之间,历时5载。此时,他已经历50年的宦海浮沉,20年的国破君亡,故国之思,亡国之痛,降清之辱,无所归止的孤独,成为他晚年的感情基调,而《投笔集》正是这种思想感情的真实流露。"《投笔集》内都是七言律诗,始作于顺治十六年(1659)郑成功和张煌言兵入长江之际,形式上步和杜甫《秋兴八首》,总题《后秋兴》,共十三叠一百零四首,另附自题四首。它的内容,大抵都与南明水师的行动和永历政权的形势有关"①,显然隐喻着诗人抗清复明的志向。总之,"《投笔集》以次杜甫《秋兴八首》之韵为模式,共写了十三叠凡一百零八首,成为中国古代诗史上空前绝后的一大组诗,喻义隐微,与同时而又命运相近的吴伟业之歌行诗,都堪称是清初诗坛上有超迈前人的独特创造的杰作。"②

作为钱谦益入清后一部"思欲晚盖"的心史,《投笔集》记录着他如何从明季儿女情长的风流文士,转变为入清后的复明遗老的心路历程。他把明清易代之际个人命运的荣辱悲喜与山河易主、沧桑巨变的历史内容,都融注入自己的七言律诗之中。钱谦益前半生仕途坎坷,后半生仍没有摆脱徘徊的痛苦。入清前,他在仕与隐之间徘徊;弘光朝,又处于东林党清流与马士英、阮大铖的夹缝中。此时,这种徘徊还只是栖身于南明朝这棵大树上的个人政治态度的左右摇摆。清军入主中原后,从根本上动摇了他的栖身之所。降清后反清,明祚中兴,栖身永历成为他晚年的最大心愿。这种遗民心愿是《投笔集》的一条主线。

钱仲联标校的《牧斋杂著》,上海古籍出版社在"出版说明"中指出:《投笔集》上下两卷"从顺治十六年己亥秋郑成功入长江进攻金陵开始,

---

① 朱则杰:《清诗史》,南京:江苏古籍出版社1992年版,第46页。
② 孙之梅:《钱谦益与明末清初文学》(增订版),袁世硕《卷首缀语》,济南:山东大学出版社2010年版,第1页。

下逮南明桂王殉国，诗中系统作了反映。特别是郑氏进军长江时，谦益似身在事中，故有投笔从军之意。郑氏兵败东还，谦益至江口与郑会晤，又至松江与马进宝联系，痕迹隐约可寻。以前又有与柳如是共同从事抗清活动，与黄毓祺、姚志卓、舟山义军的联系，上书桂王规画三局等事，穿插于诗中。诗笔沉郁苍凉，近人陈寅恪称为'明清之诗史，较杜陵尤胜一筹，乃三百年来之绝大著作也'（《柳如是别传》），良非溢誉。"①此段说明对《投笔集》主旨的概括极佳。

《投笔集》中，钱谦益入清五年后的感情起伏历历可数，其中贯穿始终的是他降清失节后处境的窘迫感，无人理解的孤独感以及无所归属的失落感。降清，人们视他为贰臣、两朝领袖；反清，人们说他首鼠两端、反复无常。孤独与失落的感情苦痛，舆论上严厉的道德谴责，使钱诗中哀苦之音不绝于耳。例如，《后秋兴之六》其七云："全躯丧乱有何功？雇赁余生大造中。心似吴牛犹喘月，身如鲁鸟每禁风。惊弓旅雁先霜白，染血林枫背日红。闲向侏儒论世事，欲凭长狄扣天翁。"②他反思一生的经历与事变、一生的荣辱与毁誉，诗中一再出现对未来的虚构，是从心理上为补救令他死不瞑目的人生遗憾，而在人生临终愿望中流露的一点期求。

钱谦益在《投笔集》中毫不掩饰地为南明水师的胜利高唱凯歌，追忆自己及柳如是的抗清复明活动。其实，钱谦益《投笔集》中流露的这种遗民心态，在这之前就酝酿已久。"当年钱牧斋与柳如是曾泛舟江中，指点南宋古战场，怀想梁红玉豪情纵酒之后，擂鼓攻金的英姿，也自然牵带出了对晚明'残山剩水'的心理想象。钱氏称'与河东君泊舟京江，指顾金焦二山，想见兀术穷蹙打话，蕲王夫人佩金凤瓶传酒纵饮，桴鼓之声，殷殷江流，遂赋诗云："余香坠粉英雄气，剩水残山俯仰间。"相与感慨叹息久之'。"③

钱谦益在夫人柳如是的鼓励和支持下，顺治三年（1646）南归后投

---

① （清）钱谦益：《牧斋杂著》（上册），上海古籍出版社 2007 年版，"出版说明"第 2 页。

② （清）钱谦益：《牧斋杂著》（上册），上海古籍出版社 2007 年版，第 30 页。

③ 杨念群：《何处是江南？——清朝正统观的确立与士林精神世界的变异》（增订版），北京：生活·读书·新知三联书店 2017 年版，第 28 页。

身东南遗民的反清复明活动，主要做了两件事：其一，多方联络东南复明力量。例如，顺治四年（1647）暗中支持黄毓祺海上起兵，案发后下江宁狱，经多方营救获释；顺治六年（1649），"以隐语作楸枰三局寄广西留守太保瞿式耜"，终于与永历朝取得联系；其二，奉永历朝之命，联络东南遗民，配合郑成功水军进取南都。钱谦益做了这些有益于反清复明的事，为此曾两度入狱，乃至倾家荡产，晚景凄凉。

钱谦益门人瞿式耜是永历朝重臣，明末清初一位英勇坚定的抗清将领。顺治七年（1650）十一月，清军攻陷桂林城，瞿式耜被执赋诗，自期完节赴义不负乃师。在他的心目中，钱谦益已不是降清贰臣，而是"惟有忠躯义感"的忠义之士。钱谦益在给留守桂林的瞿式耜上述书信中说："千古来国家之败坏，惟崇祯十七年之祸为最烈，而中兴之基业事功，惟我皇上今日为最易。……难得而易失者，时也；计定而集事者，局也。人之当局如弈棋然，楸枰小枝，可以喻大。在今日有全着、有要着、有急着，善弈者视势之所急而善救之。今之急着，即要着也；今之要着，即全着也。"①《投笔集》中 13 首与棋有关的诗，正是以"楸枰小枝，可以喻大"的书信为背景和重要内容，以棋托喻，或喻战事，或喻对时局的看法，或抒发对身世的感慨。咏棋言志是钱谦益入清后诗歌中的一个重要现象。

钱谦益在给永历朝"以隐语作楸枰三局"信中，还提到"江、浙伪提镇张天禄、田雄、马进宝、卜从善辈，皆平昔关通密约，各怀观望，此真为楚则楚胜，而为汉则汉胜也。"②顺治七年（1650），钱谦益不辞辛苦，有游说策反马进宝的举动。《有学集》卷三《庚寅夏五集》被陈寅恪称为"第一次游说马进宝反清复明之专集"③。钱谦益身在江南，负有名望，又有降清作遮眼法，当然是策反清将的合适人选。"楸枰三局"之策作为抗清复明大计，深受永历帝赏识，钱谦益遂担负起联络东南的使命。

顺治十三年（1656），为接应水军入江，钱谦益与柳如是移居长江口岸白茆镇红豆山庄。白茆是当时反清水军的活动区域，钱谦益隐迹于

---

① （明）瞿式耜：《报中兴机会疏》，《瞿式耜集》卷一，上海：上海古籍出版社 1981 年版，第 105 页。
② （明）瞿式耜：《报中兴机会疏》，《瞿式耜集》卷一，上海：上海古籍出版社 1981 年版，第 106 页。
③ 陈寅恪：《柳如是别传》下册，北京：生活·读书·新知三联书店 2001 年版，第 1041 页。

此,一以避人耳目,一以便于与同邑邓起西、昆山陈蔚村、归庄及松江、嘉定等遗民往来,探刺海上消息。此时,郑成功、张名振、张煌言舟师正纵横海上。顺治十六年(1659),郑成功、张煌言水军准备从海上进入长江,东南遗民多有通海者。钱谦益积极参予水军入江事,《投笔集》中透露出不少蛛丝马迹。

顺治十六年(1659),钱谦益接应水军进入长江。郑成功"闻王师三路攻云南,乃约煌言大举北上,以图牵制"①,遂有震动东南半壁的北伐之役。水师五月围崇明,七月破瓜洲、镇江,直抵金陵城下。郑成功挥笔写下《出师讨满夷,自瓜洲至金陵》诗:"缟素临江誓灭胡,雄师十万气吞吴。试看天堑投鞭渡,不信中原不姓朱。"②钱谦益对郑成功水军战绩了如指掌,在所写的《金陵秋兴八首次草堂韵》中,以为金陵恢复在即,毫无顾忌,唱起了中兴的凯歌。其中,第六首写道:"戈船十万指吴头,太白芒寒八月秋。淝水共传风鹤警,台城无那纸鸢愁。白头应笑皆辽豕,黄口谁容作海鸥? 为报新亭垂泪客,却收残泪览神州。"遗憾的是,郑成功水军因贻误战机等多种原因败于金陵城下,八月从长江水道撤军,扬帆出海,南下厦门。

钱谦益以桑榆之年,策足复明,从受命永历时的满腔希望到完全绝望,人生悲剧也走到最后一步。《投笔集》与其说是抗清复明的诗史,不如说是他身为贰臣,痛悔不迭,置生死于不顾,视罗网为罔闻,期以世人谅解的一部心史。明清之际著名的遗民文学家归庄,以反清复明之志终其一生。他深知乃师的苦衷,说:"窥先生之意,亦悔中道之委蛇,思欲以晚盖,何天之待先生之酷,竟使之赍志以终。人谁不死? 先生既享耄耋矣,呜呼! 我独悲其遇之穷。"③钱谦益一生的坎坷遭遇及其所实际从事的反清复明运动,归庄深表同情与理解,因而对钱氏先前降清的失节采取宽容态度。

与归庄同样采取宽容态度,与钱氏交谊至死不变的,还有几位著名

---

① (清)黄宗羲:《赐姓本末》,转引自孙之梅:《钱谦益与明末清初文学》,济南:齐鲁书社1996年版,第387页。

② 卞敏:《柳如是新传》,杭州:浙江人民出版社1997年版,第215页。

③ (清)归庄:《祭钱牧斋先生文》,《归庄集》下册卷八,上海:上海古籍出版社1984年版,第471页。

忠义之士。钱谦益《启祯野乘序》曰，黄道周"就义之日，从容语其友曰：'虞山尚在，国史犹未死也。'"①黄道周为隆武朝大臣，他对钱谦益修"国史"寄予厚望。至于瞿式耜与钱谦益间的情谊，一直被吴伟业引为佳话。吴氏说："……稼轩（即瞿式耜）在囚中，亦有《频梦牧师》之作。盖其师弟气谊，出入患难十余年，虽末路顿殊，而初心不异……"②

钱谦益还与黄宗羲父子两代人交谊数十年。黄宗羲晚钱谦益二十八载，"初师谦益，颇得其笔"③。入清后钱谦益与黄宗羲频繁往来，这与东南联络抗清、传递情报有直接关系。黄宗羲《思旧录》云："余数至常熟，初在拂水山房，继在半野堂绛云楼下。"由于绛云楼藏书极多，钱谦益约黄宗羲为老年读书伴侣，并视为知己。他病重卧床不起之时，特召黄宗羲至枕边嘱咐说："惟兄知吾意，殁后文字不托他人。"他深知自图晚盖，其行事，其心迹，惟黄宗羲知之，其殁后文字，非宗羲不能发覆其隐衷。但遗憾的是，钱谦益儿子孙贻却别求于他人，未知其父之深意。黄道周、瞿式耜、黄宗羲等忠义之士与钱谦益的交谊至死不变，正说明他们的遗民心态有共通之处。

值得注意的是，瞿式耜与钱谦益的深厚师生关系还表现在他助刻《初学集》上。崇祯十六年（1643）秋九月，即明朝灭亡的前夕，瞿式耜刻《初学集》告成。在《牧斋先生初学集目录后序》中，瞿式耜高度评价钱谦益道德、学问、诗文成就："吾师牧斋先生，以命世异才，早登上第，入承明著作之庭，高文典册，照耀四裔，小言长语，残膏剩馥，犹足以衣被海内，沾丐作者。年及强仕，道明德立，阅天人之变，通性命之理，钻研经史，沈浸载籍，古今学术之降升，文章之流别，皆一一究其源委，击其蒙瞍。"至于自己刻《初学集》的原因，则是"一旦摒挡箱箧，胥二十余年之诗文，举而付之一炬。自时厥后，凡有撰述，师友千古，举世抹杀，不复以哗耳目、膏唇舌为能事。久之声光郁郁，学者望走歙集，若百川之赴海，相率购求其全集，以为师资，先生每引欧阳公讥和凝之言以拒之。先生为文，每削稿，式耜辄手钞而藏之，先生不能禁也。乃固请于先生，

① （清）钱谦益：《启祯野乘序》，《牧斋有学集》卷14，上海：上海书店1989年版。
② （清）吴伟业：《梅村诗话》，《吴梅村全集》卷58，上海：上海古籍出版社1990年版。
③ 邓之诚：《清诗纪事初编》卷二，上海：上海古籍出版社2003年版，第224页。

出其所缮写,厘为一百卷,锓梓以公之当世。先生力禁之不得,复手削其什之四五,命其名曰《初学集》,而俾式耜叙其后"①。

钱谦益与瞿式耜这两位人物,一位是大节有亏的文坛领袖,一位是节义薄天的孤忠大臣。然而,就是这样在明末清初政治抉择迥异的两个人,却是情意深厚的师与弟。从万历己巳年(1605)瞿式耜入拂水山庄从钱谦益读书,至永历四年(顺治七年,1650)瞿式耜就义,前后共45年时间,两人之间的师弟之谊从未稍懈。钱谦益《题瞿氏家乘》中,称瞿式耜为"我稼轩";瞿式耜称钱谦益必为"牧斋师",或简称为"牧师"。他们四十多年休戚与共,乙酉之后两人政治抉择尽管一度分歧,但并没有影响他们之间互通声气。瞿式耜以"到头终不负门墙"自励,义无反顾地走向生命的终点。钱谦益一生最大的污点是失节降清,然而他痛改前非,与反清势力保持联系,积极投身反清复明,晚节得以善终,获得遗民朋友们的谅解。

康熙元年(1662)三月二十三日,钱谦益得悉永历帝在云南被吴三桂所杀害的消息,"啜泣而作"《后秋兴之十二》。其中,第七首写道:"枕戈坐甲荷元功,一柱孤擎滇渤中。整旅鱼龙森束伍,誓师鹅鹳肃呼风。三军缟素天容白,万骑朱殷海气红。莫笑长江空半壁,苇间还有刺船翁。"②此时,郑成功水师已收复台湾,钱谦益已年逾八旬,仍期待郑成功能收复江南,即使长江半壁无人响应,自己也要做个"刺船翁",抒发"便应一战决戎华"③的雄心壮志。

四、瞿式耜:"千载做完人"的豪杰人格

作为明遗民群体中众望所归的人物,顾炎武曾这样表述"吾辈"之志:"天生豪杰,必有所任,如人主于其臣,授之官而与以职。今日者拯

---

① (明)瞿式耜:《牧斋先生初学集目录后序》,《瞿式耜集》卷四,上海:上海古籍出版社1981年版,第303页。

② (清)钱谦益:《牧斋杂著》(上册),上海:上海古籍出版社2007年版,第69页。

③ (清)钱谦益:《后秋兴八首之二》其二,《牧斋杂著》(上册),上海:上海古籍出版社2007年版,第4页。

斯人于涂炭,为万世开太平,此吾辈之任也。"①这一段话很能代表明遗民群体的自我意识,"豪杰"确为此群体普遍认可的人格形态,而瞿式耜则是其中的杰出代表。

明清易代之际,豪杰人格是文化遗民们的普遍追求。黄宗羲云:"学莫先于立志。立志则为豪杰,不立志则为凡民。"②这是因为"在亡国的刺激下,明遗民选择了对儒家传统人格的回归;而救亡的使命感,则使他们把自我投射于有能力存亡续绝的豪杰人格"③。

问题在于,"作为边缘群体的明遗民,是以什么来支撑'救世'的信念的呢? 他们是否有救世的能力? 他们又如何来实现对世事的担当? 如果问题不能解决,他们的自我期待将不能落到实处,他们的人生价值也会落空。"显然,"最直接的做法似乎是参加反清活动,然而,且不论实际参加的人数相对于整个明遗民群体来说,仍然祇占一小部分;反清活动带来的,更多的是打击和无奈,并不能给他们的济世情怀以太多鼓励。"④

瞿式耜(1590—1650),字起田,号稼轩、耘野,又号伯略,江苏常熟人。"礼部侍郎景淳孙,湖广参政汝说子也。"⑤

瞿式耜早年拜同乡钱谦益为师,读书拂水山房。万历三十三年(1605),瞿式耜入钱谦益师门。此年瞿式耜 16 岁,钱谦益 24 岁,两人年龄仅相差 8 岁,俱为英气风发的青春少年。瞿式耜 16 岁即追随钱谦益读书,很大原因是钱谦益与瞿式耜父辈来往密切。钱谦益《题瞿氏家乘》云:"余为儿时,与星卿、元初两先生友善,……星卿绍文懿公衣钵,执耳文坛,先余登第十年,蔚为名臣。其子稼轩,文章事业,彪炳海内……忆余与星卿、元初交时,历历在目,一弹指间耳。为元初志其祖,志其父,复为星卿传其兄洞观先生,未几哭星卿、元初,而兹又哭我稼轩。"⑥瞿式耜的父亲为瞿汝说,字星卿。钱谦益为他写的挽词《瞿五丈

① (清)顾炎武:《病起与蓟门当事书》,《顾亭林诗文集》,北京:中华书局 1983 年版,第 48 页。
② (清)黄宗羲:《孟子师说》卷七,《黄宗羲全集》第一册,杭州:浙江古籍出版社 2005 年版,第 151 页。
③ 李瑄:《明遗民群体心态与文学思想研究》,成都:巴蜀书社 2009 年版,第 157 页。
④ 李瑄:《明遗民群体心态与文学思想研究》,成都:巴蜀书社 2009 年版,第 157—158 页。
⑤ (清)张廷玉等:《明史》卷二百八十《瞿式耜传》,北京:中华书局 1974 年版,第 7179 页。
⑥ (清)钱谦益:《题瞿氏家乘》,《牧斋杂著》(下册),上海:上海古籍出版社 2007 年版,第 928—929 页。

星卿挽词四首》第四首中,有句"月白东皋频命酒,花深北郭共巾车"。瞿汝说《皇明臣略》由钱谦益作序,可见钱谦益与瞿式耜父亲往来密切。瞿式耜受父辈影响,仰慕钱谦益的人品文章。

万历四十四年(1616),瞿式耜中进士。第二年,授江西吉安府永丰县知县,已崭露政治才能,"有惠政。天启元年调江陵。永丰民乞留,命再任。以忧归。"①天启年间,太监魏忠贤专横跋扈,杀害反对阉党的正派人士。瞿式耜同情受害者,不为恶势力屈服。天启三年(1623),丁父忧返里。瞿式耜与西洋教士艾儒略(Jules Aleni)往还,曾为艾氏所著性学著述作序。

崇祯元年(1628),"擢户科给事中"。七个月中,瞿式耜连上二十多封奏疏,抨击高居相位的魏忠贤余党,为被害人昭雪,扶持正气,"帝多采其言"②。当时,努尔哈赤建立后金政权,和明王朝分庭抗礼,不断向南进军。瞿式耜早有警觉,连上好几封奏疏,要求增储军粮,教练士兵修好边墙,讲求武备,举荐徐光启、李之藻、孙元化等一批能臣。可是,瞿式耜的行动触犯当权者利益,遭到温体仁、周延儒等排挤陷害。不久,被削职回家。

崇祯十七年(1644)三月,李自成农民起义军攻下北京。崇祯帝在煤山自杀。清兵趁吴三桂借兵机会,大举进入山海关。农民军措手不及,退出北京。五月,顺治进入北京,开始武力征服全国。与此同时,福王朱由崧在南京建立弘光政权,瞿式耜被任命为广西巡抚。瞿式耜认为,广西在中国西南一角,山重水复,进可以攻,退可以守,是举足轻重的战略要地,就带着邵氏夫人向广西进发。半路上,南京陷落,到处人心惶惶。他到梧州上任后,督促生产,劝告人民安心耕种;一面招募士兵,认真训练,修筑城堡,加强防守。在短短时间里,浮动的人心逐渐安定下来。

弘光元年(1645)五月,此时的瞿式耜已经赴广西莅梧州任,而在南京任礼部尚书的钱谦益随忻城伯赵之龙、大学士王铎等人一起降清。

① (清)张廷玉等:《明史》卷二百八十《瞿式耜传》,北京:中华书局1974年版,第7179页。
② (清)张廷玉等:《明史》卷二百八十《瞿式耜传》,北京:中华书局1974年版,第7179页。

对于钱谦益的降清,有谴责其叛国投敌、大节有亏者;有考量其时情境之迫不得已,而谅其心迹者;有以钱谦益入清后又不忘故国,积极参与抗清活动而为之辩护者。钱谦益的降清举动,与爱妻柳如是一心投湖殉国的勇气相比,其贪生畏死之念必定有之,但眷念故国故主之情,也应该不是伪饰出来的。钱谦益有《与邑中乡绅书》一文,对同乡之人关于己身降清、剃头的责难,有详切的反思与回应:

> 天南地北,关河渺然。回首暮云,能无感恋?风闻吾邑物议,大以不肖为射的。标榜士论者,与挟持宿怨者,交口弹驳,体无完肤。此固薄德所招,亦是宿业所积。齐心持戒,朝夕向如来前发愿忏悔。亦有情理违背,不甘任受着,辄举平生意气,略陈本末,以正告于桑梓之贤者。

> 诸公果以剃头责我,以臣服诮我乎?诸公仗节举义,顶天立地,个个是张睢阳,人人是文信国。仆之愚劣,玷辱乡党,俯仰惭愧,更复何言!若谓大兵入虞,出自不肖主张,此大冤也,此大诬也。大兵到京城外才一日,仆挺身入营,创招抚四郡之议。此时营垒初定,兵势汹涌,风鹤惊危,死生呼吸。仆真见大事已去,杀运方兴。拼身舍命,为保全万姓之计,触冒不测,开此大口。上天眷佑,慨然允从。便分派差官,要王玄冲一面往郡,周子静一面到县,惟恐招抚少后,本县不得保全也。今都谓不肖主意,要杀害常熟,有是理乎?吴中变后,面启豫王,恳求禁戢抢杀,别名逆顺。抗论往复数四,王颇变色动容,众皆缩舌慄股。南都文武大臣,叹息相告。以故豫王令旨,有"志救生灵"之语。欲残害乡里者,固如是乎?服则舍之,叛则讨之,此大兵律令,不独吴中也。谓吾邑之兵,由我力请,则江阴、昆山、嘉定之兵,又何人请之乎?此三尺童子所共晓,而贤士大夫反滋猜惑,又可以一笑也。①

由此可见,钱谦益对于剃头降清而遭受众人唾骂是甘心受之的,但他不能忍受的,是别人诬陷他故意引清兵入常熟。对于这种诬陷,钱谦

---

① (清)钱谦益:《牧斋杂著》下册,上海:上海古籍出版社2007年版,第823—824页。

益觉得是天大的冤枉。他自认为，极力主张招抚，是出于保护生灵的需要。从瞿式耜《报中兴机会疏》中可以得知，降清后的钱谦益与在桂林坚守的瞿式耜声气相通："忽臣子壬午举人玄锡，因臣孙于去腊离家，未知其到粤消息，遣家僮胡科探视。于七月十五日自家起程，今月十六日抵臣桂林公署，赍带臣同邑旧礼臣钱谦益寄臣手书一通，累数百言，绝不道及寒温家常字句，惟有忠驱义感，溢于楮墨之间。盖谦益身在虏中，未尝须臾不念本朝，而规画形势，了如指掌，绰有成算。"①关于钱谦益给瞿式耜写的这封陈说全着、要着、急着之策的书信，在《钱牧斋全集》内并无收录，但我们可以从瞿式耜的奏疏内了解到其详细内容。钱谦益在信内这样向南明永历王朝表白："若谦益视息余生，奄奄垂毙，惟忍死盼望銮舆拜见孝陵之后，盘水加剑，席藁自裁"，其盼望恢复之情乃肺腑之言。瞿式耜对于已经归降清廷的恩师能有如此想法非常感动，在奏疏中说："臣反覆披阅，虽谦益远隔万里，其言岂果当于中兴之庙算？而彼身为异域之臣，犹知眷恋本朝，早夜筹维，思一得以图报效，岂非上苍悔祸，默牖其衷？亦以见天下人心未尽澌灭，真祖宗三百年恩养之报，臣敢不据实奏闻？伏祈皇上留意详阅，特赐鉴裁。"②瞿式耜之所以反复批阅，钱谦益降清是不可回避的事实，但降清之后能心念故国，便可谅其苦衷。

南京弘光政权破后，鲁王监国于绍兴，唐王朱聿键亦称号于福建，在福州建立隆武政权，继续抗清。不意在桂林的靖江王朱亨嘉不承认隆武政权，自称"监国"。朱亨嘉派人拉拢瞿式耜，被严词拒绝，恼羞成怒，又带兵赶到梧州，用武力威胁。瞿式耜被横拖倒曳，还是面不改色，被带回桂林，囚禁起来。隆武政权的军队，将朱亨嘉打得走投无路。朱亨嘉困在桂林，只得劝说瞿式耜协助守城。瞿式耜联络朱亨嘉的军官焦琏，和城外军队取得联系，里应外合，将朱亨嘉擒获，粉碎了这次分裂活动。唐王朱聿键擢升瞿式耜为兵部右侍郎，协理戎政。瞿式耜不入闽就唐王封职，而退居广东。

① （明）瞿式耜：《报中兴机会疏》，《瞿式耜集》卷一，上海：上海古籍出版社 1981 年版，第 105 页。
② （明）瞿式耜：《报中兴机会疏》，《瞿式耜集》卷一，上海：上海古籍出版社 1981 年版，第 106 页。

隆武二年即顺治三年（1646）八月，清迁授原明降将孔有德为平南大将军，率耿仲明、尚可喜等南征。不久，清兵破汀州，隆武帝被杀。消息传来，瞿式耜和大臣们拥立永明王朱由榔称帝，年号"永历"。"永历"取永明王的"永"字和万历皇帝的"历"字组合而成，以示不忘先祖之业。此时，南明永历朝尚据有两广、云贵、江西、湖广、四川等地。瞿式耜升任吏部右侍郎、东阁大学士，兼掌吏部事。"式耜疏请永历'揽大权、明赏罚、严好恶、亲正人，闻正言，威德并行，以服远近'，时谓名言。"①朝中大臣期望永历帝奋发图强，抗击清兵，收复失地。之后，在清兵南下时，瞿式耜沉着指挥，依靠军民团结，在短短十四个月时间里，抗击了清兵三次对桂林的进犯。

第一次是永历元年即顺治四年（1647）正月，清"兵破肇庆，逼梧州，巡抚曹晔迎降。王欲走依何腾蛟于湖广，丁魁楚、吕大器、王化澄皆弃王去，止式耜及吴炳、吴贞毓等从，乃由平乐抵桂林。二月，大兵袭平乐，分兵趋桂林。王将走全州，式耜极陈桂林形势，请留，不许。自请留守，许之。进文渊阁大学士，兼兵部尚书，赐剑，便宜从事。平乐、浔州相继破，桂林危甚。"②

三月，清兵攻陷平乐后，瞿式耜估计清兵必然要夺取桂林。他一面调度粮草，一面把驻在黄沙镇的焦琏部队调回桂林。瞿式耜把自己俸银也凑上去犒赏将士。第二天上午，冷不防清兵突然袭击桂林，"以骑数十突入文昌门，登城楼瞰式耜公署。式耜急令援将焦琏拒战。"③瞿式耜沉着指挥，依靠焦琏、白贵、白玉等部队奋勇厮杀，清兵全面溃退。

第二次是永历元年即顺治四年（1647）五月，奉命到桂林驻防的刘承胤部和焦琏部发生摩擦。刘部大掠桂林而去，焦部也出驻白石潭。瞿式耜估计形势危急，促焦琏回城，并把久雨淋坏的城墙缺口立即修复，要他们协力同心，严加防守。清兵侦知桂林已是空城，又在兵变之后，人心惶惶，就再一次袭击桂林。清兵以为这次可以不费吹灰之力攻占桂林，没想到瞿式耜早有准备，分城门防守，发炮轰击城外敌兵，自晨

① （清）计六奇：《明季南略》，北京：中华书局1984年版，第351页。
② （清）张廷玉等：《明史》卷二百八十《瞿式耜传》，北京：中华书局1974年版，第7181页。
③ （清）张廷玉等：《明史》卷二百八十《瞿式耜传》，北京：中华书局1974年版，第7181页。

至午,连续作战。瞿式耜带领守城官吏,把存储的粮食,蒸成饭,送到前线。"亦身冒矢石间,与士卒同甘苦。积雨城坏,吏士无人色。式耜以忠义相感激,故人无叛心。郝永忠来援,索饷而哗。式耜括库不足,妻邵氏捐簪珥助之。"①第二天清晨,焦琏率部队冒雨出击,出乎清兵意外,打得敌人弃甲丢盔,纷纷逃窜。而预伏在隔江的军队,炮铳齐发。清兵被打得落花流水,望见山上树木,竟以为是南明部队正在追来。

瞿式耜最初希望永历帝返回全州,永历帝不听。他又请永历帝还桂林,永历帝才答应。不久武冈被攻破,永历帝由靖州逃走到柳州,瞿式耜再次请永历帝去桂林。十一月,清兵自湖南逼向全州,瞿式耜和何腾蛟领兵抵抗。不久,梧州再次被攻破,永历帝方在象州,欲走南宁。大臣们最后力争,十二月才还桂林。"永历诏旌式耜,赐银币,又赐'精忠贯日'金图书一枚。"②

第三次是永历二年即顺治五年(1648)二月,联明抗清的原农民军将领"南安侯郝永忠驻桂林,恶城外团练兵,尽破水东十八村,杀戮无算,与式耜搆难。式耜力调剂,永忠乃驻兴安。大兵前驱灵川,永忠战败,奔入桂林,请王即夕西走。式耜力争,不听。左右皆请速驾,式耜又争。王曰:'卿不过欲予死社稷尔。'"③瞿式耜"擎跪涕泣不可挽,无已,请身留桂。乃命式耜留守桂林,各路悉秉节制"④。然而,永历帝先走一步后,郝永忠随即在桂林城内大掠,"捶杀太常卿黄太元。式耜家亦被掠,家人矫腾蛟令箭,乃出城。日中,赵印选诸营自灵川至,亦大掠,城内外如洗。永忠走柳州,印选等走永宁。"⑤

明日,"式耜息城中余烬,安抚远近。焦琏及诸镇周金、汤兆佐、胡一青等各率所部至,腾蛟军亦至。三月,大兵知桂林有变,来袭,抵北门。腾蛟督诸将拒战,城获全。时王驻南宁,式耜遣使慰三宫起居。王始知式耜无恙,为泣下。"清兵全面溃退后,桂林城再次转危为安。"闰

① (清)抱阳生:《甲申朝事小纪》下册,北京:书目文献出版社1987年版,第860—861页。
② (清)计六奇:《明季南略》,北京:中华书局1984年版,第363页。
③ (清)张廷玉等:《明史》卷二百八十《瞿式耜传》,北京:中华书局1974年版,第7182页。
④ (清)计六奇:《明季南略》,北京:中华书局1984年版,第348页。
⑤ (清)张廷玉等:《明史》卷二百八十《瞿式耜传》,北京:中华书局1974年版,第7182—7183页。

三月,广东李成栋、江西金声桓皆叛大清,据地归,式耜请王还桂林。王从成栋请,将赴广州。式耜虑成栋挟王自专,如刘承胤事,力争之,乃驻肇庆。十一月,永州、宝庆、衡州并复。式耜以机会可乘,请王还桂林,图出楚之计,不纳。……式耜身在外,政有阙,必疏谏。尝曰:'臣与主上患难相随,休戚与共,不同他臣。一切大政,自得与闻。'王为褒纳。"①

永历三年即顺治六年(1649)正月,何腾蛟从益阳进军长沙。"初腾蛟檄各处兵马齐奔湘潭,而命马进忠等由益阳抄出长沙下,邀截上下舟船,焚掠湘乡,断绝水道。一只虎率大队复至长沙,络绎攻围。值清朝援兵合至,战胜于湘潭,腾蛟被擒,斩之。"何腾蛟"尝对人诵'鞠躬尽瘁,死而后已'二语,公生平大节具见之矣"。"自何(腾蛟)、李(成栋)败后,永历专命瞿式耜留守督师,兼江、楚各省兵马。"②五月,清廷改封孔有德为定南王,又从湖南征广西;耿仲明、尚可喜征广东。瞿式耜兼任督师后,又陆续收复靖州、沅州、武冈等府县。无奈南明内部却争权夺利,猜忌倾轧,甚至企图牵制瞿式耜。加之,部队长期作战,得不到休整,致使战斗力逐步削弱。

永历四年即顺治七年(1650)正月,南雄被清兵攻破。永历帝逃向梧州。"九月,全州破。开国公赵印选居桂林,卫国公胡一青守榕江,与宁远伯王永祚皆惧不出兵,大兵遂入严关。十月,一青、永祚入桂林分饷,榕江无戍兵,大兵益深入。十一月五日,式耜檄印选出,不肯行,再趣之,则尽室逃。一青及武陵侯杨国栋、绥宁伯蒲缨、宁武伯马养麟亦逃去。永祚迎降,城中无一兵。式耜端坐府中,家人亦散。部将戚良勋请式耜上马速走,式耜坚不听,叱退之。俄总督张同敞至,誓偕死,乃相对饮酒,一老兵侍。"③

据瞿式耜《临难遗表》中所述:"督臣张同敞从江东遥讯城中光景,知城中已虚无人,止留守一人尚在,遂泅水过江,直入臣寓。臣告之曰:'城存与存,城亡与亡。自丁亥三月,已拼一死。吾今日得死所矣!子非留守,可以无死,盍去诸?'同敞毅然正色曰:'死则俱死耳,古人耻独

---

① (清)张廷玉等:《明史》卷二百八十《瞿式耜传》,北京:中华书局1974年版,第7183页。
② (清)计六奇:《明季南略》,北京:中华书局1984年版,第389、397页。
③ (清)张廷玉等:《明史》卷二百八十《瞿式耜传》,北京:中华书局1974年版,第7183—7184页。

为君子,君独不容我同殉乎?'即于是夜明灯正襟而坐。时臣之童仆散尽,止一老兵尚在身旁。夜雨淙淙,遥见城外火光烛天,满城中寂无声响。坐至鸡唱,有守门兵入告臣曰:'清兵已围守各门矣。'天渐明,臣与同敞曰:'吾二人死期近矣。'辰刻,噪声始至靖江府前。再一刻,直至臣寓。臣与同敞危坐中堂,屹不为动。忽数骑持弓腰刀,突至臣前,执臣与同敞而去。臣语之曰:'吾坐等一夕矣,毋庸执。'遂与偕行。时大雨如注,臣与同敞从泥淖中蹒跚数时,始到靖江府之后门。时清定南王孔有德已坐王府矣。"①

最终攻陷桂林的是孔有德。他原为明朝登州守将,自己降清后还一心想收降瞿式耜,多次写信劝降。瞿式耜被俘后,孔有德还是劝降,都被严词拒绝。据《明季南略·张同敞传》记载:"敌人入城,执敞与瞿式耜见孔有德,两人不跪,敞尤大骂。有德命部下捶辱之,敞骂愈厉。有德命拘二人于城北一小室中,命左右说之降,劝谕百端,式耜但大哭,敞则毒骂。暇则两人赋诗自矢,并刺敌人。有德愤甚,命折敞右臂,仍谈笑赋诗不绝。敞右臂既损,不能握笔,诗成,式耜代笔书之。两人幽囚唱和者四十余日,诗各数十章。敌见两人困愈久,苦愈甚,而志愈坚、气愈烈,知终不可辱。"②

瞿式耜留下荡气回肠的《浩气吟》,《明季南略》中存八首。从诗名可看出瞿式耜引文天祥为同志,表达坚贞不屈的民族气节以及忠贞不渝、为国献身的精神。在《浩气吟》诗中,瞿式耜把自己比作汉朝时身陷匈奴,冰天雪地中苦熬十九年而不屈的苏武,比作南宋末年支撑半壁江山,抗击元朝军队,终于力尽被俘、杀身成仁的文天祥。其三写道:"正襟危坐待天光,两鬓依然劲似霜。愿作须臾阶下鬼,何妨慷慨殿中狂。凭加榜辱神无变,旋与衣冠语益壮。莫笑老夫轻一死,汗青留取姓名香。"③张同敞《自诀诗》回应道:"被刑一月,两臂俱折。忽于此日右手微动,左臂不可伸矣。历三日,书得三诗,右臂复痛不可忍。此其为绝笔乎? 孤臣同敞囚中草。一月悲歌待此时,成仁取义有天知。衣冠不改

① (清)计六奇:《明季南略》,北京:中华书局1984年版,第431页。
② (清)计六奇:《明季南略》,北京:中华书局1984年版,第433—434页。
③ (清)计六奇:《明季南略》,北京:中华书局1984年版,第429页。

生前制，名姓空留死后诗。破碎山河休葬骨，颠连君父未舒眉。魂兮懒指归乡路，直往诸陵拜旧碑。"①瞿、张二人在狱中互相唱和，以诗明志。

瞿式耜把自己生死置之度外，却念念不忘国家的抗清大业。他写了一封密信给焦琏，告诉他清兵在桂林的虚实情况，要他迅速袭击桂林。恐怕因自己囚禁而焦琏有所顾虑，又叮嘱说：事关中兴大计，不要考虑我个人得失。这封信被巡逻兵搜获，献给孔有德，孔知道无法改变他报国的决心了。

闰十一月十八日清晨，忽然有清兵打开牢门，声称："请瞿阁部、张大人议事。"瞿式耜知道何意，神色不惊地对来人讲："稍等片刻，待我写完《绝命词》。"于是，他提笔写道："从容待死与城亡，千古忠臣自主张。三百年来恩泽久，头丝犹带满天香。"②然后，二人整肃衣冠，向南行五拜三叩头辞帝之礼，将写好的《绝命词》置于几案诗稿之上，携手同步，走出门来。瞿式耜笑着对张同敞说："你我二人多活了四十天，今日，真是死得其所！"张同敞说："今天出去，死得痛快！我死后当为厉鬼，为国杀虏击贼！"瞿式耜从怀中掏出珍藏的网巾戴于头上，说"服此于地下见先帝！"。

瞿式耜二人行至桂林城北叠彩山。式耜眺望远处，目之所及，依旧满目风光，对刽子手说："我生平最爱桂林山水佳景，此地颇佳，可以去矣！""死之日，冬雷电大发，远近皆为称异。"③瞿式耜、张同敞二人被杀后，"金堡时为僧，致书于孔有德，乃殓两公尸，葬于白鹤山下。"金堡在《上孔有德书》中写道："山僧间尝论之，衰国之忠臣与开国之功臣，皆受命于天，同分砥柱乾坤之任。天下无功臣，则世道不平；天下无忠臣，则人心不正。事虽殊轨，道实同源。两公一死之重，岂轻于百战之勋者哉！王既已杀之，则忠臣之忠见，功臣之功亦见矣。此又王见德之时也。请具衣冠为两公殓，瞿公幼子，尤宜存恤，张公无嗣，益可哀矜。"④

瞿式耜殉国后，被永历朝追谥为"文忠"。永历六年即顺治九年

---

① （清）计六奇：《明季南略》，北京：中华书局1984年版，第430页。
② （清）计六奇：《明季南略》，北京：中华书局1984年版，第428页。
③ （清）计六奇：《明季南略》，北京：中华书局1984年版，第428页。
④ （清）计六奇：《明季南略》，北京：中华书局1984年版，第434、435页。

（1652）七月，联明抗清的原农民军将领李定国收复桂林，要为瞿式耜立祠纪念，并召见其孙瞿昌文，支持他为祖父归葬故乡虞山的请求。康熙十八年（1679），迁葬于虞山拂水岩牛窝潭。乾隆四十一年（1776），下令编纂《贰臣传》，将凡是投靠清朝的原明朝官员均列入其中，而为明室尽忠者则大肆褒扬，瞿式耜被追谥为"忠宣"。瞿式耜著有诗文十卷。道光十五年（1835），有木刻本《瞿忠宣公集》。

《明史·瞿式耜传》赞曰："何腾蛟、瞿式耜崎岖危难之中，介然以艰贞自守。虽其设施经画，未能一睹厥效，要亦时势使然。其于鞠躬尽瘁之操，无少亏损，固未可以是为訾议也。夫节义必穷而后见，如二人之竭力致死，靡有二心，所谓百折不回者矣。明代二百七十余年养士之报，其在斯乎！"[1]

值得注意的是，瞿式耜《浩气吟》曾对"完人"进行思考。在狱中自知死期将至的他，频频梦见钱谦益。对于这些梦境，对于曾经的恩师、降清的"贰臣"，瞿式耜情感上颇为困惑。钱谦益虽然投书瞿式耜指陈时局，但毕竟大节有亏。瞿式耜《频梦牧师》诗曰："何事虞山入梦频，是余仇也是余亲。当年道义称师弟，岂料华夷易主臣。三局缄书明大势，千秋逸史恨完人。君来昵就余滋惧，莫是将归告我神？"所谓"千秋逸史恨完人"之"完人"，是明清之际对于人臣的一种极高的评价标准。像钱谦益这样的人，肯定不能入"完人"之列。瞿式耜十分留恋师弟二人赋闲在家、诗酒唱和的岁月，并且以必死的决心，坚信自己不会辜负二人的师生情义。他们虽末路顿殊，而初心不异。获悉瞿式耜殉难后，钱谦益作有《哭稼轩留守相公诗一百十韵，用一千一百字》长诗。其中写道："师弟恩三纪，君臣谊百年。哀音腾粤地，老泪洒吴天"；"一恸营魂远，三号涕泗涟。修门归漠漠，故国望姗姗"；"汗竹新书史，浇花近扫阡。明明老眼在，拭目向空玄"。

顺治九年（1652），瞿式耜的《浩气吟》在常熟刻板成书，钱谦益为其书作序曰："空坑被执，吟啸之集频烦，柴市归全，《正气》之歌激越；其人为宇宙之真元气，其诗则古今之大文章。吐词而神鬼胥惊，摇笔而星河

---

① （清）张廷玉等：《明史》卷二百八十《瞿式耜传》，北京：中华书局1974年版，第7184页。

如覆……人言天荒地老，斯恨何穷？我谓劫尽灰飞，是诗不沫！"①

五、文化遗民的价值追求与历史记忆

在南明永历朝，瞿式耜毫无疑问是坚持抗清时间最长的一位忠臣义士。"一般说来，在我们中国，最容易接受的，是慷慨英雄型的文化人格。"②在瞿式耜的"完人"人格中，内含着一种崇高之美。"美学意义上的崇高，又被称为阳刚、壮美，是一种庄严、宏伟的美，是一种以力量和气势取胜的美，是一种具有强烈伦理道德作用的伟大的美。康德认为，崇高是人对自己伦理道德的力量、真理的胜利的喜悦，是与理性观念直接相联系的。……因此，伟大的理想和爱国主义的'忠义'之气属于崇高之美。"③这种人格"忠义"崇高之美，彰显的是至死不渝的坚贞民族气节，集中体现着明清之际江南文化遗民们的价值追求。

易代之际的时代巨变，是文化遗民展开悲愤忧患的家国情怀书写的内在原因。文化遗民的话语系统，大体分为政治话语和文化话语两大类。文化遗民的历史记忆，正是通过两种话语体系体现出来的。"政治话语决定了他们遗民的身份，文化话语陶塑了他们'文化遗民'的特征。"这是因为，明清易代是以"夷"变"夏"，"文化先进的民族被一般认为文化落后的民族所取代，传统文化中形成的'道统'旁落了、被遗弃了，因此朝代的更替不仅被认为是政治的鼎革，而且被认为是文化的夷灭，宋遗民、明遗民的痛心疾首既有政治的因素，更多的是文化惨遭汰灭后的彷徨与忧虑，价值评判中蕴含着情感评判。"④总的来说，政治话语体现着明文化遗民的价值追求，文化话语体现着明文化遗民的历史记忆。

孙静庵《明遗民录》孙基厚序云："传曰：'礼义廉耻，是为四维。四

① 裴世俊：《四海宗盟五十年——钱谦益传》，北京：东方出版社2001年版，第176页。
② 余秋雨：《中国文脉》，武汉：长江文艺出版社2013年版，第227页。
③ 刘鹤：《遗民情结"场"下的台湾现代文学叙事研究》，长春：吉林大学出版社2017年版，第47页。
④ 罗惠缙：《民初"文化遗民"研究》，武汉：武汉大学出版社2011年版，第322—323页。

维不张,国乃灭亡。'方乙酉弃师南下时,江北四大藩镇,其三解甲降,二藩更随豫王为前导。而缙绅之士,安其禄而立其朝,充然无复廉耻之色者皆是也,此不为发愤而深痛者哉!吾观三代以下,世衰道微,弃礼义,捐廉耻,非一朝一夕之故。然而松柏后凋于岁寒,鸡鸣不已于风雨,彼昏之日,固未尝无独醒之人也。孙子静庵,博学有文,尝欲仿所南修《心史》之例,补明史未成。后更辑《明遗民录》,曰此仿程氏《宋遗民录》作也。"①此段序言从"礼义廉耻,国之四维"的视角出发,揭示出明遗民的历史价值之所在。

我们通过《明遗民录》等诸种记载明遗民的事迹,可以看出"'遗民情结'是中华民族政治文化心理结构中最具刚性的政治意识,虽然政治内涵各有不同,但其本质是民族主义的,是对'家国'真挚的爱。遗民精神集中表现了民族的操守与政治的忠诚,具有'明知不可为而为之'的顽强精神气质"②。试以下列诸遗民的事迹为例。

例如,"张明勋,字元卿,自号介庵,吴之长洲人。与弟明烈居诸生,俱善属文,声誉籍籍,所结纳悉胜流名宿……同学诸子并仕宦于清,独明勋谢诸生,扫除一室,庋书数千卷,坐卧其中,日夜手钞口诵……寒暑不辍。屡遭外侮,家产渐以中落,犹夷然不屑也。故人有显者,归里来谒,拒不与相见。有司闻其行,延致乡饮,又却之,由是益为乡里所重。卒时年六十九。"③张明勋入清后洁身自好,独居一室,庋书数千卷,手钞口诵,其德行为乡里所重。

又如,"明张弨,字力臣,淮安山阳人。父致中,为复社领袖,尊经博古,家贫,而储金石文颇富。弨承家学,明亡,弃诸生不就试,躬历焦山水澨,手拓《瘗鹤铭》而考证之。又入陕,谒唐昭陵,遍览从葬诸王公表碣,潜瑶断石,必三复而联络之。顾炎武开雕《音学五书》于淮上,弨与子叶增、叶箕,任校写之役。炎武尝云:'精心六书,信而好古,吾不如张力臣。'"④张弨出身于复社领袖之家,明亡后弃诸生不就试。弨承家学,

① 谢正光、范金民:《明遗民录汇编》下册,南京:南京大学出版社 1995 年版,第 1371—1372 页。
② 刘鹤:《遗民情结"场"下的台湾现代文学叙事研究》,吉林大学出版社 2017 年版,第 3 页。
③ 谢正光、范金民:《明遗民录汇编》上册,南京:南京大学出版社 1995 年版,第 649—650 页。
④ 谢正光、范金民:《明遗民录汇编》上册,南京:南京大学出版社 1995 年版,第 614—615 页。

精心六书,信而好古,曾于淮上助顾炎武校阅《音学五书》。炎武自叹不如。

又如,"明张拱乾,字九临,号媿庵,吴江人。弱冠受知于长洲杨维斗、金坛周仲驭。时三吴名士结复社,拱乾与焉。……清兵南下,……旋下薙发令,禁甚严。拱乾以不薙发,为镇将吴某所击,同击者四十余,先戮数十人,次及拱乾,吴见其名,忽心动曰:'吾固知此人三吴才士也。苟薙发,当特原之。'拱乾曰:'死则死耳,男儿不可髡也。'吴某意不怿,低徊未忍加诛,杖四十释之。拱乾乃祝发为黄冠,杜门不出,坐卧一小楼,颜曰'独倚'。"①张拱乾入清后不薙发,镇将以死相逼,其以"死则死耳,男儿不可髡也"之气概不为所动。后念其乃"三吴才士",未忍加诛,杖四十释之。

又如,"张盟,丹徒人,故明经。国亡,即弃举子业,闭户不出。人或语烈皇帝,辄涔涔泪不止,或独处一室,向隅涕泣。子惟孝,五六岁,事亲如成人,父母有疾,即彷徨不寐。己亥,郑成功入镇江,既退,仇家告盟通成功,捕者至,盟谋匿惟孝。惟孝大呼曰:'父亡与亡焉,敢独生?'遂俱就系。棰楚备至,惟孝匍匐奉父足,呼天长号,愿以身代。讯者叱曰:'孩提之童,乌得代父。'时惟孝才九龄也。因并楚惟孝,惟孝泣曰:'彼郑氏假前朝名义,入中国,虏掠子女玉帛耳,岂诚心为明恢复尺寸,即某三尺童子,早已知其伪,况复读书明理者,而与之通耶?奈何凭仇家言,即置人于族歼?父子即死,不服也。'讯者大惊曰:'神童也。'父因得释。愈年,盟忽呼惟孝曰:'吾欲逝矣。我死,汝必为僧,毋得逗留尘俗。'惟孝即欲与父俱死,母谢泣慰之。既葬,坚卧垅头,泣曰:'吾实不忍舍父去。'母为结庐垅上,延师课之。每食必先持祭文,涕泣再拜,然后食。暮则匝父垅行,更余方卧。三年丧毕,谓其母曰:'父命儿为僧,乃栖止僧室,朝夕定省而已。'其母曰:'汝欲从父命,固孝也。而弟幼母老,独不念乎?'乃止,不祝发。年十七,其弟既长,乃别母游学四方,以诗显于江南北。"②张盟明亡后,即弃举子业,闭户不出。郑成功入镇江

---

① 谢正光、范金民:《明遗民录汇编》下册,南京:南京大学出版社1995年版,第654页。

② 谢正光、范金民:《明遗民录汇编》上册,南京:南京大学出版社1995年版,第625—626页。

既退后,仇家告盟通成功,遂被捕下狱。子惟孝在讯者面前有"神童"表现,父因得释。父死葬后,子坚卧垅头三年。年十七,其弟既长,乃别母游学四方,以诗名显于大江南北。

又如,"顾柔谦,字刚中,居苏州之常熟县。值甲申之变,哀愤往往形诗歌。不妄交游,以父执事马世奇,师事舅氏华允诚,而江阴黄毓祺、嘉定黄淳耀,皆一见定交,与同邑徐澳尤笃。诸人先后死国难,柔谦皆设位而祭,为诗文吊之。长子祖禹,亦弃学子业。见柔谦常闭门嘿坐,或竟日不食,祖禹叩头宽譬。柔谦乃曰:'汝能终身穷饿不思富贵乎?'祖禹应曰'能'。'汝能以身为人机上肉不思报复乎?'祖禹应曰'能'。柔谦乃喜曰:'吾与汝偕隐耳。'遂自名曰隐,字曰耕石,署其室曰'伐檀'。"①顾氏乃江南一个重气节的望族。顾柔谦值甲申之变,哀愤往往形诸诗,与抗清志士黄毓祺、黄淳耀志同道合。其子祖禹少承庭训,熟读经史,随父隐居常熟虞山。

又如,"明王方魏,字大名,号芗城,扬州江都县人,玉藻先生次子也,玉藻在浙,方魏偕兄方岐从之。明室既亡,随父归北湖,遂不出。时父执及祖父纳谏故吏,半在仕途,以书招之,坚拒不纳。闭门著书四十年,不入郡城,不授徒,不游,不酒食往来,浑浑穆穆,以自全其天。著有《周易广义》十卷,纂《周易解》一卷,分太极、两仪、四象、图书、卦义、爻义为六篇。谓太极以阳为主,凡爻近阳者利,远阳者穷,向阳者荣,背阳者辱,承阳辅阳者吉,乘阳蹈阳者凶。以君子及中夏为阳,以小人及夷狄为阴,其寓意尤深远。兼工书法,有《朱释十七帖》一部,里人多珍其书。"②王方魏于明室亡后,随父归隐北湖,闭门著书四十年,不入郡城,不授徒,不游,不酒食往来,著有《周易广义》十卷,纂《周易解》一卷。

又如,"钱邦芑,字开少,丹徒县博士弟子员也。工文章,尚气节,以赀雄于京口。乙酉江南陷,邦芑弃家走浙。既而浙江陷,闻隆武帝立闽中,遂走福州。上书数千言,帝奇其才,擢为户部主事。复对策称旨,改授御史,涤陈时事。及清兵下闽,永历帝立粤中,邦芑上谒,多所建白,

---

① 谢正光、范金民:《明遗民录汇编》下册,南京:南京大学出版社 1995 年版,第 1231 页。
② 谢正光、范金民:《明遗民录汇编》上册,南京:南京大学出版社 1995 年版,第 66—67 页。

授都御史。帝如黔中,邦苎即为僧,号大错。常独泛小舟,飘泊洞庭湖中,读《史记》《汉书》,竟则返衡岳。每岁八月,必一出泛舟,读书一过。如是者二十余年,终于衡岳。临卒谓其徒曰:'我明大臣也,慎无以僧礼葬我,可以幅巾方袍裹尸入土。'目乃瞑。其徒如其言以葬。"①钱邦苎工文章,尚气节。江南陷后,先走浙江,又入福州,又随永历帝入粤中,涤陈时事,多有建言。临卒谓其徒曰:"我明大臣,可以幅巾方袍裹尸入土"。

又如,"朱明德,字不远,吴江人。少治经义有声,从而学文者,户履常满。隐居烂溪之滨,作《广宋遗民录》以见志。诸隐者多轻世肆志,或以语言文字贾祸,明德内介而外和,不为矫激崖异之行,故患难不及。潜心学道,教授有方,即俗学而引之理学,弟子著籍者凡数百人。晚年有得于性命之旨,养充神王,至老不衰。"②朱明德明亡隐居,著《广宋遗民录》以见志。潜心学道,教授有方,即俗学而引之理学,弟子著籍者凡数百人。

又如,"吴侯,字则立,江南江宁人。明光禄寺卿,弃官游滇。明亡,隐居罗平大洒马邑。高洁端方,广罗镇总兵赵良、陈罗平,州牧张侯、程封,咸敬重之。著有《纷游草》《惟晖堂诗文集》。"③吴侯明亡隐居罗平大洒马邑,高洁端方,著有《纷游草》等。

又如,"吴宗汉,字南村,原名振兰,字九畹;弟宗泌,字西山,吴江人,并有异禀,博学工文辞。宗汉真纯,有至性。一日,学使者集诸生,问行孰优,举宗汉者,至百余人无异辞。平居恂恂,体不胜衣,而激于忠义,之死不避。遭伯兄难,弃家远引,久之乃归。雅好濂洛之学,而不事表暴,充养醇粹,望而知为哲人君子。诗篇体气高迈,超然绝尘。年未四十卒。宗泌强毅能辛苦,以身殉义,奋不顾家。意有不得,一发之于诗。思致深沉,音节遒美,甚得中唐风格。竟侘傺以死。"④吴宗汉、宗泌兄弟二人,博学工文辞。雅好濂洛之学,以身殉义,皆为哲人君子。

---

① 谢正光、范金民:《明遗民录汇编》下册,南京:南京大学出版社 1995 年版,第 1111—1112 页。
② 谢正光、范金民:《明遗民录汇编》上册,南京:南京大学出版社 1995 年版,第 141 页。
③ 谢正光、范金民:《明遗民录汇编》上册,南京:南京大学出版社 1995 年版,第 195—196 页。
④ 谢正光、范金民:《明遗民录汇编》上册,南京:南京大学出版社 1995 年版,第 216—217 页。

又如，"明阮玉铉，扬州人。工书法，曾浪游浙中。闻玉铉于严州子陵祠，书'天下故人'四字，后人莫有及者。而郡城所出石碣，亦多玉铉手书。所著诗词，均有集，今亦不传。其诗有'江湖散发一狂生'句。"①阮玉铉工书法，于严州子陵祠，书"天下故人"四字，后人莫有及者。

又如，"胡长庚，字星卿，江宁人，东川侯海后也。海子观，尚南康长公主，成祖举兵靖难，观不肯降，仰药死，因失侯，降世袭指挥使。长庚有大志，不就世职，让其弟。自事帖括，为诸生。国亡，尽弃家财，结庐南康公主墓旁，白衣冠，终身不入城市。当事造庐请见，即避去。晚年自号茅屋道人，善堪与以自给。有子数人，皆承父志，以自高尚。卒年七十余，门人私谥贞让。"②胡长庚有大志，不就世职，国亡尽弃家财，终身不入城市。

又如，"徐谦尊，字玄初，吴县府学生。天资英敏，读书观大略。慕古烈侠之士，好施与，矜然诺。里有事，必造门征曲直。自奉甚约，而四方贤豪往来信宿无虚日。国亡，州郡望人义士多僻地邓尉山、太湖中，谦尊为谋舍馆，资饮饩不倦，不以利害嫌疑介意。乙酉、丙戌间，群盗大起，谦尊以身保障一方，每闻盗则挺身出，纠里中壮士为守御，贼大恨之，卒杀谦尊。子翘，好义有父风。"③徐谦尊慕古烈侠之士，好施与，矜然诺。以身保障一方，为贼所杀。

又如，"秦訚霖，字诚溥，丹阳人。年十二补博士弟子员，以文名。国亡，弃巾衫为医，遇异人授起死方，闻于江南。好老庄，自号大还道人。与宁波张秋水善。秋水，孝廉煌言弟也，亦遇异人授金针法，能开十年瞽者。訚霖嗜酒，面赤，与同志饮，嬉笑唾骂无所忌，往往发狂，发上冲冠，眦尽裂，众大骇。尝东至琅玡，西至流沙，南至粤，北至燕、赵，抵交趾，入缅甸，上武当，登大华，上书西岳大王。及归，足胝面鼍，自云老子以芒鞋谒天子来，人皆笑为迂。居数月，复出游，谓家人曰：'曩遇劳劳仙与吾约，今岁某月授吾大还丹，服之拔宅上天去。'岁余还，囊中

---

① 谢正光、范金民：《明遗民录汇编》上册，南京：南京大学出版社 1995 年版，第 364 页。
② 谢正光、范金民：《明遗民录汇编》上册，南京：南京大学出版社 1995 年版，第 488 页。
③ 谢正光、范金民：《明遗民录汇编》上册，南京：南京大学出版社 1995 年版，第 564—565 页。

出红丸数百颗,分与妻子及鸡犬,卒不效,竟以劳瘁卒。"①秦峕霖好老庄,国亡后弃巾衫为医,遇异人授起死方,闻于江南。

又如,"秦存古,苏郡吴县人,居西洞庭消夏湾。遭世难,弃儒衣冠,隐居教授,不与时人往还。孝友笃诚,躬修君子也。"②秦存古遭世难,弃儒衣冠,隐居教授,孝友笃诚,体现着文化遗民们对人文情怀的坚守、文化担当的精神以及对学术的不懈追求。

总之,明清之际的江南文化遗民以自己"大写"的人生,杜绝平庸的灵魂和功利的生活,体验文明历史的厚重、终极道义的神圣、生命内涵的丰富,彰显人生价值的不朽。

---

① 谢正光、范金民:《明遗民录汇编》上册,南京:南京大学出版社 1995 年版,第 572—573 页。
② 谢正光、范金民:《明遗民录汇编》上册,南京:南京大学出版社 1995 年版,第 572 页。

主要参考文献

著作类

1. （清）张廷玉等：《明史》，北京：中华书局 1974 年版。

2. （清）赵尔巽主编：《清史稿》，北京：中华书局 1977 年版。

3. （春秋）孔丘著，陈书凯编译：《孝经》，北京：中国纺织出版社 2007 年版。

4. （清）黄宗羲、顾炎武等：《南明史料（八种）》，《江苏地方文献丛书》，南京：江苏古籍出版社 1999 年版。

5. （清）卓尔堪编，萧和陶点校：《遗民诗》（全二册），北京：华东师范大学出版社 2013 年版。

6. （清）黄宗羲著，沈善洪主编，吴光执行主编：《黄宗羲全集》（增订版）全十二册，杭州：浙江古籍出版社 2005 年版。

7. （清）归庄：《归庄集》（全二册），上海：上海古籍出版社 1984 年版。

8. （明）夏完淳著，王白坚笺校：《夏完淳集笺校》，上海：上海古籍出版社 1991 年版。

9. （明）张煌言：《张苍水集》，上海：上海古籍出版社 1985 年版。

10. （明）陈子龙：《陈子龙诗集》（上、下册），上海：上海古籍出版社 1983 年版。

11. （明）瞿式耜：《瞿式耜集》，上海：上海古籍出版社 1981 年版。

12. （清）钱谦益著，钱仲联标校：《牧斋杂著》（全二册），上海：上海古籍出版社 2007 年版。

13.（清）钱谦益：《列朝诗集小传》（全二册），上海：上海古籍出版社1983年版。

14.（唐）韩愈著、孙昌武选注：《韩愈选集》，上海：上海古籍出版社2013年版。

15.（唐）皮日休：《皮子文薮》，上海：上海古籍出版社1981年版。

16.（清）顾炎武著，栾保群等校点：《〈日知录〉集释》，上海：上海古籍出版社2014年版。

17.（清）顾炎武：《顾亭林诗文集》，北京：中华书局1983年版。

18.（清）梁启超：《清代学术概论》，成都：四川人民出版社2018年版。

19.（清）陈去病：《五石脂》，南京：江苏古籍出版社1985年版。

20.（宋）朱熹集注：《宋本论语集注》（全四册），北京：国家图书馆出版社2016年版。

21.（清）抱阳生编著，任道斌校点：《甲申朝事小纪》，北京：书目文献出版社1987年版。

22.（清）计六奇：《明季南略》，北京：中华书局1984年版。

23.（清）吴山嘉辑：《复社姓氏传略》，北京：中国书店1990年版。

24.（清）王季楚等：《扬州十日记》，上海：神州国光社民国三十五年版。

25.（清）余怀：《板桥杂记（外一种）》，上海：上海古籍出版社2000年版。

26.（清）李清：《南渡录》，《南明史料（八种）》，《江苏地方文献丛书》，南京：江苏古籍出版社1999年版。

27.（明）文秉：《甲乙事案》，《南明史料（八种）》，《江苏地方文献丛书》，南京：江苏古籍出版社1999年版。

28.（明）冯梦龙：《中兴实录》，《南明史料（八种）》，《江苏地方文献丛书》，南京：江苏古籍出版社1999年版。

29.（清）顾苓：《金陵野钞》，《南明史料（八种）》，《江苏地方文献丛书》，南京：江苏古籍出版社1999年版。

30.谢正光、范金民编：《明遗民录汇编》，南京：南京大学出版社1995年版。

31.谢正光：《清初诗文与士人交游考》，南京：南京大学出版社2001年版。

32.邓之诚：《清诗纪事初编》（全二册），上海：上海古籍出版社2012年版。

33. 姚名达:《刘宗周年谱》,《民国丛书》第四编第 85 册,上海:上海书店据商务印书馆 1931 年版影印本。

34. 杨德恩:《史可法年谱》,《民国丛书》第四编第 85 册,上海:上海书店据商务印书馆 1940 年版影印本。

35. 蒋逸雪编著:《张溥年谱》,《民国丛书》第四编第 85 册,上海:上海书店据商务印书馆 1946 年版影印本。

36. 马导源编:《吴梅村年谱》,《民国丛书》第四编第 85 册,上海:上海书店据商务印书馆 1935 年版影印本。

37. 包赉编:《吕留良年谱》,《民国丛书》第四编第 85 册,上海:上海书店据商务印书馆 1940 年版影印本。

38. 郭沫若:《甲申三百年祭》,《民国丛书》第四编第 74 册,上海:上海书店据野草出版社 1945 年版影印本。

39. 程树德:《论语集释》,《新编诸子集成》,北京:中华书局 1990 年版。

40. 朱之谦:《老子校释》,《新编诸子集成》,北京:中华书局 1984 年版。

41. (清)焦循:《孟子正义》,《新编诸子集成》,北京:中华书局 1984 年版。

42. (清)李清:《三垣笔记》,北京:中华书局 1982 年版。

43. [美]牟复礼、[英]崔瑞德编:《剑桥中国明代史》,北京:中国社会科学出版社 1992 年版。

44. 孟森:《明史讲义》,北京:中华书局 2016 年版。

45. 南炳文:《南明史》,北京:故宫出版社 2012 年版。

46. 钱茂伟:《明代史学的历程》,北京:社会科学文献出版社 2003 年版。

47. 陈寅恪:《柳如是别传》,北京:生活・读书・新知三联书店 2001 年版。

48. 陈寅恪:《诗集》,北京:生活・读书・新知三联书店 2001 年版。

49. 卞孝萱:《现代国学大师学记》,北京:中华书局 2006 年版。

50. 卞敏编著:《柳如是新传》,杭州:浙江人民出版社 1997 年版。

51.《〈柳如是别传〉与国学研究——纪念陈寅恪教授学术讨论会论文集》,杭州:浙江人民出版社 1995 年版。

52.《陈寅恪与二十世纪中国学术》,杭州:浙江人民出版社 2000 年版。

53. 饶宗颐:《中国史学上之正统论》,北京:中华书局 2015 年版。

54. 孔定芳:《清初遗民社会:满汉异质文化整合视野下的历史考察》,武汉:湖北人民出版社 2009 年版。

55. 汪学群:《明代遗民思想研究》,北京:中国社会科学出版社 2012 年版。

56. 余英时:《士与中国文化》,上海:上海人民出版社 2003 年版。

57. 谢国桢:《明清之际党社运动考》,上海:上海世纪出版集团 2006 年版。

58. 杨念群:《何处是江南?——清朝正统观的确立与士林精神世界的变异》(增订版),北京:生活·读书·新知三联书店 2017 年版。

59. 田崇雪:《遗民的江南——中国文化史上的遗民群落》,上海:学林出版社 2008 年版。

60. 赵园:《明清之际士大夫研究——作为一种现象的遗民》,北京:北京师范大学出版社 2014 年版。

61. 赵汀阳:《天下体系——世界制度哲学导论》,北京:中国人民大学出版社 2011 年版。

62. 许纪霖:《家国天下——现代中国的个人、国家与世界认同》,上海:上海人民出版社 2017 年版。

63. 李瑄:《明遗民群体心态与文学思想研究》,成都:巴蜀书社 2009 年版。

64. 樊树志:《晚明大变局》,北京:中华书局 2015 年版。

65. 费孝通、吴晗等:《皇权与绅权》,长沙:岳麓书社 2012 年版。

66. 吴晗:《吴晗选集》,天津:天津人民出版社 1988 年版。

67. 钱穆:《国史新论》,北京:九州出版社 2018 年版。

68. 余秋雨:《中国文脉》,武汉:长江文艺出版社 2013 年版。

69. 沈嘉荣:《顾炎武论考》,南京:江苏人民出版社 1994 年版。

70. 朱则杰:《清诗史》,南京:江苏古籍出版社 1992 年版。

71. 时志明:《山魂水魄——明末清初节烈诗人山水诗论》,南京:凤凰出版社 2006 年版。

72. 葛剑雄:《统一与分裂——中国历史的启示》,北京:商务印书馆 2013 年版。

73. 李欧梵:《中国文化传统的六个面向》,北京:中华书局 2017 年版。

74. 卞孝萱、张清华、阎琦:《韩愈评传》,南京:南京大学出版社 1998 年版。

75. 冯玉荣:《明末清初松江士人与地方社会》,北京:中国社会科学出版社 2011 年版。

76. 蒋广学主编：《古代百科学术与中国思想的发展》，南京：南京大学出版社 2010 年版。

77. 卢兴基：《失落的"文艺复兴"——中国近代文明的曙光》，北京：社会科学文献出版社 2010 年版。

78. 陈生玺：《明清易代史独见》，郑州：中州古籍出版社 1991 年版。

79. 刘鹤：《遗民情结"场"下的台湾现代文学叙事研究》，长春：吉林大学出版社 2017 年版。

80. 顾宝林：《刘辰翁〈须溪词〉遗民心态研究》，南昌：江西人民出版社 2015 年版。

81. 敖运梅：《南明浙东遗民诗歌研究》，杭州：浙江大学出版社 2017 年版。

82. 林志宏：《民国乃敌国也：政治文化转型下的清遗民》，北京：中华书局 2013 年版。

83. 方勇：《南宋遗民诗人群体研究》，北京：人民出版社 2011 年版。

84. 韦祖辉：《海外遗民竟不归——明遗民东渡研究》，北京：商务印书馆 2017 年版。

85. 马勇：《民国遗民——章太炎传》，北京：东方出版社 2015 年版。

86. 罗惠缙：《民初"文化遗民"研究》，武汉：武汉大学出版社 2011 年版。

87. 刘鹤：《遗民情结"场"下的台湾现代文学叙事研究》，长春：吉林大学出版社 2017 年版。

88. 王国维等：《民国大师最重要的四十堂国史课》，北京：石油工业出版社 2017 年版。

89. 余英时：《文史传统与文化重建》，北京：生活·读书·新知三联书店 2004 年版。

90. 高嘉谦：《遗民、疆界与现代性：汉诗的南方离散与抒情（1895—1945）》，台北：台湾联经出版事业股份有限公司 2016 年版。

91. 王红蕾：《钱谦益藏书研究》，天津：南开大学出版社 2013 年版。

92. 孙之梅：《钱谦益与明末清初文学》（增订版），济南：山东大学出版社 2010 年版。

93. 裴世俊：《四海宗盟五十年——钱谦益传》，北京：东方出版社 2001 年版。

94. 郝润华:《〈钱注杜诗〉与诗史互证方法》,合肥:黄山书社 2000 年版。

95. 胡适:《说儒》,台北:台湾远流出版事业股份有限公司 1986 年版。

96. 高洪钧编著:《冯梦龙集笺注》,天津:天津古籍出版社 2006 年版。

97. 容肇祖等:《冯梦龙与〈三言〉》,台北:台湾木铎出版社 1983 年版。

98. 张明观、黄振业编:《柳亚子集外诗文辑存》,上海:上海人民出版社 2011 年版。

99. 钱穆:《中国学术思想史论丛》,北京:九州出版社 2011 年版。

100. 刘玉才:《清代书院与学术变迁研究》,北京:北京大学出版社 2008 年版。

101. 南京老克:《暮光寻旧梦》,南京:江苏人民出版社 2018 年版。

102. 欧阳哲生编:《胡适学术文化随笔》,北京:中国青年出版社 1996 年版。

103. 李中华编:《冯友兰学术文化随笔》,北京:中国青年出版社 1996 年版。

104. 刘桂生、张步洲编:《陈寅恪学术文化随笔》,北京:中国青年出版社 1996 年版。

105. 董边、镡德山、曾自编:《毛泽东和他的秘书田家英》,北京:中央文献出版社 1989 年版。

106. 沙鸥辑注:《萧云从诗文辑注》,合肥:黄山书社 2010 年版。

107. 吴宓著,吴学昭整理:《吴宓诗话》,北京:商务印书馆 2005 年版。

108. 蒋寅:《学术的年轮》,北京:中国文联出版社 2000 年版。

109. 中国社会科学院历史研究所、宁波市海曙区人民政府编:《全祖望与浙东学术文化国际研讨会论文集》,北京:中国社会科学出版社 2010 年版。

110. 冯衣北:《陈寅恪晚年诗文及其他——与余英时先生商榷》,广州:广州花城出版社 1986 年版。

论文类

1. 卞孝萱:《陈寅恪与古典文学》,《古典文学知识》2000 年第 3 期。

2. 赵汀阳:《天下究竟是什么?——兼回应塞尔瓦托·巴博纳斯的"美式天下"》,《西南民族大学学报》2018 年第 1 期。

3. 赵汀阳:《历史、山水及渔樵》,《哲学研究》2018 年第 1 期。

4. 葛兆光:《世间原未有斯人——沈曾植与学术史的遗忘》,《读书》1995

年第 9 期。

    5. 张稔穰：《从宋元话本到"三言"中的拟话本》，《古典文学知识》2000 年第 3 期。

    6. 刘振华：《论钱谦益的"文化遗民"心态》，《东南文化》2000 年第 11 期。

    7. 靳宝：《论钱谦益的史学观》，《辽宁大学学报》2006 年第 2 期。

    8. 朱丽霞：《从华亭之游看余怀的遗民情结》，《齐鲁学刊》2004 年第 4 期。

    9. 顾宝林：《文化困境与内心挣扎——〈须溪词〉遗民心态再认识》，《江西社会科学》2009 年第 11 期。

    10. 白一瑾：《"遗民门客"纪映钟与清初京城诗坛》，《中国韵文学刊》2018 年第 3 期。

    11. 蒋寅：《顾炎武的诗学史意义》，《南开学报》（哲学社会科学版）2003 年第 1 期。

    12. ［美］魏斐德：《明清更替——十七世纪的危机或轴心突破》，刘东主编：《〈中国学术〉十年精选——融合与突破》，北京：商务印书馆 2014 年版。

    13. 张广达：《王国维的西学与国学》，刘东主编：《〈中国学术〉十年精选——融合与突破》，北京：商务印书馆 2014 年版。

    14. 陈明：《谁解陈寅恪》，《中华读书报》2004 年 4 月 30 日。

后　记

　　《明清之际江南文化遗民研究》不仅是爸爸的封笔之作，也是遗作。爸爸因突发疾病于 2019 年 11 月 20 日逝世。处理后事时，我从电脑中找到了本书的书稿，以及上百张他到各地或拍摄、或收集的配图。电脑文档的修改日期停留在 2019 年 11 月 19 日——爸爸逝世前一天，书稿依旧在修订。

　　我来自爸爸的基因与身教，怀念爸爸是我最难安放的心绪。切肤切心之痛，常常让我只敢把对爸爸的思念放在心流的最底层，轻易不会让它泛起，甚少想起，想起也立刻让这心绪沉没在心流中。

　　《明清之际江南文化遗民研究》这部书稿反倒成了我与爸爸的相处的替代品。我时时想起这部爸爸的书稿，阅读几段，作一些简单的修订和整理，沿着爸爸的思路继续思考，但是我更愿意让书稿尽量保持爸爸写作时的原貌。爸爸 1994 年开始写作《柳如是新传》，算是开始文化遗民这个课题，迄今正好 30 年。耳濡目染之下，从黄宗羲到方以智、从王国维到陈寅恪、从陈子龙到钱谦益、从柳如是到李香君，我的文化取向也越来越与文化遗民同声共泣。爸爸不仅一直还活在书稿中完成"三不朽"的君子追求，我甚至认为，这应该也是他的文化认同。

　　爸爸是江苏扬州人，"老三届"，勤奋而耿直。研究生毕业后即从事马哲的研究，此后他的兴趣越来越转向中国历史与乡土文化，到中国哲学、到刘禹锡评传，直到江南文化遗民。我去过扬州丰乐下街的冶春茶社老店,爸爸和儿时同学们在此聚会,这是扬州的家乡味道。冶春咫尺之外,便是乾隆为史可法修建的史公祠,形制之大、造园之奢,可说是极超规格的。史公祠代表的对"扬州十日"不同时代和立场的解读变迁,我想,也是爸爸打开思路的线索。

我把书中重点提到的数十位江南文化遗民的可能遗迹作了个表格,一一在地图上打上标记,建了一个收藏夹,就叫"江南遗民"。其中的大部分地方,爸爸和妈妈都曾亲自用公共交通工具走访参拜过。我重走遗民路,用中画幅相机补充一些镜头,对本书也进行一些完善。这本书让爸爸"子承父业",也让我在刘禹锡研究后继续"子承父业"。

南宋孤臣郑思肖著《心史》录南宋遗民,尘封苏州承天寺井中三百多年,历经元明才重见天日。1957 年,陈寅恪在病中写作《柳如是别传》,尚未成书,更不知何日可以刊布,感赋曰:

珍重承天井中水,人间唯此是安流。

最后,代表妈妈刘振华和我,再次感谢对爸爸遗作出版给予巨大帮助的樊和平研究员、胡传胜研究员、袁德金研究员、张慧卿研究员、王婷研究员,以及江苏人民出版社的编辑张凉老师、周晓阳老师。

卞宁 2024 年 7 月 1 日